Inhaltsverzeichnis

W0394423

Kompetenzbereiche

BEREICH — **RG:** 5. Klasse (1. und 2. Semester)
G: 6. Klasse (3. Semester)

* Energie: Im 5. RG im Bereich „Thermodynamik"

Physik – um die Welt zu verstehen

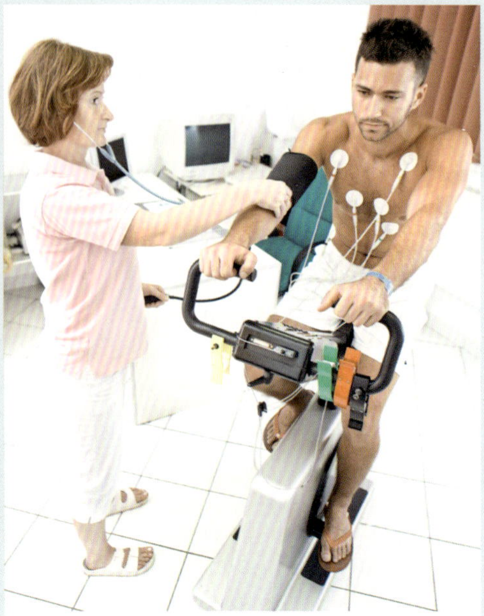

4.1 Aufnahme eines Elektrokardiogramms (EKG)

- Was haben Blitze und die elektrischen Signale des Herzmuskels, die im Elektrokardiogramm (4.1) registriert sind, gemeinsam?
- Welche gemeinsamen Phänomene können wir am gespannten Bogen einer Sportschützin und am Stab des Athleten beim Stabhochsprung erkennen (4.2)?
- Was hat die Drehung des Nachthimmels mit der Pirouette der Eiskunstläuferin gemeinsam?
- Was haben der Regenbogen und die Farbeffekte bei geschliffenen Gläsern gemeinsam?

Die Physik setzt sich das Ziel, möglichst viele Erscheinungen auf möglichst wenige gemeinsame **Grundprinzipien** zurückzuführen. Bereits vor mehr als 3000 Jahren konnten die Babylonier auf Grund langjähriger Beobachtungen Sonnenfinsternisse voraussagen, als sie Regelmäßigkeiten in den Abständen zwischen den Finsternissen erkannten. Sie scheinen aber dafür keine Begründungen gesucht zu haben: Ihre Vorstellung vom Aufbau der Welt als einer von Ozeanen umgebenen Insel war dafür ungeeignet.

Die Erde ist keine Scheibe – frühes physikalisches Denken.

Im antiken Griechenland wird erstmals der Versuch erkennbar, eine Vorstellung der Welt zu konstruieren, die mit **Beobachtungen** und nicht mit religiösen Mythen begründet werden kann. Der griechische Philosoph ARISTOTELES (384–322 v. Chr.) dachte, dass die Erde eine Kugel – im Zentrum des Weltalls – sei. Diese Auffassung stützte er auf drei Beobachtungen:

- Wenn Schiffe von der Küste wegfahren, sieht man die Segel länger als den Rumpf.
- Bei Reisen nach Süden erscheinen südliche Sternbilder höher über dem Horizont.
- Bei Mondesfinsternis sieht man den runden Schatten der Erde auf dem Mond.

4.2 Sportschützin und Stabhochspringer – was haben sie gemeinsam?

Aber hat Aristoteles mit seiner Erklärng der drei Beobachtungen tatsächlich bewiesen, dass die Erde eine Kugel ist? Nein! Könnte man mit einer einzigen Reise rund um die Erde dies beweisen? Vermessungen im 18. Jahrhundert zeigten, dass die Erde eine „Kugel mit kleinen Fehlern" ist, wobei ihr Durchmesser zwischen den Polen um 0,3 % kleiner als am Äquator ist. (Heute wird die Erdgestalt mittels Satelliten auf etwa 10 cm genau vermessen.) An diesem Beispiel zeigt sich, dass viele einzelne Messungen notwendig sind, um die Gültigkeit einer physikalischen Idee zu zeigen.
Daneben hatte Aristoteles noch eine – aus heutiger Sicht unwissenschaftliche – Idee: Er war überzeugt, dass alle schweren Körper zum Zentrum des Universums fallen. Und da sie zum Erdmittelpunkt hin fallen, muss die Erde der Mittelpunkt des Universums sein **(geozentrisches Weltbild)**. Um diese Idee zu widerlegen, müsste man z.B. auf dem Mond Körper fallen lassen und die Richtung ihres Fallens prüfen – was damals noch nicht möglich war. Daher behauptete sich das geozentrische Weltbild des Aristoteles und seines späten Nachfolgers PTOLEMÄUS (ca. 100–175 n. Chr.) bis zur Zeit von NIKOLAUS KOPERNIKUS (1473–1543), der die Sonne in das Zentrum des Universums stellte **(heliozentrisches Weltbild)**.

5.1 Erdaufgang am Mond. So sahen Astronauten vom Mond aus die Erde als blaue Kugel im schwarzen Weltall.

Naturgesetze

Wenn wir etwa den Zielwurf mit Bällen üben, merken wir, dass wir die Flugbahn beeinflussen, wenn wir Wurfgeschwindigkeit und -richtung richtig wählen. Wir finden bereits als Kinder einen Zusammenhang von **Ursache** (engl. *cause*, lat. *causa*) und **Wirkung** (engl. *effect*). Hinter allen Erscheinungen suchen wir nach Ursachen, denn wir denken *kausal*. Wir gehen dabei von der Erfahrung aus und vertrauen auf das **Kausalitätsprinzip**:

Gleiche Ursachen führen zu gleichen Wirkungen.

Oft können wir uns auch darauf verlassen, dass *ähnliche Ursachen* zu *ähnlichen Wirkungen* führen. Wenn wir feststellen, dass auch beliebige andere Menschen dieselben Beobachtungen über Ursache und Wirkung machen, nehmen wir an, dass ein Naturgesetz dafür verantwortlich ist. Ziel der Naturwissenschaften ist es, diese **Naturgesetze** zu erforschen.
Der italienische Mathematiker und Naturforscher GALILEO GALILEI (1564–1642) wird als Begründer der neuzeitlichen Physik betrachtet. Neben seinen zahlreichen Erfindungen und Entdeckungen – als erster beobachtete er die Planeten mit einem Fernrohr und entdeckte z.B. die vier großen Jupitermonde – entwickelte er die physikalische Methodik. Seit Galilei spielt das **Experiment** in der Physik *als Frage an die Natur* eine zentrale Rolle. Genau so wichtig ist das Nachdenken über mögliche Ursachen von beobachteten Wirkungen: Dabei ist es das Ziel, mit möglichst wenigen Annahmen möglichst viele Fakten zu erklären.

5.2 Jupiter mit dem Mond Io (rechts) und dem Schatten des Mondes Ganymed (schwarzer Fleck) auf der Oberfläche des Planeten. Diese Monde wurden als schwache Lichtpunkte vor 400 Jahren von Galilei entdeckt.

Die Themen der Physik

Es ist heute Allgemeinwissen, dass die materielle Welt aus kleinen Bausteinen, den Atomen, besteht, die sich meist zu Molekülen verbinden. Im Alltag begegnen sie uns üblicherweise in einem von drei Aggregatzuständen (fest, flüssig, gasförmig). Doch auch die Atome sind nicht unteilbar, sie bestehen aus Elektronen und dem Kern aus Protonen und Neutronen, die wiederum aus Quarks bestehen. Ob die Quarks in weitere Bestandteile gespalten werden können, ist derzeit unbekannt.
Die Physik untersucht das Verhalten der Materie von den kleinsten Teilchen, den Quarks und den Elektronen, bis zu den größten Ansammlungen, den aus Milliarden Sternen bestehenden Galaxien. Dabei zeigt sich, dass die heute bekannten Naturgesetze überall im Weltall in gleicher Weise gelten. Das ermöglicht uns, auch Vorgänge wie die Sternentstehung in fernen Galaxien zu verstehen.
Physik als Forschungsgebiet enthält zahlreiche Teilgebiete mit jeweils speziellen Arbeitstechniken. Zum Studium der Sterne dienen Teleskope (Astrophysik), für die Untersu-

5.3 Die Andromeda Galaxie ist die der Milchstraße nächste Galaxie. Ihr Licht braucht 2,2 Millionen Jahre, bis es die Erde erreicht.

chung von Festkörpern Elektronenmikroskope (Festkörperphysik), zur Untersuchung von Strömungen dient der Windkanal (Strömungsmechanik), u.s.w.
Eine weitere Arbeitsteilung ergibt sich, indem ein Teil der Forscher und Forscherinnen sich hauptsächlich zu Experten für das Experimentieren und Messen ausbildet, während die theoretischen Physiker sich auf die Weiterentwicklung der physikalischen Theorien und die mathematische Berechnung möglicher Messungen konzentrieren. Dabei spielen leistungsfähige Computer eine immer größere Rolle.

Physik und die belebte Natur

Oft wird behauptet, dass die Physik sich nur mit der unbelebten Natur befasst. Dies trifft nicht mehr zu. Dazu Beispiele:
Die **medizinische Physik** entwickelt immer bessere Verfahren, um mit Röntgenstrahlung oder Magnetresonanzverfahren in den menschlichen Körper zu blicken oder um die Strahlentherapie bei Krebserkrankungen treffsicherer zu machen.

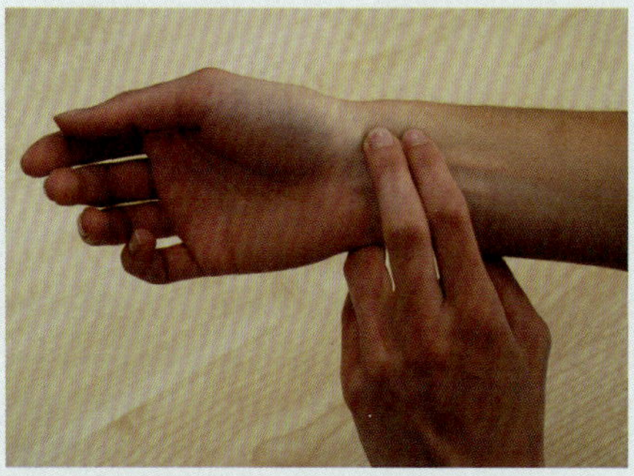

6.1 Die einfachste Messung, die du an deinem Körper durchführen kannst: Fühle deinen Puls und zähle, wie oft du ihn in einer Minute spürst.

Die **Biophysik** studiert beispielsweise, wie die elektrische Leitung in Nervenzellen im Detail erfolgt oder wie Knochen ihre Stabilität erhalten. Als **Biomechanik** hat sie den Bewegungsapparat und seit Kurzem die Steuerung von künstlichen Gliedmaßen (Prothesen) durch Nervenimpulse zum Thema, natürlich auch die Untersuchung und Optimierung von Bewegungsabläufen im Sport, wie auch die Verringerung von Verletzungsgefahren im Verkehr.
Die **Bionik** untersucht, welche Lösungen die Natur im Lauf der Evolution gefunden hat und wie man diese für den Menschen nutzbar machen könnte: Ein bekanntes Beispiel ist das Blatt der Lotusblume (**6.2**), von dem Wassertropfen abperlen und es dabei reinigen – das immer saubere Tischtuch wäre doch ein schönes Ergebnis.

6.2 Lotuseffekt: Auch von den Blättern der Kapuzinerkresse perlen Wassertropfen in kleinen Kugeln ab, statt sie zu benetzen. Suche weitere Pflanzen, an denen du diesen Effekt gut sehen kannst.

Physik und du

Wer Interesse an Physik und Technik hat, dem wird bewusst sein, dass physikalische Kenntnisse in einem höheren Studium und in vielen Berufen wichtig sind. Auch im Studium von Medizin (schon beim Eignungstest) oder Biologie spielt die Physik eine wichtige Rolle.
Wichtiger ist es jedoch zu erkennen, dass Physik hilft, die Welt und unseren Platz im Universum zu verstehen. Sie hilft uns, die Entwicklung des Universums durch etwa 13 Mrd. Jahre zu verfolgen, genauso wie sie uns den Regenbogen und andere Phänomene des Alltags erklärt. Mit Physik verstehen wir, warum sich der Bremsweg eines Autos bei doppelter Geschwindigkeit vervierfacht und warum Fahrräder die energetisch günstigsten Fahrzeuge sind.
Physik hilft uns auch verstehen, warum es sinnvoll ist, statt Glühbirnen effizientere Leuchtmittel einzusetzen. Dabei spielen die Beleuchtungskosten in einem Haushalt mit Elektroherd und Elektroboiler eine geringe Rolle. Das könnte anregen zu überlegen, wie Energie im Gesamten sparsamer genutzt werden kann. Dank gut durchdachter Sicherheitsbestimmungen ist der elektrische Strom nicht mehr jene große Gefahr, die er vor wenigen Jahrzehnten war. Trotzdem kommen durch Leichtsinn immer wieder Personen zu Schaden: Alle sollten verstehen, warum z.B. ein Fön in der Badewanne zur tödlichen Gefahr wird.
Physik und Chemie sind die Grundlagen der Technik. In der **Technik** werden die Erkenntnisse der Grundlagenforschung weiter entwickelt, so dass sie zu alltagstauglichen Werkzeugen werden. Die Entwicklung des Lasers bietet hier ein besonders gutes Beispiel.
Entdeckungen können zum Wohl der Menschheit eingesetzt werden, aber in Kriegen auch zum Schaden. Zu den bedeutendsten Herausforderungen der Zukunft gehören die Sicherung des Friedens (einschließlich eines Verbots von Kernwaffen) und die Sicherung der Lebensgrundlagen für alle Menschen. Wie schwierig die Versorgung mit Nahrung, Trinkwasser und Energie sein kann, wird uns besonders bei Naturkatastrophen in den ärmsten Ländern bewusst.
Wir sollten daran denken, dass sich die Weltbevölkerung von 3 Mrd. Menschen im Jahr 1960 innerhalb von nur 50 Jahren auf etwa 7 Mrd. Menschen im Jahr 2011 mehr als verdoppelt hat und weiter wächst. Das bedeutet einen steigenden Bedarf an nicht nachwachsenden Rohstoffen, wie Erdöl, Erdgas und Erzen.
Zur Bewältigung der Aufgaben, die sich aus diesen Problemen ergeben, ist neben der Politik auch die Technik heraus-

6.3 Solar- und Windkraftwerk

gefordert (6.3). Die bessere Nutzung der Sonnenenergie ist dabei ein ebenso naheliegendes wie lohnendes Ziel für junge Forscherinnen und Forscher.

Der Laser – vom Forschungslabor zum Alltagsobjekt

Die Geschichte des Lasers zeigt, wie aus „Geistesblitzen" nach 40 Jahren ein intensives Forschungsgebiet wird, aus dem schließlich im Lauf der Jahre seit 1960 der Laser entwickelt wird., der in vielen Anwendungsgebieten – oft in winzigen Bauformen – unentbehrlich wird. Im Laserpointer, im CD/DVD-Player und im Strichcodeleser an der Supermarktkasse ist der Laser zum Konsumartikel geworden.

7.1 Albert Einstein (1879–1955) war sicher der bedeutendste Physiker des 20. Jahrhunderts. Seine wichtigsten Erkenntnisse zur Natur des Lichts und zur Struktur von Raum und Zeit (Relativitätstheorie) machte er zwischen dem 26. und dem 40. Lebensjahr.

Schritt 1: Am Beginn des 20. Jahrhunderts war die Frage „Was ist Licht" ein zentrales Forschungsthema der Physik. Einsteins Beitrag im Jahr 1905 war die „Erfindung" der Lichtteilchen, der Photonen. Damit konnte er erklären, wie Licht Elektronen aus Metallen herausschlägt. (Dieser Effekt bildet die Grundlage der Bildentstehung in digitalen Kameras.)
Ein Jahrzehnt später dachte Einstein (7.1) darüber nach, wie Atome Energie aufnehmen können, die sie später als Licht wieder abgeben. Dabei erkannte er, dass es möglich sein müsse, viele Atome in einem gleichzeitigen Lichtblitz strahlen zu lassen.

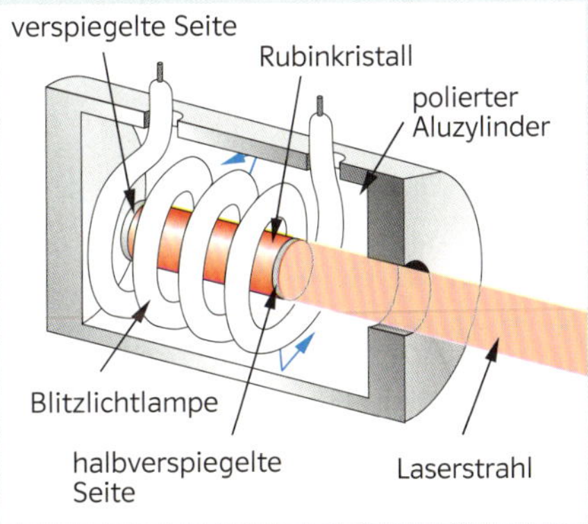

7.2 Aufbau des Rubinlasers: Ein kleiner Stab aus Rubin ist an den Enden parallel abgeschliffen und verspiegelt. Mit einer Blitzlichtlampe wird er beleuchtet. Nur das Licht, das im Kristall zwischen den Spiegeln hin und herläuft, ergibt schließlich einen parallelen intensiven Lichtstrahl, das Laserlicht.

Schritt 2: Lange schien es unmöglich, diese Idee praktisch umzusetzen. Erst im Jahr 1960 fanden zwei Forschergruppen in USA unabhängig von einander eine Lösung. Im **Rubinlaser** (7.2) sendet ein kleiner Rubinkristall einen gebündelten Strahl rotes Licht aus, im **Helium-Neon-Laser** wird ein Gasgemisch genutzt. Danach setzte eine rasante Entwicklung ein und es gibt nun eine Vielfalt von maßgeschneiderten Lasern. Allen ist jedoch eines gemeinsam: Das Licht, das sie abgeben, ist in einem engen Strahl gebündelt und ist daher sehr intensiv, es hat jeweils nur eine Wellenlänge (Farbe).
Das Wort Laser ist eine Abkürzung für *Light Amplification by Stimulated Emission of Radiation* und bedeutet „Lichtverstärker".
Schritt 3: Sehr schnell wurden die vielfältigen Möglichkeiten für Anwendungen erkannt. Immer neue Entwicklungen zeigen, welche Möglichkeiten kreativen Forschern und Entwicklern noch offen stehen. So werden derzeit sogenannte Femtosekunden-Laser entwickelt, die Lichtblitze mit einer Dauer von weniger als 10^{-12} Sekunden aussenden, mit denen man z. B. die Zwischenschritte von chemischen Reaktionen beobachten kann.

Einige Anwendungen

In der Augenmedizin sind besonders zwei Operationen mittels Laser erprobt (7.3). Die Ablösung der Netzhaut vom Augenhintergrund führt zur Erblindung. Mittels Laserlicht kann man die Netzhaut wieder fixieren. Bei Kurzsichtigkeit ist ein „Abschleifen" der zu stark gekrümmten Hornhaut durch Wegbrennen mittels Laserstrahl eine Operation, die das Tragen von Brillen überflüssig macht.
In der Chirurgie dient der Laser als Skalpell. Da Blutgefäße gleich wieder verschlossen werden, heilen Wunden bei Laseroperationen schnell.

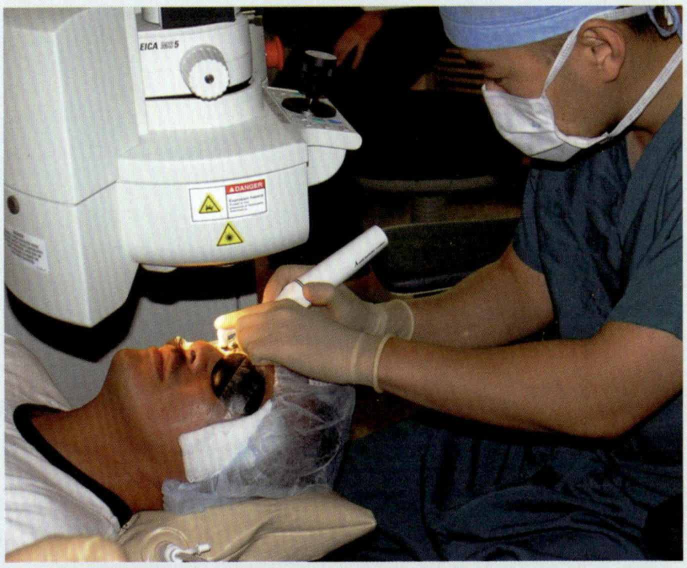

7.3 Lasersystem, das in der Augenchirurgie verwendet wird.

In der Materialbearbeitung hat sich sehr früh das Schneiden und Bohren von Werkstücken mittels Laser bewährt. Z. B. werden Lager von mechanischen Armbanduhren mittels Laser gebohrt. Beim Laserschneiden wird das Material entlang des Schnitts verdampft. Es fallen keine festen Späne an, stattdessen entwickeln sich Gase, die eventuell die Gesundheit gefährden.

Mit der Laserpistole misst die Polizei Geschwindigkeiten im Straßenverkehr. Am Bau ersetzt der Laserentfernungsmesser das Maßband und ist wesentlich genauer.
Ist es nicht erstaunlich, dass seit der ersten Landung am Mond im Jahr 1969 die Distanz Erde–Mond mittels Laser gemessen wird und auf wenige Zentimeter genau bekannt ist? Dabei konnte nachgewiesen werden, dass sich der Mond jährlich um etwa 3,5 cm von der Erde entfernt.
Auch, wenn man das Internet nutzt, sind Laser im Spiel. Informationen werden in kurzen Lichtblitzen – von Lasern erzeugt – durch Kabel aus Glasfasern geleitet.
Was wären schließlich ein Rock-Konzert oder die Linzer Klangwolke ohne eine Laser Show? Zeichnungen am Himmel mit Lichtstrahlen von leistungsstarken Lasern begeistern das Publikum.

Forschung – Kommunikation und Qualitätssicherung

Physikalische Forschung erfolgt an Universitäten und in speziellen Einrichtungen, die entweder teilweise öffentlich, teilweise durch Industrieaufträge finanziert werden oder Teil eines Industriebetriebs sind. Beispiele für außeruniversitäre Forschungsstätten sind das Amt für Eich- und Vermessungswesen, die Zentralanstalt für Meteorologie und Geodynamik, der Klimawindkanal in Wien oder die Forschungslabors des Motorenentwicklers AVL in Graz.
Die Forschung erfolgt in Arbeitsgruppen, so dass innerhalb der Gruppen Ergebnisse und auftretende Probleme besprochen werden können. Meist werden ähnliche Fragestellungen auch in anderen Arbeitsgruppen im In- und Ausland untersucht. Neue Erkenntnisse werden zwischen diesen Arbeitsgruppen in mehrfacher Art kommuniziert:

- Vorträge der Forscher bei Tagungen und Diskussion auch in den Pausen.
- Schriftliche Berichte (im Fachjargon *paper* genannt), die zunächst in einem elektronischen Archiv allgemein verfügbar sind und nach positiver Begutachtung durch – meist anonyme – Experten in einer Fachzeitschrift veröffentlicht werden. Die Gutachter prüfen, ob der Bericht neue Erkenntnisse und keine Fehler enthält und ob die Arbeit die verwendeten Methoden so darstellt, dass die Ergebnisse unabhängig überprüft werden können. Gerade bei der Dokumentation experimenteller Arbeiten ist die Analyse möglicher Fehlerquellen besonders wichtig. (Die Veröffentlichungen in Fachzeitschriften sind wichtige Leistungsnachweise und können für die Karriere entscheidend sein.)

Bereits vor 400 Jahren hat der französische Mathematiker und Philosoph René Descartes (1596–1650) heute noch gültige Regeln für die wissenschaftliche Arbeit aufgestellt:

1 Man hüte sich vor jeder Übereilung und vorgefassten Meinung und halte nur das für wahr, was man wirklich eingesehen hat.
2 Man zerlege jedes Problem in Teilprobleme.
3 Man beginne beim einfachsten Teilproblem und gehe schrittweise zu Komplizierteren.

Physikalische Forschung wird von Menschen betrieben. Fehler sind daher möglich. Wenn sich nach der Veröffentlichung einer wissenschaftlichen Arbeit trotz Begutachtung ein gravierender Fehler findet, der das Ergebnis wertlos

8.1 Die Salzburger Physikerin Claire Gmachl entwickelt an der Universität Princeton, USA, Laser für Umweltforschung und Medizin.

macht, so muss die Arbeit widerrufen werden, was durch eine kurze Mitteilung der Verfasser in der Fachzeitschrift erfolgt.
Fälle von Datenfälschung oder gravierender Fehlinterpretation von Ergebnissen kommen besonders in Bereichen vor, in denen viel Ruhm zu gewinnen ist. In der Physik ist eines dieser Gebiete die Kernfusionsforschung zur Energiegewinnung aus Wasserstoff. Dieser Prozess läuft in der Sonne bei 15 Millionen Grad ab – es wäre doch schön, wenn er auch bei Zimmertemperatur möglich wäre. Zwei Experimente, in denen die Möglichkeit einer „kalten Kernfusion" behauptet wurde, erregten viel Aufmerksamkeit. Sie konnten von anderen Forschern jedoch nicht nachvollzogen werden und werden daher von der wissenschaftlichen Gemeinschaft nicht als richtig anerkannt.
Als **gute wissenschaftliche Praxis** gilt daher die Selbstverpflichtung der Forscher, gemäß dem aktuellen Stand der Wissenschaft zu arbeiten, Forschungsergebnisse zu dokumentieren, ehrlich und unvoreingenommen mit Partnern wie Konkurrenten zu verkehren sowie die Ergebnisse der eigenen wissenschaftlichen Arbeit einer scharfen Kritik zu unterziehen.
Behauptete Phänomene wie z.B. die sogenannten „Erdstrahlen", die nur von bestimmten Personen nachgewiesen werden können oder die wichtigen physikalischen Prinzipien widersprechen, sind daher nicht wissenschaftlich erklärbar – falls es sie überhaupt gibt

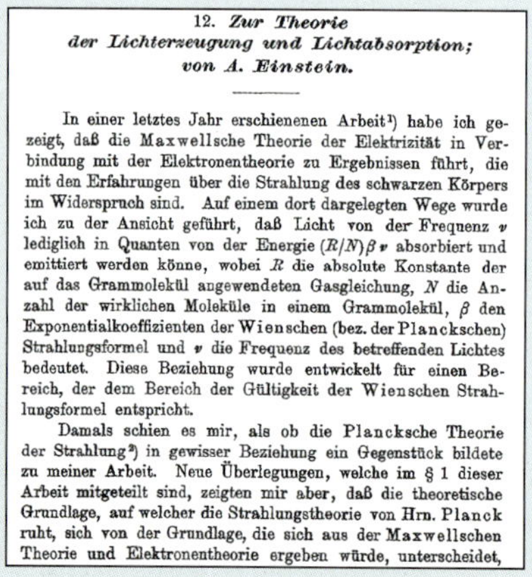

12. *Zur Theorie der Lichterzeugung und Lichtabsorption; von A. Einstein.*

In einer letztes Jahr erschienenen Arbeit[1]) habe ich gezeigt, daß die Maxwellsche Theorie der Elektrizität in Verbindung mit der Elektronentheorie zu Ergebnissen führt, die mit den Erfahrungen über die Strahlung des schwarzen Körpers im Widerspruch sind. Auf einem dort dargelegten Wege wurde ich zu der Ansicht geführt, daß Licht von der Frequenz ν lediglich in Quanten von der Energie $(R/N)\beta\nu$ absorbiert und emittiert werden könne, wobei R die absolute Konstante der auf das Grammolekül angewendeten Gasgleichung, N die Anzahl der wirklichen Moleküle in einem Grammolekül, β den Exponentialkoeffizienten der Wienschen (bez. der Planckschen) Strahlungsformel und ν die Frequenz des betreffenden Lichtes bedeutet. Diese Beziehung wurde entwickelt für einen Bereich, der dem Bereich der Gültigkeit der Wienschen Strahlungsformel entspricht.

Damals schien es mir, als ob die Plancksche Theorie der Strahlung[2]) in gewisser Beziehung ein Gegenstück bildete zu meiner Arbeit. Neue Überlegungen, welche im § 1 dieser Arbeit mitgeteilt sind, zeigten mir aber, daß die theoretische Grundlage, auf welcher die Strahlungstheorie von Hrn. Planck ruht, sich von der Grundlage, die sich aus der Maxwellschen Theorie und Elektronentheorie ergeben würde, unterscheidet,

8.2 In diesem Aufsatz aus dem Jahr 1906 vertiefte Einstein seine im Jahr zuvor veröffentlichten Überlegungen zur Erzeugung von Licht.

Die Bewegung

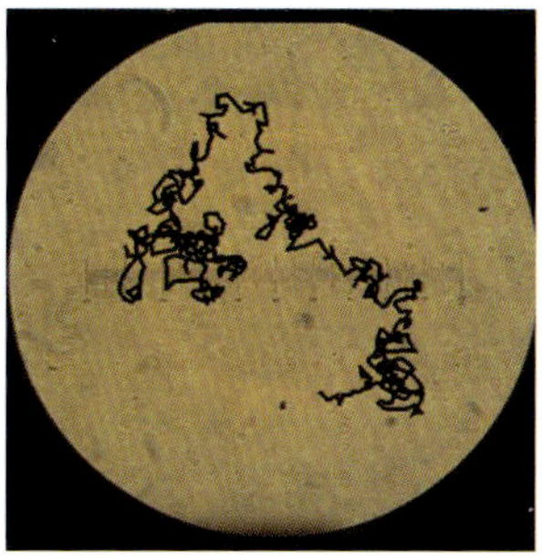

Bewegung ist eines der wesentlichsten Kennzeichen sowohl der belebten als auch der unbelebten Natur.
Links: Ein Gepard jagt seine Beute. Welche Geschwindigkeit kann er erreichen? **Mitte:** Bewegungen im (Makro-)Kosmos: Langzeitbelichtung des Sternenhimmels mit kreisförmigen Sternspuren **Rechts:** Bewegungen im Mikrokosmos: Pollen im Wasser

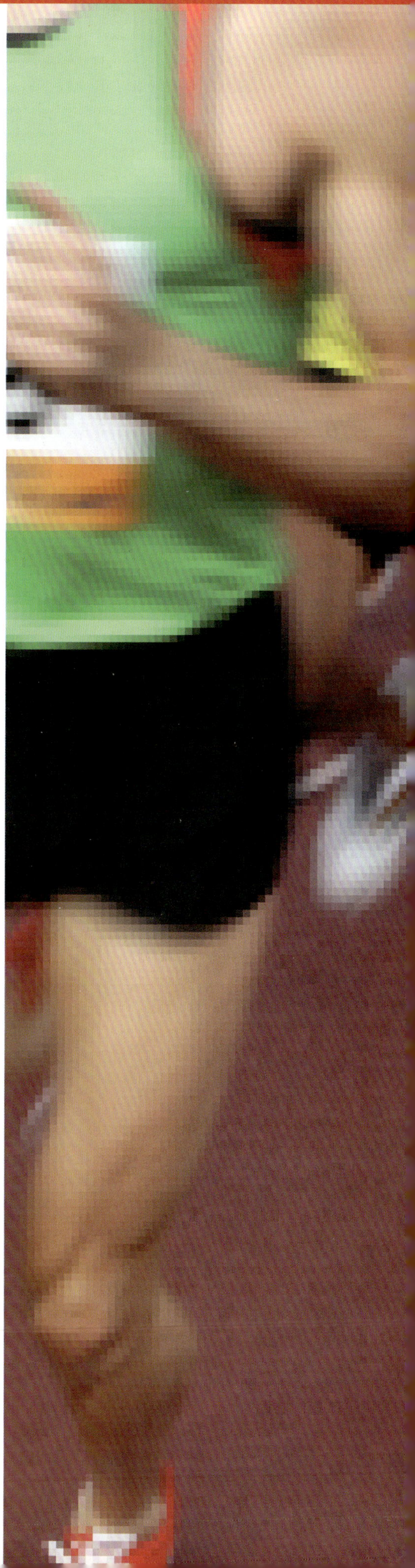

Die **Mechanik** steht zumeist am Anfang des Physikunterrichts. Das hat mehrere Gründe, historische und praktische. Die Grundlagen, die in der Mechanik entwickelt wurden, bilden letztlich die Basis der gesamten Physik. Ohne sie wäre es nicht möglich gewesen, das Gebäude der Physik in seiner heutigen Form zu errichten. Daher ist es wichtig, zunächst die Basiskenntnisse zu erwerben, um in der Folge Schritt für Schritt den Aufbau des gesamten Gebäudes erfassen zu können.

Technische Probleme des Alltags spielten in der Antike bei der Entwicklung der Physik als Wissenschaft eine wichtige Rolle. Pumpen, Hebel, Rollen und andere einfache mechanische Maschinen erleichterten den Menschen die Arbeit. Eine weitere wichtige Wurzel der Entwicklung der Physik war die **Astronomie.** Die Beobachtung des Sternenhimmels war für die Orientierung wichtig und Grundlage für den Kalender. Die regelmäßigen Bewegungen der Himmelskörper regten die Menschen an, genauer zu beobachten und nach den Ursachen zu fragen. Wie ist der Kosmos aufgebaut? Welche Stellung hat die Erde in diesem Kosmos? Bewegen sich die Planeten um die Erde oder ist es die Erde, die sich um die Sonne bewegt? Warum fallen Körper nach unten? Die Beschreibung und Untersuchungen der Bewegungen der Sterne und die Frage nach den Ursachen dieser Bewegungen führte im ausgehenden Mittelalter schließlich zur Entstehung der Physik, wie wir sie heute kennen. Wir sprechen auch aus diesem Grunde vom Beginn der Neuzeit.

„Alles, was messbar ist, messen, und was nicht messbar ist, messbar machen.“ Diese Forderung steht am Anfang der Neuzeit und der Entwicklung der Physik. Es geht hier um die Methode der Physik, wie sie von GALILEI im 16. Jahrhundert formuliert wurde. Was heißt aber messen? Was kann man alles messen und wodurch unterscheidet sich der Messvorgang heute von jenem der Zeit Galileis? Galilei entwickelte seine Methode an einer Bewegung, die wir täglich beobachten können, dem freien Fall. Wir wollen Galileis Überlegungen im diesem Kapitel folgen.

Im ersten Teil des folgenden Kapitels wollen wir uns mit der Lehre von den Bewegungen, der **Kinematik,** auseinandersetzen und am Beispiel der Bewegung auch die Arbeitsweise der Physik kennen lernen. Dabei werden wir neben historischen Dokumenten, insbesondere den Schriften von Galileo Galilei, auch auf aktuelle Fragestellungen aus dem Verkehr und dem Sport eingehen.

r592j9

1 Die Grundgrößen Zeit und Länge

In diesem Kapitel erfährst du,
- wie man in der Physik Zeiten und Längen misst,
- in welchen zeitlichen und räumlichen Größenordnungen die Physik arbeitet.

10.1 Zur Messung der Mondentfernung wird ein Laserblitz auf einen von den Apollo-Astronauten aufgestellten Reflektor gerichtet.

? Wie genau kann man auf diese Weise die Entfernung des Mondes bestimmen?

Angenommen, wir wissen, wo ein Körper zu einem bestimmten Zeitpunkt ist und welche Geschwindigkeit er hat. Wenn die Kräfte auf den Körper bekannt sind, können wir die weitere Bewegung des Körpers vorhersagen. Das gilt für Flugzeuge und Züge, aber auch für Raumsonden. Zum Beispiel konnte man berechnen, wann die Raumsonde Voyager I beim Planeten Jupiter vorbeikommen und wann sie unser Planetensystem verlassen wird. Derartige Berechnungen gehören zu den wichtigen Aufgaben der Physik und der Technik. Voraussetzung für solche Berechnungen sind genaue Orts-, Geschwindigkeits- und Zeitangaben der Objekte. Die Ansprüche an die Genauigkeit haben sich im Lauf der Zeit verschärft. Vor 400 Jahren maß Galilei die Zeit mit seinem Pulsschlag. Heute messen Physiker Zeitdauern auf milliardstel Sekunden und weniger, und in der Quantenphysik werden Längen auf milliardstel Millimeter genau bestimmt.

10.2 Schmelzende Zeitmesser in dem Gemälde „Das Beharren der Erinnerung" von Salvador Dali (1931). In Philosophie und Kunst ist Zeit ein wichtiges Thema.

1.1 Die Messung der Zeit

Was ist Zeit? Die Frage wird von der Philosophie, der Psychologie, der Biologie und der Physik jeweils anders beantwortet. Augustinus (354–430 n.Chr.) bemerkt dazu: *„Was ist Zeit? Wenn niemand mich danach fragt, weiß ich es; will ich es einem Fragenden erklären, weiß ich es nicht."* In der Physik dachte man lange, dass es eine **absolute Zeit** gäbe, die unabhängig von uns Menschen und unabhängig vom Kosmos gleichmäßig verstreiche. Wir wissen heute, dass dieser Zeitbegriff nur dann gilt, wenn wir in den Dimensionen des Alltags denken. Große Massen, wie wir sie etwa bei Sternen finden, aber auch hohe Geschwindigkeiten verändern den Gang der Uhren.

Für die **physikalische Größe Zeit** benützt man die Abkürzung t. *Um eine beliebige Zeitdauer messen zu können, benötigen wir eine Vergleichsgröße, die* **Maßeinheit** (vgl. Kasten „Was heißt messen?", S. 14). Ein natürliches Zeitmaß ist der Wechsel von Tag und Nacht. Schon in der römischen Antike teilte man die Zeit zwischen zwei Sonnenhöchstständen – also den vollen Tag – in 24 Stunden auf. Die Stunde wiederum unterteilt man in 60 Minuten, 1 Minute in 60 Sekunden.

Ursprüngliche Definition: 1 **Sekunde** ist der 86 400ste Teil eines mittleren Sonnentages.

Diese Definition berücksichtigt, dass sich wegen der ungleichmäßigen Bewegung der Erde auf ihrer Bahn um die Sonne die Länge eines Tages im Laufe eines Jahres ändert. Aber auch die Drehung der Erde ist nicht konstant. So bewirkte z.B. das Erdbeben in Japan 2011 eine minimale Änderung der Massenverteilung auf der Erde. Die Erde dreht sich seither ein wenig schneller und der Tag ist nun um 1,2 µs kürzer.

10.3 ALBERT EINSTEIN (1879–1955)

Einstein hat 1905 gezeigt, dass es keine absolute Zeit gibt. Uhren, die sich relativ zu uns bewegen, scheinen im Vergleich zu unseren Uhren langsamer zu gehen.

Die **Sekunde** (abgekürzt s) ist im Internationalen Einheitensystem (SI-System, siehe Kasten S. 14) die Einheit für die Zeit.
Der Anspruch an die Genauigkeit der Messung hat sich in den letzten Jahrzehnten erhöht. Daher wird seit 1967 die Dauer einer Sekunde mittels **Atomuhren** festgelegt. Dabei nutzt man Licht, das von Cäsium-Atomen abgestrahlt wird, und die Tatsache, dass Schwingungen des Lichts völlig gleichmäßig erfolgen. Atomuhren, wie sie etwa für das GPS-System verwendet werden, sind so genau, dass sie erst nach 10 000 Jahren einen Fehler von maximal 1 s aufweisen würden. Präzisionsuhren, wie sie in der Forschung verwendet werden, sind noch wesentlich genauer.
Die Zeitangabe, die wir mittels Funkuhren oder über Radio, Fernsehen oder Internet erhalten, erfolgt aufgrund eines weltweiten Netzes von mehr als 260 Atomuhren. Dieses Zeitsystem wird als **Weltzeit** oder **Coordinated Universal Time (UTC)** bezeichnet. Die Atomuhren zeigten, dass die Erddrehung langsamer wird. Ein mittlerer Sonnentag hat daher nicht exakt 86 400 Sekunden, sondern etwas mehr. Zu Jahresende wird daher hin und wieder eine Schaltsekunde eingefügt, d. h. der Silvestertag hat dann 86 401 Sekunden. Von 1995 bis 2010 gab es sechs Schaltsekunden.
In der Physik untersucht man sehr große, aber auch winzig kleine Zeiträume: Das Weltall existiert nach heutiger Ansicht ca. 13 Milliarden Jahre, manche Elementarteilchen zerfallen nach einigen milliardstel Sekunden.

11.1 Die Kenntnis des Stands der Sonne zu verschiedenen Tageszeiten und im Laufe eines Jahres ermöglicht die Bestimmung der Zeit. Bastle selbst eine Sonnenuhr!

Verwenden von Zehnerpotenzen

Für die Darstellung sehr kleiner oder sehr großer Zahlen benutzt man häufig die Schreibweise mit den Potenzen der Zahl 10 (**11.3**). Die Zahl 10^4 bedeutet $10 \cdot 10 \cdot 10 \cdot 10 = 10\,000$. Eine negative Hochzahl mit der Basis 10 bedeutet den Kehrwert der Zahl mit der positiven Hochzahl, also $10^{-4} = 1/10^4 = 1/10\,000$.

Das Alter des Weltalls von 13 000 000 000 Jahren kann daher auch als $13 \cdot 10^9$ oder $1{,}3 \cdot 10^{10}$ Jahre geschrieben werden. Der Durchmesser eines Urankerns beträgt ca. $15 \cdot 10^{-15}\,\text{m} = 0{,}000\,000\,000\,000\,015\,\text{m}$.

11.2 Die primäre Atomuhr, mit der die UTC realisiert wird. Die Uhr befindet sich in der Physikalisch Technischen Bundesanstalt in Braunschweig. Die Atomuhr des Labors ist mit Uhren anderer Labors weltweit synchronisiert. Von den Labors wird die Zeitangabe per Funk an die einzelnen Landesstellen weitergegeben.

Untersuche, überlege, forsche: Zeitmessung

11.1 W1 Überprüfe die Behauptung: Ein guter Näherungswert für die Dauer eines Jahres von 365 Tagen in Sekunden ist $\pi \cdot 10^7$ Sekunden.

11.2 Bei Reisen über große Distanzen müssen die Zeitzonen beachtet werden. Die Weltzeit (UTC) stimmt mit der lokalen Uhrzeit (GMT = Greenwich Mean Time) am nullten Längengrad (Meridian der Sternwarte Greenwich in London) überein.
W2 **a)** Überlege, warum Zeitzonen eingeführt wurden.
W1 **b)** Finde heraus, wie die Mitteleuropäische Zeit (MEZ) definiert ist.
S2 **c)** Beschreibe Auswirkungen der Unterschiede der lokalen Zeiten auf Menschen bei Fernreisen und im Geschäftswesen.

11.3 S2 Recherchiere, wie Funkuhren in Mitteleuropa synchronisiert werden.

Experiment: Dauer einer Pendelschwingung

11.1 *Du brauchst:* Eine 1 m lange Schnur, einen „Pendelkörper" (z. B. Metallkugel), eine Stoppuhr.
E1 **a)** Fertige ein Pendel an. Miss die Dauer einer Pendelschwingung mittels Stoppuhr. Arbeitet in Teams und vergleicht die Ergebnisse. Diskutiert, wie eventuelle Unterschiede in euren Messdaten zustande kommen können und wie genau das Ergebnis überhaupt sein soll.
E1 **b)** Die Genauigkeit einer Messung kannst du verbessern, indem du die Dauer von mehreren Schwingungen misst und das Ergebnis durch die Zahl der Schwingungen dividierst (Mittelwert berechnen!). Durch mehrmalige Wiederholung der Messung kannst du den Mittelwert und die maximale Abweichung davon bestimmen (s. Kasten S. 14).
E2 **c)** Diskutiert mögliche Fehlerquellen und das Resultat.

Vorsilbe	Abkürzung	Faktor
Tera	T	10^{12}
Giga	G	10^9
Mega	M	10^6
Kilo	k	10^3
Hekto	h	10^2
Deka	da	10^1
Dezi	d	10^{-1}
Zenti	c	10^{-2}
Milli	m	10^{-3}
Mikro	µ	10^{-6}
Nano	n	10^{-9}

11.3 Es ist üblich, Vielfache oder Teile der festgelegten Maßeinheit mit bestimmten Vorsilben zu benennen, die durch ein internationales Übereinkommen geregelt sind.

12.1 Ellen-Stäbe am Stephansdom in Wien. Je nach Verwendungszweck waren die Ellenmaße verschieden lang. Die Wiener Tuch-Elle (Maß für Kleiderstoffe) betrug etwa 78 cm. Eine Züricher Elle entsprach etwa 60 cm.

1.2 Die Messung der Länge

Wie für die Zeitmessung benötigen wir auch für die Messung von Längen eine Maßeinheit und Messgeräte. Im Mittelalter dienten Elle (die Länge von Unterarm und Hand) und Fuß als Längeneinheiten (**12.1**). Diese waren in jeder Stadt verschieden lang, der Handel mit Waren war dadurch erschwert. Nach genauen Vermessungen der Erde im 18. Jahrhundert wurde das Meter folgendermaßen definiert: Ein **Meter** (1 m) ist der 40 000 000ste Teil des Erdumfangs. Diese Länge wurde auf einem Metallstab, dem Urmeter (**14.2**) eingeritzt. In jedem Eichamt gibt es eine Nachbildung dieses Urmeterstabs, der in Frankreich aufbewahrt wird. Mit der Entwicklung der Atomphysik erwies sich die alte Definition des Meters als zu ungenau. Da man mittels Atomuhren Zeiten sehr genau messen kann, wird seit 1983 die SI-Einheit Meter über die Lichtgeschwindigkeit definiert:

> Ein **Meter** entspricht jener Strecke, die das Licht im luftleeren Raum in 1/299 792 458 s zurücklegt.

Die Lichtgeschwindigkeit im Vakuum ist eine wichtige Naturkonstante und beträgt 299 792 458 m/s. Für alle praktischen Zwecke genügt die folgende Näherung:

> **Lichtgeschwindigkeit**
> Licht legt im luftleeren Raum in 1 s eine Strecke von ca. 300 000 km ($3 \cdot 10^8$ m) zurück.

12.2 Laser-Entfernungsmessgerät

Im Baugewerbe werden Distanzen oft mit Laserlicht gemessen. Laserlicht wird in kurzen Pulsen ausgesendet. Durch Vergleich der ausgesendeten mit den reflektierten Pulsen wird die Laufzeit der Pulse und damit die Entfernung des Objekts bestimmt.

Untersuche, überlege, forsche: Längenmessung

12.1 W1 In USA und Großbritannien wird zwar in den Naturwissenschaften die Längeneinheit Meter verwendet, im Alltag sind noch immer andere Maßeinheiten üblich. Welche sind das und wie sind sie festgelegt?

12.2 W1 Vor der Einführung des Meters wurden je nach Ort und Zweck unterschiedliche Längeneinheiten verwendet. Recherchiere dazu im Internet!

12.3 W1 **a)** In Baumärkten findest du verschiedene Geräte zur Messung von Längen. Erläutere, um welche Geräte es sich handelt und wie sie benutzt werden.
E1 **b)** Erkläre die Funktionsweise der Geräte.

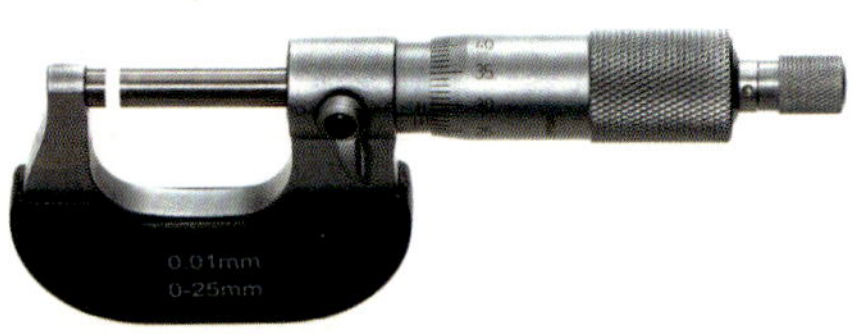

12.3 Die Mikrometerschraube dient zur genauen Messung von Längen. Es lassen sich damit Längen auf 0,01 mm genau ablesen.

Im Alltag misst man Längen meist mit **Maßstäben** oder **Maßbändern,** häufig auch mittels Laserlicht (**12.2**), Radar oder Ultraschall. Letztere haben ein gemeinsames Prinzip: Man lässt Strahlung an einem Körper reflektieren und misst die Laufzeit. Aus der Laufzeit lässt sich die Entfernung des Körpers bestimmen.

Experiment: Längenmessung

12.1 *Du brauchst:* Maßband und (falls möglich) einen Laser-Entfernungsmesser.
E1 Miss mit dem Maßband oder Laser-Entfernungsmesser Länge und Breite deines Klassenzimmers. Führe die Messung fünf Mal durch, bilde das arithmetische Mittel und notiere die maximale Abweichung vom Mittelwert (vgl. S. 14). Überlege, warum du leicht unterschiedliche Ergebnisse erhältst, wenn du das Maßband jedes Mal neu anlegst.

> *„Vor 150 Jahren war die Bedeutung des Mikrometers für den Uhrmacher offensichtlich, nicht aber für den Bauern. Und doch hat die Mikrometerpräzision das Pflügen revolutioniert – sie ermöglichte den Bau exakter Maschinen, u.a. die Entwicklung des Traktors. Der Übergang zum Nanometer-Zeitalter leitet gleichfalls eine nicht voraussehbare Entwicklung ein, nur wird alles viel schneller gehen – schneller sogar als die rasante Entwicklung der Mikroelektronik.“*
> HEINRICH ROHRER, Nobelpreisträger für Physik 1986

Messen im Mikrobereich

Untersuche, überlege, forsche: Kleine Objekte

12.4 W1 Wie viele der folgenden Teilchen haben nebeneinander auf einem Meter Platz: Staubkörnchen, Feinstaub, Bakterien, Viren, Atome? Da diese Teilchen unterschiedlich groß sind, kannst du nur ungefähre Werte angeben. Verwende die Potenzschreibweise.

12.5 E1 **a)** Betrachte kleine Dinge mit einer Lupe. Beschreibe deine Beobachtung.
E2 **b)** Untersuche, wie stark die verwendete Lupe vergrößert!

Auf etwa 30 cm Entfernung (Lesedistanz) können wir noch Abstände von 0,1 mm erkennen. Dies entspricht etwa der Größe eines Staubkorns. Feinstaub, der die Lunge belastet, lässt sich nicht mehr mit freiem Auge erkennen, die Körnchen haben einen Durchmesser unter 2,5 µm. Für die Medizin war das Mikroskop eine wichtige Erfindung. Mittels Lichtmikroskop lassen sich z.B. Bakterien erkennen und messen, allerdings keine Viren. Für diese benötigt man sogenannte Elektronenmikroskope.
Dem österreichischen Physiker JOSEF LOSCHMIDT (1821–1894) gelang es Ende des 19. Jahrhunderts, mit einem einfachen Experiment die Größe eines Moleküls abzuschätzen. Du kannst dieses Experiment leicht nachmachen.

13.1 Ein Tropfen Spülmittel breitet sich auf der Wasseroberfläche aus.
Da das Spülmittel eine komplexe Molekülstruktur hat, ist die Schichtdicke relativ groß. Den für die Größenordnung von Molekülen typischen Wert von 1 nm erhältst du, wenn du statt Seifenlösung Ölsäure verwendest.
Eine Anleitung dazu findest du auf http://physikplus.oebv.at

Experiment: Bestimmung der Größe von Molekülen

13.1 *Du brauchst:* Eine flache Wanne mit Wasser, Geschirrspülmittel, Mehl oder Kinderpuder, Pipette oder Injektionsspritze, Lineal, Taschenrechner

E2 **a)** Bestimme das Volumen eines einzelnen Tropfens Geschirrspülmittel als Mittelwert über viele Tropfen.

E2 **b)** Streue auf das Wasser etwas Mehl (oder Kinderpuder; **13.1**). Lass nun in der Mitte einen Tropfen Geschirrspülmittel auf das Mehl fallen. Das Spülmittel verdrängt das Mehl und breitet sich auf der Wasseroberfläche aus. Dabei bildet es eine Schicht, die nur wenige Moleküldurchmesser dick ist. Das Volumen dieser Schicht entspricht dem Volumen des Tropfens. Bestimme die Dicke der Schicht und dadurch die ungefähre Größe der Moleküle des Spülmittels.

Am einfachen Beispiel des Experiments von Loschmidt lässt sich nachvollziehen, wie in der Physik erste Vorstellungen von Molekülgrößen gewonnen wurden, welchen Fehlerquellen sie unterliegen, wie sie zu neuen Erkenntnissen führen oder alte Erkenntnisse bestätigen können. Loschmidt gelang es mit makroskopischen Methoden und unter der Annahme, dass es Moleküle gibt, deren ungefähre Größe zu bestimmen.

13.2 Quasare sind sehr weit entfernte astronomische Objekte. Das Bild zeigt einen Quasar, dessen Licht 12 Milliarden Jahre zu uns gebraucht hat: Wir blicken also 12 Milliarden Jahre in die Vergangenheit zurück.

Astronomische Distanzen in der Milchstraße

Unsere Sonne hat **8 Planeten** (Merkur, Venus, Erde, Mars, Jupiter, Saturn, Uranus, Neptun). Neben den genannten Planeten bewegen sich auch viele Asteroiden (Kleinplaneten), Kometen und andere Kleinkörper um die Sonne. Pluto ist ein Kleinplanet. Die Erde ist ca. 150 Mio. km von der Sonne entfernt, der Erdmond ist im Mittel 384 000 km von der Erde entfernt. (Siehe auch S. 39)
Unsere Sonne ist ein **Stern.** Da Sterne riesige Ausdehnungen haben (durchschnittlich 10^9 m bis 10^{11} m) und sehr hell strahlen, kann man einige Tausend Sterne unserer Milchstraße trotz der großen Entfernungen noch mit freiem Auge sehen. Die Entfernungen zwischen den Sternen gibt man in **Lichtjahren** (Abk.: ly, light year) an. Am nächsten zur Sonne liegen die beiden Sterne Alpha und Beta Centauri am südlichen Sternenhimmel. Sie sind 4,3 Lichtjahre von unserer Sonne entfernt.
Unter einem Lichtjahr versteht man jene Entfernung, die das Licht im luftleeren Raum in einem Jahr zurücklegt.

$$1\,\text{ly} = 9{,}5 \cdot 10^{12}\,\text{km (ca. 10 Billionen km} = 10^{16}\,\text{m)}$$

Im Durchschnitt hat eine **Galaxie** (das ist eine riesige Ansammlung von Sternen) einen Durchmesser von ungefähr 100 000 Lichtjahren. Zwischen unserer Galaxie – der Milchstraße – und der benachbarten Andromeda-Galaxie liegen ca. 2,5 Mio. Lichtjahre.

Untersuche, überlege, forsche: Große Entfernungen

13.1 W1 **a)** Überlege, in welchem Verhältnis das Sonnensystem verkleinert werden müsste, um als maßstabsgetreues Modell in den Schulhof zu passen. (Entfernungen der Planeten von der Sonne s. S. 39.)

W1 **b)** Wie groß wären im selben Maßstab die Durchmesser von Sonne und Erde?

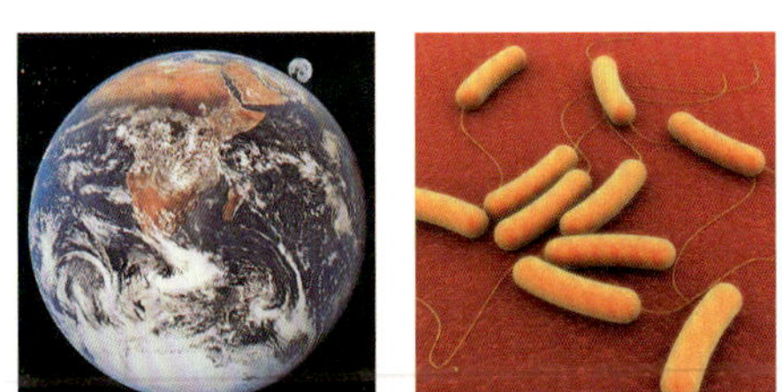

13.3 Größenordnungen in der Natur
Links: Der Durchmesser der Erde beträgt etwa $1{,}3 \cdot 10^7$ m
Rechts: Die Größe von Bakterien beträgt etwa 10^{-6} m = 1 µm

Was heißt „messen“?

Größe		Einheit	
Länge	l	Meter	m
Zeit	t	Sekunde	s
Masse	m	Kilogramm	kg
Stoffmenge	n	Mol	mol
elektrische Stromstärke	I	Ampere	A
Temperatur	T	Kelvin	K
Lichtstärke	I_V	Candela	cd

14.1
Das Internationale Einheitensystem (SI)

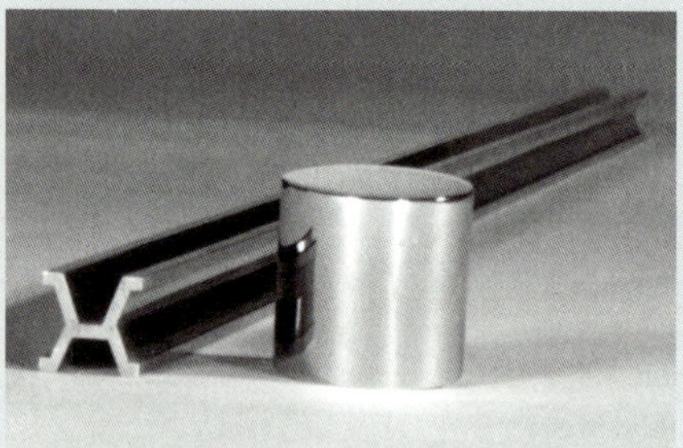

14.2 Urmeterstab und Urkilogramm.

Im Jahr 1793 setzte der französische Nationalkonvent das Meter als neues Längenmaß fest: Ein Meter sollte dem 10-millionsten Teil der Distanz Nordpol-Äquator auf dem Meridian von Paris entsprechen. Nach heutigem Wissen beträgt der dabei gemachte Fehler nur 0,13 mm.

Das Urkilogramm war als Masse eines Platin-Iridium-Zylinders von 39 mm Höhe und Durchmesser definiert.

Heute werden die Basiseinheiten durch Naturkonstante festgelegt – z. B. das Meter durch die Sekunde und die Lichtgeschwindigkeit (siehe Seite 12).

„Alles was messbar ist, messen, und was nicht messbar ist, messbar machen.“ Dieser Satz Galileis beschreibt die Bedeutung der Messung für die Naturwissenschaften. Die Physik beschäftigt sich mit Größen, die messbar sind. Im Folgenden beschreiben wir, was in der Physik unter Messen verstanden wird.
Um eine physikalische Größe zu messen, braucht man **Maßeinheiten** und entsprechende **Messgeräte.** Eine physikalische Größe zu messen heißt, sie mit der entsprechenden Maßeinheit zu vergleichen. Das Ergebnis jeder Messung ist eine **Maßzahl,** die angibt, wie oft die gewählte Einheit in der zu messenden Größe enthalten ist.
Es gilt:

Größe = Maßzahl · Einheit

z. B.: $l = 3 \cdot 1\,\text{m} = 3\,\text{m}$

Wir unterscheiden in der Physik zwischen **Basisgrößen** und aus ihnen **abgeleiteten Größen.** Zeit und Länge werden als Basisgrößen definiert. Geschwindigkeit und Beschleunigung sind daher abgeleitete Größen, da sie über die Basisgrößen definiert werden.
Die Festlegung der Maßeinheiten für die Basisgrößen ist willkürlich. Im **Internationalen Einheitensystem** (Système International d'Unités, kurz **SI System**) sind 7 Basisgrößen und **Basiseinheiten** festgelegt (**14.1**)
Für die Messung einer Größe muss die dazu passende Einheit festgelegt werden und das Messgerät muss kalibriert und geeicht werden.

Kalibrieren und Eichen

Wie wird sichergestellt, dass ein Messgerät korrekte Werte anzeigt? Dazu werden Messgeräte anhand von Vergleichskörpern geprüft, z. B. für Längenmessungen mit einem Messstab, dessen Länge mit einer überprüften Unsicherheit bekannt ist – ideal wäre das Urmeter. Natürlich müssen auch Bruchteile und Vielfache der Einheit auf einer Skala angezeigt werden. Als **Kalibrierung** bezeichnet man die Festlegung der Skala mit der Angabe des Anwendungsbereichs und der zu erwartenden Genauigkeit (Fehler durch unvermeidliche Umgebungseinflüsse, z. B. Temperatur, und Fertigungsunterschiede der Geräte). Mittels **Eichung** wird festgestellt, dass das Gerät den gesetzlichen Vorschriften entspricht. In Österreich legt das Bundesamt für Eich- und Vermessungswesen die Eichmethode fest. Die Eichung ist für Messgeräte vorgeschrieben, die nicht ausschließlich privat verwendet werden. Darunter fallen Stromzähler, aber auch Geräte aus dem Gesundheitswesen – wie Fieberthermometer oder Blutdruckmessgeräte.

Messfehler

Bei allen Messungen sind die Messergebnisse mit Fehlern behaftet. Es gibt unterschiedliche Fehlertypen.
Statistische Fehler entstehen durch Zufälligkeiten bei der Messung, beispielsweise durch Ablesefehler, leichte Temperaturschwankungen, Erschütterungen, etc. Die Größe statistischer Fehler lässt sich durch wiederholte Messungen abschätzen und angeben: Ein einfacher Weg ist es, den Fehler über maximale Abweichungen vom **Mittelwert** anzugeben. $t = 1{,}9022\,\text{s} \pm 0{,}0005\,\text{s}$ bedeutet in diesem Fall, dass die Einzelergebnisse um bis zu 0,0005 s vom arithmetischen Mittelwert 1,9022 s abweichen. Die mögliche Abweichung vom Mittelwert kann auch in Form von Prozentangaben erfolgen.
Die Stochastik, ein Teilgebiet der Mathematik, sagt, dass kleine Abweichungen vom Mittelwert bei wiederholten Messungen wahrscheinlicher sind als große Abweichungen.

Für alle Messgeräte müssen derartige Fehlergrenzen angegeben werden. Bei Radargeräten zur Bestimmung der Geschwindigkeit von Fahrzeugen wird der durch das Messverfahren bedingte Messfehler bei Geschwindigkeiten bis zu 100 km/h mit ± 3 km/h angegeben, bei darüber liegenden Geschwindigkeiten mit ± 3 %.
Die zweite Fehlergruppe sind die **systematischen Fehler.** Ursachen für systematische Fehler sind z. B. unverstandene äußere Einflüsse (Reibung, ...), fehlerhaft kalibrierte Messgeräte, Rückwirkung des Messgeräts auf die Messung oder durch schlechte Sichtbarkeit bedingte Ablesefehler. Wie geht man mit systematischen Fehlern um? In erster Linie gilt es, die Ursache systematischer Fehler zu finden und zu korrigieren. Das ist meist ein sehr mühseliges Unterfangen. Wenn dies nicht gelingt, so schätzt man die Größenordnung ab und gibt sie als zusätzlichen Fehler zum statistischen an.

Die Bestimmung des Erdumfangs

Eratosthenes von Kyrene (276–194 v. Chr.) war ein vielseitiger griechischer Gelehrter. Er betätigte sich als Mathematiker, Astronom, Geograph, war aber auch Historiker und Dichter. Ein halbes Jahrhundert lang leitete er die größte Bibliothek der Antike, die Bibliothek von Alexandria (Ägypten). Berühmt wurde Eratosthenes unter anderem durch die Bestimmung der Größe von Mond und Sonne und ihrer Entfernung von der Erde.
Bereits Aristoteles (384–322 v. Chr.) hatte behauptet, dass die Erde eine Kugel ist. Bei einer Mondfinsternis sehen wir den Schatten der Erde. Dieser ist kreisförmig, also muss die Erde – so schloss er – eine Kugel sein.
Eratosthenes überlegte sich: Wegen der Erdwölbung sehen wir die Sonne je nach geographischer Breite verschieden hoch über dem Horizont. Er wusste, dass zur Sommersonnenwende mittags in Syene (dem heutigen Assuan) die Sonne genau im Zenit steht. Das erkennt man daran, dass ein senkrechter Stab keinen Schatten wirft. Er nahm an, dass Alexandria und Syene am selben Meridian liegen. In Alexandria, dessen Entfernung die Schrittzähler der damaligen Zeit mit rund 5 000 Stadien angaben, ist die Sonne zum gleichen Zeitpunkt 7° 12′ (also 1/50 des Vollkreises) vom Zenit entfernt (15.1). Nimmt man an, dass wegen der großen Entfernung Erde-Sonne die Sonnenstrahlen parallel einfallen, so muss man nun nur noch die Entfernung Syene – Alexandria mit 50 multiplizieren und man erhält den Umfang der Erde. Der Erdumfang beträgt daher 250 000 Stadien. Folgt man den üblichen Umrechnungen, entspricht dies ca. 48 000 km. Hätte Eratosthenes gewusst, dass Syene und Alexandria nicht auf demselben Längengrad liegen, hätte er einen etwa 10 % kleineren Erdumfang erhalten.

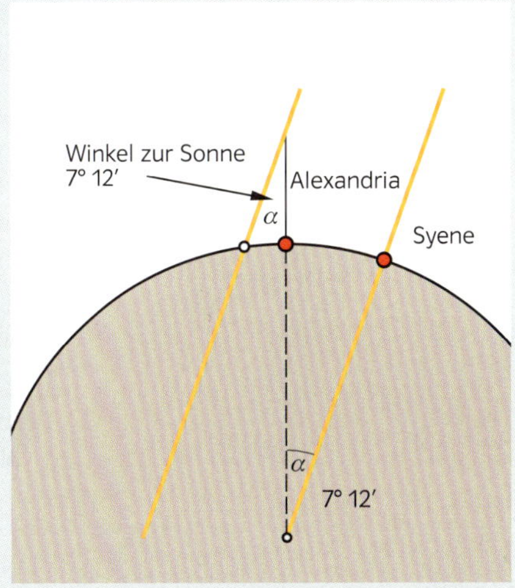

15.1 Bestimmung des Erdumfangs durch Eratosthenes

Antwort auf die Eingangsfrage

Bei der ersten Mondlandung 1969 wurde auf der Mondoberfläche von der Besatzung der Apollo 11 ein Reflektor aufgestellt, der einfallendes Licht zur Lichtquelle zurückstrahlt. Weitere vier Reflektoren folgten. Kurze Pulse Laserlicht werden von der Erde ausgesandt und von den Reflektoren zurückgeworfen. Aus wiederholten Messungen der Laufzeit wird die mittlere Entfernung des Mondes bestimmt. Die Messungen ergeben, dass die mittlere Entfernung des Mondes von der Erde um etwa 3,8 cm pro Jahr zunimmt. Die Ursache dafür ist die Gezeitenreibung. Die mittlere Entfernung Erde-Mond ist ca. 384 000 km, die relative Genauigkeit der Messung beträgt daher 10^{-10}.

Distanzen im Raum	in m		
Kosmologie und Astrophysik	10^{26}	13 Mrd. Lichtjahre	Weg des Lichts von den entferntesten beobachteten Galaxien
	10^{22}	2,5 Mio. Lichtjahre	Entfernung der Andromeda-Galaxie
	10^{21}	100 000 Lichtjahre	Durchmesser der Milchstraße
Planetenkunde	10^{8}	150 Mio. km (=1 AE)	Entfernung Erde-Sonne
	10^{6}	6 378 km	Radius der Erde
	10^{4}	8 844 m	Höhe des Mount Everest
Technik (Hochbau)	10^{3}	828 m	Burdsch Chalifa (Dubai)
	10^{0}		Mensch
Biologie/Medizin/ Festkörperphysik	10^{-6}	30–40 µm 10 µm 2 bis 5 µm	tierische Zelle Feinstaub Typhus-Bakterium
	10^{-9}	2 nm	Durchmesser des DNA Moleküls
Atomphysik	10^{-10}		Durchmesser des Wasserstoffatoms
Elementarteilchenphysik	10^{-15}		Durchmesser eines Protons

Teste dein Wissen W1

15.1 Was ist ein Meter und wie wurde es ursprünglich definiert?

15.2 Nenne einige einfache Längenmessgeräte

15.3 Gib den Durchmesser der größten und der kleinsten physikalischen Objekte an. Verwende Dezimal- und Exponentialschreibweise.

15.4 Was ist eine Sekunde, und wie wurde sie ursprünglich definiert?

15.5 Was versteht man unter einem Lichtjahr?

15.6 Was versteht man unter Weltzeit?

15.7 Wie sind die Zeitzonen definiert?

15.8 Wie funktioniert eine Uhr? Nenne einige Beispiele.

15.9 Gib an, was die folgenden Vorsilben bedeuten: Mega, Nano, Giga, Mikro, Piko?

15.10 Wie kann man sehr kleine Distanzen messen?

15.11 Wie kann man sehr große Distanzen messen?

15.12 Gib die ungefähre Größe in Zehnerpotenzen an: Durchmesser eines Atoms, eines Moleküls, eines Bakteriums, eines Staubkorns.

15.13 Wie weit ist die Sonne von der Erde entfernt?

2 Geschwindigkeit und Beschleunigung

In diesem Kapitel erfährst du,
- wie man Geschwindigkeiten misst und berechnet,
- was man unter Beschleunigung versteht,
- wie schnell Körper zu Boden fallen,
- mit welchen Methoden die Physik arbeitet.

16.1 Die österreichische Schwimmerin Mirna Jukic gewann 2009 bei der Schwimmweltmeisterschaft in Rom mit 2:21,97 min die Bronzemedaille.

? Ist es sinnvoll, die Zeiten im Schwimmsport auf Hundertstelsekunden genau zu messen?

„Alles Leben ist Bewegung, Bewegung ist Leben", schrieb Leonardo da Vinci 1508. Bewegung charakterisiert nicht nur Leben: Auch die Himmelskörper, die Planeten, die Sterne und die Galaxien bewegen sich mit unterschiedlichen Geschwindigkeiten durch das Weltall. Ebenso sind die Teilchen des Mikrokosmos, die Moleküle und die Atome, in ständiger Bewegung. Wenn wir also mehr über unsere Welt wissen wollen, dann müssen wir lernen, Bewegungen zu beschreiben und ihren Ursachen auf die Spur zu kommen.

Beobachten wir die Bewegung eines Körpers, zum Beispiel die eines Menschen, dann sehen wir, dass diese Bewegung sehr komplex ist. Beim Laufen etwa bewegen sich Kopf und Rumpf nahezu geradlinig, die Beine und die Arme führen noch zusätzlich Drehbewegungen aus. Wie **16.4** zeigt, sind Drehbewegungen von Körpern (**Rotationen**) schwieriger zu beschreiben, da die einzelnen Körperteile unterschiedliche Bewegungen ausführen. Der folgende Teil behandelt daher zunächst als einfachstes Beispiel die **geradlinige Bewegung**.

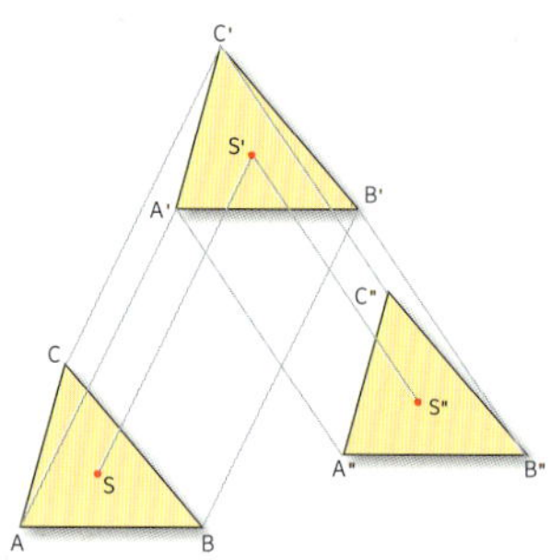

16.2 Translation: Alle Teile eines Körpers bewegen sich parallel zueinander.

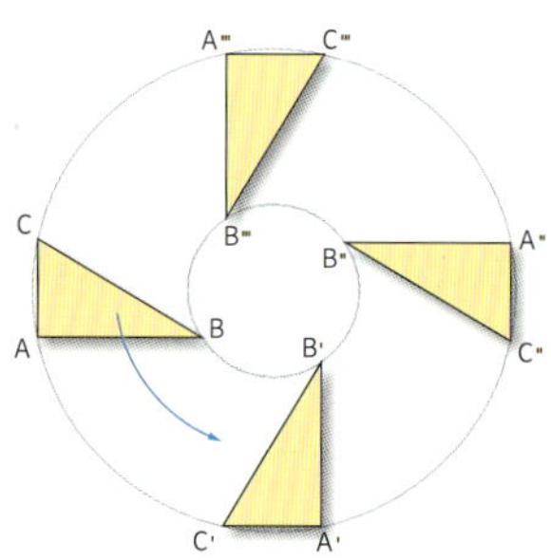

16.3 Rotation: Alle Teile eines Körpers bewegen sich auf konzentrischen Kreisbahnen

2.1 Was ist Bewegung?

Wie können wir feststellen, dass sich ein Körper bewegt? Die Frage scheint zunächst trivial. Ich sehe zum Beispiel, dass sich ein Auto bewegt, oder dass sich die Wolken am Himmel bewegen. Ich sehe auch, dass sich die Sonne bewegt: Sie geht im Osten auf und im Westen unter. In allen diesen Fällen können wir aber nur deshalb von Bewegung sprechen, weil wir stillschweigend ein **Bezugssystem** voraussetzen. Das Auto bewegt sich relativ zur Straße und Häusern, die Wolken bewegen sich relativ zur Landschaft und die Sonne relativ zur Erde. Straße und Häuser bezeichnen wir als ruhend, wir benutzen sie als Bezugssystem, dem gegenüber sich das Auto bewegt. Am Beispiel der Sonne sehen wir, dass ohne Nennung des Bezugssystems die Aussage wertlos ist. Wir könnten auch durchaus sagen, dass sich die Erde relativ zur Sonne und dem Fixsternhimmel dreht, das Bezugssystem ist dann eben nicht die Erde, sondern der **Fixsternhimmel**.

> Die Beschreibung einer Bewegung ist nur sinnvoll, wenn wir ein **Bezugssystem** festlegen, von dem aus die Bewegung beobachtet wird.

16.4 Stroboskopaufnahme: Abschlag eines Golfballs

Damit die Beschreibung von Bewegungen nicht zu kompliziert wird, wollen wir zunächst alle Bewegungen von der ruhend gedachten Erdoberfläche oder von einem ruhend gedachten Experimentiertisch aus betrachten. Dies gibt uns ein einfaches Bezugssystem, das häufig **Laborsystem** genannt wird und im Allgemeinen eine genügend exakte Beschreibung erlaubt. Sprechen wir von der Bewegung der Erde oder der Planeten, wählen wir den Fixsternhimmel als Bezugssystem.

2.2 Die Geschwindigkeit

Geschwindigkeit (Formelzeichen *v*, nach dem englischen *velocity*) ist ein Begriff, den wir aus dem Alltag gut kennen. Wir messen Geschwindigkeiten mit dem Tachometer im Auto, bei sportlichen Wettkämpfen werden Geschwindigkeitsrekorde gebrochen, beim Laufen oder auf dem Ergometer können wir unsere eigene Geschwindigkeit messen. Der Begriff der Geschwindigkeit ist zentral für Physik und Technik. Wie wird die Geschwindigkeit definiert?

Untersuche, überlege, forsche: Geschwindigkeit

17.1 W2 **a)** Als Mirna Jukic 200 m in 2:21,97 min schwamm, war sie sicher schneller als du und ich. Welche Strecke legte sie durchschnittlich in 1 s zurück?

W2 **b)** Der Weltrekord bei den Frauen lag 2009 bei 2:20,12 min. Welche Strecke legte die Weltrekordinhaberin in 1 s zurück?

17.2 W2 Der moderne Fahrradtacho ist ein Kleinstcomputer. Finde heraus und erkläre, wie ein Fahrradtacho die Geschwindigkeit des Fahrrades ermittelt.

17.3 W2 **a)** Was versteht man unter "Section Control"?

W2 **b)** Wie funktioniert sie? Finde heraus und erkläre, welche unterschiedlichen verkehrstechnischen Aufgaben Section Control bzw. Radarboxen haben!

Die Beispiele zeigen, dass zwischen **Momentangeschwindigkeit** und **mittlerer Geschwindigkeit** (Durchschnittsgeschwindigkeit) unterschieden werden muss. Im ersten Beispiel ist nach der mittleren Geschwindigkeit gefragt, dagegen zeigt ein Tachometer den Betrag der Momentangeschwindigkeit an. Die mittlere Geschwindigkeit wird ermittelt, indem man den zurückgelegten Gesamtweg *s* durch die dafür benötigte Zeit *t* dividiert. Um die Momentangeschwindigkeit zu errechnen, muss der betrachtete Zeitabschnitt $\Delta t = t_2 - t_1$ bzw. das dazugehörige Wegstück $\Delta s = s_2 - s_1$ (s. **17.3**) möglichst klein gehalten werden (Δ steht für Differenz).
Um die Bewegung vollständig anzugeben, müssen wir auch die Richtung der Bewegung angeben. Größen mit Betrag und Richtung bezeichnet man als **vektorielle Größen** und kennzeichnet sie mit einem Pfeil (siehe S. 35). Im Alltag genügt es zumeist, den Betrag der Geschwindigkeit anzugeben. Wir bezeichnen den Betrag häufig als „Schnelligkeit".

$$\textbf{Geschwindigkeit} = \frac{\textbf{Weg}}{\textbf{Zeit}}$$

mittlere Geschwindigkeit: $\vec{v}_m = \frac{\vec{s}_2 - \vec{s}_1}{t_2 - t_1} = \frac{\Delta \vec{s}}{\Delta t}$

Momentangeschwindigkeit: $\vec{v} = \frac{\Delta \vec{s}}{\Delta t}$ (Δt möglichst klein)

Einheit: $m/s = m \cdot s^{-1}$ (Meter pro Sekunde).

Trägt man in einem Diagramm den zurückgelegten Weg in Abhängigkeit von der verstrichenen Zeit auf, so erhält man bei der gleichförmigen Bewegung als Funktionsgraph eine Gerade (**17.3**). Die Geschwindigkeit entspricht dem Anstieg (Steigung) der Geraden.

Experiment: Geschwindigkeit von Fahrzeugen

17.1 *Du brauchst:* Ein Längenmessgerät, Stoppuhr oder (falls vorhanden) Videokamera und Rechner.

E1 **a)** Miss die Geschwindigkeit eines Radfahrers, eines Autos, evtl. einer U-Bahn.

E2 **b)** Du kannst die Fahrzeuge auch filmen und aus einzelnen Bildern und den dazugehörigen Zeitangaben die Geschwindigkeiten der Fahrzeuge bestimmen.

W1 **c)** Erstelle mittels einer Excel-Tabelle ein Weg-Zeit-Diagramm.

Geschwindigkeiten in m/s ungefähre Größenordnungen	
Lichtgeschwindigkeit im Vakuum	$3 \cdot 10^8$
Lichtgeschwindigkeit in Glas	$2 \cdot 10^8$
Geschwindigkeit der Erde um die Sonne	$3 \cdot 10^4$
Geschwindigkeit des Mondes um die Erde	10^3
Schallgeschwindigkeit in Luft	$3 \cdot 10^2$
Geschwindigkeit bei Autorennen	10^2
Reizleitung in Nervenfasern	10^2
Moped	10
Gehen des Menschen	1
Fallgeschwindigkeit einer Schneeflocke	10^{-1}
Geschwindigkeit einer Schnecke	10^{-3}
Elektronen in einem Metallleiter	10^{-4}
Wachstum des menschlichen Haares	10^{-9}

17.1 Verschiedene Geschwindigkeiten

1 km/h = 1000 m/3600 s = 1/3,6 m/s
1 m/s = 3,6 km/h

17.2 Umrechnung km/h in m/s und umgekehrt

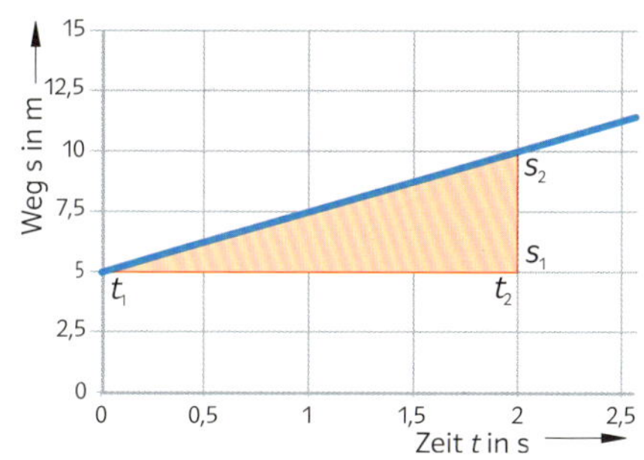

17.3 Darstellung einer gleichförmigen Bewegung in einem Weg-Zeit-Diagramm. Die Geschwindigkeit entspricht dem Anstieg der Geraden: $v = (s_2 - s_1)/(t_2 - t_1) = (10 - 5)/(2 - 0) = 2{,}5$ m/s.

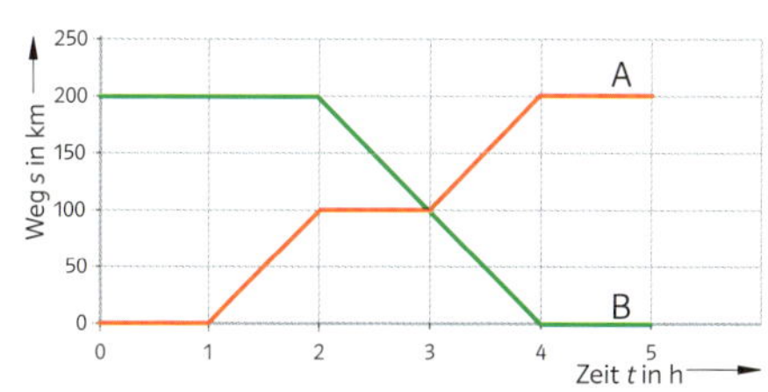

17.4 Weg-Zeit-Diagramm verschiedener gleichförmiger Bewegungen. Was kannst du über diese Bewegungen aussagen?

17.5 Die Messgenauigkeit bei Radargeräten wird für Geschwindigkeiten bis 100 km/h mit 3 km/h angegeben, für Geschwindigkeiten über 100 km/h beträgt sie 3 % des angezeigten Wertes.

Station (km)	IC an	IC ab	REX an	REX ab
Linz (0 km)		17:32		17:04
Wels Hbf (28 km)	17:43	17:45	17:26	17:27
Attnang-Puchheim (57 km)	17:58	18:00	17:55	17:56
Vöcklabruck (63 km)	18:04	18:06	18:00	18:14
Salzburg (128 km)	18:48		19:18	

18.1 Fahrplanauszug ÖBB 2015/16

18.2 Voyager 1 wurde 1977 gestartet. Es ist jene Sonde, die sich am weitesten von der Erde wegbewegt hat. Heute befindet sie sich weit außerhalb des Planetensystems. Im Dezember 2016 betrug ihre Entfernung zur Sonne 136 AE. Der Sender hat eine Leistung von 28 Watt. Überlege, welche Probleme sich bei der Übertragung von Nachrichten zur Erde ergeben!

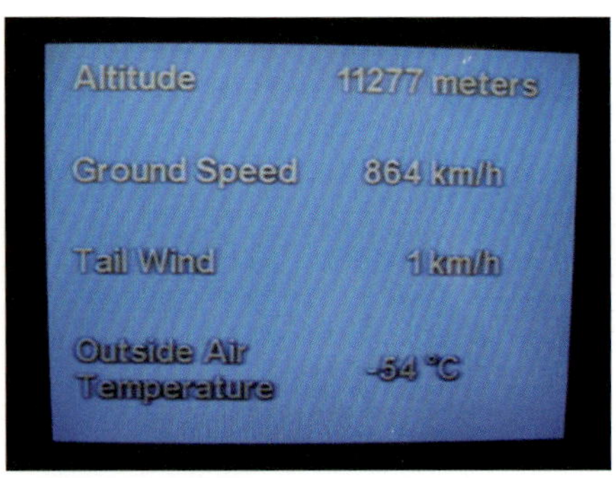

18.3 Die Fluggeschwindigkeit relativ zur Erdoberfläche wird den Fluggästen auf Monitoren als „Ground Speed" angezeigt.

Untersuche, überlege, forsche: Geschwindigkeitsmessung

18.1 W2 Grafische Fahrpläne sind Zeit-Weg-Diagramme von Bewegungen und sind im Eisenbahnwesen üblich. Daraus kann man ablesen, welche Geschwindigkeiten die Züge haben, wann sie einander auf der Strecke begegnen oder überholen.

W1 **a)** Erstelle mit den Daten von **18.1** den grafischen Fahrplan für einen Schnellzug (IC) und einen Regionalzug (REX) auf der Strecke Linz – Salzburg.

W1 **b)** Wo überholt der IC den REX?

W1 **c)** Welche mittleren Geschwindigkeiten erreichen die Züge?

18.2 LKW über 3,5 t und Busse im Fernverkehr müssen Fahrtenschreiber haben.

W1 **a)** Was ist ein Fahrtenschreiber?

S2 **b)** Erkläre, warum Fahrtenschreiber verwendet werden.

18.3 S2 Schwimmbecken für Wettbewerbe sind 50 m lang. Bei der Olympiade 1972 wurde die Zeit noch auf 1000stel Sekunden genau gemessen. Heute wird nur noch auf 100stel Sekunden gemessen. Überlege, was die Gründe sein könnten.

18.4 Stelle ähnliche Überlegungen wie in Aufgabe 18.3. für andere Sportarten, z. B. den Schiabfahrtslauf und den Eisschnelllauf an.

W1 **a)** Recherchiere, wie die Zeitmessung bei diesen Sportarten erfolgt.

S2 **b)** Ist es sinnvoll, die Zeit auf Millisekunden genau anzugeben?

18.5 Voyager 1 ist eine Raumsonde der NASA zur Erforschung des äußeren Planetensystems (**18.2**). Seit dem Start am 5. September 1977 bewegt sie sich mit einer Geschwindigkeit von etwa 17 km/s durchs All und sendet regelmäßig Daten zur Erde.

W1 **a)** Lies nach, wann die Sonde am Planeten Jupiter vorbeigekommen ist. Hat sie das Sonnensystem bereits verlassen? Informiere dich auf der Website http://voyager.jpl.nasa.gov/science/ wie weit die Sonde derzeit von der Sonne entfernt ist.

W1 **b)** Wie lange braucht ein Signal (Lichtgeschwindigkeit) für diese Entfernung?

S2 **c)** In einem Star-Trek Film (Raumschiff Voyager) strandet das fiktive Raumschiff *USS Voyager* in einem fernen Bereich der Galaxis und sucht den Weg zurück zur Heimat. Wie realistisch sind derartige Szenarien?

Gleichförmige und ungleichförmige Bewegung

In den seltensten Fällen kann ein Auto z. B. auf der Autobahn eine konstante Geschwindigkeit einhalten. Vielmehr wird es manchmal langsamer, manchmal schneller fahren, eventuell kommt es sogar zum Stillstand. Außerdem gibt es auch auf Autobahnen Kurven, das heißt, die Richtung der Geschwindigkeit ändert sich, während der Tacho noch dieselbe Zahl anzeigt. Das Auto führt eine **ungleichförmige Bewegung** aus.

> Bei einer **gleichförmigen (geradlinigen) Bewegung** bleiben Betrag **und** Richtung der Geschwindigkeit **konstant**.
> Bei einer **ungleichförmigen** Bewegung ändert sich die Geschwindigkeit nach Betrag oder Richtung oder nach Betrag und Richtung.

Untersuche, überlege, forsche: Relativgeschwindigkeit

18.6 W1 Du fährst mit dem Zug und gehst in einen vorderen Waggon. Deine mittlere Gehgeschwindigkeit ist 4 km/h. Der Zug hat eine Geschwindigkeit von 100 km/h. Mit welcher Geschwindigkeit bewegst du dich relativ zum Zug bzw. relativ zu den Bahngleisen?

18.7 S2 Ein Jumbo-Jet fliegt von New York nach Wien. Die Geschwindigkeit relativ zur Luft beträgt 900 km/h. Auf den Monitoren im Passagierraum wird jedoch die Reisegeschwindigkeit mit 1020 km/h angegeben. Wie kann dies sein?

2.3 Die Beschleunigung

Die gleichförmige Bewegung ist ein Ausnahmefall. Meist ändern sich Richtung oder Betrag der Geschwindigkeit, oft beide. Ungleichförmige Bewegungen sind **beschleunigte Bewegungen**. Als Maß für die Geschwindigkeitsänderung führt die Physik den Begriff **Beschleunigung** (Formelzeichen a, nach dem englischen *acceleration*) ein. Bei einer beschleunigten Bewegung kann die Geschwindigkeit größer werden, sie kann aber auch (im Falle einer Bremsung) kleiner werden oder (z.B. bei Kurvenfahrten) ihre Richtung ändern. Wir wollen im Folgenden definieren, was die Physik unter der Beschleunigung a versteht.

In einem Autoprospekt liest du: Beschleunigung von 0 auf 100 km/h in 11,1 s. Dies bedeutet, dass das Auto pro Sekunde seine Geschwindigkeit durchschnittlich um 9 km/h oder um ca. 2,5 m/s erhöht. Die zeitliche Änderung der Geschwindigkeit wird als Beschleunigung bezeichnet. Die Beschleunigung in unserem Beispiel beträgt daher 2,5 m/s pro Sekunde oder 2,5 m/s².

Als Beschleunigung $\vec{a}$ wird die Geschwindigkeitsänderung $\Delta\vec{v} = \vec{v}_2 - \vec{v}_1$ pro Zeitdauer $\Delta t = t_2 - t_1$ bezeichnet.

$$\textbf{Beschleunigung} = \frac{\textbf{Geschwindigkeitsänderung}}{\textbf{Zeitdauer}}$$

$$\vec{a} = \frac{\Delta\vec{v}}{\Delta t}$$

Einheit: $m/s^2 = m \cdot s^{-2}$

Ist die Anfangsgeschwindigkeit $\vec{v}_1$ gleich Null, so ergibt sich bei konstanter Beschleunigung die Endgeschwindigkeit $\vec{v}_2 = \vec{v}$ nach der Zeit t mit

$$\vec{v} = \vec{a} \cdot t$$

Bremst ein Fahrzeug, so wird seine Geschwindigkeit verringert, die Beschleunigung ist negativ. Im Alltag bezeichnet man ein Langsamer-Werden als Verzögerung. In der Physik spricht man aber immer von Beschleunigung, auch wenn der Geschwindigkeitsbetrag abnimmt.

Die Beschleunigung ist ein Vektor, da auch die Geschwindigkeit eine vektorielle Größe ist. Im Allgemeinen wird die Beschleunigung nicht immer denselben Wert haben. Hat sie einen konstanten Wert, so spricht man von einer gleichmäßig beschleunigten Bewegung, sonst von einer ungleichmäßig beschleunigten Bewegung.

Beschleunigung a in m/s²	
Anfahren eines Personenzugs	0,25
Jumbojet beladen (Start)	1,6
Fallbeschleunigung auf dem Mond	1,6
Anfahren eines Mittelklasseautos	2–5
Abschuss einer Rakete	50
Fallbeschleunigung auf der Sonne	273
Tennisball	bis 10 000

19.1 Tabelle mit verschiedenen Beschleunigungen. Bei sehr hohen Beschleunigungen gibt man die Beschleunigung in Vielfachen der Fallbeschleunigung g an (s. S. 20). Beim Start einer Rakete erfahren die Astronauten eine Beschleunigung von $5g$.

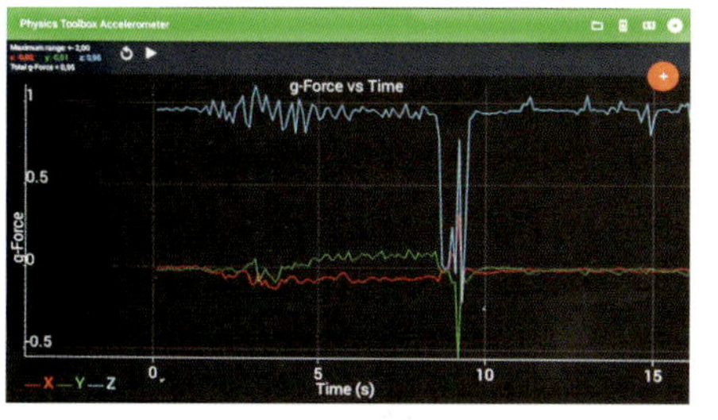

19.2 Beschleunigungsmesser werden u.a. bei Airbags, zur Messung von Vibrationen (z.B. an Gebäuden, Maschinen, Seismographen), für Alarmanlagen und bei Crashtests verwendet. Handys messen Beschleunigungen in x-, y- und z-Richtung, um automatisch zwischen Hoch- und Breitformat umzuschalten. Mit entsprechenden Apps lassen sich damit Beschleunigungsmessungen durchführen wie z.B. der freie Fall eines Handys auf eine weiche Unterlage.

Der freie Fall – Fallen ohne Luftwiderstand

Wir wissen, dass es – etwa bei einem Sprung ins Wasser – nicht gleichgültig ist, aus welcher Höhe man springt. Ein Sprung vom 3-m-Brett ist eine kleinere Mutprobe als einer vom 10-m-Brett.

Beim Fallen wird die Geschwindigkeit immer größer. Wie groß ist die Beschleunigung? Wovon hängt die Beschleunigung ab? Fallen schwere Körper schneller als leichte Körper?

Experiment: Fallen alle Körper gleich schnell?

19.1 *Du brauchst:* Eine Münze und ein Stück Papier

E1 **a)** Nimm die Münze und das Stück Papier und lasse sie gleichzeitig aus der gleichen Höhe zu Boden fallen. Danach knülle das Papier zu einer kleinen Kugel und wiederhole den Versuch. Was beobachtest du? Wie interpretierst du das Ergebnis?

E1 **b)** Genauer lässt sich der Effekt in einem evakuierten Glasrohr beobachten. Eine Feder und eine Kugel fallen im luftleeren Rohr gleich schnell (**19.3**).

Sieht man vom Luftwiderstand ab, werden beim Herabfallen alle Körper gleich stark beschleunigt.

Wie nimmt die Geschwindigkeit beim Fallen zu, wie groß ist die Fallbeschleunigung?

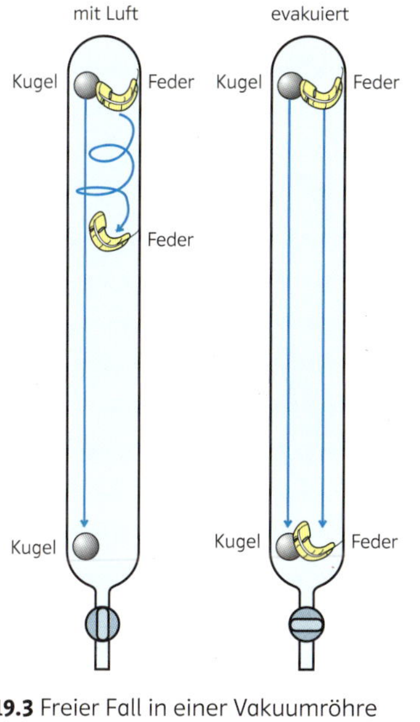

19.3 Freier Fall in einer Vakuumröhre

Fallen schwere und leichte Körper gleich schnell?

Als erster erkannte GALILEO GALILEI (1564–1642), der berühmte italienische Naturforscher, dass schwere Körper genauso schnell fallen wie leichte Körper. Zur Zeit Galileis folgten viele Gelehrte der Lehre von ARISTOTELES (384–322 v. Chr.).
Nach aristotelischer Ansicht fällt jeder Körper von Natur aus zu Boden, weil sein „natürlicher Ort" der Erdmittelpunkt ist. Der fallende Stein trachtet, stets seinen natürlichen Ort einzunehmen, und ist daher von sich aus bestrebt, zu Boden zu fallen. Schwere Körper drängen stärker nach unten als leichte, sie müssen daher – so glaubte Aristoteles – umso rascher fallen, je schwerer sie sind.
Galilei hatte nicht die Möglichkeit, Experimente im Vakuum durchzuführen, aber es gelang ihm, Aristoteles mit einem *Gedankenexperiment* zu widerlegen:
Galilei dachte sich unter einen schweren Körper einen leichten gelegt, Nun lässt man beide Körper gemeinsam fallen. Falls der leichte Körper langsamer fällt, muss er den schweren Körper beim Fallen bremsen. Die Körperkombination müsste demnach langsamer fallen als der schwere Körper allein. Jedoch bilden beide Körper zusammen einen noch schwereren Körper, der nach aristotelischer Ansicht schneller fallen müsste als der schwere Körper allein.
Damit ergibt sich ein Widerspruch: Nach der ersten Überlegung sollten die beiden Körper zusammen langsamer fallen, nach der zweiten schneller fallen als jeder einzelne Körper allein. Der Widerspruch verschwindet, wenn alle Körper gleich schnell fallen.
Galileis Folgerungen aus dem Gedankenexperiment wurden später durch Experimente im Vakuum bestätigt.

20.1 Der Schiefe Turm zu Pisa wurde zwischen 1173 und 1372 errichtet. Er ist 55 m hoch. Bereits während des Baus neigte er sich wegen des morastigen Untergrunds. Nach der aufwendigen Sanierung des Fundaments ab 1990 ist der Turm um 4° geneigt.
Der Legende nach führte Galilei Fallversuche am Schiefen Turm aus. Welche Fallzeit hätte Galilei gemessen?

Experiment: Bestimmung der Fallbeschleunigung

20.1 *Du brauchst:* Eine Metallkugel (oder einen anderen Körper mit geringem Luftwiderstand), ein Maßband. Die Zeitmessung kann mittels Stoppuhr, Videokamera oder Lichtschranke erfolgen.

E2 **a)** Lass die Metallkugel aus möglichst großer Höhe h fallen und miss die Fallzeit t. (Achtung – Verletzungsgefahr!) Berechne die mittlere Fallgeschwindigkeit v_m der Kugel. Überlege, wie groß die Endgeschwindigkeit ist. Nimm an, dass die Fallbewegung, gleichmäßig beschleunigt ist, und berechne die Fallbeschleunigung. Arbeitet in Gruppen und vergleicht eure Werte. Wiederholt den Versuch mehrmals und bildet den Mittelwert der Messwerte. Eine genauere Zeitmessung mittels Lichtschranke verbessert das Ergebnis und ermöglicht auch die Messung bei kleineren Fallhöhen.

E2 **b)** Bei einer Messung mittels Video liest du die von Bild zu Bild durchfallenen Strecken ab. Videokameras (Handykameras) liefern 25 (30) Bilder pro Sekunde. Mit den Daten erstellst du Zeit-Weg- und Zeit-Geschwindigkeit-Diagramme, aus denen die Beschleunigung abgelesen werden kann.

Bei Versuchen mit verschiedenen Fallhöhen h zeigt sich, dass die Endgeschwindigkeit proportional zur Falldauer t ist, solange der Luftwiderstand keine Rolle spielt. Unter dieser Bedingung erfolgt die Fallbewegung **gleichmäßig beschleunigt**. Es gilt für den Betrag von v:
Endgeschwindigkeit = Beschleunigung · Fallzeit

$$v = a \cdot t.$$

Da die Geschwindigkeit gleichmäßig zunimmt, ist die mittlere Geschwindigkeit v_m die Hälfte der Endgeschwindigkeit v und du kannst die Konstante a bestimmen.

$$v_m = v/2 = h/t$$

$$a = v/t = 2v_m/t = 2h/t^2.$$

Die **Fallbeschleunigung** wird mit g bezeichnet. Wenn du gut gemessen hast, erhältst du einen Wert von etwa $10\,m/s^2$.
Die Fallbeschleunigung g ist zum Erdmittelpunkt hin gerichtet. Genaue Messungen ergeben, dass ihr Betrag mit wachsender Höhe abnimmt und außerdem von der geografischen Breite abhängt ($g_{Äquator} = 9{,}79\,m/s^2$, $g_{Pol} = 9{,}83\,m/s^2$). Auch Unregelmäßigkeiten in der Masseverteilung der Erdkruste können Richtung und Betrag von g beeinflussen.

> Der **freie Fall** ist eine gleichmäßig beschleunigte Bewegung.
> Die **Fallbeschleunigung** g beträgt auf der Erde im Mittel $9{,}81\,m/s^2$.

Beim freien Fall wird der Luftwiderstand vernachlässigt. Welchen Einfluss der Luftwiderstand hat, erfährst du auf S. 42.

Fallgeschwindigkeit, Fallweg und Fallzeit

Aus $a = \frac{v}{t}$ folgt für die Fallgeschwindigkeit:

> Die Fallgeschwindigkeit v ist proportional zur Fallzeit t:
> $$v = g \cdot t$$

Aus $g = \frac{2v_m}{t}$ und $v_m = \frac{h}{t}$ folgt: $g = \frac{2h}{t^2}$ oder $h = ½ g \cdot t^2$

> Der Fallweg h ist proportional zum Quadrat der Fallzeit t:
> $$h = ½ g \cdot t^2$$

Aus der Fallhöhe lassen sich mit obigen Gleichungen die Fallzeit und die Endgeschwindigkeit berechnen. Für die Fallzeit ergibt sich

$$t = \sqrt{\frac{2h}{g}}$$

für die Endgeschwindigkeit

$$v_{End} = \sqrt{2g \cdot h}$$

Galilei stellte ähnliche Überlegungen an, er besaß aber keine Stoppuhr. Zeiten konnte er durch Abwägen jener Wassermenge bestimmen, die während des Experiments aus einem dünnen Rohr in ein Gefäß geflossen war. Um die Bewegung zu verlangsamen und dadurch die Fallzeit zu vergrößern, ließ er die Kugeln nicht frei fallen, sondern ließ sie auf einer sehr glatten, geneigten Ebene hinunterrollen. Er erkannte, dass die Wegstrecke tatsächlich mit dem Quadrat der Zeit anwächst.
Galilei begann mit einer **plausiblen Vermutung (Hypothese)**, überprüfte sie dann mittels Experiment und formulierte das Ergebnis – „in der Sprache der Mathematik". Dieses Verfahren wird in der Physik – aber auch in allen anderen Naturwissenschaften – häufig verwendet (siehe auch Kasten S. 22).

21.1 Schätze ab, aus welcher Höhe der Springer (Schwerpunkt!) beim Salto von einem 1-m-Brett ins Wasser fällt. Wie hoch wird die Endgeschwindigkeit sein? Wie hoch ist die Endgeschwindigkeit beim Sprung von einem 10-m-Turm?

21.2 Das historische Experiment von Galilei in Gegenwart des Fürsten Cosimo Medici. Galileis Interesse galt dem freien Fall. Weil dieser aber zu schnell abläuft, studierte er mit seinen Schülern die langsamere Bewegung auf der schiefen Ebene. Er besaß noch keine genau gehenden Stoppuhren und maß die Zeit daher mit seinem Pulsschlag und später mit Wasseruhren. Zu Galileis Zeiten stellten diese Experimente eine Sensation dar.

Untersuche, überlege, forsche: Konstante Beschleunigung

21.1 E1 Stelle eine Fallschnur her: Befestige an einer ca. 2 m langen Schnur - beginnend an einem Ende - Schraubenmuttern im gegenseitigen Abstand von 5, 15, 25, 35, 45, 55 cm. Halte die Schnur an einem Ende so, dass das andere Ende den Boden berührt. Lass die Schnur fallen. Was hörst du? Erkläre.

21.2 W1 Ein Motorradfahrer fährt mit 50 km/h gegen eine Hauswand. Aus welchem Stockwerk eines Hauses müsste ein Körper fallen, damit er mit derselben Geschwindigkeit am Boden auftrifft?

21.3 S1 Sprünge ins Wasser aus größerer Höhe erfordern Mut und Geschicklichkeit. Vergleiche die Geschwindigkeit, die beim Sprung vom 10-m-Turm erreicht wird mit Geschwindigkeiten im Alltag. Überlege, bei welchen Arten von Sprüngen geringere bzw. höhere Verletzungsgefahr besteht.

21.4 W1 **a)** Vergleiche die Werte der Fallbeschleunigung auf der Erde und am Mond.
S1 **b)** Wie würde sich das tägliche Leben auf dem Mond von dem auf der Erde unterscheiden? Könnte man z. B. in einem Schwimmbecken schwimmen?

Experiment: Bestimmung von Reaktionszeiten

21.1 Du brauchst: Ein etwa 30 cm langes Lineal, eine Testperson
E2 **a)** Halte das Lineal an eine Wand gedrückt fest (Abb. 21.3). Die Testperson soll die untere Nullmarke leicht berühren. Wenn du überraschend loslässt, soll sie das Lineal anhalten. Dies gelingt erst, nachdem das Lineal ein Stück gefallen ist. Wie kannst du nun die Reaktionszeit berechnen?
E1 **b)** Wiederhole den Versuch mehrmals. Gib den Mittelwert der Ergebnisse an.

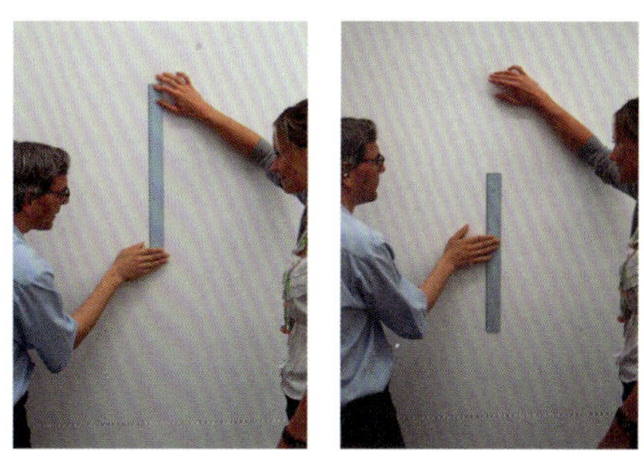

21.3 Experiment zur Bestimmung der Reaktionszeit.

Physikalische Arbeitsweise

Physikerinnen und Physiker kommen auf unterschiedlichen Wegen zu ihren Erkenntnissen. Ein Teil der Erkenntnisse beruht auf experimentellen Untersuchungen (Messungen), ein anderer Teil auf mathematischen Folgerungen aus einer physikalischen Theorie. Meist fügen sich die Ergebnisse in bisher Bekanntes ein, gelegentlich stehen sie in Widerspruch dazu und führen in Neuland.

Die folgende Darstellung der Arbeitsweise der Physik ist daher sehr vereinfacht. Wesentlich für den Erkenntnisweg sind die beschriebenen Elemente. Wie diese Elemente erarbeitet werden, hängt vom untersuchten Gegenstand, von der Persönlichkeit des Forschers und seinen praktischen Möglichkeiten ab.

1 Fragestellung: Fragen können sich aus der gezielten oder zufälligen Beobachtung eines bestimmten Phänomens ergeben, oder auch aus theoretischen Überlegungen (z. B. Widersprüchen).

2 Aufgrund der Beobachtung und der bisherigen theoretischen Modelle wird nach einer Erklärung für die Beobachtung gesucht. Es wird eine Hypothese aufgestellt, ein Gedankenmodell, das mit der Beobachtung und der bisherigen Theorie (falls es eine gibt) im Einklang steht.

3 Aufgrund der Hypothese lassen sich Vorhersagen für mögliche weitere Beobachtungen machen.

4 Die Vorhersagen werden mittels Experiment überprüft. Experimente sind gezielte Fragen an die Natur und müssen beliebig wiederholbar sein.

5 Werden die Vorhersagen bestätigt, dann kann eine Theorie formuliert werden. Diese muss in Einklang mit der bisherigen oder einer neuen Theorie stehen. Die Theorie muss also „konsistent“ mit dem Gesamtmodell der Physik sein, das heißt es dürfen keine Widersprüche auftreten. Physikalische Theorien sollten zumindest langfristig mittels Experiment überprüfbar sein. Theorien werden häufig zu einem Zeitpunkt formuliert, wo eine vollständige experimentelle Überprüfung noch nicht möglich ist. Ein bekanntes Beispiel dafür ist die Relativitätstheorie.

6 Hypothesen und Theorien werden in der modernen Physik (auch) mathematisch formuliert. Dies setzt voraus, dass die physikalischen Größen, die in diesen Theorien auftreten, messbar sind. Die Ergebnisse der Messungen müssen den mathematischen Gleichungen entsprechen. Aufgrund der mathematischen Formulierung können auch Vorhersagen gemacht werden, die dann wieder mittels Experiment überprüft werden.

Experimente haben in der Physik zentrale Bedeutung.
Sie sind für die Gewinnung, aber auch für die
Bestätigung physikalischer Erkenntnisse unentbehrlich.

Vielfach waren Fälle von Versuch und Irrtum und zufällige Beobachtungen beim Experimentieren Anlass für Fortschritte in der Physik. Besonders bedeutende Zufallsentdeckungen führten zum Beispiel im 19. Jahrhundert zur Erforschung des Elektromagnetismus und am Beginn des 20. Jahrhunderts zur Untersuchung von Röntgenstrahlung und Radioaktivität. In allen Fällen bedurfte es allerdings eines geschulten Blicks und allgemeiner Kenntnisse, um die richtigen Fragen zu stellen und Antworten auf diese zu finden.

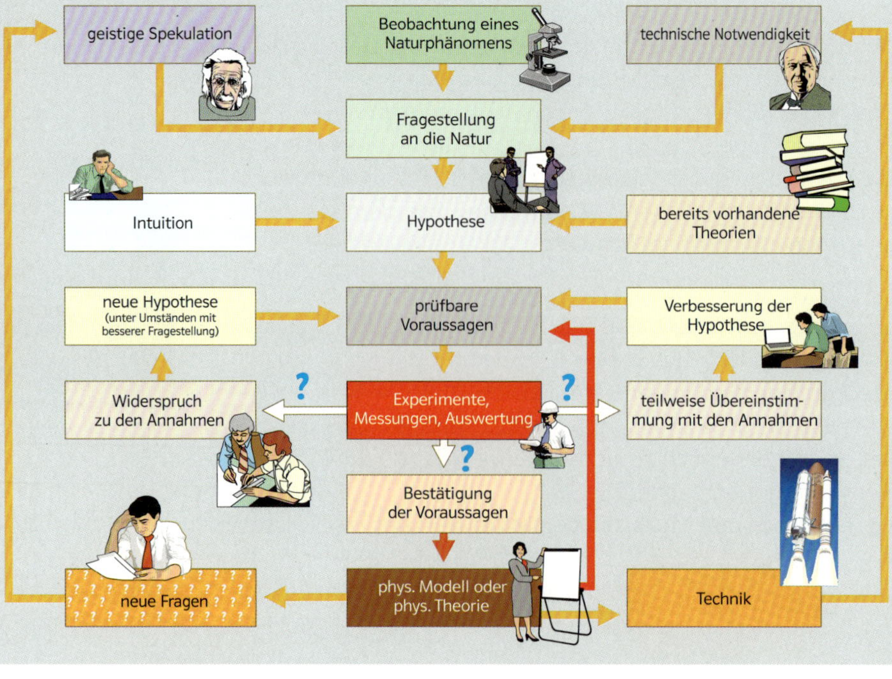

Die gleichmäßig beschleunigte Bewegung

Die Gleichungen, die hier für den freien Fall entwickelt wurden, gelten für alle gleichmäßig beschleunigten Bewegungen ($\vec{a}=\text{const.}$).

> Für die gleichmäßig beschleunigte Bewegung ($\vec{a}=\text{const.}$) ist die Geschwindigkeit nach der Zeitspanne t proportional zu t. Der in dieser Zeit zurückgelegte Weg $\vec{s}$ ist proportional zum Quadrat dieser Zeitspanne.

Es gilt für $\vec{a}=\text{const}$:

$$\vec{v}=\vec{a}\cdot t \text{ und } \vec{s}=\tfrac{1}{2}\vec{a}\cdot t^2$$

Wegen des konstanten Beschleunigungsvektors ist die Bewegung geradlinig.

▷ Die Bewegung auf der schiefen Ebene

Stell dir vor, du beobachtest einen Schispringer auf der Bergisel-Schanze (23.1). Wir berechnen, wie sich Höhe h und Gefälle der Schanze auf die Endgeschwindigkeit v_{end} beim Absprung auswirken. Zu diesem Zweck betrachten wir die Anlaufspur als **schiefe Ebene**. Im Aufriss bilden Höhe, Basis und Länge der schiefen Ebene ein rechtwinkeliges Dreieck.

23.1 Blick auf den Turm und den Schanzentisch der Bergisel-Schanze in Innsbruck: Die Anlaufspur hat eine Länge von rund 90 m und einen Höhenunterschied von fast 50 m.

Rechtwinkeliges Dreieck, Winkelfunktionen, Steigung

Abb. **23.3** zeigt eine schiefe Ebene (z.B. eine Rampe) im Längsschnitt, die Seiten l (Länge der Rampe), h (Höhe), b (Basis) bilden ein rechtwinkeliges Dreieck. Mit der Angabe des Steigungswinkels α kommen die Winkelfunktionen Sinus (sin), Cosinus (cos) und Tangens (tan) ins Spiel. Es gilt:

$\sin\alpha = \text{Gegenkathete} : \text{Hypotenuse} = h/l$

$\cos\alpha = \text{Ankathete} : \text{Hypotenuse} = b/l$

$\tan\alpha = \text{Gegenkathete} : \text{Ankathete} = h/b$

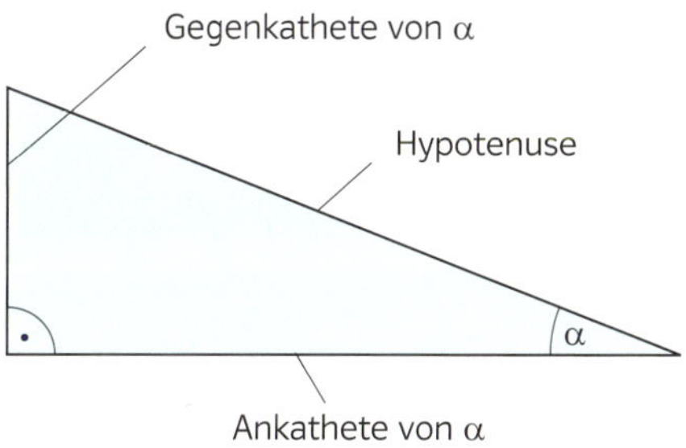

23.2 Die Seiten des rechtwinkeligen Dreiecks

Unter der Steigung einer schiefen Ebene versteht man das Verhältnis von Höhe zu Basis, also den Tangens des Steigungswinkels. Bei Straßen wird die Steigung in Prozent statt als Dezimalzahl angegeben. Eine Steigung von 15% bedeutet daher, dass $h/b = 0{,}15$ ist bzw. $\tan\alpha = 0{,}15$, entsprechend einem Steigungswinkel von 8,53°.

Wesentlich steiler ist die Anlaufspur einer Sprungschanze. Der mittlere Steigungswinkel der Bergisel-Schanze beträgt rund 29°. Wie groß ist das Gefälle in Prozent? In der Anlaufspur (Länge l) wird der Schispringer – wie die Kugel in Galileis Experiment – nicht mit $\vec{g}$, sondern nur einem Bruchteil von $\vec{g}$ beschleunigt. Um die Beschleunigung entlang der Anlaufspur zu erhalten, betrachten wir $\vec{g}$ als Summe (oder anders ausgedrückt als Resultierende) zweier Komponenten: die eine Komponente $\vec{g}_{parallel}$ ist parallel zur Anlaufspur (bzw. zur schiefen Ebene), die andere Komponente $\vec{g}_{normal}$ normal dazu (23.3). Aus der Ähnlichkeit der Dreiecke folgt: $g_{parallel} : g = \sin\alpha = h : l$. Längs der schiefen Ebene wirkt die Beschleunigung $g_{parallel} = a$:

$$a = \frac{g\cdot h}{l} = g\cdot\sin\alpha$$

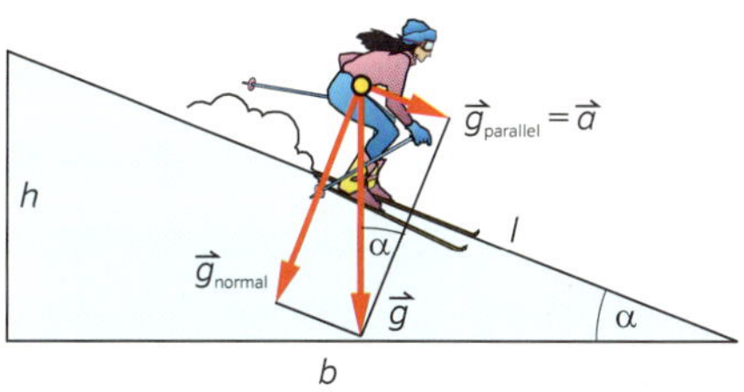

23.3 Beschleunigung auf der schiefen Ebene

Wie beim freien Fall erfolgt die Bewegung mit konstanter Beschleunigung. Es gilt daher $v = v_{end} = a\cdot t$ und für die Bahnlänge $s = l = \tfrac{1}{2}\,a\cdot t^2$. Durch Umformen erhält man

$$v_{end} = \sqrt{2a\cdot l} = \sqrt{2\frac{g\cdot h}{l}\cdot l} = \sqrt{2g\cdot h}$$

Wir haben ein interessantes Ergebnis erhalten: Beim Gleiten auf einer schiefen Ebene hängt die Endgeschwindigkeit nicht vom Gefälle ab, wenn Reibung und Luftwiderstand nicht berücksichtigt werden.

Bei einer Höhendifferenz $h = 50\,\text{m}$ in der Anlaufspur ergibt sich $v = 31{,}3\,\text{m/s} = 112{,}8\,\text{km/h}$. Die Reibung der Schier in der Spur und der Luftwiderstand verringern die Endgeschwindigkeit. Aus Sicherheitsgründen soll die Absprunggeschwindigkeit nicht wesentlich mehr als 90 km/h betragen, weshalb der Anlauf meist verkürzt wird. ◁

23.4 Am Rangierbahnhof werden die Waggons mithilfe schiefer Ebenen (Abrollhügel) auf eine ausreichend große Geschwindigkeit beschleunigt. Sie rollen dann „antriebslos" bis zu ihrer Position auf der Gleisharfe.

Der Bremsweg eines Autos

Die Gleichungen für den freien Fall kann man auch zur Berechnung des Bremswegs eines Autos benutzen. Die Zeit vom Erkennen einer Gefahr bis zum Anhalten des Fahrzeugs wird folgendermaßen unterteilt:

a) **Vorbremszeit** t_1: Nach dem Erkennen der Gefahr verstreicht zunächst die Reaktionszeit, bis die Bremse betätigt wird. Doch auch die Bremse braucht einige Zehntelsekunden, bis sie anspricht. Insgesamt vergeht etwa 1 Sekunde. Das Fahrzeug behält in dieser Zeit seine ursprüngliche Geschwindigkeit bei. **Vorbremsweg** $s_1 = v \cdot t_1$

b) **Bremszeit** t_2. In dieser Zeit verringert sich die Geschwindigkeit bis zum Stillstand des Fahrzeugs. Die Beschleunigung ist negativ. Aus $t = v/a$ ergibt sich der **Bremsweg** $s_2 = ½\, a \cdot t_2^2 = v^2/(2a)$

Der **Anhalteweg** besteht aus dem Vorbremsweg s_1 und dem eigentlichen Bremsweg s_2.
Beispiel:

Für 130 km/h (der auf österreichischen Autobahnen erlaubten Höchstgeschwindigkeit) ergeben sich folgende Werte:
Vorbremsweg: $s_1 = 130/3{,}6\ \text{m/s} \cdot 1\ \text{s} = 36{,}1\ \text{m}$
Bremsweg: $s_2 = v^2/(2a)$. Für eine durchschnittliche Bremsverzögerung von $a = 4\ \text{m/s}^2$ beträgt der Bremsweg 163 m.
Der Anhalteweg ergibt sich daher mit 199 m.

In der Fahrschule lernt man Regeln, die bei der Abschätzung des Anhaltewegs helfen sollen. Dabei wird eine Bremsverzögerung von $a = 4\ \text{m/s}^2$ angenommen.

24.1 Mangelnder Sicherheitsabstand kann zu Massen-Auffahrunfällen führen, in denen der einzelne Autofahrer praktisch chancenlos ist.

Regel I: Der Vorbremsweg ergibt sich in Meter, indem man die Geschwindigkeit in km/h durch 10 teilt und mit 3 multipliziert.

Also: $v = 130\ \text{km/h}$, Vorbremsweg $s_1 = 13 \cdot 3\ \text{m} = 39\ \text{m}$

Regel II: Der Bremsweg ergibt sich in Meter, indem man die Geschwindigkeit in km/h durch 10 teilt und anschließend quadriert.

Also $v = 130\ \text{km/h}$, Bremsweg $s_2 = 13 \cdot 13\ \text{m} = 169\ \text{m}$

Der Anhalteweg ist demnach 208 m.

Eine häufige Unfallursache ist der zu geringe Abstand zwischen den Fahrzeugen auf Autobahnen und Landstraßen. Als üblicher Sicherheitsabstand gilt bei kleinen Geschwindigkeiten zumindest der Vorbremsweg (Ein-Sekundenregel). Bei großen Geschwindigkeiten sollte wenigstens der doppelte Vorbremsweg als Sicherheitsabstand eingehalten werden. Diese Regeln setzen voraus, dass man beim Autofahren konzentriert und aufmerksam ist.

24.2 Mirna Jukic, die bisher erfolgreichste österreichische Schwimmerin

? Antwort auf die Eingangsfrage

Welche mittlere Geschwindigkeit hat die Schwimmerin? Sie legt 200 m in 2:21,97 min = 141,97 s zurück und hat damit eine mittlere Geschwindigkeit von gerundet 1,409 m/s. In einer hundertstel Sekunde legt sie einen Weg von 1,4 cm zurück. Bei einem 50 m Becken und einer Zeitdifferenz von einer hundertstel Sekunde müsste das Becken für eine Schwimmstrecke von 200 m auf 3,5 mm genau vermessen sein. Das ist natürlich nicht möglich. Andererseits sind die Unterschiede in der Spitzengruppe sehr gering und es gilt, einen Sieger oder eine Siegerin zu küren. Die Zweitplatzierte lag mit einer Zeit von 2:21,84 nur um 0,13 s vor Jukic (24.2). Bei der modernen Zeitmessung ist die Schwimmerin für die Zeitmessung selbst verantwortlich. Am Beckenende müssen die Schwimmerinnen Anschlagtafeln (touch pads) berühren, um die Zeitmessung zu stoppen. Die Position der Anschlagplatten wird mit Laserentfernungsmessern auf ± 1 mm gemessen. Die Anschlagplatten werden so eingerichtet, dass der Weg – bei vier geschwommenen Längen – maximal ± 4 mm vom Sollwert abweicht und daher maximal ± 8 mm unterschiedlich ist. Zusätzlich werden hochauflösende Videoaufnahmen gemacht. Sie zeigen, dass die Zweitplatzierte im Moment des Ziel-Anschlags 16 cm hinter der Erstplatzierten zurück lag.

Teste dein Wissen W1

25.1 Definiere die Begriffe Geschwindigkeit und Beschleunigung.

25.2 Ein Auto beschleunigt gleichmäßig in 1 Sekunde von 0 auf 36 km/h. Wie weit kommt es in dieser Zeit?
a) 10 km
b) 5 km
c) 5 m

25.3 Welche der folgenden Aussagen sind richtig?
a) Die mittlere Geschwindigkeit ist $v = a/t$.
b) Die mittlere Beschleunigung ist $a = v/t$.
c) Die mittlere und die momentane Geschwindigkeit sind bei einer gleichförmigen Bewegung gleich.

25.4 Beschreibe die Bewegung eines frei fallenden Körpers.

25.5 Um wie viel nimmt die Geschwindigkeit beim freien Fall in einer Sekunde zu?
a) 10 m/s
b) 5 m/s
c) 1 m/s

25.6 Beschreibe an einem Beispiel die Rolle des Experiments in der Physik.

Weiterführende Fragestellungen

THEMA NATURWISSENSCHAFTLICHES ARBEITEN

1 Methoden physikalischen Arbeitens
Was unterscheidet die Methode physikalischen Arbeitens von jener anderer Wissenschaften? Erläutere zunächst allgemein, dann an Hand eines Beispiels.

2 Messen
a) Miss die Schwingungsdauer eines Pendels. Beschreibe an diesem Beispiel, wie ganz allgemein beim Messen einer physikalischen Größe vorgegangen wird.
b) In welchen zeitlichen und räumlichen Größenordnungen findet physikalische Forschung statt? Welche Möglichkeiten der Messung stehen zur Verfügung?

THEMA BEWEGUNG

1 Autofahren
a) Ein LKW fährt von Wien nach Salzburg. Wie könnte das entsprechende Weg-Zeit-Diagramm aussehen?
b) Der LKW muss auf der Autobahn plötzlich bremsen. Beschreibe den Bremsvorgang. Wovon hängt der Bremsweg ab?
c) Warum ist es wichtig, dass das Reifenprofil des Fahrzeugs in Ordnung ist?
d) Erkläre, welche Gefahren beim plötzlichen Bremsen aus physikalischer Sicht bestehen?

2 Fall- und Wurfbewegungen
a) Fall- und Wurfbewegungen spielen im Alltag und in der Technik eine wichtige Rolle. Erläutere die Bewegung am Wurf eines Balls.
b) Interessant sind Fallbewegungen aus großen Höhen, z. B. der Fallschirmsprung. Erläutere, warum.
c) Welcher Zusammenhang besteht zwischen der Bewegung von Satelliten und der Bewegung eines geworfenen Balls?

Zusammenfassende Übersicht

Die Grundgrößen Zeit und Länge

Die Maßeinheit für die physikalische Größe **Zeit** t ist die **Sekunde s**.
Die Maßeinheit für die physikalische Größe **Länge** s (l, r) ist das **Meter m**.

Geschwindigkeit und Beschleunigung

Zur **Beschreibung einer Bewegung** benötigt man die Ausgangskoordinaten, die Geschwindigkeit und die Beschleunigung. Zur vollständigen Beschreibung der Bewegung muss ein **Bezugssystem** angegeben werden.

Geschwindigkeit

Mittlere Geschwindigkeit: $\vec{v}_m = \frac{(\vec{s}_2 - \vec{s}_1)}{(t_2 - t_1)}$

Momentangeschwindigkeit: $\vec{v} = \frac{\Delta \vec{s}}{\Delta t}$ (Δt möglichst klein)

Die Einheit der Geschwindigkeit ist $m/s = m \cdot s^{-1}$ (Meter pro Sekunde).

Bei einer **gleichförmigen Bewegung** bleiben Betrag und Richtung der Geschwindigkeit konstant.

$\vec{s} = \vec{v} \cdot t \qquad \vec{v} = \text{const.}\ (\vec{a} = 0)$

Bei einer **ungleichförmigen Bewegung** ändert sich die Geschwindigkeit nach Betrag oder Richtung oder nach Betrag und Richtung.

Beschleunigung

Beschleunigung: $\vec{a} = \frac{\Delta \vec{v}}{\Delta t}$ (Δt möglichst klein)

Die Einheit der Beschleunigung ist $m/s^2 = m \cdot s^{-2}$

Die gleichmäßig beschleunigte Bewegung

$\vec{s} = \frac{1}{2} \vec{a} \cdot t^2, \quad \vec{v} = \vec{a} \cdot t$

Der freie Fall

Der freie Fall ist eine gleichmäßig beschleunigte Bewegung.
Die Fallbeschleunigung $\vec{g}$ beträgt im Mittel $9{,}81\,m/s^2$.

$s = h = \frac{1}{2} g \cdot t^2, \quad v = g \cdot t$

Die Kraft

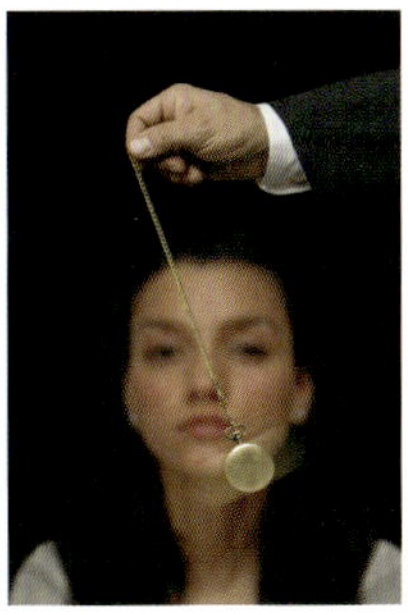

Links: Beim Sport sind es vor allem die Muskelkräfte, die für uns interessant sind. **Mitte:** Zwar sind „hypnotische Kräfte" keine Kräfte im Sinne der Physik, doch lässt sich die Wirkung der Hypnose über die Neurophysik erfassen. **Rechts:** Was haben „Kraftwerke" mit „Kraft" zu tun?

Kraft ist ein Begriff, der umgangssprachlich viel verwendet wird: Muskelkraft, Körperkraft, Windkraft, gesellschaftliche Kräfte, psychische Kräfte, politische Kräfte usw. Unsere intuitive Vorstellung ist, dass wir mit Kräften **etwas bewegen** können. Der Kraftbegriff in der Physik kommt dem Nahe, ist aber sehr präzise definiert.

Kraft ist neben Energie wohl der wichtigste Begriff der Physik. Die Definition dessen, was man unter Kraft versteht, stand am Anfang der Physik. GALILEI hatte dafür die Voraussetzungen geschaffen. Im 17. Jahrhundert, einige Jahrzehnte nach Galileis Tod, definierte Isaac Newton auf der Basis des von Galilei formulierten Trägheitsgesetzes die Kraft als Ursache von Bewegungsänderungen. Newton schuf damit die Basis für den Aufbau der Physik und die Grundlage für die moderne Technik.

Newton gelang es, mit dem von ihm geschaffenen Kraftbegriff die **Gravitationskraft** zu beschreiben und damit die Basis für Voraussagen über das Geschehen im Universum zu legen. Für die Menschen zu Newtons Zeit war es unbegreiflich, dass dieselbe Kraft, die bewirkt, dass ein Apfel zu Boden fällt, auch dafür verantwortlich ist, dass sich der Mond um die Erde und die Erde um die Sonne bewegt. Beginnend mit Newton versuchte die Physik die Vielfalt von anscheinend unterschiedlichen Kräften, die uns in der Natur begegnen, auf wenige einheitliche Kräfte zurück zu führen. Dieser Prozess dauerte einige Jahrhunderte und wir wissen heute nicht, ob er bereits abgeschlossen ist.

Die Physik unterscheidet heute **vier Grundkräfte**:
- die Gravitation als Wechselwirkung zwischen Massen
- den Elektromagnetismus als Wechselwirkung von elektrischen Ladungen
- die starke Wechselwirkung zwischen den Bausteinen der Atomkerne
- die schwache Wechselwirkung

Alles, was wir in der Natur beobachten, ist mit Hilfe dieser Grundkräfte zu erklären. Die **Gravitationskraft** bestimmt die Bewegungen der Himmelskörper und ist dafür verantwortlich, dass wir nicht von der Erde davonfliegen. **Elektromagnetische Kräfte** sind für den Zusammenhalt von Atomen und Molekülen verantwortlich, bestimmen die Eigenschaften der Materie und verhindern, dass wir durch Wände gehen können. Auch die Informationsübertragung mittels Licht und Funk beruht auf elektromagnetischen Wellen. **Starke Wechselwirkungen** bewirken den Zusammenhalt der Bausteine des Atomkerns. **Schwache Wechselwirkungen** sind für den Zerfall von Atomkernen verantwortlich.

Alle genannten Kräfte können wir mit physikalischen Methoden messen. **Gibt es noch weitere Kräfte?** Alle bisher vorgebrachten Hinweise auf unbekannte Kräfte haben eines gemeinsam: Sie konnten von unabhängigen Personen nicht überprüft werden. Damit fallen solche Kräfte nicht in den Bereich der Physik. Medizinische oder technische Geräte, die auf der Basis solcher unbekannten Kräfte gebaut wurden, haben sich immer als wirkungslos erwiesen.

2d65e4

1 Die Newton'schen Gesetze

In diesem Kapitel erfährst du,
- wie Galilei den Trägheitssatz entwickelt hat,
- warum der Satz noch heute für uns wichtig ist,
- was die Physik unter Kraft versteht,
- wie du Kräfte messen kannst.

28.1 Astronauten bei Reparaturarbeiten am Weltraumteleskop Hubble. Warum sind sie über Seile mit dem Shuttle verbunden?

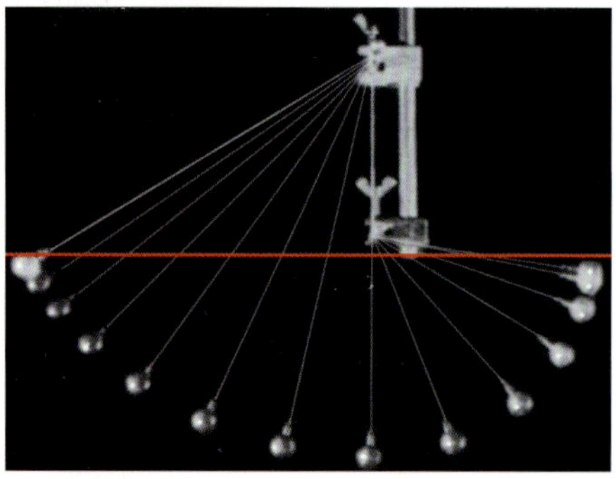

28.2 Die Schwingung des Pendels: Der links losgelassene Pendelkörper steigt bis zu seiner Ausgangshöhe (rechts) empor.

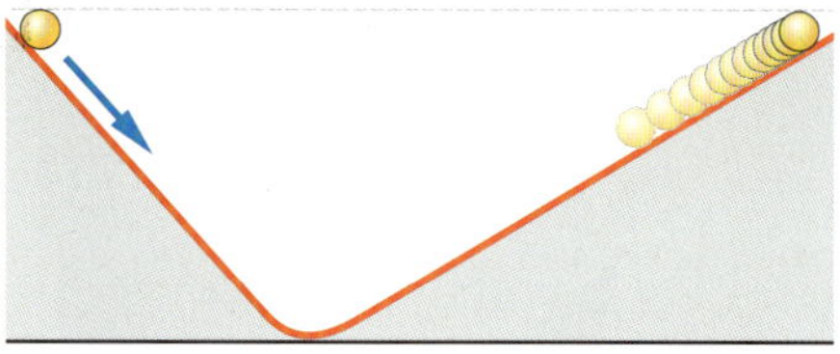

28.3 Eine auf der linken Seite herab rollende Kugel steigt, wenn man vom Einfluss der Reibung absieht, auf der rechten Seite wieder bis zur Anfangshöhe empor.

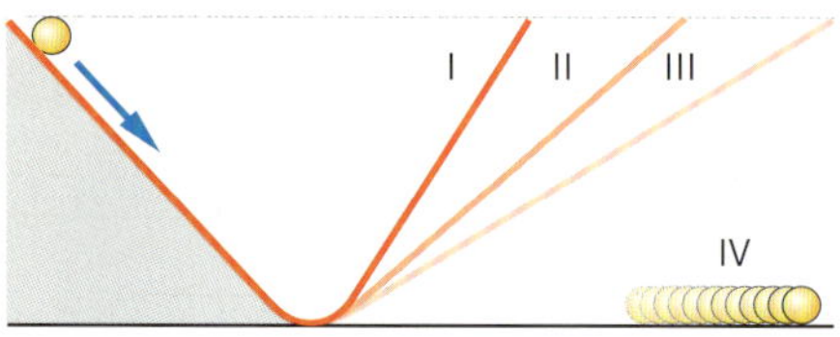

28.4 Je geringer die Neigung der rechten Seite gewählt wird, desto kleiner fällt die Verzögerung der aufsteigenden Kugel aus. Geht man zur Waagrechten über, so muss sich die Kugel gleichförmig fortbewegen, sofern man die Reibung außer Betracht lässt.

1.1 Das Trägheitsgesetz

GALILEI beobachtete – man sagt, angeregt durch einen im Dom zu Pisa schaukelnden Kronleuchter – , dass ein Pendel, wenn es nach einer Seite ausgelenkt und losgelassen wird, auf der anderen Seite wieder fast bis zu seiner Anfangshöhe emporsteigt. Daran ändert sich auch nichts, wenn der Pendelfaden beim Hinüberschwingen durch ein Hindernis abgeknickt wird (28.2).

Gedankenexperiment

28.1 Galilei überlegte, dass man dasselbe beobachten würde, wenn der Pendelkörper nicht durch einen Faden, sondern von einer entsprechend gebogenen Rinne reibungslos geführt würde. Dann würde eine Kugel, die von der einen Seite der Rinne herabrollt, auf der anderen Seite wieder bis zur Anfangshöhe empor rollen – gleichgültig wie steil die Rinne (28.3) ist. Nun dachte sich Galilei die Neigung der Rinne im „aufsteigenden Teil" kleiner und kleiner gemacht. Stets wird die Kugel auf ihre alte Höhe hinaufrollen. Die Bahn und die Laufzeit werden dabei länger und länger und die Verzögerung kleiner und kleiner.

Was geschieht, wenn die Bahn horizontal wird? In diesem Fall muss die Kugel mit konstanter Geschwindigkeit unaufhörlich weiterlaufen, sich also auf geradliniger Bahn gleichförmig dahinbewegen (28.4). Galilei kommt zu der wichtigen Erkenntnis:

Trägheitsgesetz
Ohne äußere Einwirkung bleibt ein Körper in Ruhe oder er behält seine Geschwindigkeit bei und bewegt sich geradlinig gleichförmig weiter.

Unsere Alltagsbeobachtungen scheinen Galilei zu widersprechen: Ein Auto kommt nach einiger Zeit zum Stillstand, wenn man vom Gas weggeht. Ein Radfahrer muss, auch in der Ebene, immer wieder treten, will er nicht nach einiger Zeit still stehen und ein Inline-Skater muss sich immer wieder kräftig abstoßen, sonst rollt er aus. Alle genannten Bewegungen laufen aber nur scheinbar ohne äußere Einwirkung ab. Bei allen Bewegungen wirkt die **Reibung** am Boden und in der Luft bremsend und die Körper kommen allmählich zur Ruhe.

Galilei konnte das Trägheitsgesetz experimentell nicht beweisen. Luftkissentische ermöglichen heute fast reibungsfreie Experimentierumgebungen. Im Weltall stört keine Reibung: Die Planeten bewegen sich seit über vier Milliarden Jahren ohne Treibstoff.

Aristotelische Physik

ARISTOTELES (384–322 v. Chr.) gilt als bedeutendster Philosoph der Antike. Seine Schriften zur Ethik, zur Logik und zur Metaphysik sind noch heute von Bedeutung. Er gilt auch als Begründer zahlreicher anderer Wissenschaften, etwa der Botanik und der Politologie. Er lebte zur Zeit Alexander des Großen und war dessen Lehrer. Im Mittelalter sprach man von ihm als „Il Philosophus", „der Philosoph" und seine Lehren wurden an den europäischen Universitäten gelehrt. Vertrat jemand eine andere Meinung, wurde er der Ketzerei beschuldigt.
Für die Physik lieferte Aristoteles ein System, das mit den täglichen Erfahrungen der Menschen durchaus im Einklang stand. Aristoteles behauptete, dass die Erde eine Kugel sei. Von den **vier Elementen** (Erde, Wasser, Feuer, Luft) bewegen sich die „schweren" Elemente Erde und Wasser zum Mittelpunkt der Erde, die leichten Elemente Feuer und Luft bewegen sich von ihr fort und steigen auf.
Die Erde ist von sieben konzentrischen Kugeln, den Sphären, umgeben. Auf den **Sphären** bewegen sich die sichtbaren Himmelskörper, Mond, Sonne, Planeten und Fixsterne. Wir sehen die Himmelskörper auf- und untergehen. Er schloss also, dass sich die Sphären einmal täglich um eine Achse drehen. Ein „erster Beweger" meinte er, habe diese Bewegung verursacht. Zwischen den Himmelskörpern befindet sich der **„Äther"**, ein durchsichtiger Stoff (das fünfte Element).
Die Bewegungen auf der Erde werden durch Kräfte verursacht. Sobald keine Kraft mehr auf einen Körper wirkt, bleibt dieser stehen. Dies entspricht durchaus der Beobachtung: Ein von einem Pferd gezogener Wagen bleibt am holprigen Weg stehen, sobald das Pferd den Wagen nicht mehr zieht!
Die Physik GALILEIS (**29.1**) geht über die unmittelbare Anschauung hinaus. Galilei erfindet das Experiment: Er fragte, was geschieht, wenn wir zum Beispiel die Reibung möglichst klein machen. Er verbessert die Himmelsbeobachtungen, indem er ein Fernrohr benutzt. Galilei unterstützt seine Theorien mit Gedankenexperimenten und führt schließlich die Mathematik als physikalische Methode ein, um damit Voraussagen machen zu können.

Das Relativitätsprinzip

Du siehst am Himmel ein Flugzeug. Es fliegt mit gleich bleibender Geschwindigkeit geradeaus. Im Inneren der Maschine sind die Vorhänge geschlossen. Bei ruhigem Flug merkt man nur am Geräusch der Maschine, dass sich diese bewegt. Alle Bewegungen im Flugzeug verlaufen genauso wie auf der Erde: Ein Passagier kann sich ein Glas Wasser einschenken, im Flugzeug umhergehen. Es gibt keine Beobachtung und kein Experiment, aus dem man ohne Blick nach außen auf die Geschwindigkeit des Flugzeugs schließen könnte.

Hingegen können sowohl ein Beobachter am Erdboden als auch ein Passagier mit Blick nach außen die gegenseitige relative Bewegung feststellen. D. h. der Mensch am Boden wird sagen: Das Flugzeug bewegt sich relativ zu mir am Himmel mit konstanter Geschwindigkeit.

Relativitätsprinzip
In Systemen, die sich gleichförmig geradlinig bewegen ($\vec{v}$ = const.), können nur Relativbewegungen festgestellt werden.
In solchen Systemen laufen alle physikalischen Vorgänge in gleicher Weise ab.

29.1 Galileo Galilei (geb. 1564 in Pisa, gest. 1642 bei Florenz). Galilei gilt als Begründer der Physik und ihrer Methode. Sein Kampf für das heliozentrische Weltsystem und gegen die Lehrmeinung der katholischen Kirche ist Thema zahlreicher Romane und Theaterstücke. Konnte Galilei seine Theorie beweisen?

Inertialsysteme

Systeme, in denen das Trägheitsgesetz gilt, bezeichnet man als **Inertialsysteme** (inertia, lat. bedeutet Trägheit). Inertialsysteme sind unbeschleunigt, d. h. sie sind relativ zu anderen Inertialsystemen in Ruhe oder bewegen sich gegen einander mit konstanter Geschwindigkeit. Derartige Systeme gibt es in der Realität nicht, sie sind Modelle, die die Vorgänge näherungsweise beschreiben.
Auch die Erde ist kein Inertialsystem, denn sie dreht sich um ihre eigene Achse und umkreist die Sonne. Für viele Experimente genügt der Bezug zur Erdoberfläche. In diesen Fällen wird die Rotationsbewegung der Erde vernachlässigt und die Erde kann als Inertialsystem angesehen werden. Der Fixsternhimmel stellt ein fast ideales Inertialsystem dar.

Inertialsysteme sind Systeme, in denen das **Trägheitsgesetz** gilt.

29.2 In einem ruhig dahinfahrenden Zug merkt man an der Veränderung der Landschaft, dass sich der Zug bewegt. Ohne Blick nach außen merkt man die Bewegung des Zuges nur, wenn er schneller oder langsamer wird oder in eine Kurve fährt.

Kannst du die Bewegung der Erde nachweisen?

Salvati: Ihr sagt: weil bei ruhendem Schiffe der Stein am Fuße des Mastes niederfallt, bei bewegtem hingegen vom Fuße entfernt, so lässt sich umgekehrt schließen, dass, wenn der Stein am Fuße niederfällt, das Schiff stille steht; und ebenso ergibt sich, dass, wenn er entfernt davon niederfällt, das Schiff sich bewegt. Da nun, was beim Schiffe gilt, auch bei der Erde eintreten muss, so folgt aus dem Niederfallen des Steines am Fuße des Turmes mit Notwendigkeit die Unbewegtheit des Erdballs. Ist das nicht Euer Beweis?

Simplicio: Ja, und zwar in gedrängter Fassung, was sehr zur Erleichterung des Verständnisses beiträgt.

Salvati: Nun sagt mir: wenn der von der Spitze des Mastes abgelassene Stein auch bei dem rasch bewegten Schiffe genau an derjenigen Stelle des Schiffes niederfiele, wohin er bei dem ruhenden Schiffe auftrifft, welchen Wert würden dann diese Fallversuche für die Entscheidung der Frage haben, ob das Schiff feststeht oder fährt?

Simplicio: Absolut keinen. Ebenso wie aus dem Schlagen des Pulses sich nicht erkennen lässt, ob jemand schläft oder wacht, weil der Puls in gleicher Weise bei Schlafenden wie bei Wachenden schlägt.

Salvati: Sehr wohl. Habt Ihr jemals den Versuch mit dem Schiffe angestellt?

Simplicio: Ich habe es nicht getan, wohl aber, denke ich, haben die Schriftsteller, welche ihn anführen, sich sorgfältig mit ihm beschäftigt. Überdies liegt die Ursache der Verschiedenheit so sehr auf der Hand, dass kein Raum zum Zweifel bleibt.

(aus: „Dialog über die beiden Weltsysteme“, Galilei 1630)

Die Sonne bewegt sich über den Horizont und wandert im Laufe des Tages von Osten nach Westen. Wir wissen heute, dass sich nicht die Sonne bewegt, sondern die Erde sich einmal täglich um ihre Achse dreht. Doch kann man das auch beweisen? Dieses Problem hatte Galileo Galilei, als er am Beginn des 17. Jahrhunderts die Behauptung aufstellte, dass nicht die Sonne, sondern die Erde sich bewegt. Überlegt man, dass der Erdumfang 40 000 km beträgt und sich die Erde in einem Tag, also in 86 400 s um ihre Achse dreht, so beträgt die Geschwindigkeit am Äquator immerhin 463 m/s oder rund 1670 km/h. Warum merken wir nichts von dieser unglaublichen Geschwindigkeit? Die Argumente der Gegner Galileis waren nicht leicht zu widerlegen. Vor allem den durch so hohe Geschwindigkeiten verursachten Wind müssten wir doch spüren! Galilei erwiderte nicht mit Experimenten – solche hatte er nicht zur Verfügung – sondern wieder mit Gedankenexperimenten. Was geschieht, wenn ein Gegenstand von einem sehr hohen Mast eines fahrenden Schiffes fällt? Fällt er dann nicht am Fuß des Mastes auf? Diese und andere Fragen diskutiert GALILEI in seinem 1630 erschienenen Buch *„Dialog über die beiden Weltsysteme“*. Galileis Überlegungen können wir heute, wo uns wesentlich höhere Geschwindigkeiten zur Verfügung stehen, leicht überprüfen.

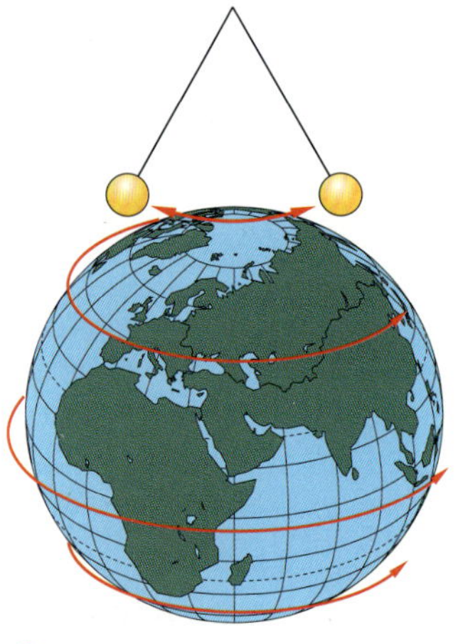

30.1 Foucaultscher Pendelversuch: Das Pendel ist träge und hat stets dieselbe Schwingungsebene. Ein Beobachter am Pol bewegt sich mit der Erde um das Pendel herum. Er würde den Eindruck haben, dass sich das Pendel in 24 h um 360° dreht.

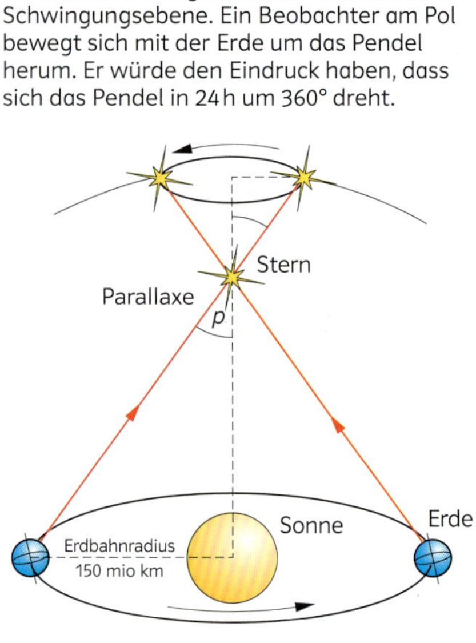

30.2 Ein naher Fixstern ändert im Laufe eines Jahres relativ zum Fixsternhimmel seine Position (Fixsternparallaxe *p*).

Untersuche, überlege, forsche: Inertialsysteme

30.1 W1 Du lässt in einem fahrenden Zug einen Gegenstand fallen. Beschreibe den Fallweg des Körpers aus der Sicht eines am Bahnsteig stehenden Beobachters. (Nimm an, dass der Zug gleichförmig mit 50 km/h fährt.)

30.2 S2 Ein Flugzeug fliegt gleichmäßig mit 900 km/h (250 m/s). Im Flugzeug schenkt ein Steward ein Glas Wasser ein. Was würde geschehen, wenn nicht Galilei, sondern seine Gegner im Recht wären? (Lies dazu den Ausschnitt aus Galileis *Dialog über die beiden Weltsysteme*.)

In einem gleichmäßig dahin fahrenden Zug gibt es kein Experiment, mit dem wir die Geschwindigkeit des Zuges relativ zu seiner Umgebung feststellen können. Ob der Zug fährt oder in Ruhe ist, ein Ball wird immer dieselbe Bahnkurve zurücklegen. Auch die gleichförmige Bewegung der Erde durch den Raum können wir nicht mittels Experiment messen. Wir können nur Relativbewegungen feststellen.

Galilei gelang es zwar, die Argumente seiner Gegner zu entkräften, doch er konnte nicht beweisen, dass sich die Erde bewegt, und nicht die Sonne. Dies konnte nur über den Nachweis der Rotationsbewegung der Erde – der täglichen Rotation um die eigene Achse und der jährlichen Rotation um die Sonne – gelingen.

Etwa zweihundert Jahre nach Galileis Tod entdeckte der französische Physiker Jean Bernard Léon FOUCAULT bei der Beobachtung eines Pendels, dass sich die Pendelebene im Laufe eines Tages dreht. Am Pol dreht sie sich in 24 h um 360 Grad (**30.1**), am Äquator dreht sich die Schwingungsebene des Pendels überhaupt nicht. Dies erklärt sich daraus, dass sich am geographischen Pol Beobachter und Erde unter dem Pendel wegdrehen, das Pendel seine Schwingungsebene aber beibehält.

Die jährliche Bewegung der Erde um die Sonne „spiegelt“ sich im Sternenhimmel. Die Positionen naher Sterne verschieben sich im Jahresrhythmus vor dem Hintergrund der ferneren Sterne. Dadurch lassen sich die Entfernungen naher Sterne berechnen: Z. B. ist der Polarstern ca. 400 Lichtjahre entfernt. (**30.2**).

Das Relativitätsprinzip Galileis wurde von Einstein in der sogenannten Speziellen Relativitätstheorie erweitert: Auch mit Hilfe des Lichts lassen sich nur Relativbewegungen zwischen Inertialsystemen feststellen (s. Physik 8).

Trägheit

Die Wirkungen des Trägheitsgesetzes kann man im Alltag oft beobachten. Wir sagen vereinfacht, die Körper sind träge, weil sie ihren Bewegungszustand beibehalten, solange keine äußere Einwirkung sie zwingt, diesen Zustand zu ändern: Eine Last kann von der Ladefläche eines LKW herunterfallen, wenn sich dieser in Bewegung setzt. Beim Anfahren im Auto werden die Personen in die Sitze gedrückt, beim scharfen Bremsen nach vorne bewegt. Kräfte, die in beschleunigten Systemen auftreten, bezeichnet man als Trägheitskräfte (s. auch Zentrifugalkraft, S. 49).

Untersuche, überlege, forsche: Trägheit

31.1 **E2** Lege einen Ball auf den Boden einer fahrenden U-Bahn (oder eines Zuges, eines Autos). Beobachte die Bewegungen des Balls. Ähnliche Beobachtungen kannst du machen, wenn du den Ball auf einen Labortisch mit Rollen legst und diesen bewegst. Interpretiere deine Beobachtung!

31.2 Befestige an einem Sack Kartoffel (ca. 2 kg) einen Zwirnsfaden. Hebe zuerst den Sack am Faden langsam hoch, hebe danach den Sack durch rasches Ziehen hoch! Im zweiten Fall kann es passieren, dass der Faden reißt.

E1 **a)** Wie erklärst du deine Beobachtung?

S1 **b)** Kannst du einen Zusammenhang herstellen zwischen deinen Beobachtungen und dem Abschleppen eines Autos mit Seil? Was sollte man dabei beachten?

31.3 **S1** Es ist gefährlich, von einem fahrenden Fahrzeug abzuspringen. Warum?

31.4 **W1** Was muss man beim Beladen von Fahrzeugen beachten? Was muss man beachten, wenn man Handgepäck oder Koffer in Bussen oder Zügen in den Gepäckablagen über den Sitzen verstaut?

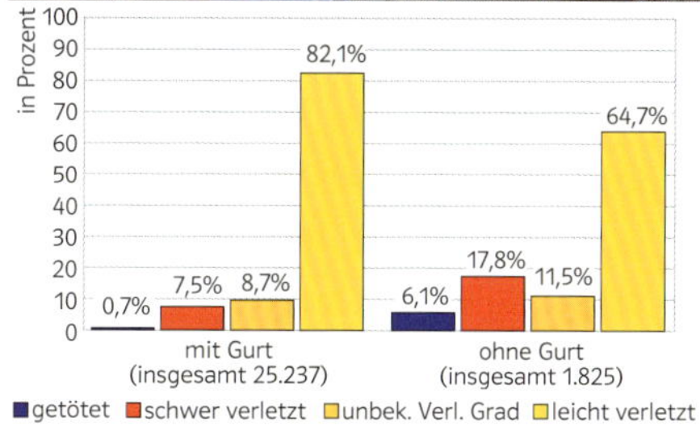

31.1 Sicherheitsgurte, Kopfstützen und Airbags sowie spezielle Kindersitze reduzieren bei Autounfällen die Anzahl an Todesfällen und Schwerverletzten (Statistik Austria 2010).

1.2 Erstes und zweites Newton'sches Gesetz

Auf Basis des Galilei´schen Trägheitsgesetzes definierte Isaac Newton (1643–1727) (31.2) den physikalischen Begriff Kraft. Das erste Newton'sche Gesetz entspricht dem Trägheitsgesetz, das zweite Newton'sche Gesetz definiert die Kraft.
Die Newton'schen Gesetze werden häufig auch als Axiome bezeichnet. Axiome sind nicht beweisbare Grundannahmen, auf denen eine Theorie aufgebaut wird. Für die Physik gilt, dass Gesetze, die aus Axiomen abgeleitet werden, experimentell überprüft werden müssen und nicht miteinander in Widerspruch stehen dürfen.

31.2 Isaac Newton (1643–1727). Newton wurde ein Jahr nach Galileis Tod geboren. Er war Professor in Cambridge. Wir verdanken ihm u. a. den systematischen Aufbau der Mechanik, wichtige Erkenntnisse auf dem Gebiet der Optik und die Grundlagen der Differential- und Integralrechnung.

Die Definition der Kraft

Im Alltag wird der **Kraftbegriff** ganz unterschiedlich verwendet. Du musst Kraft aufwenden, wenn du ein Gewicht hebst oder auch nur einfach in der Hand hältst, wenn du eine Spiralfeder dehnst oder einen Ball abbremst bzw. ihn beschleunigst. Kräfte können die Form eines Körpers verändern (wie im Fall der Feder) und sie können Körper beschleunigen (wie im Fall des Balls). In manchen Fällen ist die Wirkung der Kraft nicht unmittelbar erkennbar (etwa wenn du einen Koffer trägst).
Newton konzentrierte sich bei der Definition der Kraft auf die **Änderung der Geschwindigkeit**. In der Newton'schen Definition besteht die Wirkung einer Kraft in einer Änderung des Geschwindigkeitsvektors, d. h. in einer Beschleunigung, einer Verzögerung oder einer Richtungsänderung eines Körpers. Im Laufe der Geschichte zeigte sich, dass diese Definition ausreicht, um alle Phänomene, die auf physikalischen Kräften beruhen, zu erklären.
Das erste Newton'sche Gesetz besagt, dass sich Körper ohne äußere Einwirkung geradlinig gleichförmig bewegen oder in Ruhe sind.

> Jeder Körper beharrt in seinem Zustand der Ruhe oder der gleichförmigen geradlinigen Bewegung, wenn er nicht durch einwirkende Kräfte gezwungen wird, seinen Zustand zu ändern.
> Geschosse verharren in ihrer Bewegung, insofern sie nicht durch den Widerstand der Luft verzögert oder durch die Kraft der Schwere von ihrer Richtung abgelenkt werden. … Die großen Körper der Planeten und Kometen aber behalten ihre fortschreitende und kreisförmige Bewegung , in weniger widerstehenden Medien, lange Zeit bei.
> (Isaac Newton in *Philosophiae naturalis principia mathematica*, 1687)

1. Newton'sches Gesetz
Körper, auf die keine Kraft wirkt, bewegen sich geradlinig gleichförmig oder sind in Ruhe.

Daraus folgt zwingend das zweite Newton'sche Gesetz, die Definition der Kraft:

„Die Schwierigkeit der Physik besteht ... darin, aus den Erscheinungen der Bewegung die Kräfte der Natur zu erfassen, um hierauf durch diese Kräfte die übrigen Erscheinungen zu erklären."
(Isaac Newton in *Philosophiae naturalis principia mathematica*, 1687)

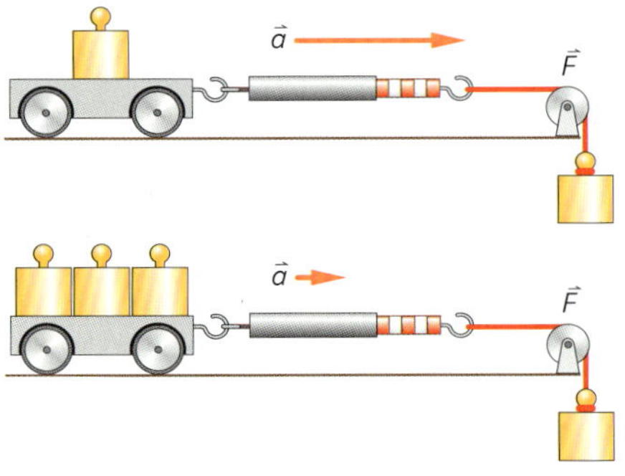

32.1 Zieht man mit konstanter Kraft, so fällt die Beschleunigung des Wagens umso kleiner aus, je größer die Masse ist. (Die Reibungskraft und die Masse des Wagens werden hier vernachlässigt).

32.2 Das Urkilogramm im Bureau International des Poids et Mesures in Paris legte bis 2019 die Einheit der Masse fest.

Massen-Größenordnung in kg	
Ein Liter Wasser	10^0
Mensch	10^2
Elefant	10^4
Stephansdom	10^8
Lufthülle der Erde	10^{18}
Weltmeere	10^{20}
Mond	10^{22}
Erde	10^{24}
Sonne	10^{30}

32.3 Verschiedene Massen

Für n = 0, 1, 2, 3,… berechne:

$a_n = F(s_n, t_n)/m$

$v_{n+1} = v_n + a_n\,\Delta t$

$s_{n+1} = s_n + v_n\,\Delta t + ½\,a_n\,\Delta t^2$

$t_{n+1} = t_n + \Delta t$

32.4 Bahnberechnung

2. Newton'sches Gesetz (I)

Wenn eine Kraft $\vec{F}$ auf einen Körper wirkt, wird dieser beschleunigt, das heißt er wird schneller oder langsamer oder er ändert seine Bewegungsrichtung.

Die Kraft $\vec{F}$ ist direkt proportional zur Beschleunigung $\vec{a}$.

Wie können wir den Proportionalitätsfaktor bestimmen? Um diese Frage zu beantworten, gehen wir zunächst von Alltagserfahrungen aus.

Untersuche, überlege, forsche: Kraft

32.1 W2 Nimm verschiedene Bälle, wirf sie hoch und fange sie auf. In welchen Fällen musst du viel Kraft aufwenden, in welchen Fällen weniger? Begründe deine Antwort.

32.2 E1 Nimm einen (kleinen) Wagen mit einem Magneten. Mit Hilfe eines zweiten Magneten kannst du den Wagen beschleunigen, abbremsen oder seine Bewegungsrichtung ändern. Lege unterschiedliche Massestücke auf den Wagen. Beschreibe deine Beobachtungen.

Es zeigt sich, dass in allen Fällen die Masse eine zentrale Rolle spielt.

Experiment: Masse und Beschleunigung

32.1 *Du brauchst:* einen Wagen, mehrere gleiche Massestücke, Rolle, Schnur, Kraftmesser, Luftkissenbahn (wenn möglich)

E1 **a)** Befestige die Schnur am Wagen unter Zwischenschaltung des Kraftmessers, führe sie über die Rolle und hänge an sie ein Massestück. (32.1) Beobachte das Verhalten des Wagens bei unterschiedlichen Beladungen.

E2 **b)** Führe das Experiment reibungsfrei mit einer Luftkissenbahn durch. Bestimme das Verhältnis zwischen Masse des beladenen Wagens und Beschleunigung bei konstanter Kraft.

Genaue Experimente zeigen: (I) Die Beschleunigung, die ein Körper erfährt, ist direkt proportional zur einwirkenden Kraft. (II) Die Beschleunigung, die ein Körper bei gleicher Krafteinwirkung erfährt, ist indirekt proportional zu seiner Masse. Die Beziehung $\vec{a} = \vec{F}/m$ beschreibt diesen Sachverhalt. Daraus ergibt sich das 2. Newton'sche Gesetz:

Definition der Kraft – 2. Newton'sches Gesetz (II)

Kraft = Masse mal Beschleunigung

$\vec{F} = m \cdot \vec{a}$.

Dabei ist zu berücksichtigen, dass die Kraft eine **vektorielle Größe** ist, sie hat die gleiche Richtung wie die Beschleunigung.
Setzt man die Kraft $\vec{F} = 0$, so hat man den Fall des ersten Newton'schen Gesetzes: die Beschleunigung ist Null, die Geschwindigkeit konstant.
Die Einheit der Kraft ist nach dieser Definition $kg \cdot m/s^2$. Man nennt die Einheit der Kraft Newton und kürzt sie mit N ab.

Die Einheit der Kraft ist das Newton (N).

Eine Kraft von 1 N beschleunigt eine Masse von 1 kg mit $1\,m/s^2$.

$1\,N = 1\,kg \cdot m/s^2 = 1\,kg \cdot m \cdot s^{-2}$

Bahngleichung

32.1 W3 Wie man Ort und Geschwindigkeit eines Körpers bei konstanter Beschleunigung bestimmt, wurde auf S. 21 und S. 23 behandelt. Wenn die Kraft auf den Körper nicht konstant ist, hilft oft ein einfaches Näherungsverfahren: Man zerlegt die Bewegung in kleine Zeitschritte Δt, in denen die Kraft als konstant angenommen wird. Mit den Anfangswerten s_0 für den Ort und v_0 für die Geschwindigkeit berechnet man schrittweise Näherungswerte für Ort und Geschwindigkeit (**32.4**).

Masse und Dichte von Körpern

Die Masse ist eine wichtige Grundeigenschaft aller Körper:

Die Einheit der Masse

Die Masse ist eine Basisgröße im Internationalen Maßsystem SI. Die Basiseinheit der Masse ist das **Kilogramm**, abgekürzt: kg. Bis 2019 war es gleich der Masse des Urkilogramms (s. 32.2). Heute wird es durch Naturkonstante festgelegt. Ein Kilogramm entspricht der Masse von 1 dm^3 (1 Liter) Wasser bei 4 °C.

Messung von Massen

Die Masse wird über das Gewicht bestimmt – entweder, indem dieses direkt gemessen wird (Federwaage) oder indem zwei Gewichte verglichen werden (Balkenwaage). Die Entwicklung der Wägetechnik ging über mechanische Balkenwaagen immer höher werdender Präzision bis zu den heute meist gebräuchlichen elektronischen Waagen.

Die Dichte

Zwei Körper mit gleichem Volumen können unterschiedliche Masse haben. Die beiden Körper unterscheiden sich durch ihre **Dichte** ϱ, das ist das Verhältnis der Masse m zum Volumen V.

Die Dichte ϱ einiger Stoffe in kg/m³

Styropor	$0{,}02 \cdot 10^3$
Alkohol (18 °C)	$0{,}8 \cdot 10^3$
Wasser (4 °C)	$1{,}0 \cdot 10^3$
Aluminium	$2{,}7 \cdot 10^3$
Eisen	$7{,}9 \cdot 10^3$
Quecksilber	$13{,}6 \cdot 10^3$
Gold	$19{,}3 \cdot 10^3$
Urankern	$3 \cdot 10^{17}$

33.1 Dichte verschiedener Stoffe

Dichte = Masse/Volumen

$$\varrho = \frac{m}{V}$$

Einheit: kg/m³

1.3 Die Gewichtskraft

Auf der Erde wird jeder Körper infolge der Erdanziehung zum Erdmittelpunkt hin beschleunigt. Die Beschleunigung ist für alle Körper gleich und wird mit g bezeichnet (s. S. 20). Nach der Newton'schen Definition der Kraft gilt für die Kraft F, mit der die Masse m von der Erde angezogen wird, $F = m \cdot g$. Man bezeichnet diese Kraft als Gewichtskraft oder kürzer als **Gewicht** des Körpers.
Da die Fallbeschleunigung g an verschiedenen Orten der Erde verschieden ist, hängt auch das Gewicht eines Körpers vom geographischen Ort ab, an dem es gemessen wird. Ein Körper mit der Masse 1 kg hat am Äquator das Gewicht 9,79 N, am Nordpol 9,83 N, in mittleren geografischen Breiten 9,81 N. Am Mond beträgt das Gewicht auf Grund der geringen Anziehungskraft des Mondes nur etwa ein Sechstel von jenem, das auf der Erde gemessen wird.

33.2 Neil Armstrong (1921–2012) betrat am 21. Juli 1969 als erster Mensch den Mond. Seine Ausrüstung betrug etwa 80 kg. Dennoch konnte sich der Astronaut gut fortbewegen, da das Gewicht am Mond nur etwa 1/6 von jenem auf der Erde beträgt.

1.4 Die Federkraft

Kräfte bewirken nicht nur Beschleunigungen, sie können auch Körper verformen. Man kann Kräfte z. B. über die Dehnung einer Schraubenfeder messen.

Experiment: Kalibrierung eines Kraftmessers (Federwaage)

33.1 *Du brauchst:* eine Schraubenfeder, ein Gummiringerl, Massestücke (z. B. 10 g, 20 g, 30 g), Schreibstift, Stativ, Papier

E1 **a)** Hänge die Schraubenfeder an einem Stativ auf und befestige ein Blatt Papier so, dass du die Dehnung der Feder bei unterschiedlicher Belastung markieren kannst. Markiere den Nullpunkt und die jeweilige Dehnung. Stelle eine Tabelle Belastung - Dehnung auf.

E1 **b)** Wiederhole das Experiment mit einem Gummiringerl. Erstelle ein Belastungs-Dehnungsdiagramm. Interpretiere das Ergebnis.

Du stellst fest, dass bei doppelter bzw. dreifacher Belastung die Dehnung doppelt bzw. dreifach so groß ist. Wir können Schraubenfedern daher als Kraftmesser verwenden.

Schraubenfedern zeigen typische Eigenschaften von elastischen Körpern. Die Feder ist **elastisch**, das heißt, Kräfte im Material bewirken, dass sie nach der Belastung wieder ihre ursprüngliche Form annimmt. Wenn man die Feder überlastet und überdehnt, dann verliert sie die Elastizität, sie wird bleibend verformt.

33.3 Muskeltraining mittels Expander

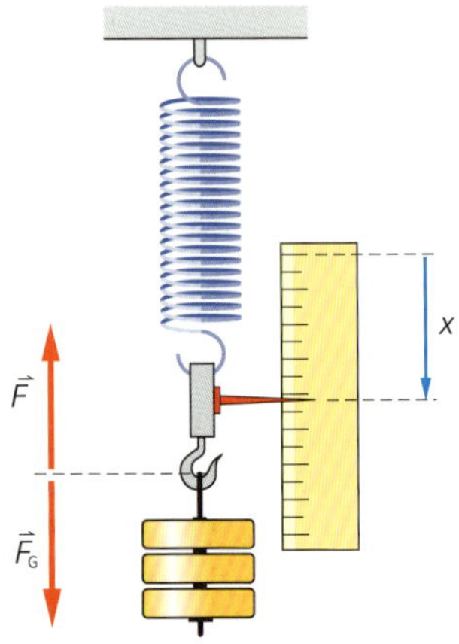

34.1 Ist das angehängte Massestück in Ruhe, so ist die Summe der wirkenden Kräfte null (vgl. Addition von Kräften S. 35). Die Feder zieht das angehängte Massestück mit genau der gleichen Kraft nach oben wie die Erde nach unten ($\vec{F}$ Federkraft, $\vec{F}_G$ Gewicht).

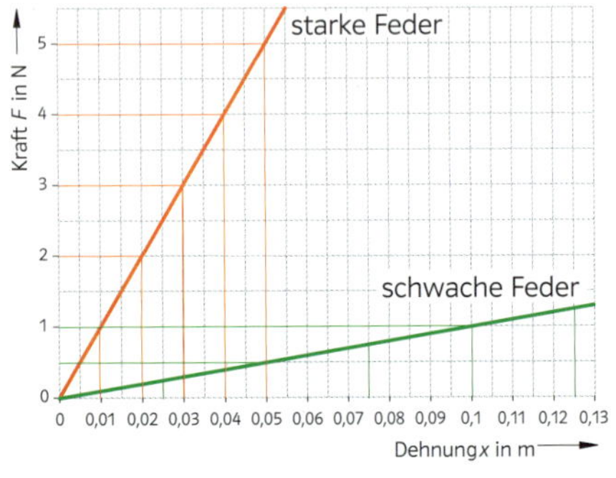

34.2 Wenn die Feder nicht zu stark belastet wird, ist die Dehnung der Feder proportional zur wirkenden Kraft.

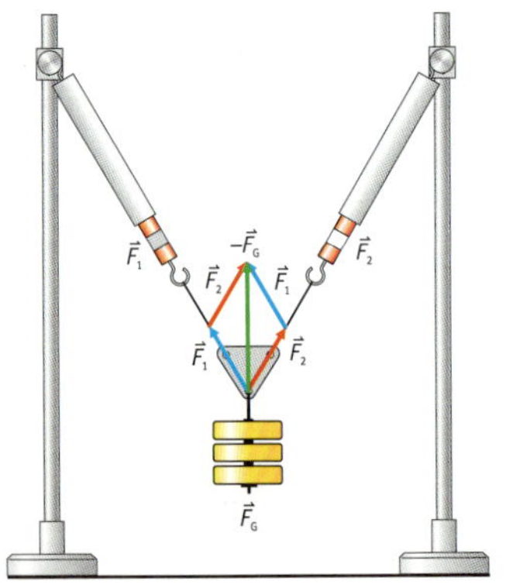

34.3 Kräfte sind Vektoren und werden nach der Parallelogramm-Regel zusammengesetzt bzw. zerlegt. Die Gewichtskraft $\vec{F}_G$ wird durch die Summe der Kräfte $\vec{F}_1$ und $\vec{F}_2$ kompensiert

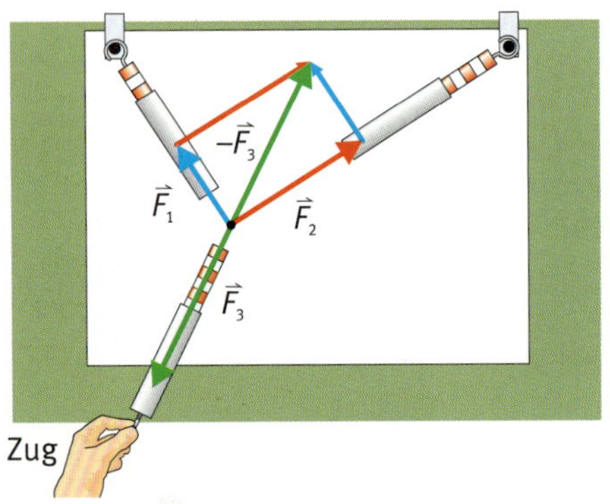

34.4 Die Kraft $\vec{F}_3$ kompensiert die Summe der Kräfte $\vec{F}_1$ und $\vec{F}_2$: $(\vec{F}_1+\vec{F}_2)+\vec{F}_3=0$.

Experiment: Eigenschaften der Schraubenfeder

34.1 E1 *Du brauchst:* Zwei verschiedene Schraubenfedern und verschiedene Massestücke.

Hänge Massestücke an die Feder und miss die Dehnung. Bestimme jeweils die Dehnung x für mehrere Massestücke und für verschieden starke Federn. Trage die Werte für das Gewicht und die Dehnung x in ein Diagramm ein.

Das Gewicht des Massestücks dehnt die Feder. Die gedehnte Feder versucht, die ursprüngliche Form wiederherzustellen und übt auf das Massestück eine entgegengesetzt gerichtete Kraft aus (Federkraft). Im Kräftegleichgewicht ist das Gewicht des Massestücks genauso groß wie die rücktreibende Federkraft F (**34.1**). Der Graph (**34.2**) zeigt die Abhängigkeit der Dehnung x von der Federkraft F.

Bei geringer Belastung sind die **Dehnung** der Schraubenfeder und die **wirkende Kraft** bzw. die **rücktreibende Federkraft einander proportional**, man spricht von **elastischer Dehnung**. Der Zusammenhang von Kraft und elastischer Dehnung heißt nach dem englischen Physiker ROBERT HOOKE (1635–1703) **Hooke'sches Gesetz**.

Die Federkraft wirkt der Dehnung entgegen.

$$\vec{F}=-k\cdot\vec{x}$$

x = Federdehnung, k = Federkonstante (Einheit 1 N/m)

Als Proportionalitätsfaktor tritt die **Federkonstante** k auf. Sie ist umso größer, je „stärker" die Feder ist, d.h. je mehr Kraft zur Dehnung eingesetzt werden muss. Die Federkraft wirkt der Dehnung entgegen.

Untersuche, überlege, forsche: Elastizität

34.1 W1 Was bedeuten die Begriffe plastisch, spröde, elastisch? Welche dieser Eigenschaften haben verschiedene Objekte deiner Umgebung? (Internetrecherche)

1.5 Die Addition von Kräften

Im Allgemeinen greifen an einem Körper mehrere Kräfte gleichzeitig an. Die Kraft ist eine **vektorielle Größe**. Daher wird die Summe von Kräften nach den Gesetzen der Vektorrechnung gebildet (siehe S. 35). Es gilt:

$$\vec{F}=\vec{F}_1+\vec{F}_2+\vec{F}_3+\dots\vec{F}_n$$

Kräfte werden vektoriell addiert.

Experiment: Zerlegung von Kräften

34.2 E1 *Du brauchst:* Zwei Federwaagen, ein Massestück, eine Schnur

Hänge das Massestück an eine Federwaage und bestimme das Gewicht. Hänge nun das Massestück so auf, dass es von zwei Federwaagen gehalten wird (**34.3**). Probiere unterschiedliche Winkel. Halte ein A4 Blatt dahinter und zeichne die dazugehörigen Kräfteparallelogramme (Addition von Vektoren S. 35).

Trägt man die Kraftvektoren maßstabgetreu auf, so findet man, dass die Diagonale im Parallelogramm aus den beiden Kräften an den Federwaagen dem Gewicht des Massestücks entspricht. Umgekehrt lassen sich Kräfte auch in Teilkräfte zerlegen (**35.1**).

Untersuche, überlege, forsche: Zerlegung von Kräften

35.1 W1 Ein Bergbauer bringt Heu mit einem Schlitten über steile Hänge ins Tal. Schlitten und Heu haben zusammen eine Masse von 150 kg, die Hangneigung beträgt an manchen Stellen 25°. Mit welcher Kraft muss er den Schlitten festhalten?

35.2 S2 Die Teilstrecke I der Dachstein-Seilbahn von Obertraun auf den Krippenstein überwindet auf einer Länge von 1718 m einen Höhenunterschied von 740 m. Welchen Vorteil hat der Pendelbetrieb, bei dem jeweils eine Kabine (Masse ca. 15 t) bergwärts bzw. talwärts fährt, im Vergleich zu einer Seilbahn mit nur einer Kabine? Welche Massen werden beim Anfahren beschleunigt?

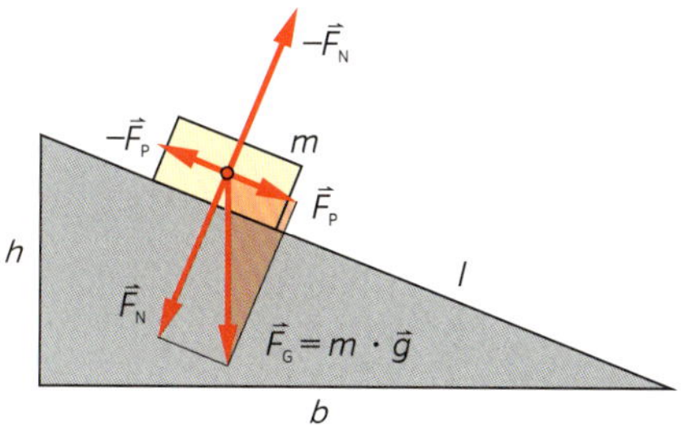

35.1 Kräftezerlegung: Die Gewichtskraft eines Körpers auf der schiefen Ebene wird in je eine Komponente parallel und normal zur Ebene zerlegt: $\vec{F}_G = \vec{F}_P + \vec{F}_N$. $\vec{F}_N$ wird durch die Gegenkraft $(-\vec{F}_N)$ der festen Rampe kompensiert. Um den Körper zu halten wird die Kraft $-\vec{F}_P$ benötigt.

Addition und Multiplikation von Vektoren

Geschwindigkeiten, Beschleunigungen und Kräfte sind **vektorielle Größen**. Sie sind durch Betrag und Richtung gegeben und werden durch Pfeile dargestellt, deren Länge dem Betrag des Vektors entspricht. Pfeile, die gleich lang, parallel und gleichorientiert sind, beschreiben denselben Vektor. In der Physik müssen häufig auch Angriffspunkt und Wirkungslinie, das ist die Gerade, die durch den Vektor gebildet wird, gegeben sein. Kräfte können entlang ihrer Wirkungslinie verschoben werden.

Addition von Vektoren

Grafisch erfolgt die Addition, indem man an die Spitze des ersten Vektors den Anfang des zweiten Vektors setzt. Den Summenvektor erhält man, in dem man den Anfangspunkt des ersten Vektors mit dem Endpunkt des zweiten Vektors verbindet. Wird ein dritter Vektor addiert, so wird dieser in der gleichen Weise zum Summenvektor der beiden ersten Vektoren addiert.

Die Addition zweier (nicht paralleler) Kräfte wird häufig als **Kräfteparallelogramm** dargestellt: der resultierende Vektor entspricht der Diagonale des aus den beiden Einzelkräften gebildeten Parallelogramms.

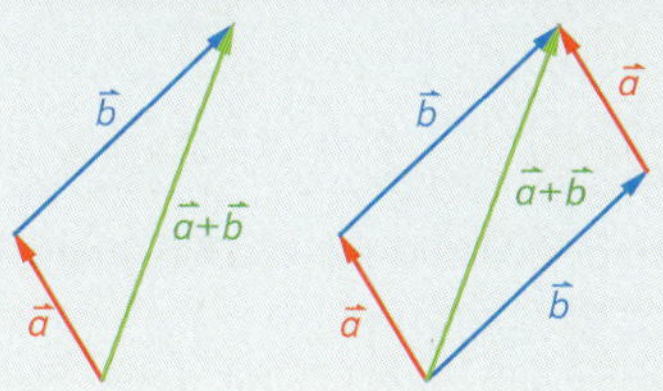

Multiplikation von Vektoren

Man unterscheidet zwischen Vektor- und Skalarprodukt. Das **Skalarprodukt** (oder **inneres Produkt**) zweier Vektoren $\vec{a}$ und $\vec{b}$ ergibt sich aus dem Produkt der Beträge der beiden Vektoren und dem Cosinus des eingeschlossenen Winkels α:

$$\vec{a} \cdot \vec{b} = |\vec{a}| \cdot |\vec{b}| \cdot \cos \alpha$$

Das **Kreuzprodukt** (auch **Vektorprodukt**) $\vec{a} \times \vec{b}$ (gesprochen als „a Kreuz b") zweier Vektoren ist ein Vektor, der normal auf die von $\vec{a}$ und $\vec{b}$ aufgespannte Ebene steht. Sein Betrag ist das Produkt aus den Beträgen der beiden Vektoren und dem Sinus des eingeschlossenen Winkels. Dies entspricht der Fläche des aus $\vec{a}$ und $\vec{b}$ gebildeten Parallelogramms.

$$|\vec{a} \times \vec{b}| = |\vec{a}| \cdot |\vec{b}| \cdot \sin \alpha$$

Teste dein Wissen W1

Erstes und zweites Newton'sches Gesetz

35.1 Welche Aussage über ein Inertialsystem ist richtig?
- a) Die Erde ist ein Inertialsystem.
- b) Das Sonnensystem ist ein Inertialsystem
- c) In einem Inertialsystem gilt der Trägheitssatz.

35.2 Kann man die Bewegung der Erde beweisen? Wenn ja, wie?

35.3 Welcher Zusammenhang besteht zwischen dem ersten und dem zweiten Newton'schen Gesetz?

35.4 Was bedeutet die Kraft von 1 N?
- a) Ein Körper erhält durch die Wirkung von 1 N eine Geschwindigkeit von 1 m/s.
- b) Der Körper erhält durch die Wirkung von 1 N eine Beschleunigung von 1 m/s².
- c) Ein Körper mit 1 kg Masse wird durch 1 N mit 1 m/s² beschleunigt.

35.5 Was versteht man unter Gewicht? Wie groß ist dein Gewicht?

35.6 Warum eignen sich Federn zur Messung von Kräften?

35.7 Wie ändern sich die Kräfte auf der schiefen Ebene, wenn man die Ebene stärker neigt?
- a) $\vec{F}_G$ wird kleiner
- b) $\vec{F}_P$ wird kleiner
- c) $\vec{F}_N$ wird kleiner
- d) $\vec{F}_P$ wird größer

35.8 Welche Dichte hat Wasser?

35.9 Kräfte werden vektoriell addiert. Zeichne die Addition für
- a) Kräfte, die parallel und gleichgerichtet sind.
- b) Kräfte, die parallel und entgegengesetzt gerichtet sind.
- c) Kräfte, die einen beliebigen Winkel einschließen.

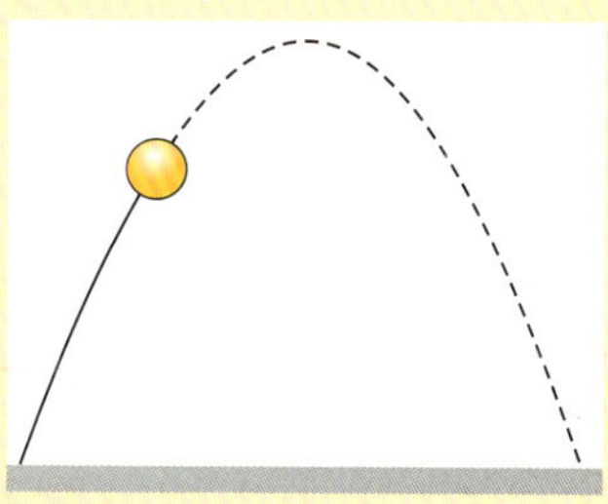

35.2 Wurfbahn eines Balls unter Vernachlässigung des Luftwiderstands

35.10 Zeichne in **35.2** die wirkenden Kräfte ein.

2 Drittes Newton'sches Gesetz: Das allgemeine Wechselwirkungsgesetz

In diesem Kapitel erfährst du,
- dass Kräfte nie einzeln, sondern immer paarweise auftreten,
- was dies mit der Fortbewegung von Mensch und Tier zu tun hat,
- warum Körper von der Erde angezogen werden.

36.1 Die Fortbewegung im Wasser erfolgt aufgrund des Wechselwirkungsgesetzes. Die Schaufeln des Raddampfers am Mississippi drücken das Wasser nach hinten. Das Schiff bewegt sich daher vorwärts.

2.1 Allgemeine Wechselwirkungen

Das dritte Newton'sche Gesetz wird auch als **Wechselwirkungsgesetz** bezeichnet.

Übt der Körper A eine Kraft (actio) auf den Körper B aus, so übt gleichzeitig B auf A eine gleich große, aber entgegengesetzt wirkende Kraft aus (reactio).

$$\vec{F}_{A \to B} = -\vec{F}_{B \to A}$$

Experiment: Wechselwirkung

36.1 *Du brauchst:* zwei Skateboards, ein Seil
Zwei Personen stehen auf je einem Skateboard und ziehen an den Enden des gespannten Seils (36.4), wodurch sie aufeinander zufahren.
E2 **a)** Was wird geschehen, wenn nur eine der beiden Personen am Seil zieht, die andere das Seil lediglich fest hält? Begründe deine Vermutung.
E2 **b)** Überprüfe deine Vermutung mittels Experiment. Beschreibe deine Beobachtungen und erkläre sie.

36.2 E1 *Du brauchst:* Zwei Kraftmesser
Hänge die Kraftmesser aneinander. Ziehe an einem Kraftmesser und fixiere den zweiten Kraftmesser an der Wand. Wer zieht stärker – Mensch oder Wand?

Die Experimente bestätigen das genannte Gesetz: Kräfte treten nie einzeln auf. Kraft (actio) und Gegenkraft (reactio) bedingen einander.

36.2 MÜNCHHAUSEN erzählt, dass es ihm gelungen sei, sich am eigenen Schopf aus dem Sumpf zu ziehen. Glaubst du ihm? Wenn nein, warum nicht?

Untersuche, überlege, forsche: Wechselwirkungsgesetz

36.1 W1 Ein Buch liegt auf einem Tisch. Welche Kräfte wirken auf das Buch?

Der Gewichtskraft muss eine gleich große, entgegengesetzt gerichtete Kraft entgegenwirken. Andernfalls würde der Gegenstand zu Boden fallen. Diese Gegenkraft wird von der Tischplatte erzeugt: Die Tischplatte wird durch den Gegenstand ein wenig verformt. Dadurch entsteht wie bei allen Materialien eine Gegenkraft. Das Buch ist in Ruhe, weil Gewichtskraft und Gegenkraft des Materials, aus dem der Tisch besteht, einander aufheben. Deutlich wird dies, wenn das Buch auf einem weniger harten Material, etwa auf einem Schwamm, liegt. Das Buch sinkt immer weiter ein, bis die dadurch erzeugte Gegenkraft des Materials gleich dem Gewicht des Buches ist.

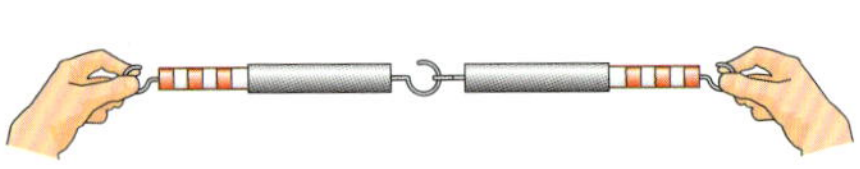

36.3 Was geschieht beim Ziehen an einer Federwaage?

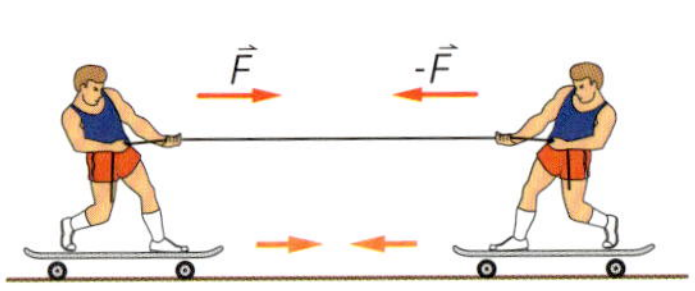

36.4 Das allgemeine Wechselwirkungsgesetz: Zieht die eine Person am Seil, so wird auch die andere gezogen.

2.2 Die Gravitationskraft

Zu unseren frühesten Erfahrungen zählt, dass Gegenstände zu Boden fallen, wenn man sie loslässt. Auf Seite 33 wurde als Ursache dafür die Anziehungskraft der Erde eingeführt, die wir als Gewicht eines Gegenstandes wahrnehmen: Man sagt, dass ein Gegenstand schwer ist. Entsprechend dem lateinischen Wort *gravitas* für Schwere wird die Anziehungskraft der Erde als Gravitationskraft bzw. Schwerkraft bezeichnet. Sie bewirkt, dass wir nicht einfach von der Erde wegfliegen, wenn wir in die Luft springen, sondern auf die Erde zurückkommen. Newton hatte die geniale Idee, diese im täglichen Leben allgegenwärtige Kraft mit den Bewegungen der Himmelskörper in Verbindung zu setzen.
Warum bewegt sich der Mond um die Erde? Dem Trägheitsgesetz zufolge müsste der Mond ohne Einwirkung einer anziehenden Kraft von der Erde wegfliegen. Welche Kraft hält den Mond in seiner Bahn? Wie muss diese Kraft beschaffen sein?
NEWTON war 23 Jahre alt, als er ähnliche Überlegungen anstellte. Er vermutete: Dieselbe Kraft, die Gegenstände zu Boden fallen lässt, bewirkt, dass der Mond nicht einfach davon fliegt, sondern sich um die Erde bewegt. Weil die Erde ihrerseits um die Sonne läuft, liegt es nahe, auch der Sonne eine Anziehungskraft zuzuschreiben. Diese hält die Erde und die Planeten in ihrer Bahn um die Sonne. Nach dem Wechselwirkungsgesetz wird nicht nur der Mond von der Erde angezogen, sondern auch die Erde vom Mond. Die Erde wird von der Sonne und die Sonne von der Erde angezogen. In weiterer Folge kann man schließen, dass alle Himmelskörper einander anziehen. Dies entspricht auch den Aussagen des dritten Newton'schen Gesetzes.

Die Wirkung ist stets der Gegenwirkung gleich, oder die Wirkungen zweier Körper auf einander sind stets gleich und von entgegengesetzter Richtung. Es gilt dieses Gesetz auch bei den Anziehungen, wie in der nächsten Anmerkung gezeigt werden wird. Sind endlich alle Körper in der Umgebung der Erde gegen diese schwer, und zwar im Verhältnis der Menge der Materie in jedem, ist der Mond gegen die Erde nach Verhältnissen seiner Masse und umgekehrt unser Meer gegen den Mond schwer, hat man ferner durch Versuche und astronomische Beobachtungen erkannt, dass alle Planeten wechselseitig gegeneinander und die Kometen gegen die Sonne schwer sind, so muss man nach dieser Regel behaupten, dass alle Körper gegeneinander schwer seien.
(Isaac Newton, 1687).

37.1 Mond und Erde ziehen einander an.

Die Entwicklung des heliozentrischen Weltbilds

Noch im Mittelalter wurden die Ansichten von ARISTOTELES an den Universitäten gelehrt und galten als unumstößlich. Nach Aristoteles steht im Mittelpunkt des Weltalls die Erde. Die Himmelskörper bewegen sich auf unterschiedlich großen Kugeln (den „Sphären“) einmal täglich um die Erde, auf der innersten Kugel der Mond, dann folgen die Sonne und die mit freiem Auge sichtbaren fünf Planeten Merkur, Venus, Mars, Jupiter und Saturn und schließlich der Fixsternhimmel. Dieses **geozentrische Weltbild** entspricht den Beobachtungen: einmal täglich dreht sich der gesamte Himmel um die Erde. Nur die Planeten bewegen sich auch hin und wieder – entgegen der Drehung des Sternenhimmels – in die Gegenrichtung. Um dieses Problem zu lösen, entwickelte der im 2. Jh. in Alexandria lebende griechische Wissenschaftler CLAUDIUS PTOLEMÄUS ein System von Zusatzkreisen, auf denen sich die Planeten bewegten sollten (37.2).

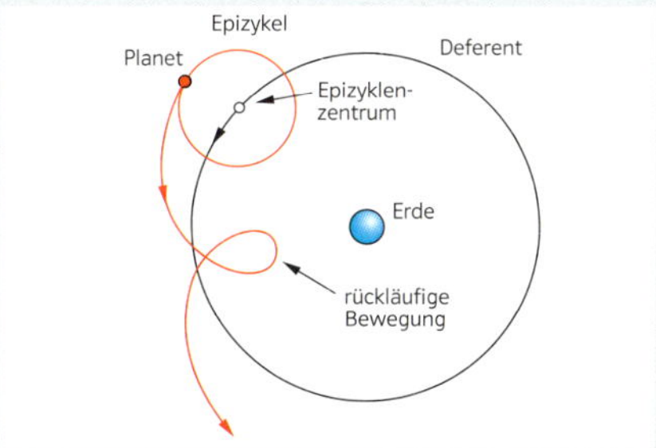

37.2 Mit Epizykeln versuchte Ptolemäus die scheinbare Rückwärtsbewegung der Planeten zu erklären.

Das System wurde damit allerdings immer komplizierter, es waren schließlich zahlreiche Zusatzkreise nötig, um die Bewegung der Planeten korrekt zu erklären. Der Astronom NIKOLAUS KOPERNIKUS (1473 Thorn, heute Torun, Polen – 1543 Frauenburg, heute Frombork, Polen) wagte es das System anzuzweifeln. Was ändert sich, wenn man die Erde aus dem Mittelpunkt der Welt herausnimmt und die Sonne in den Mittelpunkt stellt? Das System wird wesentlich einfacher! Kopernikus erklärte die Bewegungen der Himmelskörper in folgender Weise:
- Die Erde dreht sich in 24 Stunden um ihre eigene Achse.
- Die Erde bewegt sich in einem Jahr um die Sonne.
- Die Planeten bewegen sich wie die Erde um die Sonne, allerdings benötigen sie dafür unterschiedlich lange. Dies erklärte, dass sie sich relativ zur Erde manchmal rückwärts bewegen.

Kopernikus beschrieb das **heliozentrische Weltbild** kurz vor seinem Tod im Buch *De Revolutionibus Orbium Coelestium (Von den Umdrehungen der Himmelskörper)*. Um einen Konflikt mit der katholischen Kirche zu vermeiden, wurde im Vorwort das heliozentrische Weltbild nur als mögliches Denk- und Rechenmodell bezeichnet. Das heliozentrische Weltbild des Kopernikus markiert – neben der Entdeckung Amerikas durch KOLUMBUS 1492 – das Ende des Mittelalters und den Beginn der Neuzeit.
Kopernikus nahm als Planetenbahnen Kreise um die Sonne an. Deshalb stimmte die Theorie nicht völlig mit den Beobachtungsdaten überein. Eine Übereinstimmung erreichte erst JOHANNES KEPLER (1571–1630), als er erkannte, dass die Planetenbahnen Ellipsen sind.
Die Leistung GALILEIS, der zur selben Zeit wie Kepler lebte und mit diesem in engem Briefkontakt stand, lag in der Einbettung des heliozentrischen Systems in ein neues physikalisches System (s. Seite 29). Mit einem Fernrohr entdeckte er die Sonnenflecken und belegte damit, dass auch die Sonne kein vollkommener Körper ist, wie dies von seinen Gegnern behauptet wurde. Er entdeckte die Jupitermonde und bewies damit, dass sich nicht alle Himmelskörper um die Erde bewegen.
Warum sich die Himmelskörper um die Sonne bewegen, erklärte erst ISAAC NEWTON mit dem Gravitationsgesetz.

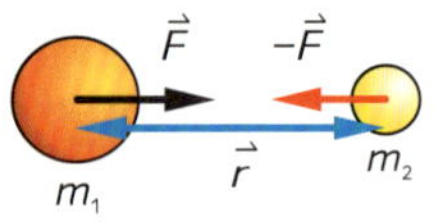

38.1 Die Gravitationskraft $\vec{F}$ wirkt entlang der Verbindungslinie der beiden Massen.

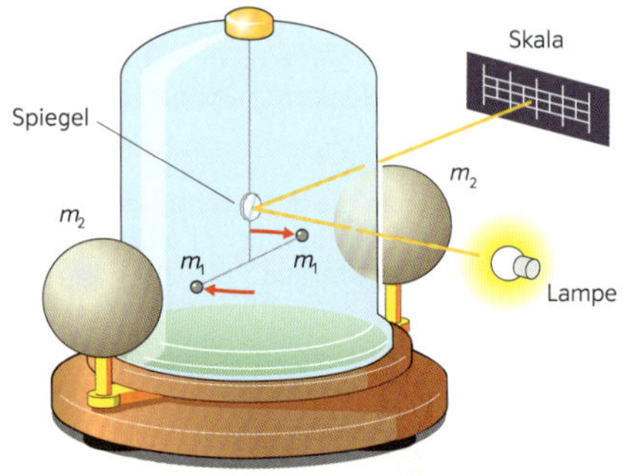

38.2 Henry CAVENDISH (1731–1810) konnte erstmals 1797 die Gravitationskraft zwischen zwei Körpern messen. Ein Balken mit zwei kleinen Bleikugeln hängt drehbar an einem Faden. Den kleinen Kugeln werden große Bleikugeln genähert: Der Balken dreht sich, bis die Verdrillung des Fadens die Anziehung der Kugeln kompensiert. Mit dem reflektierten Lichtstrahl werden die kleinen Balkendrehungen sichtbar. Durch Vergleich mit der Gewichtskraft bestimmte Cavendish die Erdmasse. (Über das historische Experiment: physikplus.oebv.at)

38.3 Gravitationskräfte bewirken, dass sich die Sterne um das Zentrum der Galaxie bewegen.

Alle Körper ziehen einander an.

Masse ist jene Eigenschaft, welche die Anziehungskraft, die sog. **Schwer- oder Gravitationskraft**, zwischen Körpern hervorruft. Warum gerade die Masse? Auf diese Frage gibt es (noch) keine Antwort. Die Physik kann nur die Frage beantworten, wie die Anziehung zwischen zwei Körpern von deren Massen und vom gegenseitigen Abstand abhängt.

Die Kraft, mit der die Erde einen beliebigen Körper anzieht, sein Gewicht, ist erfahrungsgemäß proportional zur Masse des Körpers (s. S. 33). Nach dem Wechselwirkungsgesetz zieht auch der Körper die Erde an. Die gegenseitige Anziehungskraft muss daher auch proportional zur Erdmasse sein. Allgemein kann man daraus schließen: Die Anziehungskraft zwischen zwei Körpern mit Massen m_1 und m_2 muss proportional zu $m_1 \cdot m_2$ sein.

Den Zusammenhang zwischen Kraft, Masse und Entfernung formulierte NEWTON zusammen mit den drei Bewegungsgesetzen 1687 in seinem Werk *Philosophiae Naturalis Principia Mathematica* (*Mathematische Prinzipien der Naturlehre*). Zur Herleitung der Abstandsabhängigkeit benutzte Newton das 3. Kepler'sche Gesetz (s. S. 51).

Gravitationsgesetz

$$F = G\frac{m_1 \cdot m_2}{r^2}$$

Die Anziehungskraft zwischen zwei Körpern ist direkt proportional zu ihren Massen und indirekt proportional zum Quadrat ihres Abstands r.

Die Gravitationskonstante G bestimmt, wie groß die Kräfte sind, mit der Massen einander anziehen. Sie ist eine wichtige Naturkonstante.

Gravitationskonstante G

$G = 6{,}67 \cdot 10^{-11}\,\mathrm{N \cdot m^2/kg^2}$

Wegen des kleinen Werts der Gravitationskonstanten ist die Gravitationskraft im Alltag nur in Zusammenhang mit großen Massen, wie etwa der Erde, von Bedeutung. Die Gravitationskraft bestimmt die Bewegungen der Planeten und aller anderen Himmelskörper und sie ist mitverantwortlich für die Entwicklung der Sterne und deren Aufbau.

Untersuche, überlege, forsche: Gravitation

38.1 W1 Erkläre das Wechselwirkungsgesetz am Beispiel des Gravitationsgesetzes.

38.2 S2 Überlege, wie du aus der Kenntnis deines Gewichts näherungsweise die Gravitationskonstante G bestimmen kannst. Welche physikalischen Größen musst du dafür kennen? (Denke dir die Masse der Erde im Erdmittelpunkt vereinigt.) Vergleiche den berechneten Wert mit dem Tabellenwert (S. 144).

38.3 W1 **a)** Wie stark ist die Gravitationskraft, mit der zwei Menschen mit je 60 kg Masse in einer Entfernung von 1 m einander anziehen?

S2 **b)** Aus welchen physikalischen Gründen fallen die beiden Menschen einander nicht aufgrund der Gravitationskraft in die Arme?

Teste dein Wissen W1

38.1 Was sagt das allgemeine Wechselwirkungsgesetz aus:
a) Jeder Körper, auf den eine Kraft einwirkt, ändert seine Form.
b) Wirkt ein Körper mit einer Kraft auf einen anderen Körper, so wirkt dieser Körper mit der gleichen Kraft auf den ersten Körper zurück.
c) Wirkt auf einen Körper eine Kraft, so ändert der Körper seine Position.

38.2 Galilei, Kepler, Newton gelten als Wegbereiter der Physik. Was waren ihre Leistungen?

38.3 Auf einen Körper wirken gleichzeitig eine Kraft von 3 N und eine von 4 N ein. Die Kräfte schließen miteinander einen Winkel von 90° ein. Wie groß ist die gesamte wirkende Kraft?

a) 3 N
b) 5 N
c) 4 N
d) 7 N

Die Planeten

Im Anziehungsbereich der Sonne bewegen sich Planeten und deren Monde, Kometen und Tausende Kleinplaneten. Mit freiem Auge kann man fünf Planeten erkennen. Sie sind nach römischen Göttern benannt: Merkur, Venus, Mars, Jupiter und Saturn. Mit Fernrohren sind auch Uranus und Neptun erkennbar. Pluto gilt seit 2006 als **Zwergplanet**.
Merkur, Venus, Erde, Mars nennt man **innere Planeten**. Sie haben eine ähnliche Größe wie die Erde und eine feste Gesteinskruste. Die **äußeren Planeten** Jupiter, Saturn, Uranus und Neptun dagegen sind riesige Gaskugeln. Zwischen Mars und Jupiter liegt der sogenannte Asteroidengürtel, der aus Hunderttausenden von Gesteinsbrocken (Asteroiden) besteht.
Beinahe alle Planeten haben eine **Atmosphäre**. Die Atmosphäre der Erde besteht zu 78 % aus Stickstoff und zu 21 % aus Sauerstoff. Weitere Hauptbestandteile sind Argon, Wasserdampf und Kohlenstoffdioxid (CO_2). Die Atmosphäre der Venus besteht aus CO_2 und etwas Stickstoff mit Spuren von Schwefeldioxid. Der Mars hat nur eine dünne Atmosphäre aus CO_2. Die Großplaneten bestehen hauptsächlich aus Wasserstoff und Helium, also aus den Gasen, aus denen auch die Sonne aufgebaut ist. Die Großplaneten haben Ringe aus Eis- und Gesteinsbrocken und Staub.
Etwa 150 **Monde** umkreisen die Planeten, manche von ihnen sind größer als der Erdmond, manche sind nur größere Gesteinsbrocken. Manche Monde haben eine Atmosphäre (z. B. der Jupitermond Titan) oder haben an der Oberfläche eine Eisschicht (z. B. der Jupitermond Europa), andere sind vulkanisch (z. B. Jupitermond Io).
Auch Kometen sind Teil des Sonnensystems. Manche umlaufen die Sonne auf langgestreckten Ellipsen. Dazu zählt der Halleysche Komet, der alle 76 Jahre von der Erde aus zu sehen ist. Andere bewegen sich auf einer Hyperbelbahn zur Sonne und entfernen sich wieder von dieser. Der Kometenkern besteht aus gefrorenen Gasen und Staub. In Sonnennähe verdampfen die Gase an der Oberfläche des Kerns und bilden den Kometenschweif.

	Merkur	Venus	Erde	Mars	Jupiter	Saturn	Uranus	Neptun
Abstand zur Sonne in AE	0,39	0,72	1	1,52	5,20	9,54	19,19	30,07
Umlaufzeit	88 d	225 d	365 d	687 d	11 a 314 d	29 a 166 d	84 a 4 d	164 a 288 d
Masse (in Erdmassen)	0,055	0,81	1	0,11	317,84	95,17	14,54	17,15

AE (Astronomische Einheit) = $149{,}6 \cdot 10^6$ km; Erdmasse = $5{,}9737 \cdot 10^{24}$ kg

Untersuche, überlege, forsche: Planetensystem

39.1 Informiere dich über die Bewegung der Erde um die Sonne und beantworte folgende Fragen:
S1 **a)** Wie entstehen die Jahreszeiten? An welchen Tagen sind Tag und Nacht gleich lang? Wann sind die Tage am längsten, wann am kürzesten?
W2 **b)** Was bedeuten diese Daten für die Position der Erde relativ zur Sonne?
W2 **c)** Erkläre Sonnen- und Mondfinsternis.

39.2 S2 Überlege, welche Bedingungen auf Planeten und Monden herrschen müssen, damit dort Lebewesen existieren können.

39.1 Sonne und Planeten sind maßstäblich gezeichnet – die Abstände zwischen den Himmelskörpern nicht.

3 Der Einfluss der Reibung

In diesem Kapitel erfährst du,
- wovon die Reibung abhängt,
- über die Rolle der Reibung bei der Fortbewegung,
- über die Rolle der Reibung beim Bremsen eines Autos.

40.1

? Mit welcher Geschwindigkeit sinkt ein Fallschirmspringer zur Erde – hängt dies von seiner Absprunghöhe ab?

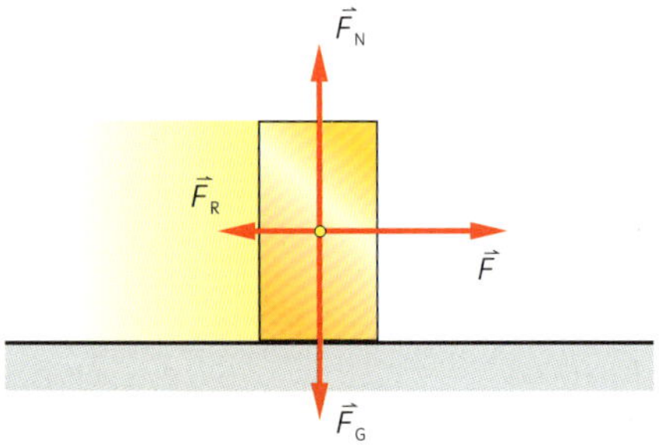

40.2 Eine äußere Kraft F wirkt auf den Quader. Ist sie größer als die Haftreibung F_R, wird der Körper beschleunigt. In der Folge muss nur noch die kleinere Gleitreibung überwunden werden. Ist die Gleitreibung gleich der Zugkraft, so bewegt sich der Körper gleichförmig.

40.3 Felgenbremse am Fahrrad. Beim Bremsen werden die Bremsklötze gegen die Felgenflanken gepresst.

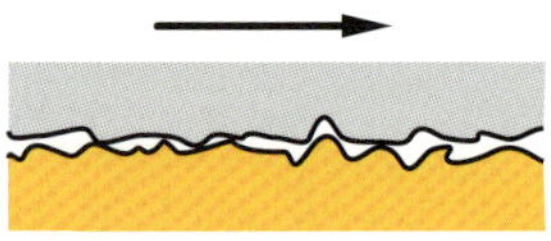

40.4 Stark vergrößerte Darstellung des Querschnitts aneinanderliegender Reibungsflächen

Jede Bewegung, die wir auf der Erde beobachten, kommt irgendwann zum Stillstand. Dies gilt auch für Bewegungen im Wasser oder in der Luft. Die Ursache ist die Reibung, die Wechselwirkung zwischen dem bewegten Körper und dem umgebenden Medium. Reibungskräfte benötigen wir aber auch, um uns fortzubewegen. Dies wird im zweiten Teil dieses Kapitels erörtert.

Untersuche, überlege, forsche: Reibung

40.1 In einer Zeitung liest du: „Eine Autolenkerin verlor während der Autobahnfahrt bei einer Geschwindigkeit von 90 km/h das Bewusstsein. Der Beifahrer konnte den Fuß der Fahrerin vom Gaspedal lösen und das Auto auf den Pannenstreifen lenken. Danach ließ er es ausrollen. Nach etwa einem halben Kilometer kam das Auto zum Stillstand."

W1 **a)** Überlege, ob der Bericht aus physikalischer Sicht korrekt sein kann.
S2 **b)** Überlege, welche Reibungsvorgänge das Auto gebremst haben.
S2 **c)** Warum wäre es gefährlich, in diesem Notfall vor dem Anhalten den Motor abzuschalten?

Reibungskräfte sind wichtig, um ein Fahrzeug abzubremsen oder in Bewegung zu setzen (vgl. auch S. 41). Da Reibungskräfte zu Energieverlusten führen (siehe S. 67), möchte man in vielen Fällen Reibungskräfte vermindern. Um dies technisch zu lösen, muss man mehr über die Reibungskräfte erfahren. Wir betrachten dabei zunächst den einfachsten Fall, das Gleiten auf einer ebenen Fläche.

Experiment: Die Reibungskraft

40.1 E1 *Du brauchst:* Einen Holzquader, verschiedene Materialien als Unterlage, eine Federwaage, einen Wagen mit Rädern, kleine Massestücke.

a) Ziehe den Quader möglichst gleichmäßig über verschiedene Unterlagen und miss die dafür notwendige Kraft mit einer Federwaage. Protokolliere.
b) Führe denselben Versuch mit dem Wagen durch und miss wieder die dafür notwendige Kraft. Was beobachtest du?
c) Bestimme die Masse des Quaders und verdopple sie durch Auflage von Massestücken. Wie ändert sich die Kraft, die du für das Gleiten aufwenden musst?
d) Ändere die Unterlage und beobachte die Änderung der Kraft.
e) Ändere die Gleitgeschwindigkeit und beobachte, ob sich dabei die Kraft ändert.
f) Vergrößere die Auflagefläche und wiederhole das Experiment.
g) Lege den Quader auf den Wagen und miss die Kraft, die du benötigst, um den Wagen in Bewegung zu setzen.

Da der gleitende Körper (bei gleichmäßigem Ziehen!) nicht beschleunigt wird, muss die Federkraft gerade den Widerstand der Reibungskraft kompensieren. Wir können daher den Betrag der Reibungskraft direkt am Kraftmesser ablesen.

Am Beginn des Ziehens erkennt man, dass der Körper an der Unterlage haftet. Man braucht Kraft, um den Klotz in Bewegung zu versetzen. Man bezeichnet die Kraft, mit der der Körper an der Unterlage haftet, als **Haftreibungskraft**. Es erfordert weniger Kraft, einen bereits in Bewegung befindlichen Körper in Bewegung zu halten. Dies lässt sich damit erklären, dass die Oberflächen von Klotz und Ebene nicht glatt sind, sondern sehr kleine Unebenheiten aufweisen. Diese verzahnen sich ineinander, wenn der Klotz ruht. Wenn er in Bewegung ist, dann gleiten sie übereinander, indem sie sich nur mit den Spitzen der Unebenheiten berühren. Wir sprechen jetzt von **Gleitreibung**. Bei einem Rollen über die Unterlage ist die Reibungskraft nochmals kleiner. Die kleinere **Rollreibung** nutzte man bereits im Altertum, etwa beim Bau der Pyramiden, um große Lasten leichter zu transportieren. In allen Fällen erweist sich die Reibungskraft zwischen dem Körper und der Unterlage als nahezu unabhängig von der Geschwindigkeit, auch unabhängig von der Größe der Berührungsfläche! Die Reibungskraft ist umso größer, je stärker der Körper auf die Unterlage drückt. Wir bezeichnen diese Kraft als **Normalkraft** F_N, da sie normal zur Unterlage wirkt. In unserem Fall entspricht sie der Gewichtskraft.

Alltagssprache und Fachsprache
Begriffe wie Reibung und Gewicht sind uns aus dem Alltag vertraut. Nicht immer stimmt die Bedeutung, die diese Begriffe im Alltag haben, mit der physikalischen Bedeutung überein. Um deutlich zu machen, dass es sich bei diesen Begriffen um **vektorielle Größen** handelt, werden häufig die Begriffe **Reibungskraft** und **Gewichtskraft** verwendet.

Die **Reibungskraft** F_R ist proportional zur Normalkraft F_N.

$$F_R = f \cdot F_N$$

Die Reibungskraft ist der Bewegungsrichtung entgegengesetzt.

41.1 In Kugellagern tritt statt der Gleitreibung die wesentlich geringere Rollreibung auf. Zusätzlich werden Achsen und Lager mit Schmierstoffen geschmiert. Damit verhindert man die direkte Berührung der Maschinenteile.

f bezeichnet man als **Reibungszahl**. Die Reibungszahl f muss für jeden Fall experimentell bestimmt werden. Die Haftreibung ist größer als die Gleitreibung und diese größer als die Rollreibung. Ein Autoreifen auf trockenem Asphalt hat zum Beispiel eine Haftreibungszahl $f_H = 0{,}55$ und eine Rollreibungszahl $f_R = 0{,}02$.

Bremsverzögerung eines PKW auf waagrechter Fahrbahn

a) Rollreibung. Die Rollreibungszahl eines PKW-Reifens ist ca. $f_R = 0{,}02$. Aus $F_R = f_R \cdot F_N = f_R \cdot m \cdot g$ sehen wir, dass die Bremsverzögerung $a = F_R/m$ durch den Rollwiderstand etwa $0{,}02g$ beträgt. Bei 50 km/h würde der PKW nach etwa 500 m zum Stillstand kommen. Daher braucht man ein wirksames Bremssystem.

b) Haftreibung. Die Haftreibungszahl f_H beträgt für Gummi auf Beton – also bei optimalen Bedingungen – 0,8 bis 1,0. Solange sich das Rad dreht, können wir die Haftreibung zum Verzögern nutzen: Die Bremsverzögerung kann 8–10 m/s² betragen, bei Schnee und Eis sinkt sie unter 2 m/s². Der Bremsweg vergrößert sich entsprechend der Formel $s = v^2/(2a)$.

c) Gleitreibung. Blockieren allerdings die Räder, so ist die – besonders bei nasser Fahrbahn – kleinere Gleitreibungszahl $f_G = 0{,}1$ (Eis) ... 0,4 (nasser Asphalt) einzusetzen. Der Bremsweg verlängert sich. Viel schlimmer ist jedoch, dass keine Kräfte zum Lenken von der Fahrbahn auf das Fahrzeug übertragen werden, das Fahrzeug unlenkbar ist und in einer Kurve tangential rutscht. Antiblockiersysteme (ABS) verhindern diesen Zustand: Sensoren überwachen die Räder und reduzieren die Bremskraft, wenn Räder beginnen zu blockieren.

Stoffpaar	f_H	f_G
Holz auf Stein	0,7	0,3
Gummi auf Beton (trocken)	0,8	0,5
Gummi auf Beton (nass)	0,4	0,35
Gummi auf Eis (trocken)	0,2	0,15
Gummi auf Eis (nass)	0,1	0,08
Stahl auf Stahl (trocken)	0,15	0,12
Stahl auf Stahl (geschmiert.)	0,11	0,05
Stahl auf Eis	0,027	0,014

41.2 Reibungszahlen: f_H = Haftreibungszahl f_G = Gleitreibungszahl (Näherungswerte)

Untersuche, überlege, forsche: Bremsweg

41.1 **W1** **a)** Berechne und vergleiche die Bremswege bei den drei Reibungsarten für übliche Geschwindigkeiten: 30 km/h (Schutzweg), 50 km/h (Stadtgebiet), 100 km/h (Freilandstraße), 130 km/h (Autobahn).
S2 **b)** Welche Konsequenzen ergeben sich daraus für Autofahrer und andere Verkehrsteilnehmer?

Reibung und Fortbewegung

Warum ist das Gehen auf einer spiegelglatten Eisfläche so schwierig?
Zwischen Fuß bzw. Schuh und Boden wirkt die Haftreibung. Sie ermöglicht, dass sich der Fuß vom Boden abstoßen kann. Die Reibungskraft macht die Fortbewegung erst möglich. Das Gehen und Laufen von Mensch und Tier benötigt Reibungskräfte, genauso wie das Fahren mit dem Auto. Ohne Reibungskraft zwischen den Autoreifen und der Straße könnten Autos weder anfahren, noch bremsen, auch lenken könnte man nicht.

41.3 Beim Aquaplaning verliert der Reifen den Kontakt zur Fahrbahn, es befindet sich ein Wasserfilm zwischen Gummi und Asphalt. Dadurch können keine Kräfte mehr übertragen werden. Das Auto lässt sich weder lenken noch bremsen.

42.1 Das Gleiten von Schlittschuhen wird durch einen stets vorhandenen Wasserfilm von wenigen Mikrometern auf der Eisoberfläche ermöglicht. Durch die Reibung der Kufen wird der Effekt verstärkt. Normales Gehen oder sogar Laufen auf Eis ist nur sehr schwer möglich, weil man sich nicht abstoßen kann. Manche Schlittschuhe haben Zacken zum Anlauf und zum Bremsen.

Auch Vögel und Fische können sich nicht ohne Reibungskraft fortbewegen. Ähnlich wie wir uns beim Gehen von der Erde abstoßen, stoßen Fische mit ihren Flossen das Wasser zurück, Vögel mit ihren Flügeln die Luft. Die Reibungskraft zwischen Flossen bzw. Flügeln und dem umgebenden Medium ist Voraussetzung dafür. Für die Aufrechterhaltung der Bewegung muss die Reibungskraft dagegen möglichst klein sein, damit die Lebewesen bei ihrer Bewegung möglichst wenig Energie verbrauchen.

Experiment: Strömungswiderstand im Wasser

42.1 E1 *Du brauchst:* ein Brett, einen Trog mit Wasser
Tauche das Brett wie ein senkrecht stehendes Ruder in Wasser und bewege es mehrmals durch die Flüssigkeit. Verändere dabei die Lage des Bretts und die Geschwindigkeit der Bewegung. Protokolliere, wie sich bei den Versuchen die Kraft ändert, die du zum Bewegen des Bretts brauchst. Fasse die Ergebnisse zusammen.

Du spürst einen höheren Widerstand, wenn das Brett normal zur Bewegungsrichtung liegt und du schneller durch das Wasser fährst. Man spricht von Strömungswiderstand, der auch eine Form von Reibung darstellt. Der Strömungswiderstand hängt von der Form des Körpers ab und von der Geschwindigkeit.
Wenn du kein Brett, sondern einen Körper mit der Form eines Fisches durch das Wasser führst, dann verringert sich der Strömungswiderstand. Der Fischkörper hat die so genannte „Stromlinienform", die möglichst wenig Wirbel im Wasser erzeugt. Durch strömungsgünstige Gestaltung von Autos, Schnellzügen und Flugzeugen lässt sich der Luftwiderstand und dadurch der Treibstoffverbrauch verringern (vgl. S. 69). Der Strömungswiderstand in Luft („Luftwiderstand") ist proportional zum Quadrat der Geschwindigkeit. Fährt etwa ein Auto mit doppelter Geschwindigkeit, so erhöht sich der Widerstand (und damit der Kraftstoffverbrauch) auf das Vierfache!

Antwort auf die Eingangsfrage

Wie man durch Messungen bestätigen kann, hängt der **Luftwiderstand** eines Körpers F_L von wenigen Größen ab:

$$F_L = ½\, c_W \cdot A \cdot \varrho_L \cdot v^2.$$

(A = Querschnitt des Körpers quer zur Bewegungsrichtung; ϱ_L = Dichte der Luft, v = Geschwindigkeit; c_W berücksichtigt die Form und die Oberflächenstruktur des Körpers, z. B. für Kugel $c_W \approx 0{,}25$).
Wir beschränken uns bei der folgenden Darstellung der Einfachheit halber auf die Beträge der jeweiligen Kräfte. Im vertikalen Fall wirken auf einen Körper (Masse m) zwei Kräfte: Die Gewichtskraft F_G und entgegengesetzt der Luftwiderstand F_L. Insgesamt wirkt daher vertikal nach unten die Kraft

$$F = m \cdot a = F_G - F_L = m \cdot g - ½\, c_W \cdot A \cdot \varrho_L \cdot v^2, \quad \text{d.h.} \quad a = g - ½\, c_W \cdot A \cdot \varrho_L \cdot v^2/m.$$

Mit zunehmender Geschwindigkeit erhöht sich der Luftwiderstand, bis schließlich Gewichtskraft und Luftwiderstand gleich groß sind. Die Resultierende der Kräfte ist null, d.h. die Beschleunigung ist null und der Körper fällt mit konstanter Geschwindigkeit $v = v_G$. Für Kugeln (Radius r, Dichte ϱ_K) gilt: $m = 4\pi \cdot \varrho_K \cdot r^3/3$ und $A = \pi \cdot r^2$.

Für die Grenzgeschwindigkeit v_G folgt aus $a = 0$: $v_G = \sqrt{\frac{2m \cdot g}{c_W \cdot A \cdot \varrho_L}} = \sqrt{\frac{8r \cdot g \cdot \varrho_K}{3c_W \cdot \varrho_L}}$

Die beim Fall in Luft erreichbare Geschwindigkeit v_G von Kugeln nimmt also proportional zur Wurzel aus Radius mal Dichte zu. Daher fallen in Luft schwere Körper (große Dichte) und große Körper schneller als kleine leichte. Große Regentropfen fallen schneller als kleine Regentropfen. Unsere Erfahrungen aus dem Alltag sind nicht falsch: Dass alle Körper gleich schnell fallen, gilt nur für das Fallen im Vakuum. Der Erfolg der Physik ist es, aus Idealisierungen Gesetze zu gewinnen und im nächsten Schritt auch die Abweichungen vom Idealfall zu erklären.
Du kannst nun auch leicht die Sinkgeschwindigkeit beim Fallschirmsprung abschätzen: Vereinfacht ist der Fallschirm eine Scheibe ($c_W \approx 1{,}25$) mit einem Radius von einigen Metern.

42.2 Der Luftwiderstand bewirkt, dass die Fallschirmspringer nach einiger Zeit mit konstanter Geschwindigkeit fallen.

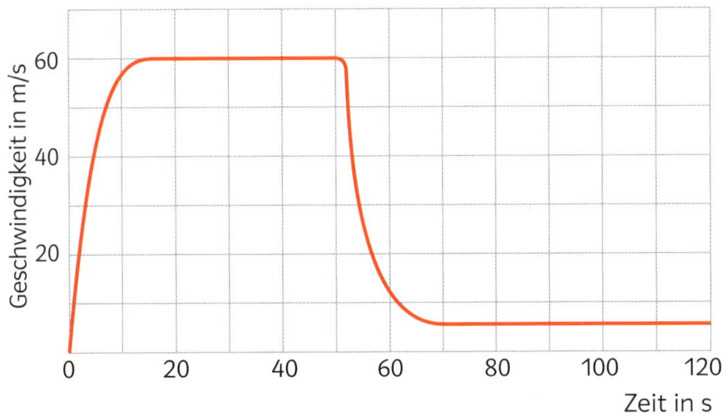

43.1 Geschwindigkeit *v* beim Fallschirmsprung in Abhängigkeit von der Fallzeit. Interpretiere die Grafik!

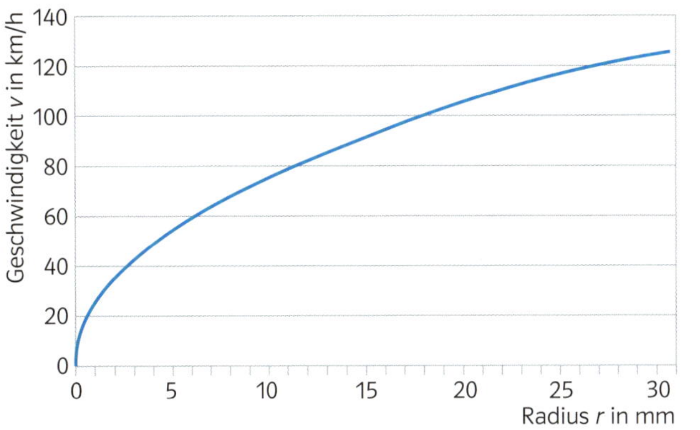

43.2 Grenzgeschwindigkeit von Regentropfen bzw. Hagelkörnern in Abhängigkeit vom Radius. Interpretiere die Grafik!

Fallschirmsprung aus der Stratosphäre

In den 1950er Jahren stellte sich die Frage, wie sich Piloten aus immer höher fliegenden Jagdflugzeugen mittels Fallschirm retten könnten. Niemand hatte Erfahrung mit Fallschirmabsprüngen aus der Stratosphäre, wo der Luftdruck nur mehr einige Prozent des normalen Luftdrucks beträgt und Temperaturen um −50 °C herrschen. Nach einigen Vorversuchen mit Puppen („Dummies") und gründlicher Vorbereitung unternahm der US-Pilot Joseph Kittinger im August 1960 das Wagnis und stellte dabei einen Rekord auf, der erst im Oktober 2012 durch den österreichischen Extremsportler Felix Baumgartner gebrochen wurde (Projekt Redbull Stratos).

Ein Heliumballon brachte Kittinger auf eine Höhe von 31 300 m über dem Boden. Beim anschließenden Sprung zurück zur Erde erreichte er eine Maximalgeschwindigkeit von 988 km/h. Bis zu einer Höhe von 5 500 m bremste ihn nur ein kleiner Fallschirm von 2 m Durchmesser, der verhindern sollte, dass Kittinger wie ein zu Boden segelnder Ahornsamen in schnelle Drehung versetzt wurde. Diese Höhe erreichte er nach 4:38 Minuten. Daran zeigt sich, dass selbst die dünne Luft in der oberen Atmosphäre bei hohen Geschwindigkeiten einen beträchtlichen Luftwiderstand hervorruft: Ohne Luftwiderstand hätte er für diese Fallhöhe nur 72 s gebraucht und hätte fast 2 600 km/h erreicht. Die letzten 5 500 m legte er in gut 9 Minuten zurück, gebremst von einem Fallschirm mit 9 m Durchmesser.

43.3 Joseph Kittinger bei seinem Weltrekordsprung

Teste dein Wissen W1

3. Reibung

43.1 Man muss eine quaderförmige Kiste über eine raue Unterlage ziehen.
Geht dies leichter, wenn die Kiste auf der kleinsten Seitenfläche gleitet?
a) Ja. Die Reibung wäre dann kleiner.
b) Nein, die Reibung ist dann noch größer.
c) Es gibt keinen Unterschied.

43.2 Ein Körper gleitet über eine raue Fläche.
Welche Aussage stimmt?
a) Die Reibung ist größer, wenn die Bewegung langsam abläuft.
b) Die Reibung ist größer, wenn das Gewicht größer ist.
c) Die Reibung ist größer, wenn die Auflagefläche größer ist

43.3 Frau Meier bremst ihr Auto so stark ab, dass die Räder blockieren. Was gilt?
a) Der Bremsweg ist größer als bei einem normalen Bremsmanöver.
b) Der Bremsweg ist kleiner als bei einem normalen Bremsmanöver.
c) Der Bremsweg ist unabhängig vom Gewicht des Autos.

43.4 Welche Rolle spielt die Reibung bei der Fortbewegung. Begründe deine Antwort.
a) Sie ermöglicht Fortbewegung
b) Sie behindert die Fortbewegung

4 Spezielle Bewegungsformen

In diesem Kapitel erfährst du,
- wie sich geworfene Körper (etwa beim Sport) verhalten,
- was man beim Fahren von Kurven beachten muss,
- über die Bewegung der Planeten.

44.1

? Warum fallen die Passagiere in Looping-Bahnen nicht aus ihren Sitzen?

In den letzten Kapiteln hast du etwas über **geradlinige Bewegungen** erfahren. Die Bewegungen, die wir im Alltag beobachten, sind allerdings selten geradlinig. Auch die Himmelskörper bewegen sich auf krummlinigen Bahnen: Der Mond bewegt sich in einem Monat um die Erde und die Erde selbst dreht sich nicht nur um ihre Achse, sondern bewegt sich auf einer ellipsenförmigen Bahn um die Sonne. Um diese Bewegungen besser zu verstehen, ist es günstig, zunächst einfache Bewegungen unter der Wirkung der Schwerkraft zu betrachten, nämlich **Wurfbewegungen**. Wir werden in der Folge sehen, dass geworfene Bälle und Satellitenbewegungen vieles gemeinsam haben.

44.2 Die Kunst bei Ballspielen (Fußball, Tennis, Volleyball, etc.) ist es u. a., Flugbahnen von Bällen korrekt einzuschätzen.

▷ 4.1 Die Wurfbewegung

Wurfbewegungen begegnen uns vor allem im Sport. Aber auch in Kriegen spielen sie eine wichtige Rolle. GALILEI fand Geldgeber, indem er für den Dogen von Venedig die Wurfweite von Kanonenkugeln berechnen konnte. Die Lehre von den Wurfbewegungen, die Ballistik, ermöglicht in der Kriegstechnik die Berechnung der Flugbahnen von Geschossen aus Schusswaffen und Kanonen, Raketen und Bomben. In der Kriminalistik kann mit Hilfe ballistischer Methoden die Bahn einer Gewehrkugel bestimmt werden.

Wurfbewegungen sind **zusammengesetzte Bewegungen**. Man erhält sie durch vektorielle Addition:
- einer **gleichförmigen Bewegung** mit der Anfangsgeschwindigkeit $\vec{v}_0$ und
- einer **gleichmäßig beschleunigten Fallbewegung** lotrecht nach unten.

Die Momentangeschwindigkeit ist daher eine Funktion der Zeit t, die seit dem Beginn des Wurfs vergangen ist:

(1) $\vec{v}(t) = \vec{v}_0 + \vec{g} \cdot t$

Vom Ausgangspunkt hat dabei der geworfene Körper den Weg

(2) $\vec{s}(t) = \vec{v}_0 \cdot t + \frac{\vec{g}}{2} \cdot t^2$

zurückgelegt. (Dies sind Gleichungen mit Vektoren, daher muss man die Richtungen von $\vec{v}_0$ und $\vec{g}$ beachten.)

44.3 Vulkanausbruch als Wurf nach oben

a Der lotrechte Wurf

Wirft man einen Ball mit einer Anfangsgeschwindigkeit v_0 lotrecht nach oben, dann würde der Ball ohne Schwerkraft mit der anfänglichen Geschwindigkeit gleichförmig steigen. Nach der Zeit t hätte er die Höhe $v_0 \cdot t$ erreicht. Würde man ihn lediglich fallen lassen, dann hätte er nach der Zeit t eine nach unten gerichtete Geschwindigkeit $-g \cdot t$ erreicht und wäre die Strecke $-g \cdot t^2/2$ gefallen. Insgesamt ergibt sich nach der Zeit t die Geschwindigkeit $v = v_0 - g \cdot t$ und die Wurfhöhe $h = v_0 \cdot t - ½\, g \cdot t^2$.
Die Geschwindigkeit nimmt ab und wird am Umkehrpunkt null. Daher ergibt sich die gesamte Steigzeit t_h aus Gleichung (1) durch Einsetzen von $v = 0$. Die Steighöhe h erhält man durch Einsetzen in die Gleichung (2) und durch Vereinfachung:

$t_h = v_0/g$ Steigzeit beim lotrechten Wurf

$h = \frac{v_0^2}{2g}$ Steighöhe beim lotrechten Wurf

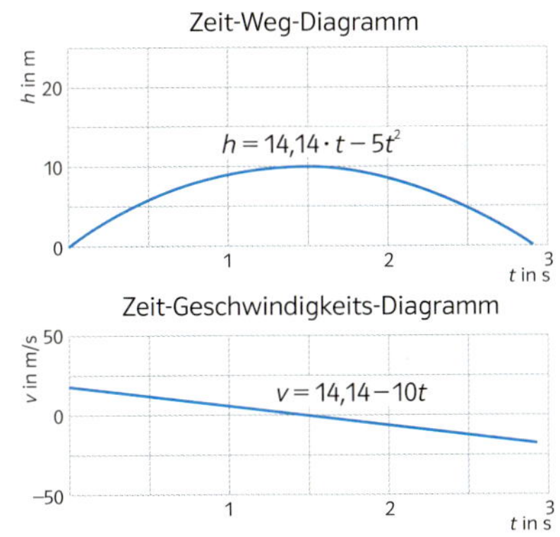

45.1 Lotrechter Wurf nach oben: Interpretiere die Diagramme

Der minoische Vulkanausbruch

Ein Vulkanausbruch kann als Beispiel für einen lotrechten Wurf nach oben angesehen werden. Der minoische Vulkanausbruch fand vor ca. 3600 Jahren auf der rund 100 Kilometer nördlich von Kreta liegenden Insel Thera (**Santorin**) statt. Er gilt in der Forschung als der wahrscheinlich gewaltigste Vulkanausbruch der Menschheitsgeschichte überhaupt. Die Sprengkraft entsprach etwa 10000 Atombomben des Typs von Hiroshima. Vulkanische Ablagerungen finden sich im gesamten östlichen Mittelmeerraum. Daraus lässt sich auch auf den ungefähren Zeitpunkt der Eruption schließen. Einige Historiker vermuten, dass der Vulkanausbruch und ein dadurch verursachter Tsunami einer der Gründe für den Untergang der ältesten Hochkultur Europas, der minoischen Kultur (Kreta), sein könnten.

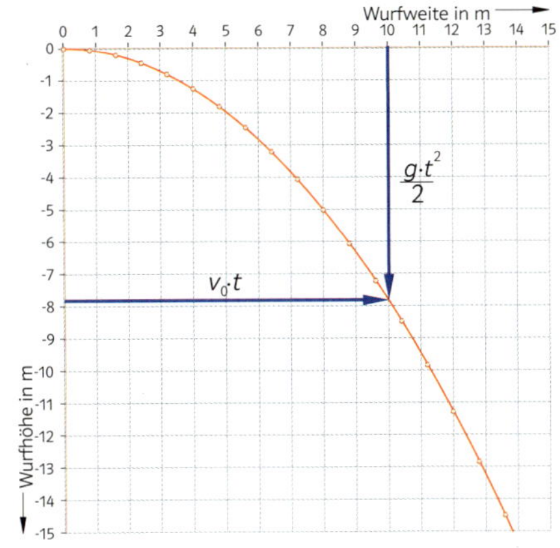

45.2 Die waagrechte Wurfbewegung kann man sich zusammengesetzt denken aus einer unbeschleunigten Bewegung in waagrechter Richtung und einer gleichmäßig beschleunigten Fallbewegung in lotrechter Richtung.

b Der waagrechte Wurf

Ein Tennisball wird mit der Geschwindigkeit v_0 in waagrechter Richtung abgeschossen. Wie bewegt sich der Ball, wenn man vom Luftwiderstand absieht?
Wie in obigem Beispiel führt auch hier der Ball gleichzeitig zwei Bewegungen aus (45.2): Eine unbeschleunigte waagrechte Bewegung mit der Geschwindigkeit v_0 in Wurfrichtung und eine gleichmäßig beschleunigte Fallbewegung lotrecht nach unten.
Die Zusammensetzung von beiden Bewegungen durch vektorielle Addition ergibt als Bahn eine krumme Kurve. Sie heißt **„Wurfparabel“** (45.2).
Dass beide Bewegungen tatsächlich unabhängig voneinander vor sich gehen, zeigen folgende Experimente.

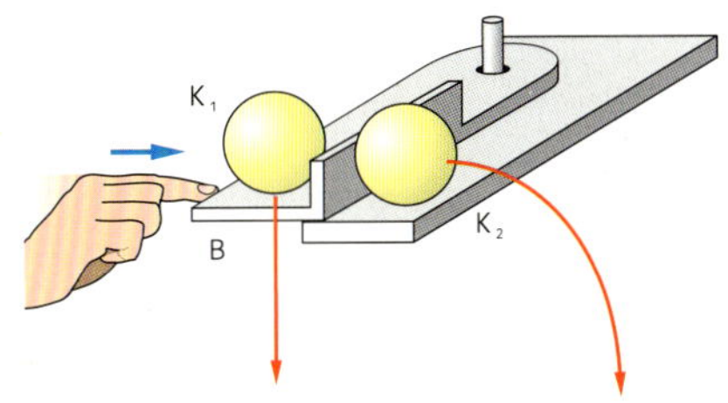

45.3 Anordnung, mit der sich die waagrechte Wurfbewegung und die lotrechte Fallbewegung vergleichen lasse

Experiment: Wurfbewegungen

45.1 *Du brauchst:* ein Brett (z. B. ein Lineal), zwei Kugeln (z. B. aus Plastilin).

a) Baue die in 45.3 skizzierte Anordnung auf. Wird dem drehbaren Brett B ein kurzer, heftiger Schlag versetzt, so wird der ersten Kugel K_1 der Boden entzogen, so dass sie in lotrechter Richtung im freien Fall nach unten fällt, während die zweite Kugel in waagrechter Richtung fortgeschleudert wird. Beide Kugeln schlagen gleichzeitig auf dem Boden auf, unabhängig von der Fallhöhe.

b) Bringe an einer waagrechten Tischplatte seitlich in gleicher Höhe ein glattes Brett an (45.4). Auf diesem Brett soll die erste Kugel K_1 möglichst reibungsfrei zur Wand rollen, während die zweite Kugel K_2 mit der gleichen Geschwindigkeit längs der Tischplatte entlang läuft und unterwegs abstürzt, also eine Wurfbewegung ausführt. Wiederum schlagen beide Kugeln gleichzeitig gegen die Wand.

E2 **c)** Interpretiere diese Ergebnisse.

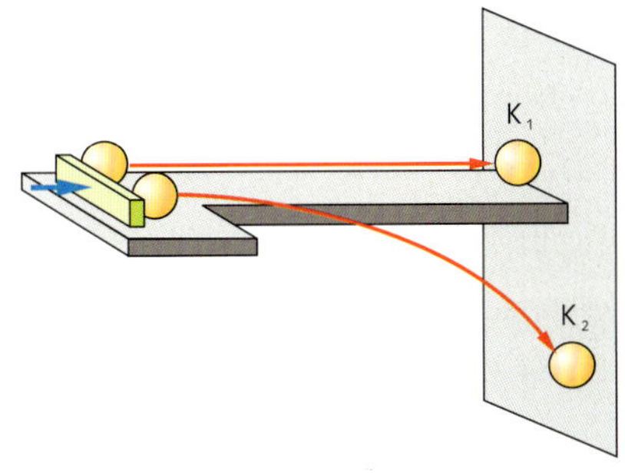

45.4 Anordnung, mit der sich die waagrechte Wurfbewegung und die waagrechte Trägheitsbewegung vergleichen lassen.

46.1 Der Klippenspringer Orlando Duque in Jamaica

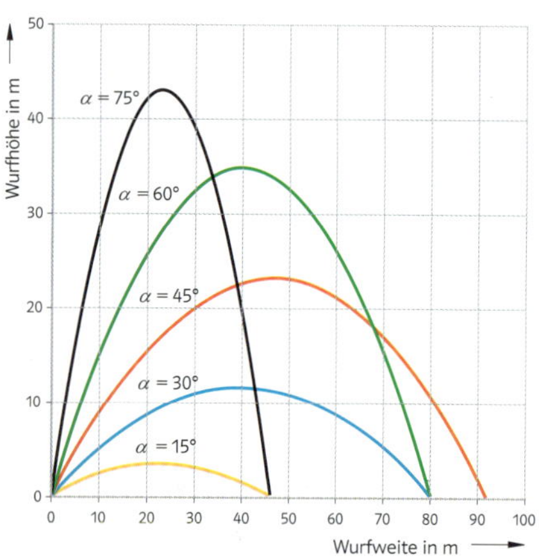

46.2 Wurfparabeln. Die Wurfbahn beim schiefen Wurf hängt ab von der Abwurfhöhe y_0, der Abwurfgeschwindigkeit v_0 und dem Winkel α:
Wurfweite: $x(t) = (v_0 \cdot \cos\alpha) \cdot t$
Wurfhöhe: $y(t) = y_0 + (v_0 \cdot \sin\alpha) \cdot t - ½\, g \cdot t^2$
Geschwindigkeit in x-Richtung: $v_x(t) = v_0 \cdot \cos\alpha$
Geschwindigkeit in y-Richtung: $v_y(t) = v_0 \cdot \sin\alpha - g \cdot t$

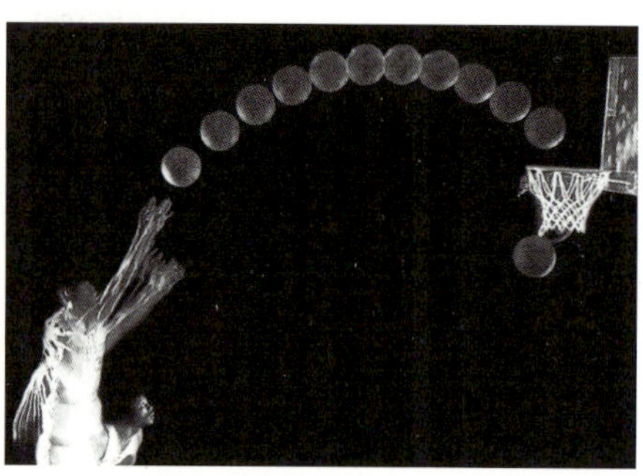

46.3 Nicht durch Berechnung, sondern durch Übung gelingen Korbwürfe.

Untersuche, überlege, forsche: Klippenspringen

46.1 W2 Bekannt wurde dieser gefährliche Sport durch die Felsenbucht La Quebrada in Acapulco (Mexiko). Junge Männer zeigen als Touristenattraktion Sprünge in den Pazifik aus einer Höhe von ca. 26 m. Um nicht an den Felsen des Ufers aufzuschlagen, müssen die Springer ca. 8 m nach vorne springen (46.1).
Berechne die horizontale Anfangsgeschwindigkeit des Klippenspringers und erstelle ein x-y-Diagramm.
Leite aus $x = v_0 \cdot t$ und $y = -\frac{g}{2} \cdot t^2$ die Gleichung für die Wurfparabel: $y(x) = -\frac{g}{2v_0^2} \cdot x^2$ ab!

c Der schiefe Wurf

Ein Körper wird mit der Geschwindigkeit v_0 schräg nach oben geschossen. Der Körper bewegt sich mit der konstanten Fallbeschleunigung g auf einer Parabel.

Experiment: Wurfparabel

46.1 Wurfbahnen kannst du gut mit Hilfe eines Gartenschlauchs studieren. Die Tropfen bewegen sich entsprechend den Wurfgesetzen.

E1 a) Halte den Schlauch unter verschiedenen Winkeln α und protokolliere die Abhängigkeit der Wurfweite vom Wurfwinkel.

E1 b) Überprüfe mittels der Formeln in 46.2 das Ergebnis und bestimme dabei v_0. Stelle mit Hilfe einer Excel-Tabelle Grafiken für die Wurfbahn und die horizontale bzw. vertikale Geschwindigkeit auf.

> Für $\alpha = 45°$ erhält man die größte Wurfweite.
> Komplementäre Wurfwinkel liefern gleiche Wurfweiten.

Auf Videoaufnahmen von Wurfbewegungen erkennt man, dass der absteigende Ast steiler verläuft als der aufsteigende Ast. Die Ursache ist der Luftwiderstand.

Wurfbewegungen im Sport

Bälle sind die verbreitetsten Sportgeräte z. B. im Fußball, Basketball, Tennis, Golf usw. Beim Werfen des Balls ist die Wurfgeschwindigkeit wichtig, aber auch die Genauigkeit, mit der ein Ziel getroffen wird. Um hohe Wurfgeschwindigkeiten zu erreichen, werden vor allem Hand und Unterarm, aber auch der Oberkörper beim Werfen beschleunigt.
Beim Basketball muss man ein Gefühl dafür entwickeln, welche Geschwindigkeit und welcher Abwurfwinkel den Ball in den Korb bringen. Es kommt dabei auf die Körpergröße oder genauer gesagt auf die Abwurfhöhe an (der Ballspieler springt meist während des Wurfes hoch!) und natürlich auf die Entfernung vom Korb. Der Spieler kann nur die Entfernung, den Wurfwinkel und die Wurfgeschwindigkeit verändern.
Bei vielen Sportarten geht es darum, möglichst große Wurfweiten zu erzielen (Hammer-, Speer-, Diskuswurf). Die optimalen Wurfwinkel sind je nach Sportart unterschiedlich. Der Grund liegt in der durch die unterschiedliche Abwurfhöhe verursachten Asymmetrie der Wurfbahn. Die Anfangsgeschwindigkeit wird je nach Sportart durch unterschiedliche Techniken erhöht, etwa durch einen Anlauf und/oder Drehbewegungen.

Untersuche, überlege, forsche: Wurfbewegungen im Sport

46.2 Tischtennis: Der Tisch ist 2,74 m lang und 1,525 m breit, das Netz 15 cm hoch.

W2 a) Welche Geschwindigkeit muss ein Ball haben, wenn seine Flugbahn 2,7 m von der Tischmitte und 30 cm über dem Tisch horizontal und normal zum Netz beginnt und der Ball gerade noch am Tisch auftreffen soll. (Der Luftwiderstand wird vernachlässigt.)

W2 b) Wie lange dauert der Flug? ◁

4.2 Die Bewegung auf der Kreisbahn

Bewegungen ohne Einwirkung von Kräften erfolgen entsprechend dem Trägheitssatz geradlinig gleichförmig. Damit ein Auto durch eine Kurve fährt oder sich ein Komet um die Sonne bewegt, muss eine Kraft wirken, die statt der geradlinigen eine krummlinige Bewegung erzwingt. Die einfachsten Kurven sind Ausschnitte von Kreisen. Um zu verstehen, welche Kräfte bei einer Kurvenbahn eine Rolle spielen, befassen wir uns nun mit der **Kreisbewegung**.

47.1 Das Bild zeigt einen Hammerwerfer. Die Kombination aus Kugel, Eisendraht und Haltegriff wird als Hammer bezeichnet. Der Sportler wirbelt die Kugel mit großer Kraft und großer Bahngeschwindigkeit auf einer Kreisbahn. Der Hammer wird schließlich losgelassen.

Untersuche, überlege, forsche: Die Mondbahn

47.1 Der Mond bewegt sich annähernd auf einer Kreisbahn um die Erde. Dem Trägheitsgesetz entsprechend müsste er eigentlich längst davon geflogen sein. Offensichtlich zwingt die Gravitationskraft der Erde den Mond in die Kreisbahn.

W1 **a)** Erkläre mittels 47.2, wie die Bahn des Mondes zustande kommt.

E2 **b)** Überprüfe deine Überlegung mit nachfolgendem Experiment.

Experiment: Bewegung auf der Kreisbahn

47.1 E2 *Du brauchst:* Einen Gegenstand (idealerweise eine Papierkugel oder einen Softball), der an einer Schnur befestigt ist.
Schleudere den Gegenstand horizontal im Kreis. Lass ihn dann plötzlich los. Beobachte und beschreibe die Flugbahn! (Vorsicht: Führe den Versuch möglichst im Freien durch und achte darauf, dass du niemanden verletzt!)

Du musst den Gegenstand festhalten, damit du ihn auf die Kreisbahn zwingst. Wenn du ihn loslässt, fliegt er tangential davon. (**47.2**) Die Kraft, die den Gegenstand auf eine Kreisbahn zwingt, bezeichnet man – da sie zum Zentrum hin gerichtet ist – als **Zentripetalkraft** $\vec{F}_Z$ (auch **Radialkraft**). In deinem Experiment hast du die Muskelkraft als Zentripetalkraft eingesetzt. Dem zweiten Newton'schen Gesetz entsprechend bewirkt die Kraft $\vec{F}_Z$ eine zum Kreismittelpunkt hin gerichtete Beschleunigung. Da die Beschleunigung zum Zentrum hin gerichtet ist, wird sie als Zentripetalbeschleunigung $\vec{a}_Z$ bezeichnet.

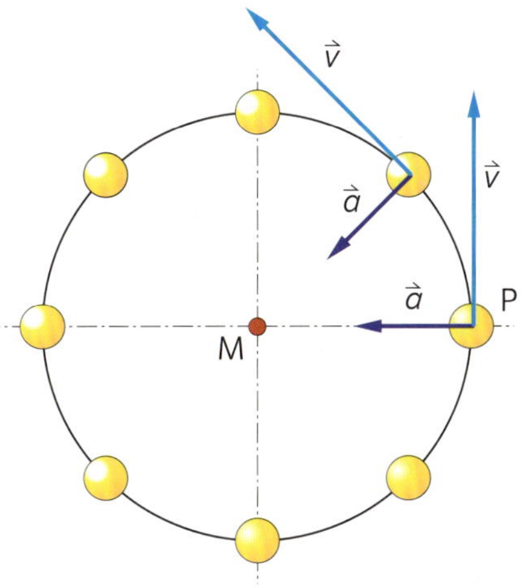

47.2 Die Kreisbewegung ist eine beschleunigte Bewegung, da der Geschwindigkeitsvektor laufend seine Richtung ändert.

> **Kreisbewegungen** sind beschleunigte Bewegungen.
> Die Ursache jeder Kreisbewegung ist eine Kraft $\vec{F}_Z$,
> die zum Zentrum des Kreises hin gerichtet ist (**Zentripetalkraft**).
> $\vec{F}_Z = m \cdot \vec{a}_Z$

Bei einer gleichförmigen Kreisbewegung bewegt sich der Körper mit konstanter Bahngeschwindigkeit. Dies bedeutet, dass der **Betrag** des Geschwindigkeitsvektors gleich bleibt. Allerdings ändert sich in jedem Punkt die **Richtung** des Geschwindigkeitsvektors. Der Beschleunigungsvektor ist immer zum Kreismittelpunkt gerichtet.

Gradmaß – Bogenmaß

47.1 Winkel können in Grad oder im **Bogenmaß** angegeben werden. Die Größe des Winkels im Bogenmaß ist das Verhältnis vom Bogenstück *b*, das der Winkel φ aus dem Kreis ausschneidet, zum Radius *r* (**47.3**). Es gilt

φ = Bogen : Radius = b/r.

Das Bogenmaß ist dimensionslos, weil sowohl Bogen als auch Radius in Metern gemessen werden. Bei der Division kürzt sich die Einheit (Meter) weg.

Zusammenhang zwischen Gradmaß und Bogenmaß

Gradmaß	0°	60°	90°	180°	270°	360°
Bogenmaß	0	$\frac{\pi}{3}$	$\frac{\pi}{2}$	π	$\frac{3\pi}{2}$	2π

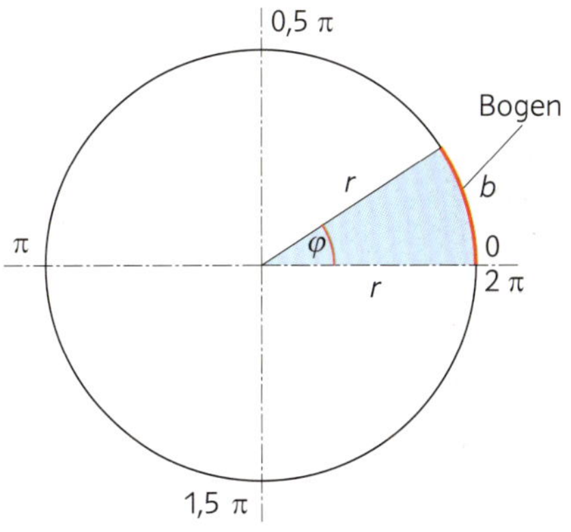

47.3 Der Winkel φ im Bogenmaß ist das Verhältnis Bogenlänge : Radius.

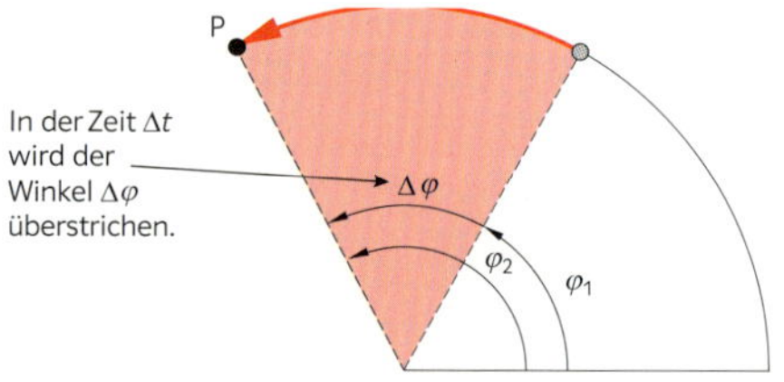

48.1 Zur Festlegung der Winkelgeschwindigkeit

Bahngeschwindigkeit und Winkelgeschwindigkeit

16.3 zeigt einen Körper, der sich mit konstanter Bahngeschwindigkeit auf einer Kreisbahn bewegt. Bei der gleichförmigen Kreisbewegung sind die **Bahngeschwindigkeiten** $\vec{v}$ der einzelnen Massenpunkte, aus denen der Körper besteht, unterschiedlich. Für die Beschreibung der Kreisbewegung ist es daher zweckmäßiger, ein Geschwindigkeitsmaß zu wählen, das für den gesamten Körper gilt. Jeder Massenpunkt des Körpers überstreicht in gleichen Zeiten gleiche Winkel (bezogen auf den Kreismittelpunkt, 48.1). Man bezeichnet den Quotienten aus dem Winkel $\Delta\varphi$, der von einem zum Kreismittelpunkt gezogenen Radius überstrichen wird, und der dafür benötigten Zeit Δt als **Winkelgeschwindigkeit ω** (48.2).

Winkelgeschwindigkeit $\omega = \frac{\Delta\varphi}{\Delta t}$

Einheit: $1\,s^{-1}$, Winkel gemessen im Bogenmaß

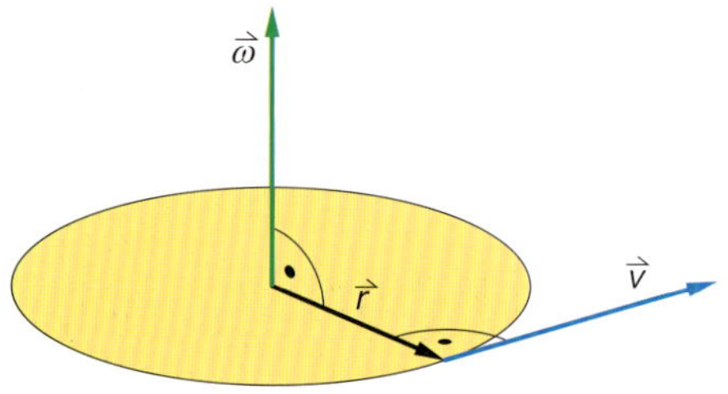

48.2 Die Winkelgeschwindigkeit ist ein Vektor, der normal zur Bahnebene steht. Der Betrag ergibt sich aus

$\omega = 2\pi f = v/r$

Bahngeschwindigkeit und Frequenz

In vielen Fällen (etwa bei einem Karussell) wird die Kreisbahn mehrfach mit gleicher Umlaufzeit durchlaufen. In diesem Fall spricht man von einer **periodischen Bewegung**. Charakteristisch für derartige Bewegungen sind die Begriffe Umlaufzeit T und Frequenz f. Unter der **Umlaufzeit** T versteht man jene Zeitspanne, die der Körper zum Durchlaufen des gesamten Kreisumfangs benötigt.

Beispiel: Ein Windrad führt in 3 Sekunden 2 vollständige Umdrehungen durch. Die Zeit für eine Umdrehung beträgt daher $3\,s/2 = 1{,}5\,s$. Pro Sekunde legt das Rad 2/3 Umdrehungen zurück. Man bezeichnet diese Zahl als Frequenz f. Sie entspricht dem Kehrwert der Dauer für eine Umdrehung (Periode). In unserem Fall ist $f = 2/3\,s^{-1}$.

Die **Frequenz f** ist die Zahl der vollständigen Umläufe pro Sekunde.

$$f = \frac{1}{T}$$

Einheit: Hertz (Hz) $1\,Hz = 1/s = 1\,s^{-1}$

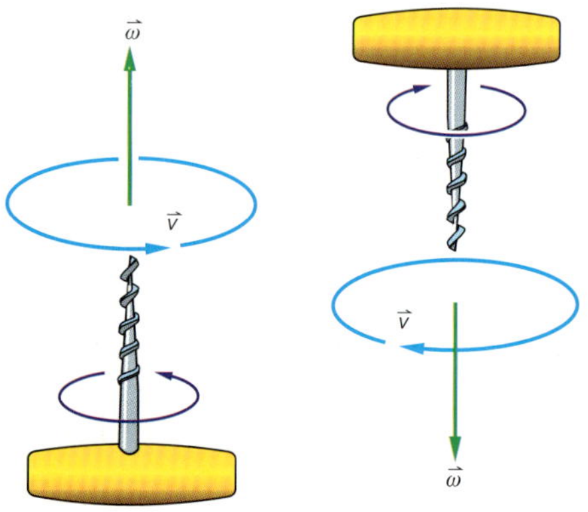

48.3 Denkt man sich einen rechts drehenden Korkenzieher in Richtung der Geschwindigkeit geschraubt, so gibt dessen Drehrichtung die Richtung der Winkelgeschwindigkeit an.

In welcher Beziehung stehen Bahngeschwindigkeit, Winkelgeschwindigkeit, Umlaufzeit und Frequenz?

Bei der gleichförmigen Kreisbewegung wird in der Umlaufzeit T der Umfang $u = 2\pi \cdot r$ durchlaufen. Die Bahngeschwindigkeit (das ist der Betrag der Geschwindigkeit auf der Kreisbahn) ist daher:

$$v = 2\pi \cdot r/T = 2\pi \cdot r \cdot f$$

Es gilt für den Betrag der Winkelgeschwindigkeit:

$$\omega = \Delta\varphi/\Delta t = 2\pi/T = 2\pi \cdot f$$

Bei gleichförmigen Kreisbewegungen ergibt sich für den Betrag der Bahngeschwindigkeit v

$$v = 2\pi \cdot r/T = 2\pi \cdot r \cdot f = r \cdot 2\pi \cdot f = r \cdot \omega$$

Wie bei der Translation ist auch bei der Rotation die Bahngeschwindigkeit v eine vektorielle Größe. Betrachtet man nun auch den Radius als Vektor (vom Mittelpunkt weg gerichtet), so ergibt sich $\vec{v}$ als Kreuzprodukt von $\vec{\omega}$ und $\vec{r}$:

$$\vec{v} = \vec{\omega} \times \vec{r}$$

Bei einem ausgedehnten Körper haben alle Teile des Körpers dieselbe Winkelgeschwindigkeit (48.1), die Bahngeschwindigkeit ist allerdings verschieden. Sie ist umso größer, je größer der Abstand zum Mittelpunkt des Kreises ist.

Gleichförmige Kreisbewegung

Bahngeschwindigkeit $v = \frac{2\pi \cdot r}{T} = 2\pi r \cdot f$ Winkelgeschwindigkeit $\omega = \frac{\Delta\varphi}{\Delta t} = 2\pi \cdot f$

$v = r \cdot \omega$

Die Zentripetalbeschleunigung

Durch die Wirkung der Zentripetalkraft wird der Körper in Richtung zum Mittelpunkt des Kreises beschleunigt. Wovon hängt der Betrag der Beschleunigung ab?

Experiment: Bewegung auf der Kreisbahn

49.1 **E2** *Du brauchst:* Verschiedene weiche Bälle, eine Schnur, einen Kraftmesser.
Befestige jeweils einen Ball mittels Schnur am Kraftmesser und schleudere ihn waagrecht im Kreis. Finde nun heraus, wovon die Zentripetalkraft abhängt (49.1). Führe ein Versuchsprotokoll.
Wie hängt die Anzeige am Kraftmesser von
- der Masse des Balls,
- dem Radius der Kreisbahn,
- der Frequenz bzw. Winkelgeschwindigkeit ab?

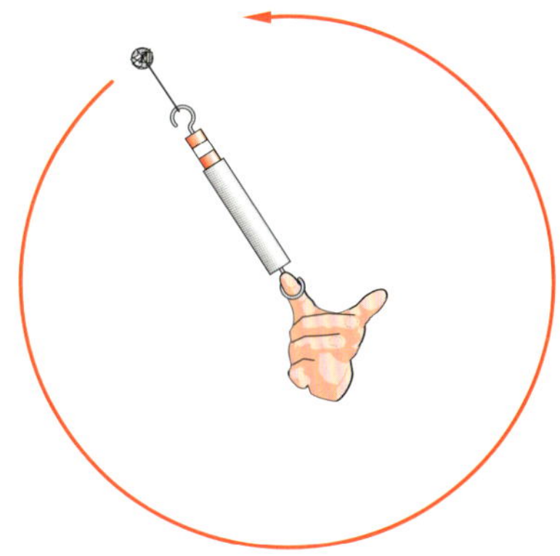

49.1 Experiment zur Zentripetalbeschleunigung

Mit einem quantitativen Experiment kann man zeigen, dass die zur Aufrechterhaltung der Kreisbewegung nötige Zentripetalkraft mit der Masse des Körpers, der Winkelgeschwindigkeit und dem Bahnradius zunimmt. Die Formel für die Zentripetalkraft lässt sich folgendermaßen herleiten:
Beschleunigung ist bekanntlich der Quotient aus Geschwindigkeitsänderung und Zeitdauer. **47.2** zeigt, dass sich beim Umlauf eines Körpers der Geschwindigkeitsvektor $\vec{v}$ um eine volle Umdrehung dreht. Greifen wir wie in **47.2** die Änderung des Geschwindigkeitsvektors während einer Achteldrehung heraus: Kleine Änderungen des Vektors $\vec{v}$ normal zu seiner Richtung drehen ihn um 45°, bzw. im Bogenmaß um $\pi/4$. Die verstrichene Zeit ist $T/8$. Die Spitze des Vektors v hat dabei den Weg $|v|\cdot\pi/4$ zurückgelegt. Innerhalb eines vollen Umlaufs (Dauer T) ergibt dies den Weg $|v|\cdot 2\pi$.
Die Beschleunigung ist definiert als Quotient aus Geschwindigkeitsänderung und Zeitdauer. Aus $a_Z = 2\pi\, v/T = \omega\cdot v$ und $v = r\cdot\omega$ folgt:

Zentripetalbeschleunigung (Radialbeschleunigung)

$$a_Z = r\cdot\omega^2 = \frac{v^2}{r}$$

a_Z ist eine vektorielle Größe und zeigt zum Zentrum der Kreisbahn. Die für eine Kreisbahn eines Körpers mit der Masse m erforderliche **Zentripetalkraft** F_Z **(Radialkraft)** ist daher:

Zentripetalkraft (Radialkraft)

$$F_Z = m\cdot r\cdot\omega^2 = m\frac{v^2}{r}$$

49.2 Durchfährt ein Auto eine Kurve, so wirkt die Reibungskraft zwischen Reifen und Straße als Zentripetalkraft und zwingt das Auto in die Kurve. Fehlt die Reibungskraft bzw. ist sie zu gering, so bewegt sich das Auto mit der jeweiligen Bahngeschwindigkeit tangential weiter, es fliegt aus der Kurve.

49.3 Welche Kräfte wirken auf das Motorrad? Warum muss das Fahrzeug in der Kurve eine Schräglage einnehmen? Zeichne eine Skizze, schätze ab, wo der Schwerpunkt ist und setze dort die Kräfte an.

Die v^2-Abhängigkeit kann sich im Straßenverkehr auswirken. Durchfährt ein Auto eine Kurve mit einer um 50% größeren Geschwindigkeit, so muss wegen des Terms v^2 eine $1{,}5^2 = 2{,}25$-fache Zentripetalkraft für die Kurvenfahrt aufbracht werden.
Die Zentripetalkraft wird von der Reibungskraft zwischen Rädern und Straßenbelag geliefert. Ist die Reibungskraft zu klein, so schlittert das Auto aus der Kurve, d.h. es fährt infolge der Trägheit tangential weiter.
Wie erleben Passagiere die Kurvenfahrt? Sie haben den Eindruck, durch eine Kraft nach außen gedrückt zu werden. Häufig bezeichnet man diese Kraft als **Zentrifugalkraft**. Dieser Eindruck entsteht, weil die Personen im fahrenden Auto zwar fest mit ihrem Gesäß mit der Polsterung verbunden sind, aber ihre Körper sich infolge der Trägheit tangential zum jeweiligen Kurvenstück weiterbewegen. D.h. die Insassen werden in der Kurve nach außen gedrückt. Kräfte, die, wie die Zentrifugalkraft, auf die Trägheit zurückzuführen sind und nur im beschleunigten Bezugssystem wahrnehmbar sind, werden häufig auch als Trägheitskräfte bezeichnet (siehe Seite 31).

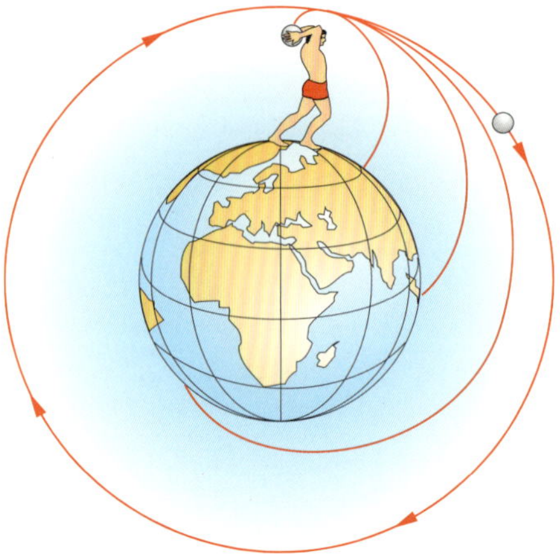

50.1 NEWTON's Gedankenexperiment

50.2 Die Hündin Laika war das erste Lebewesen im Weltall. Sie überlebte den Start nur kurze Zeit.

50.3 Als erster Mensch umrundete der russische Astronaut JURI GAGARIN (1934–1968) 1961 einmal die Erde. Die erste Kosmonautin war WALENTINA TERESCHKOWA (1963).

4.3 Bewegungen von Planeten und Satelliten

Was geschieht nun aber, wenn wir einen Körper horizontal so schnell von der Erde wegwerfen, dass er gar nicht mehr auf die Erde auftreffen kann? NEWTON hat dieses Gedankenexperiment vorweg genommen (**50.1**).

In Newtons *„Principia Mathematica“* heißt es: *„Wenn wir auf einem Berggipfel eine Kugel in waagrechter Richtung abschießen, dann wird ihre Bewegung aus zwei Komponenten bestehen, und zwar aus der Horizontalbewegung mit der ursprünglichen Abschussgeschwindigkeit und aus der beschleunigten Fallbewegung unter Einwirkung der Schwerkraft. Als Ergebnis der Überlagerung dieser beiden Bewegungen wird die Kugel eine parabolische Flugbahn beschreiben und in einiger Entfernung auf den Boden aufschlagen. Wäre die Erde eben, so würde die Kugel die Erde immer treffen, wenngleich auch die Aufschlagstelle vom Abschussort sehr weit entfernt sein könnte. Weil die Erde aber rund ist, krümmt sich ihre Oberfläche kontinuierlich unter der Geschossbahn und bei einer gewissen Grenzgeschwindigkeit wird die gekrümmte Geschossbahn gerade der Krümmung der Erde folgen. Wenn nicht der Luftwiderstand wäre, würde die Kugel also niemals zu Boden fallen, sondern würde die Erde – ähnlich wie der Mond – in konstanter Höhe ständig umkreisen.“*

Es handelt sich hier um die erste Theorie eines künstlichen Erdsatelliten. Die Geschwindigkeit des Satelliten muss genügend groß sein, andernfalls fällt er auf die Erde.

▷ Erste und zweite kosmische Geschwindigkeit

Mit welcher Geschwindigkeit muss ein Satellit die Erde umkreisen, damit er nicht auf die Erde fällt?

Nehmen wir an, ein Satellit (Masse m) fliegt knapp über der Erdoberfläche auf einer Kreisbahn um die Erde (r = Erdradius R). Die Gravitationskraft liefert die für die Kreisbahn notwendige Zentripetalkraft. Wir setzen daher Zentripetalkraft und Gravitationskraft gleich:

$$\frac{m \cdot v_1^2}{R} = G\frac{m \cdot M}{R^2}$$

Durch Umformen erhält man die Mindestgeschwindigkeit des Satelliten, die sogenannte **erste kosmische Geschwindigkeit** v_1:

Erste kosmische Geschwindigkeit

$$v_1 = \sqrt{\frac{G \cdot M}{R}} = 7{,}9\,\text{km/s}$$

Den Wert 7,9 km/s erhält man, indem man für die Erdmasse $M = 6 \cdot 10^{24}$ kg und den Erdradius $R = 6378$ km einsetzt. Die Umlaufszeit $T = 2\pi R/v_1$ beträgt ca. 84 min. Satelliten in größerer Höhe ($r > R$) haben eine längere Umlaufzeit.

Soll der Satellit die Erdanziehung überwinden, so muss er mindestens mit der Fluchtgeschwindigkeit v_2 von der Erdoberfläche abgeschossen werden.

Zweite kosmische Geschwindigkeit (Fluchtgeschwindigkeit)

$$v_2 = \sqrt{\frac{2G \cdot M}{R}} = 11{,}2\,\text{km/s}$$

Untersuche, überlege, forsche: Satelliten

50.1 S2 **a)** Recherchiere, welche Aufgaben die METEOSAT-Satelliten haben.
W2 **b)** Auf welchen besonderen Bahnen bewegen sie sich?

50.2 S2 Recherchiere: Neben den METEOSTAT-Satelliten gibt es zahlreiche weitere Satelliten. Welche Aufgaben haben sie? Suche aktuelle Beispiele. (Internetrecherche).

50.3 S2 Recherchiere: Entwicklung der Raumfahrt im 21. Jahrhundert. ◁

Die Gesetze der Planetenbewegung

Im Gravitationsfeld der Sonne bewegen sich zahlreiche Körper: Planeten und deren Monde, die Asteroiden, die Kometen und zahlreiche kleine Gesteinsbrocken. Es handelt sich um Satelliten der Sonne. Ihre Bahnen hängen – genauso wie jene der Erdsatelliten – von ihrer Geschwindigkeit ab.
Kopernikus dachte, dass sich die Planeten auf Kreisen um die Sonne bewegen. Erst durch die genaue Analyse von Langzeitbeobachtungen der Planetenbahnen konnte Johannes Kepler etwa 60 Jahre nach Kopernikus die Planetenbahnen genauer beschreiben. Seine Erkenntnisse sind in den Kepler'schen Gesetzen zusammengefasst und gelten allgemein für Körper im Gravitationsfeld von wesentlich massiveren Körpern. Eine Erklärung dieser Gesetze konnte erst Newton aus dem Gravitationsgesetz ableiten.

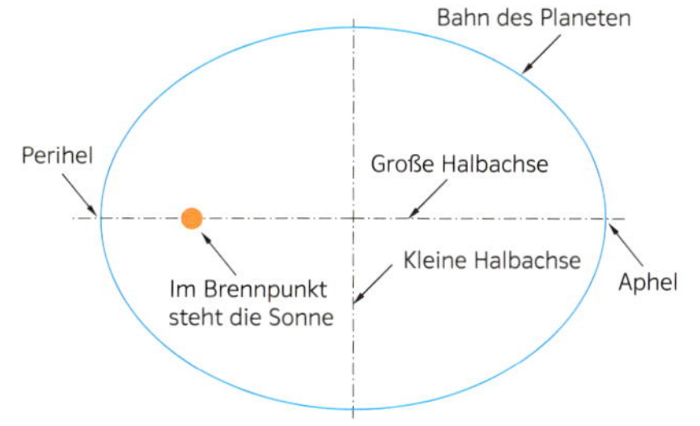

51.1 Die Planeten bewegen sich auf elliptischen Bahnen um die im Brennpunkt befindliche Sonne (Erstes Kepler'sches Gesetz). Die tatsächlichen Exzentrizitäten der Planetenbahnen sind wesentlich geringer als in der Grafik. Die Bahnen der anderen Planeten sind geringfügig gegen die Ebene der Erdbahn (Ekliptik) geneigt.

1. Die Planeten bewegen sich auf Ellipsen, in deren einem Brennpunkt die Sonne steht. **(Erstes Kepler'sches Gesetz)**

Die Exzentrizität der Planetenbahnen ist äußerst gering, d.h. das Verhältnis der beiden Halbachsen der Ellipse liegt für alle Planeten nahe bei eins.

2. Der von der Sonne zum Planeten gezogene Radiusvektor überstreicht in gleichen Zeiten gleiche Flächen. **(Zweites Kepler'sches Gesetz)**

Aus 51.2 ist ersichtlich, dass die Geschwindigkeit der Planeten in Sonnennähe größer ist und mit zunehmender Entfernung zur Sonne kleiner wird.

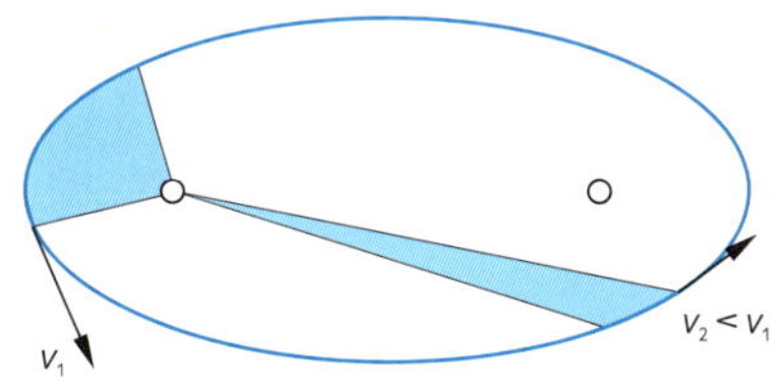

51.2 Der von der Sonne zum Planeten gezogene Radiusvektor überstreicht in gleichen Zeiten gleiche Flächen (Zweites Kepler'sches Gesetz).

3. Die Quadrate der Umlaufzeiten zweier Planeten verhalten sich wie die Kuben ihrer Bahnradien **(Drittes Kepler'sches Gesetz)**.

$$T_1^2 : T_2^2 = r_1^3 : r_2^3$$

Das 3. Kepler'sche Gesetz lässt sich für Kreisbahnen leicht ableiten. Die für die Bewegung um die Sonne nötige Zentripetalkraft wird von der Sonne geliefert:

$$\frac{m \cdot v^2}{r} = G\frac{m \cdot M}{r^2}$$

(m ... Planetenmasse, M ... Sonnenmasse; r ... Bahnradius)
Für einen Planeten auf einer Kreisbahn um die Sonne gilt:

$$v = \frac{2\pi \cdot r}{T} \quad (T = \text{Umlaufzeit})$$

Durch Einsetzen und Umformen erhalten wir die folgende Beziehung:

$$\frac{T^2}{r^3} = \frac{4\pi^2}{G \cdot M}$$

Der Quotient T^2/r^3 hängt nicht von der Planetenmasse ab und hat daher für jeden Planeten des Sonnensystems den gleichen Wert.

51.3 Informationsübertragung erfolgt vielfach über Satelliten. Zum Empfang dienen u.a. Satellitenschüsseln.

Meilensteine der Satellitentechnik

Die ersten Erfolge der Satellitentechnik stehen in einem engen Zusammenhang mit dem ideologischen und militärischen Wettkampf der Großmächte USA und UdSSR, spätere Programme stehen im Zeichen internationaler Zusammenarbeit.

1957 Der erste Satellit Sputnik 1 wurde 1957 von russischen Technikern gestartet. Sputnik 2 trägt die Hündin Laika um die Erde.

1961 Der russische Kosmonaut Juri Gagarin umkreist als erster Mensch die Erde.

1969 Die amerikanischen Astronauten Armstrong, Collins und Aldrin fliegen mit dem Raumschiff Apollo 11 zum Mond und kehren mit Mondgestein zur Erde zurück. In der Folge fanden weitere Mondlandungen (bis 1972) statt.

1976 Landung der Viking-Sonden auf dem Mars

1977 Start der Voyager Sonden.

1981–2011 Satelliten werden mit Raumfähren ins All gebracht (Space Shuttle)

1979 Europa entwickelt als Gegenprojekt zur Raumfähre die Trägerrakete Ariane

1986 Start der bemannten russischen Raumstation Mir (bleibt bis 2001 in der Umlaufbahn)

1998 Start der internationalen bemannten Raumstation ISS

Schwerelosigkeit

Die bemannte Raumfahrt dient Forschungszwecken. Es werden Experimente bei „Schwerelosigkeit" durchgeführt und gleichzeitig wird erforscht, wie Menschen in einer Raumstation leben können. Die Schwerelosigkeit stellt ein besonderes Problem für einen Aufenthalt im Weltraum dar. Das Gefühl der Schwerelosigkeit tritt auf, wenn unser Gleichgewichtsorgan „Unten" und „Oben" nicht unterscheiden kann. Der Körper reagiert mit Symptomen wie bei Seekrankheit (Übelkeit, ...). Bei längerem Aufenthalt im All werden durch die fehlende Belastung Knochen und Muskel teilweise abgebaut. Schwerelosigkeit entsteht, wenn sich Körper im **freien Fall** befinden. Üblicherweise merken wir die Schwerkraft, weil der Boden eine Gegenkraft ausübt. Denken wir etwa an eine Personenwaage: Die Federn in der Waage werden durch das Gewicht der Person und die Gegenkraft des Bodens zusammengedrückt. Befinden sich Waage und die darauf stehende Person im freien Fall, so fehlt diese Gegenkraft: die Waage zeigt – wie auch das Gleichgewichtsorgan – für das Gewicht den Wert null an. Einen „schwerelosen" Raum im eigentlichen Sinn, also einen Raum, in dem keine Schwerkraft existiert, gibt es im Weltall nicht. Selbst in der Mondbahn würde dich die Erde noch mit einer Kraft anziehen, die einem 3600stel deines Gewichts auf der Erde entspricht.
Kann man Vorgänge bei Schwerelosigkeit (z.B. die Kristallisation von Flüssigkeiten) auch ohne Raumstation untersuchen? Dies gelingt z.B. kurzzeitig bei **Parabelflügen**. Dabei fliegen Flugzeuge nach einem steilen Steigflug durch kurzzeitiges Abschalten der Triebwerke auf einer Wurfparabel. (**52.1**)

Experiment: Schwerelosigkeit

52.1 E2 *Du brauchst:* PET Flasche mit seitlichen Löchern, Wasser
Fülle Wasser in die Flasche und lass sie aus größerer Höhe fallen. Was beobachtest du? Dokumentiere mit einer Kamera deine Versuche und interpretiere die Bilder.

52.2 *Du brauchst:* Eine Personenwaage, einen Personenaufzug
E1 **a)** Miss dein Gewicht im fahrenden Aufzug. Was stellst du fest, wenn der Aufzug nach oben anfährt und danach sich gleichmäßig bewegt? Was, wenn er sich nach unten bewegt?
S2 **b)** Erkläre deine Beobachtungen und setze sie in Beziehung zu Fahrten auf der Hochschaubahn.

Untersuche, überlege, forsche: Schwerelosigkeit

52.1 S2 Überlege, welche Probleme für Astronauten in Raumstationen durch Schwerelosigkeit entstehen und wie man sie lösen könnte. Überprüfe deine Überlegungen mit Internet-Recherchen.

52.1 Schwerelosigkeit auf einem Parabelflug eines Airbus. Die Versuchsanlagen sind fest in der Flugzeugkabine montiert. Manche Forscher halten sich mit Hilfe von Gurten am Boden des Flugzeugs, damit sie bei der Arbeit an ihren Geräten nicht davonschweben.

52.2 In der fallenden Flasche herrscht Schwerelosigkeit. Der Gewichtsdruck des Wassers verschwindet, die Flüssigkeit rinnt nicht mehr aus.

Untersuche, überlege, forsche: Keplersche Gesetze

52.2 W2 Die Keplerschen Gesetze gelten für alle Körper, die sich wegen der Gravitationskraft um einen Zentralkörper bewegen, daher auch für künstliche und natürliche Erdsatelliten. Berechne mit Hilfe des 3. Keplerschen Gesetzes und der Umlaufzeit des Mondes die Erdmasse. (Entfernung Mond-Erde: 384000 km, Umlaufzeit 27,3 Tage).

52.3 W2 Berechne mittels des 3. Keplerschen Gesetzes die Masse der Sonne (mittlerer Abstand Erde-Sonne: 150 Mio. km). Überprüfe dein Ergebnis an Hand der Tabelle S. 145.

52.4 W2 Geostationäre Satelliten bewegen sich so um die Erde, dass sie sich immer über demselben Punkt am Äquator befinden. Sie werden z.B. als Nachrichtensatelliten, Wettersatelliten oder für Forschung eingesetzt. In welcher Höhe H befinden sich diese Satelliten und welche Geschwindigkeit haben sie? ($T = 24\,h$, $r = R + H$)

Antwort auf die Eingangsfrage

Warum fallen die Passagiere der Loopingbahn nicht aus den Sitzen? Etwa wegen der Schulterbügel? Warum fallen die Wagen nicht aus der Bahn?
Zur Vereinfachung des Problems betrachten wir nur einen Wagen der Loopingbahn und nehmen an, dass die Bahn ein Kreis ist. Reibung und Luftwiderstand werden vernachlässigt. Für eine Kreisbewegung (Radius R) muss die Zentripetalkraft mv^2/R auf den Wagen wirken.
Die Schienen erzwingen die Kurvenfahrt, indem sie quer zur Bewegungsrichtung auf den Wagen eine Kraft F_S, die Führungskraft der Schienen radial nach innen, ausüben. Die Führungskraft der Schienen ist in den verschiedenen Teilen der Kurve unterschiedlich groß, am höchsten Punkt S ist sie Null, am tiefsten Punkt am größten.
Die Gewichtskraft G zerlegen wir wie bei der schiefen Ebene in zwei Komponenten:

Die zur Schiene parallele Komponente G_T ändert die Bahngeschwindigkeit. Die Normalkomponente G_N führt im unteren Teil der Bahn zu einer Belastung der Schiene, im oberen Teil trägt sie zur Zentripetalkraft bei. Im oberen Teil der Bahn wird daher die Zentripetalkraft F_Z durch die Führungskraft der Schienen F_S und die Normalkomponente der Gewichtskraft G_N (53.1) bewirkt:

$$F_Z = \frac{m \cdot v^2}{R} = F_S + G_N.$$

Die Geschwindigkeit v des Wagens entlang der Loopingbahn ist im oberen Scheitel S der Bahn am geringsten. Wenn im Scheitel die Beziehung $m \cdot v^2/R = m \cdot g = G$ erfüllt ist, wird die Zentripetalkraft nur vom Gewicht G geliefert. In diesem Augenblick bewegt sich der Wagen mit seinen Passagieren um das Zentrum der Kreisbahn ähnlich wie eine Raumstation um die Erde. Wagen und Passagiere „fallen" gemeinsam, die Passagiere fallen daher nicht aus dem Wagen. Wäre v kleiner, d.h. $m \cdot v^2/R < mg$, würden Wagen und Passagiere in einer Wurfparabel die Kreisbahn verlassen Aus Sicherheitsgründen sind die Passagiere durch Bügel gegen Herausfallen gesichert. Außerdem umfasst das Fahrwerk die Schienen, so dass der Wagen auch bei einem Defekt nicht abstürzen kann. Die hohe Geschwindigkeit und die wechselnden Beschleunigungen des Körpers während der Fahrt erhöhen den Nervenkitzel auf der Loopingbahn. Bei der Einfahrt in den Looping ist die Geschwindigkeit und daher auch die zum Zentrum der Bahn gerichtete Zentripetalkraft am größten.

Wir haben die Fahrt aus der Sicht von Zuschauern im Inertialsystem beschrieben, in dem die Stahlkonstruktion der Loopingbahn ruht. Wie sieht es für die Passagiere selbst aus? Sie befinden sich nicht im Inertialsystem, ihr Bezugssystem ist der Wagen. Sie fühlen sich im unteren Teil des Looping stärker in die Sitze gedrückt als im stehenden Wagen, im oberen Teil weniger stark. Sie schreiben dieses Empfinden im unteren Teil einer nach außen wirkenden „Fliehkraft" zu. Im oberen Teil werden sie weniger in die Sitze gedrückt und erleben für einen Augenblick „Schwerelosigkeit".

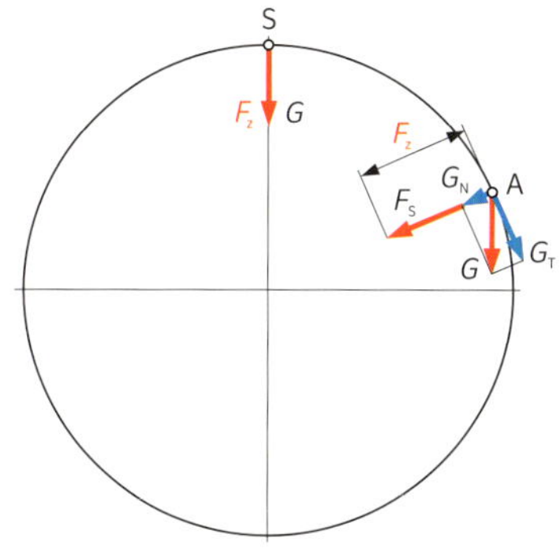

53.1 Die Zentripetalkraft $F_Z = mv^2/R$ setzt sich aus Führungskraft F_S der Schiene und Normalkomponente G_N des Gewichts zusammen: $F_Z = G_N + F_S$. Die Tangentialkomponente G_T des Gewichts ändert die Bahngeschwindigkeit v. Im Punkt A liefert die Schiene einen Beitrag zu F_Z, im Scheitel S reicht das Gewicht G, wenn $mv^2/R = G$.

53.2 Wie schnell müssen die Wagen sein?

Teste dein Wissen W1

53.1 Ein Kind wirft einen Ball nach oben. Wie groß ist die Beschleunigung am höchsten Punkt der Bahn?
a) Die Beschleunigung ist 0.
b) 9,81 m/s²
c) Die Beschleunigung ist kleiner als 9,81 m/s²

53.2 Ein Ball wird horizontal geworfen. Wenn man die Abwurfhöhe 4-mal so groß macht, was gilt dann für die Wurfweite?
a) Die Wurfweite halbiert sich.
b) Die Wurfweite wird verdoppelt.
c) Die Wurfweite bleibt gleich.

53.3 Ein Ball wird von einem hohen Turm lotrecht nach unten geworfen. Eine halbe Sekunde später wird ein zweiter Ball fallen gelassen. Wenn die Luftreibung vernachlässigt wird, was gilt dann?
a) Der Abstand zwischen den Bällen nimmt zu.
b) Der Abstand zwischen den Bällen nimmt ab.
c) Der Abstand zwischen den Bällen bleibt konstant.

53.4 Zeichne die Bahnkurve eines Balls, der schräg nach oben unter einem Winkel von etwa 45° geworfen wird. Zeichne alle Kräfte ein, die auf den Ball wirken.

53.5 Du fährst mit gleicher Geschwindigkeit durch eine Kurve mit kleinem Radius und durch eine Kurve mit großem Radius. Die Zentripetalbeschleunigung a_Z
a) ist in beiden Kurven gleich
b) ist in der Kurve mit großem Kurvenradius größer als in der Kurve mit kleinem Kurvenradius
c) ist in der Kurve mit großem Kurvenradius kleiner als in der Kurve mit kleinem Kurvenradius

53.6 Welche Richtung hat die Winkelgeschwindigkeit?
a) Sie ist kein Vektor, sie hat keine Richtung.
b) Sie hat die gleiche Richtung wie die Bahngeschwindigkeit.
c) Sie steht senkrecht zur Bahngeschwindigkeit.

53.7 Welcher Zusammenhang besteht zwischen der Winkelgeschwindigkeit ω und der Bahngeschwindigkeit v?
a) $\omega = v \cdot r$ b) $\omega = v/r$ c) $\omega = 2\pi \cdot v$

53.8 Welcher Zusammenhang besteht zwischen Frequenz und Winkelgeschwindigkeit?
a) $f = 2\pi \cdot \omega$ b) $f = 2\pi/\omega$ c) $f = \omega/(2\pi)$

53.9 Ein Auto fährt in eine Kurve. Beschreibe den Vorgang aus physikalischer Sicht.

53.10 Was besagen die Keplerschen Gesetze?

53.11 Was versteht man unter Astronomischer Einheit?

53.12 Welche Daten benötigst du über die Erde, um die Masse der Sonne zu berechnen?

5 Druck in Flüssigkeiten und Gasen

In diesem Kapitel erfährst du,
- was man in der Physik unter Druck versteht,
- was der Luftdruck ist und wie man ihn misst,
- was man tun muss, damit Körper im Wasser nicht untergehen.

54.1 Ein wissenschaftliches Großereignis in Magdeburg im Jahre 1656.
Mit einer Wasserpumpe pumpt der Bürgermeister Otto von Guericke die Luft aus zwei lose aneinander liegenden Halbkugeln aus Kupfer. Dann spannt er an jede Schale acht Pferde und treibt sie an.

? Die Kraft der Pferde genügt nicht, die beiden Schalen voneinander zu trennen. Warum?

54.2 Schneeschuhe verteilen das Gewicht auf eine größere Fläche. Das Umgekehrte gilt für Bleistiftabsätze.

54.3 Tauerntunnel

Bevor ab Juli 2011 beide Tunnelröhren zur Verfügung standen, machte den Arbeitern und Ingenieuren nicht nur der Zeitdruck, sondern auch der enorme Gebirgsdruck des Berges zu schaffen. Die Fahrbahn des alten Tunnels drohte sich zu wölben. Die Ingenieure mussten dem Druck des Gebirges auf einer Länge von 300 Metern mehr Platz einräumen und haben dazu unter der Fahrbahn aufgegraben und die Tunnelsohle mit Stahlbeton verstärkt.

5.1 Der Druck

Nägel sind an einem Ende zugespitzt, am anderen flach. Beim Einschlagen eines Nagels würde niemand auf die Idee kommen, den Hammer auf den spitzen Teil zu schlagen und den flachen Teil in die Wand zu treiben. Die Kraft, die über den Hammer auf den Nagelkopf wirkt, konzentriert sich auf ein kleines Flächenstück. Dies bewirkt einen so hohen Druck auf das Flächenstück, dass der Nagel in das Material eindringen kann.
Diesen Überlegungen kannst du leicht folgen, wenn du einen Bleistift einmal mit dem ungespitzten Ende und ein andermal mit dem gespitzten Ende gegen deine Handfläche drückst.
Von **Druck** sprechen wir immer dann, wenn auf eine Fläche A eines Körpers eine Kraft wirkt. Verteilt sich die Kraft F gleichmäßig auf die Fläche A, so bezeichnet man das Verhältnis von Kraft F zu der dazu senkrecht stehenden Fläche A als Druck p.

$$\textbf{Druck} = \frac{\textbf{Kraft}}{\textbf{Fläche}}$$

$$P = \frac{F}{A}$$

Einheit: Pascal (Pa) $1\,\text{Pa} = 1\,\text{N/m}^2$

Zulässig ist auch **Bar (bar)**. $1\,\text{bar} = 10^5\,\text{Pa}$, $100\,\text{Pa} = 10^2\,\text{Pa} = 1\,\text{mbar}$.

Untersuche, überlege, forsche: Druck

54.1 E1 **a)** Berechne, welchen Druck du barfuß beim Stehen auf den Boden ausübst!
W1 **b)** Wie ändern sich der Druck und die Druckverteilung beim Tragen von Stöckelschuhen?
W1 **c)** Wie kann man vermeiden, dass man beim Gehen in Schnee zu tief einsinkt?

54.2 Knie- und Sprunggelenke sind hohen Drücken ausgesetzt und müssen dennoch gut beweglich sein.
S2 **a)** Beschreibe, wie die Gelenke aufgebaut sind, um diese Aufgabe zu erfüllen. Was passiert bei Fehlstellungen der Knie (z. B. O-Beinen)?
S2 **b)** Erkläre, in welcher Weise sich die Belastung bei bestimmten Sportarten (z. B. Schifahren, Laufen) ändert.

Verformung

Wie ein Körper auf Druck reagiert, hängt von seinen physikalischen Eigenschaften (Aggregatzustand, Elastizität, Festigkeit, etc.) und seinem Aufbau aus kleinen Teilchen (Atome, Moleküle, Ionen) ab.
In **festen Körpern** sind die Teilchen dicht gepackt, d.h. sie haben geringe Abstände von einander. Außerdem sind die gegenseitigen Kräfte so stark, dass die Teilchen feste Plätze einnehmen und der Körper eine feste Form hat. Die Form ändert sich bei geringen Belastungen durch Druck oder Zug nur geringfügig und vorübergehend (**elastisches Verhalten**). Bei hohem Druck oder Zug verformen sich feste Körper dauerhaft (**plastische Verformung**). Reicht der Zusammenhalt der Teilchen nicht, bricht oder zerreißt der Körper.
Bei **Flüssigkeiten** sind die Teilchen ebenfalls dicht gepackt, aber gegen einander verschiebbar. Flüssigkeiten haben keine feste Form. Übt man auf eine Flüssigkeit in einem geschlossenen Gefäß etwa mit Kolben einen Druck aus, dann wird der Druck nach allen Richtungen gleich stark weitergegeben (55.2).
Feste Körper und Flüssigkeiten lassen sich praktisch nicht zusammendrücken, sie sind **inkompressibel**.
In **Gasen** sind die Teilchen relativ weit voneinander entfernt, daher haben Gase keine feste Form und füllen geschlossene Gefäße aus. Gase lassen sich zusammendrücken. Wird ein Gas in einem Behälter mit einem Kolben komprimiert (z.B. in einer Fahrradpumpe), dann wird der Druck nach allen Seiten weitergegeben.

55.1 1960 erreichten Jacques Piccard und Don Walsh mit dem Tiefsee-U-Boot Trieste eine Tiefe von 10740 m.

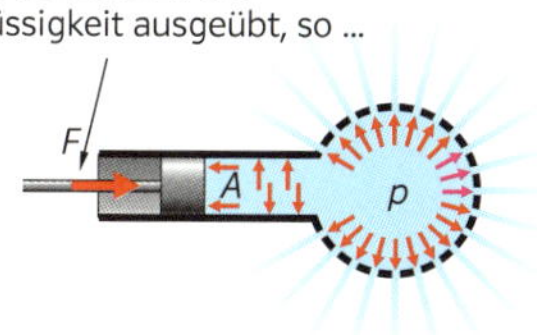

55.2 Der Druck, den der Kolben auf die Flüssigkeit ausübt, wird nach allen Seiten weitergegeben.

5.2 Der hydrostatische Druck

Der Druck, den das Wasser infolge seines Gewichts auf das umgebende Wasser ausübt, wird **hydrostatischer Druck** genannt. In der Tiefe h lastet auf der Fläche A die Gewichtskraft $F_G = m \cdot g$. Für den Druck, den die Wassersäule ausübt, gilt:

$$p = F_G / A = m \cdot g / A.$$

Wegen $m = \varrho \cdot A \cdot h$ beträgt der hydrostatische Druck p in der Tiefe h

$$p = \varrho \cdot g \cdot h.$$

Wir sehen, dass der Druck in einer Flüssigkeit von der Tiefe h und der Dichte ϱ der Flüssigkeit abhängt.

Experiment: Hydrostatischer Druck

55.1 *Du brauchst:* eine offene PET-Flasche mit seitlichen Löchern in verschiedener Höhe.

E1 **a)** Fülle Wasser in die Flasche. Beobachte, vergleiche und protokolliere, wie das Wasser aus den Löchern der aufrechten Flasche rinnt.

W1 **b)** Was folgt aus deinen Beobachtungen für die Tiefenabhängigkeit des hydrostatischen Drucks?

55.3 Recherchiere: Wie können Fische in der Tiefsee (Wassertiefe > 500 m) trotz des Wasserdrucks leben?

Tauchen – nicht schnorcheln

Welcher hydrostatische Druck herrscht in einer Wassertiefe von 10 m?
Die Dichte von Wasser beträgt $10^3\,\text{kg/m}^3$. Nach der Formel für den hydrostatischen Druck erzeugt eine 10 m hohe Wassersäule einen Druck von

$$p = \varrho \cdot g \cdot h = 10^3 \cdot 9{,}81 \cdot 10\,\text{N/m}^2 \approx 10^5\,\text{N/m}^2 = 10^5\,\text{Pa bzw. } 1\,\text{bar}.$$

Der hydrostatische Druck des Wassers nimmt bei einem Tauchgang daher um 1 bar pro 10 m Wassertiefe zu. Deshalb wirkt zusätzlich zum Luftdruck (s. S. 57) auf jeden cm^2 des Körpers eine Kraft entsprechend dem Gewicht einer Masse von 1 kg. Dies führt für Sport- und Berufstaucher zu speziellen Problemen, von denen hier nur eines angeführt wird. Um bei dem erhöhten Wasserdruck die Lunge füllen zu können, wird Luft mit dem gleichen Druck geatmet. Verständlicherweise gehen bei einem Druck von 2 bar mehr Sauerstoff und Stickstoff ins Blut über als bei 1 bar. Stickstoff diffundiert aus dem Blut ins Gewebe. Beim Auftauchen verringert sich der Druck des Wassers auf den Brustkorb, daher kann sich die Luft in den Lungen ausdehnen und es kann zum Lungenriss kommen. Stickstoff im Blut und im Gewebe kann durch den geringeren Druck Bläschen bilden und Arterien verstopfen. Dies nennt man **Taucherkrankeit**. Durch langsames Auftauchen und bewusstes Ausatmen kann dies verhindert werden.

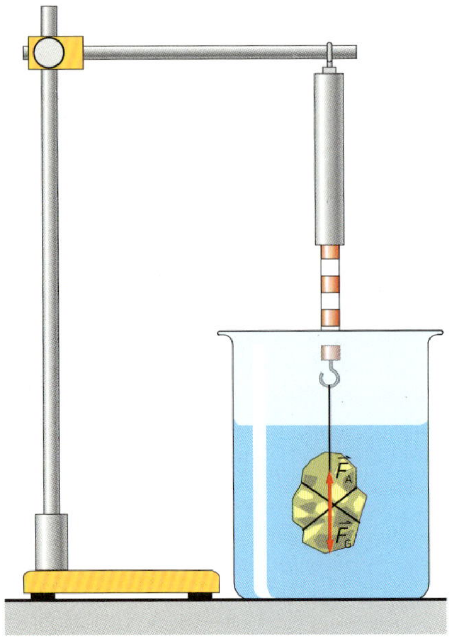

56.1 Bestimmung des Auftriebs eines Körpers. Die Federwaage zeigt die Differenz $F_G - F_A$.

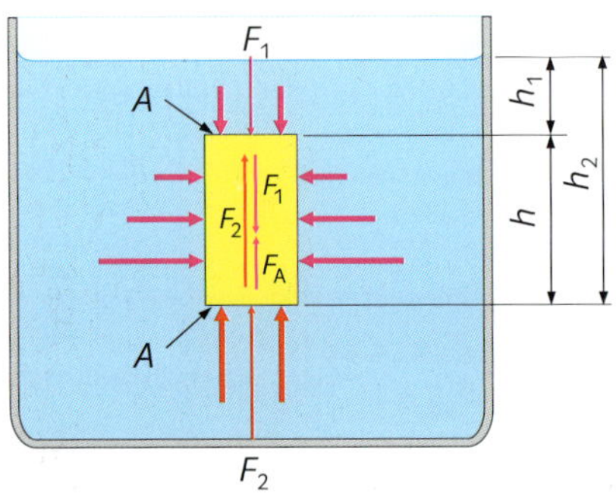

56.2 Entstehung des Auftriebs

56.3 Warum schwimmen Schiffe aus Stahl?

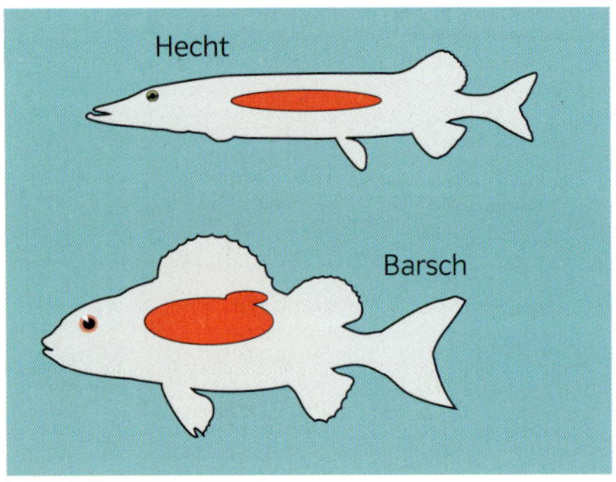

56.4 Fische steuern die Tauchtiefe mit ihrer Schwimmblase

5.3 Der Auftrieb

Ein interessantes Phänomen, das mit dem hydrostatischen Druck zusammenhängt, ist die Tatsache, dass tonnenschwere Schiffe auf dem Wasser schwimmen. Weshalb gehen sie nicht unter?

Experiment: Auftrieb

56.1 *Du brauchst:* zwei verschieden große Gegenstände, eine Federwaage, ein Becherglas mit Wasser, Kochsalz.
Bestimme das Volumen jedes Gegenstands (z.B. mittels Wasserverdrängung), dann mit Hilfe des Kraftmessers sein Gewicht in Luft und in Wasser.

E1 **a)** Beobachte, wie sich während des Eintauchens die Anzeige der Federwaage verändert.

E1 **b)** Um wieviel verringert sich das Gewicht, wenn der Körper dabei zur Gänze im Wasser eintaucht? Vergleiche mit dem Gewicht der verdrängten Flüssigkeitsmenge! (**56.1**).

E1 **c)** Wiederhole das Experiment mit Salzwasser. Was hat sich geändert?

Beim Eintauchen des Körpers in die Flüssigkeit misst die Federwaage ein geringeres Gewicht als in Luft. Dem Gewicht des Körpers wirkt eine Kraft entgegen, der **Auftrieb**.
Die Experimente zeigen, dass der Auftrieb eines vollständig oder auch nur teilweise eingetauchten Körpers vom eingetauchten Volumen des Körpers und von der Dichte der Flüssigkeit abhängt. Er ist umso größer, je mehr Volumen des Körpers eintaucht und je dichter die Flüssigkeit ist.

Ursache des Auftriebs

Wie kommt der Auftrieb zustande? Wir betrachten einen vollständig in eine Flüssigkeit eingetauchten quaderförmigen Körper (Volumen V, Querschnitt A). Wegen der Abhängigkeit des hydrostatischen Drucks von der Tiefe erfährt der Körper von oben einen geringeren Druck als von unten. (**56.2**). Die Kräfte an den Seiten sind jeweils entgegengesetzt gleich groß und ergeben keine resultierende Kraft.
Der Druck p_2 an der Unterseite des Körpers ist größer als der Druck p_1 an der Oberseite. Daher wirkt unten eine größere Kraft auf den Körper als oben. Die Differenz der Kräfte beträgt

$$F_A = F_2 - F_1 = p_2 \cdot A - p_1 \cdot A = \rho_{Fl} \cdot g \cdot A \cdot h_2 - \rho_{Fl} \cdot g \cdot A \cdot h_1 = \rho_{Fl} \cdot g \cdot A \cdot (h_2 - h_1) = \rho_{Fl} \cdot g \cdot V.$$

Den Zusammenhang von Auftrieb und Gewicht der verdrängten Flüssigkeit soll ARCHIMEDES (ca. 287–212 v. Chr., Syrakus, Sizilien) entdeckt haben. Das Gesetz für den Auftrieb wird daher als **Archimedisches Prinzip** bezeichnet und lautet:

Ein vollständig oder teilweise in eine Flüssigkeit eingetauchter Körper erfährt einen Auftrieb F_A, der seinem Gewicht entgegenwirkt.

$$F_A = \rho_{Fl} \cdot g \cdot V$$

ρ_{Fl} ...Dichte der Flüssigkeit, V ...Volumen der verdrängten Flüssigkeit

Der Auftrieb entspricht dem Gewicht der verdrängten Flüssigkeit.

Ein schwimmender Körper taucht so weit ein, dass das Gewicht der verdrängten Flüssigkeit gleich seinem Gewicht ist.

Untersuche, überlege, forsche: Schweben, Sinken, Schwimmen

56.1 W1 **a)** Wovon hängt es ab, dass ein Gegenstand in einer Flüssigkeit sinkt, schwebt oder auf ihr schwimmt?

S1 **b)** Begründe, warum ein Schiff aus Stahl schwimmen kann.

56.2 S2 Was muss man tun, um in Süßwasser zu schwimmen? Welcher Unterschied besteht zum Schwimmen in Salzwasser? Begründe deine Meinung.

Blutdruckmessung in der Medizin

Das Herz ist ein Muskel, der – wie eine Pumpe – das Blut durch den Körper presst. Die Messung des Blutdrucks ist daher wichtig, um herauszufinden, ob Kreislauf und Herz in Ordnung sind.
Beim Messen des Blutdrucks wird eine Manschette um den Oberarm gelegt und aufgepumpt (**58.2**). Dadurch wird Druck ausgeübt, bis die Oberarmarterie abgedrückt ist und der Blutfluss unterbrochen wird. Vermindert man langsam den Druck durch Ablassen der Luft, so hört man bei einem bestimmten Druck im Stethoskop ein Klopfgeräusch, das anzeigt, dass sich wieder Blut den Weg bahnt. Dieser Wert wird als „systolischen Druck“ bezeichnet. Eine **Systole** ist die Phase, in der sich das Herz zusammenzieht und Blut in die Arterien gepresst wird. Lässt man nun weiter Luft aus der Manschette, so verschwindet das Geräusch allmählich, bis es ganz verstummt. Dieser Punkt entspricht dem diastolischen Blutdruck. Unter **Diastole** versteht man die „Ruhepause“ des Herzens, bei der in den Arterien ein kleinerer Druck herrscht.
Bei der Blutdruckmessung verwendet man nicht Pascal oder bar als Druckeinheit, sondern **„Millimeter Quecksilbersäule“** (**57.2**). Ein gesunder junger Mensch sollte einen systolischen Wert von ca. 120 mm Hg haben und einen diastolischen Wert von etwa 80 mm Hg. Zu hoher Blutdruck (etwa 160/95 mm Hg) kann die Lebenserwartung heruntersetzen und ist unbedingt zu behandeln.

57.1 Der Reifendruck ist der Gasdruck in einem Luftreifen. Er wird in bar angegeben. Dabei wird nicht der absolute Wert angegeben, sondern der Überdruck gegenüber dem Luftdruck.

5.4 Der Luftdruck

Auch die Luft der Atmosphäre hat Masse und Gewicht. Wir leben am Boden eines Luftmeeres: Auf uns lastet die ca. 1000 km dicke Atmosphäre, deren Gewicht den Luftdruck bewirkt. Drei Viertel der Luftmasse befinden sich in den untersten 10 km.
Der mittlere Luftdruck auf Meereshöhe, der **Normaldruck**, beträgt $1{,}013 \cdot 10^5$ Pa (1,013 bar). Auf jedem Quadratmeter der Erdoberfläche lastet damit ein Gewicht von etwa 10^5 N. Da die Erdoberfläche ca. $5 \cdot 10^{14}\,m^2$ groß ist, schließt man daraus, dass die Masse der Erdatmosphäre ca. $5 \cdot 10^{18}$ kg beträgt. (Vergleiche mit der Erdmasse!) Der Luftdruck nimmt mit zunehmender Höhe ab: Die Luftsäule wird kürzer, außerdem nimmt die Dichte der Luft mit der Höhe ab, weil Luft im Gegensatz zu Wasser durch Druck merklich komprimierbar ist. Die Druckänderung beträgt ca. 1 % pro 80 m Höhe. Wir spüren sie, wenn wir etwa mit einer Seilbahn in kurzer Zeit eine große Höhendifferenz überwinden und das System Ohr-Nase-Lunge dabei die Druckänderung nicht genügend schnell ausgleichen kann.
In Flugzeugen muss der Luftdruck ähnlich groß wie am Boden sein. Daher wird in der Kabine ein Druck von etwa 0,8 bar, entsprechend einer Höhe von 2200 m, aufrechterhalten. Den Übergang zum Normaldruck merkt man insbesonders beim Landen.
Wie in Flüssigkeiten erfahren auch in Gasen, insbesondere in der Luft alle Körper einen Auftrieb. Auch hier gilt das **Archimedische Prinzip**: Der Auftrieb entspricht dem Gewicht des verdrängten Gases.
Ballone nützen den Auftrieb in Luft. Ein Ballon steigt auf, wenn das Gewicht des gesamten Ballons (Hülle + Füllgas + Last) kleiner als der Auftrieb ist. Ballone werden im Wetterdienst, in der Forschung und als Freizeitgeräte verwendet.

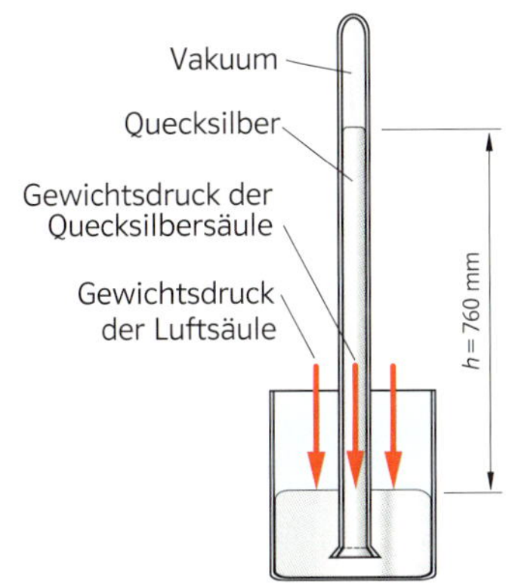

57.2 Evangelista Torricelli war der Nachfolger Galileis am Hofe des Großherzogs der Toskana. Er stellte ein Rohr mit Quecksilber mit der Öffnung nach unten in ein offenes Gefäß. Dabei stellte er fest, dass sich das Rohr nicht vollständig leerte: Es blieb eine 76 cm hohe Quecksilbersäule im Rohr. Er schloss daraus, dass der Luftdruck (der Gewichtsdruck der Atmosphäre) auf die Oberfläche des Quecksilbers im Becken genauso groß ist wie der Gewichtsdruck der Quecksilbersäule. Er stellte zudem fest, dass die Quecksilbersäule sich mit der Zeit änderte und dass eine Abnahme der Höhe einer Schlechtwetterperiode vorausging. Damit erfand Torricelli im Jahre 1643 das Barometer. Wie hoch, glaubst du, müsste die Säule sein, wenn man statt Quecksilber Wasser verwendet?

Untersuche, überlege, forsche: Luftdruck

57.1 W2 In Werbefilmen sieht man gelegentlich, wie Menschen oder Gegenstände von einer großen Zahl Heliumballone durch die Luft getragen werden. Wie viele Ballone (Durchmesser 30 cm, kugelförmig) bräuchte man, um eine Person (65 kg) in die Luft zu heben? (Dichte von Luft: 1,29 kg/m³; von Helium: 0,18 kg/m³)

57.2 S2 Das Gewicht der Atmosphäre übt auf jeden cm² unserer Haut eine Kraft von 10 N aus. Erkläre:
Warum spüren wir den Luftdruck nicht? Warum spüren wir rasche Höhenänderungen in den Ohren?

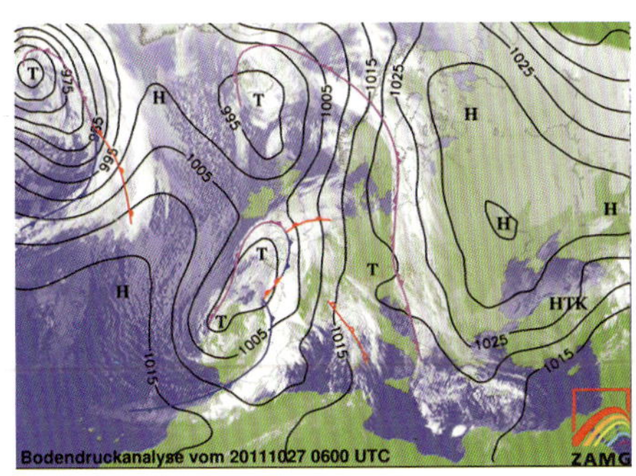

57.3 Orte gleichen Luftdrucks werden auf Wetterkarten durch Linien (Isobare) verbunden.

58.1 Reinhold MESSNER und Peter HABELER bestiegen als Erste 1978 den Mount Everest (8848 m) ohne zusätzlichen Sauerstoff. Der Luftdruck beträgt in dieser Höhe nur noch ein Drittel des Drucks auf Meeresniveau. Daher enthält jeder Atemzug nur ein Drittel der üblichen Sauerstoffmenge.

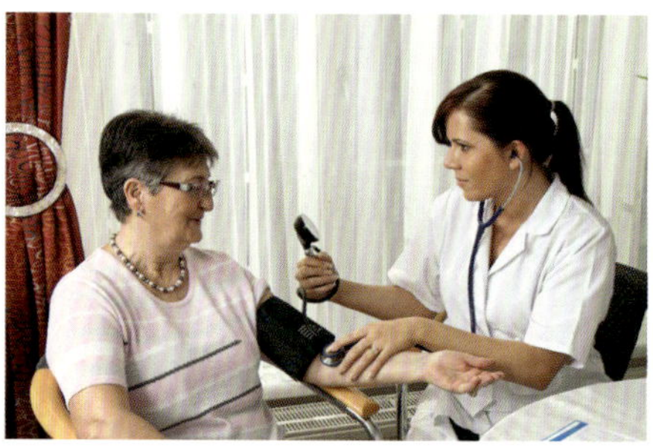

58.2 Messung des Blutdrucks mit Manschette und Stethoskop

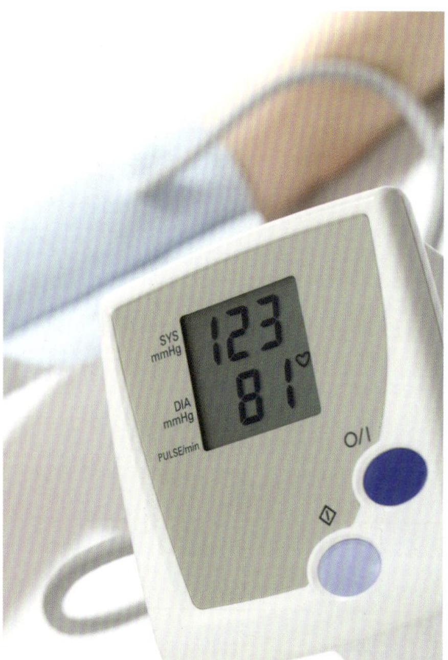

58.3 Blutdruckmessgeräte messen systolischen und diastolischen Druck.

? Antwort auf die Eingangsfrage

Im Hohlraum zwischen den mit einem Lederriemen abgedichteten Halbkugeln ist Vakuum. Von außen wirkt der Luftdruck und presst die beiden Schalen zusammen. Der normale Luftdruck beträgt ca. $1\,\text{bar} = 10^5\,\text{Pa}$. Der Durchmesser der originalen Halbkugeln beträgt $d = 42\,\text{cm}$. Der Querschnitt A der Halbkugeln ist:

$$A = \pi r^2 = \pi \cdot (d/2)^2 = \pi \cdot (42 : 2\,\text{cm})^2 = 1385{,}4\,\text{cm}^2 \approx 0{,}1385\,\text{m}^2$$

Damit können wir schließlich die Kraft berechnen, mit der die Luft die Magdeburger Halbkugeln zusammendrückt.

$$F = p \cdot A \approx 10^5\,\text{N/m}^2 \cdot 0{,}1385\,\text{m}^2 \approx 13\,850\,\text{N}$$

GUERICKE schrieb dazu:

„Mit dem Lederring als Zwischenlage wurden nun diese Halbkugeln aufeinander gepasst und dann die Luft ... rasch ausgepumpt. Da sah ich, mit wie viel Gewalt sich die beiden Schalen gegen den Ring pressten! Und diesergestalt hafteten sie unter der Einwirkung des Luftdrucks so fest aneinander, dass 16 Pferde sie gar nicht oder nur mühsam auseinander zu reißen vermochten. Gelingt aber bei größter Kraftanstrengung die Trennung zuweilen doch noch, so gibt es einen Knall wie von einem Büchsenschuss.“

Untersuche, überlege, forsche: Vakuum im Alltag

58.1 Leicht verderbliche Lebensmittel werden oft in Gefäßen mit Schraubdeckel konserviert. Durch kurzes Erhitzen wird die Luft im Leerraum durch Wasserdampf verdrängt, der nach dem Abkühlen bei Zimmertemperatur nur einen Druck von ca. 30 mbar hat.

S1 **a)** Warum muss die Luft aus dem Gefäß entfernt werden?

W1 **b)** Ist im Leerraum nun ein Vakuum?

E1 **c)** Mit welcher Kraft drückt die Atmosphäre auf den Schraubdeckel (z. B. d = 8 cm)? Warum hört man beim Öffnen meist ein Knack-Geräusch?

58.2 S1 Ein Einrichtungshaus vertreibt Haken mit Saugnapf zur Befestigung auf Glas oder glatten Fliesen. Bei einem Durchmesser von 13 cm soll der Haken Gegenstände bis 3 kg halten. Ist die Angabe realistisch?

Teste dein Wissen W1

5 Druck in Flüssigkeiten und Gasen

58.1 Die Druckeinheit 1 Pa bedeutet

a) $1\,\text{kg/cm}^2$ b) $1\,\text{N/m}^2$ c) $10\,\text{N/m}^2$

58.2 Der normale Luftdruck ist
a) wesentlich größer als 1 Pa
b) wesentlich kleiner als 1 Pa
c) entspricht dem Druck einer 1 m hohen Wassersäule
d) entspricht dem Druck einer 10 m hohen Wassersäule

58.3 Beschreibe das Experiment von Torricelli.

58.4 Der Auftrieb ist
a) im tiefen Wasser größer als im seichten Wasser
b) im seichten Wasser größer als im tiefen Wasser
c) unabhängig von der Tiefe des Wassers

58.5 Ein Gegenstand schwimmt, wenn
a) sein Volumen genügend groß ist
b) sein Gewicht genügend klein ist
c) weder a noch b ist richtig, sondern …

Weiterführende Fragestellungen

THEMA WELTBILD DER PHYSIK

1 Die Bewegung der Erde
Die Beschreibung der Bewegung der Erde war ein wesentlicher Schritt in der historischen Entwicklung der Physik.
a) Beschreibe die Bewegung der Erde aus der Sicht eines Wissenschaftlers des Mittelalters und aus heutiger Sicht.
b) Warum war die Frage für die Entwicklung der Physik wichtig? Welche Bedeutung hat in diesem Zusammenhang Galileo Galilei? Was waren seine Fragen, welche Position hat er bezogen, wie hat er diese begründet? Welche Fragen konnte er nicht beantworten?

2 Die Newton'schen Gesetze
a) Die Newton'schen Gesetze gehören zum Fundament der Physik. Was besagen sie und warum glaubst du, haben sie diese fundamentale Bedeutung?
b) Erläutere den Zusammenhang zwischen den Newton'schen Gesetzen, der Gravitation und der Coulombkraft.

3 Die vier Grundkräfte
a) Was versteht man unter den vier Grundkräften?
b) Was versteht man unter Gravitationskraft, und welche Bedeutung hat sie für die Natur?
c) Was versteht man unter elektrischer Kraft, und welche Bedeutung hat sie für Natur und Technik?
d) Welche Gesetzmäßigkeiten charakterisieren Gravitation und elektrische Kraft?

KRÄFTE

1 Physikalische Kräfte
a) Was versteht die Physik unter Kraft?
b) Zeige, inwiefern die Definition auch für die Gewichtskraft gilt.
c) Lege einen Gegenstand auf den Tisch und erkläre, welche Kräfte wirken. Was geschieht, wenn du den Tisch schräg hältst?

2 Messung von Kräften
a) Denk dir eine Methode aus, wie du deine Muskelkraft mit Hilfe eines Expanders (Therabands) messen kannst und erläutere, wie du vorgehst.
b) Zeige mit Federwaagen, wie man Kräfte als Resultierende ihrer Komponenten darstellen kann.
c) Erkläre am Beispiel des Therabands das Hookesche Gesetz.

3 Kreisbewegungen und Zentripetalkräfte
a) Erkläre die wesentlichen Elemente einer Kreisbewegung exemplarisch an zwei Beispielen (z. B. Looping, Karussell, Wäschetrommel, …).
b) Was haben die Bewegungen der Planeten um die Sonne mit den beschriebenen Bewegungen gemeinsam?
c) Wie kann man erklären, dass die Erde an den Polen abgeplattet ist?

4 Gravitation
a) Das Gravitationsgesetz zählt zu den fundamentalen Naturgesetzen. Warum glaubst du, ist das so?
b) Vergleiche das Gravitationsgesetz und das Coulomb Gesetz. Was kann man aus diesem Vergleich in Bezug auf die Bedeutung dieser Kräfte für die Natur schließen?
c) Welche Bedeutung hat die Gravitation für die Bewegung der Himmelskörper? Erläutere an Beispielen.

59.1 Der Teilchenbeschleuniger LHC am CERN bei Genf hat 27 km Umfang. Hier werden die fundamentalen Kräfte und Teilchen untersucht.

59.2 Übung mit dem Theraband

59.3 Mit den Worten *„The Eagle has landed"* meldete Neil Armstrong am 20. Juli 1969 beim Raumfahrtzentrum in Houston/USA die erste Mondlandung. Seine Worte *„Ein kleiner Schritt für einen Menschen, aber ein großer Sprung für die Menschheit"* sind Geschichte geworden.

Zusammenfassende Übersicht

Newton'sche Gesetze

Das **erste Newton'sche Gesetz** entspricht dem von Galilei formulierten Trägheitssatz:

1. Newton'sches Gesetz
Körper, auf die keine Kraft wirkt, bewegen sich geradlinig gleichförmig oder sind in Ruhe.

Inertialsysteme sind Systeme, in denen das **Trägheitsgesetz** gilt. Ursache der Trägheit ist die **Masse** m.
Einheit: Kilogramm kg

Das **zweite Newton'sche Gesetz**
Die Beschleunigung eines Körpers durch die Wirkung einer Kraft ist proportional zur Stärke der Kraft und umgekehrt proportional zur Masse des Körpers:

2. Newton'sches Gesetz
Kraft = Masse mal Beschleunigung
$\vec{F} = m \cdot \vec{a}$ Einheit: Newton (N) $1\,\text{N} = 1\,\text{kg} \cdot \text{m} \cdot \text{s}^{-2}$

Das **dritte Newton'sche Gesetz** betrifft Wechselwirkungen:

Übt der Körper A eine Kraft (actio) auf den Körper B aus, so übt gleichzeitig B auf A eine gleich große, aber entgegengesetzt wirkende Kraft aus (reactio).
$\vec{F}_{A \to B} = -\vec{F}_{B \to A}$

Dichte = Masse/Volumen
$\rho = m/V$ Einheit: kg/m^3

Kräfte

Kräfte sind Vektoren. Die Addition erfolgt nach den Gesetzen der Vektorrechnung.

Das Gewicht (Schwerkraft)

Das Gewicht ist die Schwerkraft, die ein Körper an der Erdoberfläche erfährt.
$\vec{F} = m \cdot \vec{g}$ (m = Körpermasse, g = Fallbeschleunigung)
Das Gewicht ist zum Erdmittelpunkt hin gerichtet.

Die Federkraft

$\vec{F} = -k \cdot \vec{x}$ (k = Federkonstante, x = Federdehnung)
Sie ist der Dehnung entgegengerichtet.

Die Gravitation

Massen ziehen einander an. Die Anziehungskraft ist proportional zu den einzelnen Massen und indirekt proportional zum Quadrat ihres Abstands.
$F = G \cdot m_1 \cdot m_2/r^2$
Den Proportionalitätsfaktor G bezeichnet man als Gravitationskonstante $G = 6{,}67 \cdot 10^{-11}\,\text{N} \cdot \text{m}^2/\text{kg}^2$

Die Reibungskraft

$F = f \cdot F_N$ (f = Reibungszahl, F_N = Normalkraft)
Sie ist der Geschwindigkeit entgegengerichtet.

Spezielle Bewegungsformen

Wurfbewegungen
Wurfbewegungen ergeben sich aus der Überlagerung von Trägheitsbewegungen und freiem Fall.
(1) $\vec{v}(t) = \vec{v}_0 + \vec{g} \cdot t$
(2) $\vec{s}(t) = \vec{v}_0 \cdot t + \vec{g} \cdot t^2/2$

Kreisbewegung
Sie ist eine beschleunigte Bewegung, weil sich die Richtung des Geschwindigkeitsvektors verändert.

Winkelgeschwindigkeit $\omega = \Delta\varphi/\Delta t$

Bahngeschwindigkeit $v = \omega \cdot r$ (Betrag) bzw. $\vec{v} = \vec{\omega} \times \vec{r}$

Die Beschleunigung ist zum Kreismittelpunkt gerichtet und wird als Zentripetalbeschleunigung bezeichnet:

Zentripetalbeschleunigung (Radialbeschleunigung)
$a_z = r \cdot \omega^2 = v^2/r$

Zentripetalkraft (Radialkraft)
$F_z = m \cdot r \cdot \omega^2 = m\frac{v^2}{r}$

Erste kosmische Geschwindigkeit:
$$v_1 = \sqrt{\frac{G \cdot M}{R}} = 7{,}9\,\text{km/s}$$

Zweite kosmische Geschwindigkeit (Fluchtgeschwindigkeit)
$$v_2 = \sqrt{\frac{2G \cdot M}{R}} = 11{,}2\,\text{km/s}$$

1. Die Planeten bewegen sich auf Ellipsen, in deren einen Brennpunkt die Sonne steht. (**Erstes Kepler'sches Gesetz**)

2. Der von der Sonne zum Planeten gezogene Radiusvektor überstreicht in gleichen Zeiten gleiche Flächen. (**Zweites Kepler'sches Gesetz**)

3. Die Quadrate der Umlaufzeiten zweier Planeten verhalten sich wie die Kuben ihrer Bahnradien (**Drittes Kepler'sches Gesetz**): $T_1^2 : T_2^2 = r_1^3 : r_2^3$

Druck in Flüssigkeiten und Gasen

Verteilt sich eine Kraft auf eine Fläche, so spricht man von Druck.

Druck = Kraft/Fläche
$p = F/A$ Einheit Pascal (Pa) $1\,\text{Pa} = 1\,\text{N/m}^2$

Hydrostatischer Druck
$p = \rho \cdot g \cdot h$

Der **Auftrieb** F_A entspricht dem Gewicht der verdrängten Flüssigkeit.
$F_A = \rho_{Fl} \cdot g \cdot V$
ρ_{Fl} … Dichte der Flüssigkeit, V … Volumen der verdrängten Flüssigkeit

Energie

Die gegenseitige Umwandlung verschiedener Energieformen ist die Grundlage des Lebens und unserer technischen Zivilisation.
Links: In den Muskeln wird chemische Energie in mechanische Energie transformiert.
Mitte: Die Bewegungsenergie der Luft wird in Windenergieanlagen in elektrische Energie umgewandelt. **Rechts:** Durch Photosynthese wird Lichtenergie in chemische Energie umgewandelt, dabei wird aus Wasser und Kohlenstoffdioxid energiereiche Biomasse erzeugt.

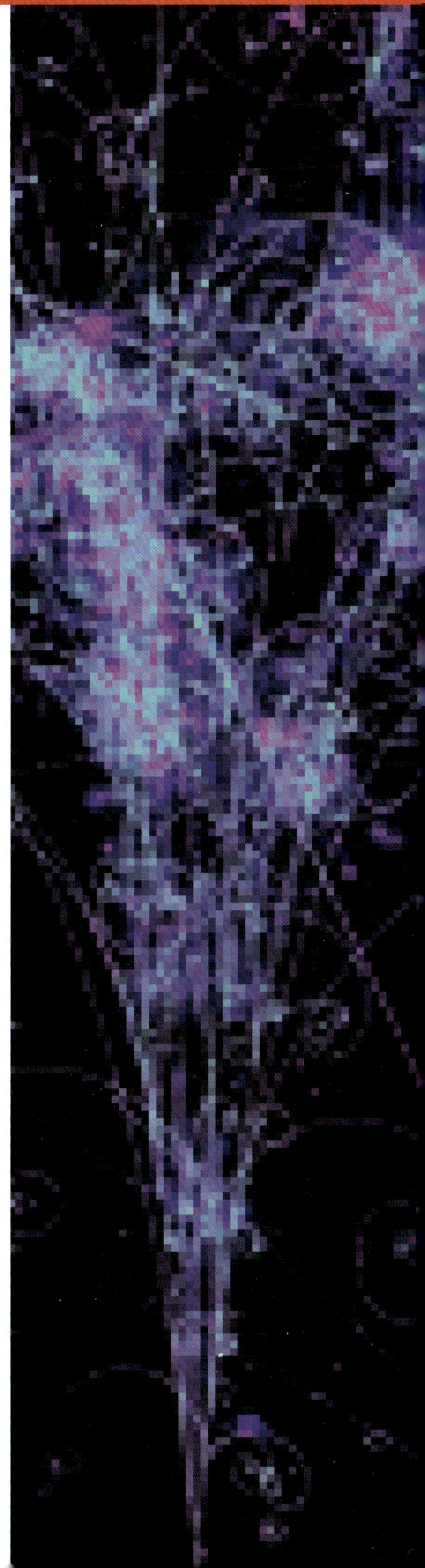

In allen Lebensbereichen wird das Wort **Energie** gebraucht. Das Wort kommt aus dem Altgriechischen: „*energeia*“ bedeutet so viel wie „Tätigsein“, „Verwirklichung“. Von einem Menschen mit „viel Energie“ wird erwartet, dass er viele Ideen entwickelt und umsetzt, dass er schwierige Arbeiten durchführt, und ähnliches.
Ein kräftigendes Frühstück liefert uns Energie für den Tag, ein „Energy Drink“ soll uns stärken. Alle Lebewesen brauchen zur Erhaltung ihrer Lebensfunktionen, für Wachstum und Vermehrung Energie, die sie mittels chemischer Prozesse aus Stoffen ihrer Umwelt gewinnen.
Die Erschließung von **Energieträgern** wie Wasserkraft, Kohle und Erdöl hat unsere heutige Zivilisation ermöglicht. Die Muskelkraft von Menschen und Nutztieren wurde durch Maschinen ersetzt. Schon vor mehr als 2000 Jahren trieben Wasserräder Getreidemühlen an. Die Erfindung der Dampfmaschine und die Nutzung des Energieträgers Kohle führte ab der 2. Hälfte des 18. Jh. in Europa zur **Industriellen Revolution** und ermöglichte die Massenproduktion von Gütern. Der Übergang von einer auf Landwirtschaft und Handwerk beruhenden Gesellschaft zur Industriegesellschaft hatte große soziale und wirtschaftliche Auswirkungen. Eine rasante industrielle Entwicklung erfolgt derzeit in China und bevölkerungsreichen Ländern Südostasiens.
Der Energieträger **Elektrizität** ist Voraussetzung für die gegenwärtige Digitalisierung der Informations- und Produktionsprozesse.
Wir wissen, dass wir Energie sparen sollen – Erdöl, Erdgas und Kohle sind im Lauf von hunderten Millionen Jahren aus biologischen Stoffen entstanden. Ihre Vorräte sind beschränkt, ihre Nutzung für Industrie, Verkehr und Heizung beeinflusst lokal die Luftqualität und global das Klima. Daher sollen erneuerbare Energiequellen verstärkt genutzt werden.
Der **Begriff Energie** ist sowohl für physikalische Vorgänge, als auch für biologische, chemische, geologische und technische Prozesse unverzichtbar. Energie tritt in verschiedenen **Energieformen** auf. In der Physik begegnen wir ihr z.B. als mechanischer, elektrischer oder thermischer Energie, als Gravitations-, Kern- und Strahlungsenergie. Wegen seiner umfassenden Bedeutung können wir die **Physik als Wissenschaft von der Energie** bezeichnen.
Besonders wichtig ist die **Erkenntnis, dass Energie weder erzeugt, noch vernichtet** werden kann: bei der Umwandlung von Energie in andere Formen ändert sich ihr Gesamtbetrag nicht. Alle Vorgänge in der Natur und alle technischen Geräte gehorchen diesem Gesetz.
In diesem Kapitel wird der Energiebegriff der Mechanik erarbeitet, in den folgenden Kapiteln zur Thermodynamik wird er vertieft.

aj378w

* Energie: In 5 RG im Bereich „Thermodynamik“

1 Mechanische Arbeit und Energie

In diesem Kapitel erfährst du,
- was man in der Physik unter Arbeit und Energie versteht,
- warum man auf steileren Wegen mehr Kraft braucht als auf flacheren und trotzdem dieselbe Arbeit verrichtet,
- was Energie bewirken kann und wie man sie speichern kann,
- dass verschiedene Energieformen in einander umgewandelt werden können.

62.1 Speicherseen im Sellraintal (Tirol).

? Wozu wurden die Staudämme errichtet? Wie werden die Seen gefüllt und warum betreibt man diesen Aufwand?

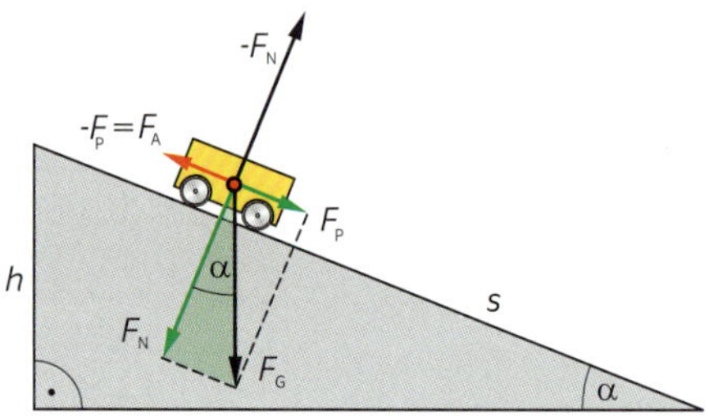

62.2 Kräftezerlegung für einen reibungsfreien Wagen auf der schiefen Ebene. Die Gewichtskraft F_G wird in zwei Komponenten zerlegt.
F_N steht normal zur Fahrbahn, mit ihr drückt der Wagen auf die Fahrbahn. Diese verformt sich elastisch, bis mit einer gleich großen entgegengesetzten Kraft F_N das Kräftegleichgewicht hergestellt ist. F_P wirkt hangabwärts. Um den Körper (Masse m) mit konstanter Geschwindigkeit hinaufzuziehen, braucht man eine gleich große, aber entgegengesetzt gerichtete Kraft F_A. Beim Hochziehen wird die Arbeit $F_A \cdot s = m \cdot g \cdot h$ verrichtet.

Die Begriffe **Energie** und **Arbeit** stehen in einem engen Zusammenhang. Im Alltag verbinden wir mit dem Ausdruck „Arbeit" geistige oder körperliche Betätigung, die uns ermüdet – also unsere „Energie" verändert. Was versteht man in der Physik unter Arbeit? Wir erarbeiten den Begriff zunächst am Beispiel der Mechanik.
Stelle dir eine Fahrradtour auf einen Berg vor. Du weißt, dass du bergauf umso fester in die Pedale treten und mehr Kraft aufwenden musst, je steiler die Straße wird – auch wenn du mit gleichbleibender Geschwindigkeit fährst. Warum?
Beim Bergauffahren spielen Luftwiderstand und Rollreibung keine nennenswerte Rolle, du musst jedoch verhindern, dass das Fahrrad zurückrollt. Dazu musst du in Wegrichtung eine Kraft F aufwenden. Du wirst deine Arbeit umso höher einschätzen, je mehr Kraft F du einsetzen musst und je länger der Weg s ist.

Entsprechend wird in der Physik mechanische Arbeit W (engl. work) definiert als

$$W = F \cdot s, \text{ bzw. in Vektorschreibweise } W = \vec{F} \cdot \vec{s}$$

Für die Arbeit W wird eine eigene Einheit **Joule** (J) eingeführt. Aus der Definition „Arbeit = Kraft mal Weg" folgt:

$$1\,\text{J} = 1\,\text{N} \cdot 1\,\text{m} = 1\,\text{N} \cdot \text{m} = 1\frac{\text{kg} \cdot \text{m}}{\text{s}^2} \cdot 1\,\text{m} = 1\,\text{kg} \cdot \text{m}^2 \cdot \text{s}^{-2}.$$

Mechanische Arbeit *W* = in Richtung des Weges aufgewendete Kraft mal zurückgelegter Weg.

$$W = F_A \cdot s = \vec{F} \cdot \vec{s}$$

Einheit: Joule (J) $1\,\text{J} = 1\,\text{N} \cdot \text{m}$

Am Beispiel Fahrradtour erkennen wir noch eine wichtige Eigenschaft der mechanischen Arbeit: Aus **62.2** kannst du die Stärke der Kraft F_P ablesen, die dich und das Fahrrad talwärts zieht. Du musst sie mit einer entgegengesetzen Kraft F_A kompensieren. Das graue und das grüne Dreieck sind ähnlich, daher gilt für die **Kraftbeträge** die Proportion:

$$F_P : F_G = h : s, \text{ daher } F_P = F_G \cdot \frac{h}{s} = F_A.$$

F_P ist proportional zur Gewichtskraft F_G und zum Quotienten h/s, wobei h die Höhe ist, die du auf der Wegstrecke s gewinnst. Bei gleicher Höhe h werden F_P und F_A umso kleiner, je größer der Weg s ist, je geringer also die Steigung ist.

Eine Umformung führt auf die Beziehung

$$F_A \cdot s = F_G \cdot h = W.$$

Das Produkt W aus der aufzuwendenden Kraft F_A und dem Weg s ist von der Steigung unabhängig und hängt nur von der Höhendifferenz h ab. Man erspart sich also keine Arbeit, wenn man längere, flachere Wege benützt. Hingegen kommt man auf längeren Wegen mit weniger Kraftaufwand aus. Dies gilt allgemein und wird als **Goldene Regel der Mechanik** folgendermaßen ausgedrückt:

Was man an Kraft spart, muss man durch einen längeren Weg ausgleichen.

Untersuche, überlege, forsche: Treppensteigen

63.1 **W1** **a)** Wie viel Arbeit verrichtest du, wenn du über die Treppe ein Stockwerk (Höhenunterschied = 3 m) hoch steigst?

W1 **b)** Wie viel Arbeit verrichtest du, wenn du an der Kletterstange 3 m hoch kletterst?

S2 **c)** Begründe dein Ergebnis und erkläre, warum das Klettern schwieriger ist.

Untersuche, überlege, forsche: Übersetzung am Fahrrad

63.2 **E2** **a)** Untersuche bei einem Fahrrad im niedrigsten, bzw. höchsten Gang, wie weit es bei einer Umdrehung der Tretkurbel rollt, und vergleiche mit dem Weg, den das Pedal um das Tretlager zurückgelegt. Beschreibe dein Ergebnis.

Hubarbeit – Energie der Lage (potenzielle Energie)

Wer würde bezweifeln, dass das Einschlagen eines Nagels in ein Brett – auch im alltäglichen Sinn – eine Arbeit ist? Stell dir vor, du hebst einen Hammer (Gewicht mg), um ihn danach auf den Kopf des Nagels fallen zu lassen, der gegen den Widerstand des Holzes hineingeschlagen wird. Du verrichtest zunächst **Hubarbeit** gegen die Gewichtskraft des Hammers. Anschließend kann der Hammer Arbeit an einem anderen Körper verrichten: Wir sagen, es wird Energie auf den Hammer übertragen. Seine Lage-Energie nimmt um die Hubarbeit $m \cdot g \cdot h$ zu.

Wird ein Körper (Masse m) um die Höhe h gehoben,
so erhöht sich seine Energie der Lage (**potenzielle Energie**) E_p um den Betrag $m \cdot g \cdot h$.

Der Körper hat nun die Möglichkeit (engl. potential, lat. potentia), Arbeit zu verrichten. Daher kommt die Bezeichnung „potenzielle“ Energie.

Beschleunigungsarbeit – Energie der Bewegung (kinetische Energie)

Einen Körper in Bewegung zu versetzen, erfordert das Wirken einer Kraft. Was bedeutet $W = F \cdot s$ für die beschleunigte Bewegung?

63.2 gibt die Zwischenzeiten beim Weltrekordlauf des Jamaikaners Usain Bolt im 100-m-Sprint an. Die ersten 20 m lief Usain Bolt in 2,74 s. In dieser Phase musste er seine ganze Kraft einsetzen, um die Laufgeschwindigkeit für die restlichen 80 m zu erreichen. Welche **Beschleunigungsarbeit** verrichtete der 87 kg schwere Läufer auf den ersten 20 m, um sich in Bewegung zu setzen? Wir nehmen an, dass die Beschleunigung a konstant ist, und nutzen bekannte Formeln, um die Arbeit zu berechnen:

$$F = m \cdot a \qquad s = \tfrac{1}{2}\, a \cdot t^2 \qquad v = a \cdot t$$

Daher ergibt sich als Arbeit für das Beschleunigen auf die Geschwindigkeit v:

$$W = F \cdot s = m \cdot a \cdot s = m \cdot a \cdot \tfrac{1}{2}\, a \cdot t^2 = m \cdot \tfrac{1}{2}\,(a \cdot t)^2 = \tfrac{1}{2}\, m \cdot v^2.$$

Den Energiebetrag $\frac{1}{2}\, m \cdot v^2$ erhält ein Körper (Masse m), wenn er aus der Ruhe auf die Geschwindigkeit v beschleunigt wird.

Wird ein ruhender Körper (Masse m) auf die Geschwindigkeit v beschleunigt,
beträgt seine Energie der Bewegung (**kinetische Energie**) $E_k = \frac{1}{2}\, m \cdot v^2$.
Die Einheit der Energie ist wie die Einheit der Arbeit das Joule.

63.1 Zielfoto vom 100-m-Sprint-Lauf der Damen, Osaka 2007. Das Bild ist aus vielen Einzelbildern zusammengesetzt und zeigt, wie die einzelnen Läuferinnen zu verschiedenen Zeiten die Ziellinie passierten. Die Zeitachse geht horizontal von rechts nach links.

Strecke (m)	Zeit (s)
0 (RT)	0,146
20	2,89
40	4,64
60	6,31
80	7,92
100	9,58

63.2 Usain Bolt's Zeiten (Weltrekord 2009) ab dem Startsignal für 20, … 100 m. RT ist die Reaktionszeit vom Startsignal bis zum Abstoßen vom Startblock.

63.3 Beim Spannen wird der Bogen elastisch verformt. Die Arbeit der Schützin wird als potenzielle Energie gespeichert und in Bewegungsenergie des Pfeils umgewandelt.

63.4 An einem Wasserrad ist zu sehen, wie die potenzielle Energie des Wassers im Zulauf zunächst in Rotationsenergie des Wasserrades umgewandelt wird und schließlich eine Maschine (Säge, Mühle, …) antreibt.

64.1 Beim Treppenlauf auf den Donauturm (Wien) sind 150 Höhenmeter zu bewältigen. Die Siegerzeiten sind bei den Männern rd. 3 ½ Minuten, bei den Frauen 4 Minuten. Welche Leistung würdest du erreichen, wenn du den Treppenlauf gewinnen würdest?

Mittlere Leistung	**in kW**
Mensch	0,1
Haushaltsgerät (Mixer)	0,3
Pferd	0,7
Elektroherd pro Kochfeld	1–2
Elektroherd – Backrohr	3
PKW (Kleinwagen)	50
Lokomotive	7000
Airbus A380	$3 \cdot 10^4$
Donaukraftwerk	$3 \cdot 10^5$
Sonne	$4 \cdot 10^{23}$

64.2 Mittlere Leistungen in kW

64.3 Fahrräder mit elektrischem Zusatzmotor werden immer beliebter. Am Besten wäre es, käme der Strom dafür weder aus Atom- noch aus kalorischen Kraftwerken.

Leistung

Wenn du beim Wandern einen Gipfel auf einem flachen oder einem steilen Anstieg erreichst, hast du immer dieselbe Hubarbeit verrichtet, doch verschieden viel Zeit gebraucht. Bei Bergrennen erreichen die meisten Teilnehmer das Ziel und verrichten dieselbe Hubarbeit, als Sieger gilt aber jener, der die Strecke in der kürzesten Zeit bewältigt hat. Es zählt daher nicht die verrichtete Arbeit, sondern wie schnell sie verrichtet wurde, es zählt die **Leistung** *P*.

$$\textbf{Leistung} = \frac{\text{verrichtete Arbeit}}{\text{benötigte Zeit}}$$

$$P = \frac{W}{t}$$

Einheit: Watt (W) $1\,\text{W} = 1\,\text{J/s} = 1\,\text{J} \cdot \text{s}^{-1}$

Im KFZ-Bereich wird oft die veraltete Einheit **Pferdestärke (PS)** verwendet, **1 PS** entspricht **735 W**, etwa der Leistung eines Pferdes beim Ziehen einer Last. Die durchschnittliche Leistung, die ein kräftiger Mensch über längere Zeit aufbringen kann, heißt menschliche Dauerleistung und beträgt ca. 100 W. Spitzensportler können kurzfristig Leistungen bis zum Zehnfachen erbringen.
In Haushalt und Industrie haben elektrische Maschinen die schwere körperliche Arbeit ersetzt: Elektrische Energie wird in mechanische Energie umgewandelt. Ein Handmixer hat eine Leistung von z.B. 300 W – gewissermaßen ersetzt er drei Hilfskräfte in der Küche.

Untersuche, überlege, forsche: 100-m-Sprint

64.1 W1 **a)** Wie groß waren Usain Bolts mittlere Geschwindigkeit und mittlere Beschleunigung auf den ersten 20 m? (Nutze Daten der Tabelle 63.2. Luftwiderstand und andere Effekte bleiben unberücksichtigt.)
W1 **b)** Welche mittlere Kraft musste er dabei aufbringen? Wie groß war auf dieser Teilstrecke seine Leistung?

Untersuche, überlege, forsche: Leistung beim Radfahren

64.2 Glocknerkönig wird bei der Österreichradrundfahrt, wer die 13 km lange Strecke von der Mautstelle Ferleiten (Seehöhe 1.151 m) zum Fuschertörl (Seehöhe 2.429 m) gewinnt.
W1 **a)** Welche Hubarbeit müsstest du für diese Strecke erbringen?
W1 **b)** Radrenn-Profis schaffen dies in ca. 50 Minuten. Welche Leistung erbringen die Profis? (Setze für die Masse von Fahrrad und Fahrer insgesamt 70 kg ein.)
E1 **c)** Miss deine körperliche Leistung durch einen Treppenlauf über ein bis zwei Stockwerke im Schulhaus und vergleiche mit der Leistung der Rad-Profis.

64.3 W1 Auf den Packungen für Kristallzucker kannst du lesen, dass 100 Gramm Zucker 1700 kJ an Energie (Brennwert) enthalten. Die „Zuckerenergie" ist chemische Energie. Wie viel Gramm Zucker dürfte sich der Glocknerkönig „gönnen", um die Hubarbeit durch Zufuhr chemischer Energie zu ersetzen? Wieviele Dosen zuckerhaltige Limonade dürfte er trinken, um diese Energie zu ersetzen?

Weitere Arten von Energie

Mechanische Energie tritt in weiteren Formen auf. Energie der Drehbewegung, **Rotationsenergie**, ist in jedem rotierenden Rad und auch in der rotierenden Erde gespeichert. Beim Spannen eines Sportbogens, beim Trampolinspringen u.s.w. wird mechanische Arbeit als **elastische Energie** gespeichert, die anschließend zur Verrichtung von Arbeit, z.B. zum Beschleunigen eines Pfeils, genutzt wird.
Chemische Energie wird im Organismus mittels Glukose und Fett gespeichert und steht als „Muskeltreibstoff" zur Verfügung. In Erdöl ist chemische Energie gespeichert, sie wird in „Motoren" in mechanische Energie gewandelt.
Mechanische Energie kann in **elektrische Energie** umgewandelt werden.
Kernenergie ist in Atomkernen gespeichert und wird beim radioaktiven Zerfall oder bei der Spaltung von schweren Atomkernen frei.

Energieerhaltung

In diesem Kapitel erfährst du,
- was Energieerhaltung bedeutet,
- dass Energieformen in einander umgewandelt werden können,
- dass ein Perpetuum mobile unmöglich ist,
- wie Energie gespeichert werden kann.

65.1 Der rasche Wechsel zwischen großer kinetischer bzw. potenzieller Energie auf der Achterbahn sorgt für Nervenkitzel.

Wir haben gesehen: Durch Arbeit (Hub-, Beschleunigungsarbeit) werden die potenzielle, bzw. kinetische Energie eines Körpers verändert. Andererseits heißt es immer, dass die Gesamtenergie erhalten ist. Ist das nicht ein Widerspruch?
Um den scheinbaren Widerspruch aufzulösen, ist es zweckmäßig, den Begriff **System** einzuführen.

Systeme – abgeschlossen oder offen

Ein **System** besteht aus verschiedenen Körpern, die miteinander in Wechselwirkung stehen. Den Rest der Welt bezeichnet man als **Umgebung** oder Umwelt. Es ist immer dann hilfreich, ein System von der Umgebung abzugrenzen, wenn
- das System mit seiner Umgebung entweder gar nicht in Wechselwirkung steht (**abgeschlossenes System**) oder
- die Wechselwirkung der Umgebung mit dem System einfach beschrieben werden kann (**offenes System**).

Energieerhaltung im offenen System

66.2 zeigt als Beispiel eine Achterbahn. Das „System" besteht aus dem Wagen, der Erde und natürlich auch aus den Schienen. Die Schienen führen den Wagen auf seiner Bahn. Zu Arbeit und Energieumsatz tragen die Schienen nichts bei: Die Kraft der Schienen auf den Wagen wirkt im rechten Winkel zur Fahrbahn und verrichtet keine Arbeit.
Den Antrieb zum Hinaufschleppen des Wagens sehen wir als Teil der Umgebung an: Der Elektromotor bezieht **elektrische Energie** über das Stromnetz von einem entfernten Kraftwerk.
Die Fahrt beginnt, indem der Wagen mit den Passagieren die Rampe hoch gezogen wird. Der motorgetriebene Seilzug setzt den Wagen in Bewegung (Beschleunigungsarbeit) und hebt den Wagen (Hubarbeit). Dabei erhöht er die potenzielle Energie des Wagens, bis der höchste Punkt erreicht ist. Die Gesamtenergie, potenzielle und kinetische Energie, erhöht sich vom Anfangswert $E_{ges,\,Anfang}$ auf den Endwert $E_{ges,\,Ende}$. Für diesen Teil der Fahrt gilt daher:

Energieerhaltungssatz für offene Systeme
Mechanische Arbeit W aus der Umgebung ändert die Gesamtenergie des Systems

$$E_{ges,\,Ende} - E_{ges,\,Anfang} = W.$$

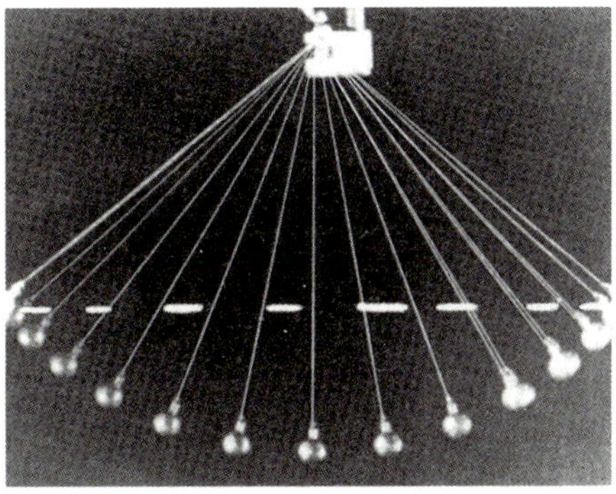

65.2 Stroboskopaufnahme eines Fadenpendels. Die mehrfache Belichtung des Fotos erfolgte in gleichen Zeitabständen. Wo bewegt sich der Pendelkörper schnell, wo langsam?

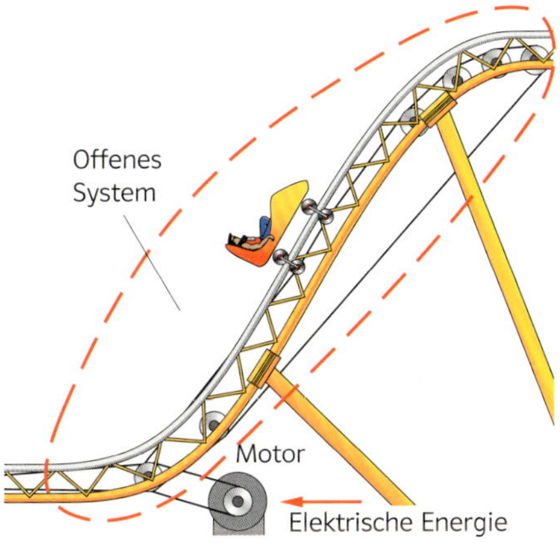

65.3 Auffahrt zur Achterbahnfahrt. Der Motor hebt den Wagen die Rampe hoch, die Energie dazu kommt aus dem Stromnetz.

66.1 Der „Große Rote Fleck" am Jupiter ist ein gigantischer Wirbelsturm, der seine Energie aus dem Abkühlen des im Inneren heißen Gasplaneten erhält. Wegen seiner großen Masse stört Jupiter die Bahnellipsen der Erde: Die Exzentrizität der Erdbahn schwankt dadurch mit einer Periode von ca. 100 000 Jahren. Man vermutet in diesen Schwankungen einen Grund für die Eiszeiten.

66.2 Achter-Bahn „Silver Star" in Rust (BRD).

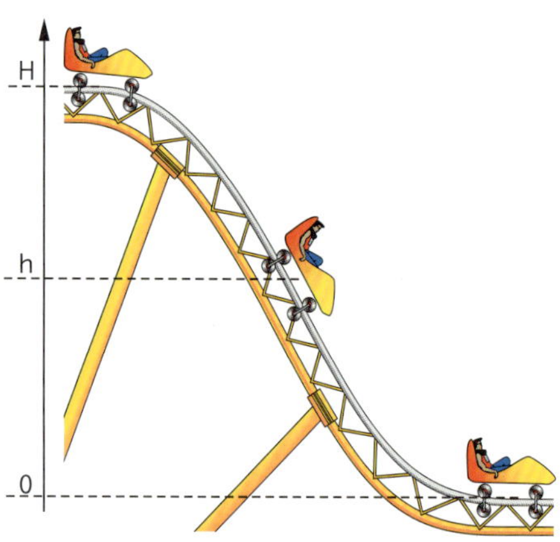

66.3 Achterbahnfahrt: Umwandlung von potenzieller Energie (Lageenergie) in kinetische Energie.

Energieerhaltung im abgeschlossenen System

Nach Erreichen des höchsten Punkts erfolgt die Fahrt auf der Achterbahn ohne Energiezufuhr von außen: Das System aus Wagen, Erde und Schienen ist nun abgeschlossen.
Der Wagen fährt talwärts, seine Geschwindigkeit erhöht sich. Potenzielle Energie wird in kinetische Energie umgewandelt. Es gilt – solange Reibung keine Rolle spielt – in jedem Punkt der Bahn:

Energieerhaltungssatz für abgeschlossene Systeme
In abgeschlossenen reibungsfreien Systemen ist die Gesamtenergie konstant:
$E_{ges} = E_k + E_p = ½\, mv^2 + mgh =$ konstant
Unterschiedliche Energieformen können in einander umgewandelt werden.

Abgeschlossene Systeme sind **Idealisierungen.** Beispiele für abgeschlossene Systeme in unterschiedlichen Größenordnungen sind:
- Das System Sonne-Erde-Mond: Dabei vernachlässigt man den Einfluss der anderen Planeten, insbesondere des Jupiter, auf die Erdbahn.
- Tischplatte und ein auf ihr hüpfender Ball: Dabei vernachlässigt man den Luftwiderstand und weitere Reibung im Material.

Was mutet uns Physik da zu? Sie behauptet, genaue Vorhersagen machen zu können und anscheinend kann sie dies nur für Systeme, die es eigentlich nicht gibt. Es gilt: **Idealisierungen sind nur solange hilfreich, als die vernachlässigten Effekte keine Rolle spielen.** Wie beispielsweise Reibung im Erhaltungssatz der Energie berücksichtigt werden kann, werden wir in Kürze sehen.

Untersuche, überlege, forsche: Rasant auf der Achterbahn

66.1 Die Achterbahn Silver Star in Rust (BRD) beginnt in 73 m Höhe mit einer Talfahrt bis auf 6 m Höhe. Die Betreiber nennen eine Höchstgeschwindigkeit von 127 km/h.
W2 **a)** Kann dies stimmen?
W1 **b)** Ist die Geschwindigkeit bei der halben Höhe halb so groß wie die Endgeschwindigkeit?
W1 **c)** Stelle die Geschwindigkeit als Funktion der Höhe grafisch dar.

Diskussion und Anwendung: Energieerhaltung

66.2 zeigt schematisch eine Achterbahn. Wir betrachten drei Orte des Wagens auf der Achterbahn und nummerieren sie entsprechend:
Höchster Punkt: In ihm hat der Wagen die Geschwindigkeit $v_1 = 0$ und die Höhe $h_1 = H$.
Tiefster Punkt: Er hat die Höhe $h_2 = 0$, die Geschwindigkeit v_2 ist maximal.
Ein beliebiger weiterer Punkt: Höhe h, Geschwindigkeit des Wagens v.
Wegen der Energieerhaltung gilt:

$E_{ges} = ½\, mv_1^2 + mgH = mgH$ ... Gesamtenergie im höchsten Punkt
$= ½\, mv^2 + mgh$ ... Gesamtenergie in einem beliebigen Punkt der Bahn
$= ½\, mv_2^2 + mgh_2 = ½\, mv_2^2$ ... Gesamtenergie im tiefsten Punkt

Damit ergibt sich: $mgH = ½\, mv_2^2$.

D. h. im tiefsten Punkt der Bahn ist die potenzielle Energie vollständig in kinetische Energie umgewandelt. Allgemein gilt:
$$mgH = ½\, mv^2 + mgh.$$

Daher beträgt die Geschwindigkeit in einem beliebigen Punkt:
$$v = \sqrt{2g(H-h)}.$$
Bei einer reibungsfreien Fallbewegung (freier Fall, Gleiten auf schiefer Ebene, Pendel) hängt die Geschwindigkeit nur von der Fallhöhe ab und ist unabhängig von der Form der Bahn. Dieses Ergebnis hatten wir schon auf S. 21 und 23 gefunden – hier ergibt es sich aus dem Erhaltungssatz der Energie.

Energieerhaltung bei Reibung?

Im Alltag tritt bei mechanischen Vorgängen stets Reibung auf und „kostet“ Energie. Was bedeutet dies für den Erhaltungssatz der Gesamtenergie?
Dazu ein Beispiel: Bremst du dein Fahrrad in der Ebene, wird zwar die kinetische Energie kleiner, die potenzielle Energie bleibt aber gleich. Wohin verschwindet die Energie?
Aus der Erfahrung weißt du, dass beim Abbremsen die Bremsen und auch die Bremsspur am Boden heiß werden (67.2). Gemäß dem Teilchenmodell der Materie bedeutet dies, dass die Teilchen, aus denen die Bremse besteht, sich heftiger bewegen (siehe Physik 5). Die einzelnen Teilchen erhalten zusätzliche Energie, Es wird also die Bewegungsenergie des Fahrrads auf die Teilchen der Bremse übertragen. Diese Energieform nennt man Wärmeenergie (thermische Energie), sie ist Teil der **inneren Energie** U der beteiligten Körper. Damit lautet der Energiesatz:

67.1 Das Verschieben eines schweren Schranks erfordert Arbeit gegen die Reibung. Diese Arbeit wird als innere Energie im System Schrank-Fußboden gespeichert und zeigt sich als Erwärmung der an einander reibenden Flächen.

Energieerhaltung im abgeschlossenen System mit Reibung

$$E_{ges} = E_k + E_p + U = \text{konstant}$$

Die Summe aller Energieformen ist in einem abgeschlossenen System konstant.
Es kann weder neue Energie geschaffen, noch vorhandene verloren gehen.

Die innere Energie U wird uns in der Wärmelehre wieder begegnen. Oft müssen noch weitere Energieformen wie z.B. chemische Energie berücksichtigt werden.

Für mechanische Systeme ohne Reibung kann der Erhaltungssatz der Gesamtenergie aus den Newton'schen Gesetzen mathematisch abgeleitet werden. **In seiner allgemeinen Form ist der Energiesatz ein Erfahrungssatz** und hat sich bewährt. Es wurde noch nie ein Vorgang beobachtet, der ihm widerspricht.

67.2 Die heiße Bremsspur des Fahrrads am Boden wird mit der Wärmebildkamera sichtbar.

Energie aus dem Nichts – Gibt es ein Perpetuum mobile?

Der Energiesatz ist sozusagen der Buchhalter bei physikalischen Vorgängen: Mit seiner Hilfe kann man prüfen, ob ein Vorgang überhaupt möglich ist.

Immer wieder glauben „Erfinder“, Maschinen bauen zu können, die ohne äußere Energiequelle Arbeit verrichten. Ein Gerät dieser Art nennt man *„Perpetuum mobile“* (latein. *„ewig beweglich“*). Es müsste Energie aus dem Nichts erzeugen. Bisher gelang dies nicht. Wegen des Energiesatzes wird es auch in Zukunft nicht möglich sein.

67.3 Das Perpetuum mobile – oft versucht, doch nie gelungen. Nicht nur wegen der großen Reibung konnten solche Maschinen nie funktionieren. Der Energiesatz verbietet es.

Untersuche, überlege, forsche: Das Perpetuum mobile

67.1 **67.3** zeigt den Entwurf einer unmöglichen Maschine aus dem 18. Jahrhundert.
W1 **a)** Erkläre, wie sich der Zeichner die Funktionsweise vorstellte. Welche Energieformen kannst du feststellen?
S2 **b)** Begründe: Warum könnte die Maschine nicht zum Schleifen dienen, selbst wenn es gelänge, die Achsen reibungsfrei zu machen?
S2 **c)** Diskutiere: Ist die Anlage ein offenes oder ein abgeschlossenes System?

67.2 S2 Kinetische und potentielle Energie sind dir nun vertraut. Die innere Energie U wurde soeben als Energieform der Bewegung der Atome und Moleküle in einem Körper eingeführt. Suche nach weiteren Energieformen und überlege, wie sie zum Gesetz der Erhaltung der Energie passen.

68.1 Windpark im Burgenland: Auf Türmen von 85–100 m Höhe treiben Rotorblätter von bis zu 40 m Länge Generatoren zur Stromerzeugung an. 1119 Windenergieanlagen standen im Jahr 2015 in Österreich in Betrieb.

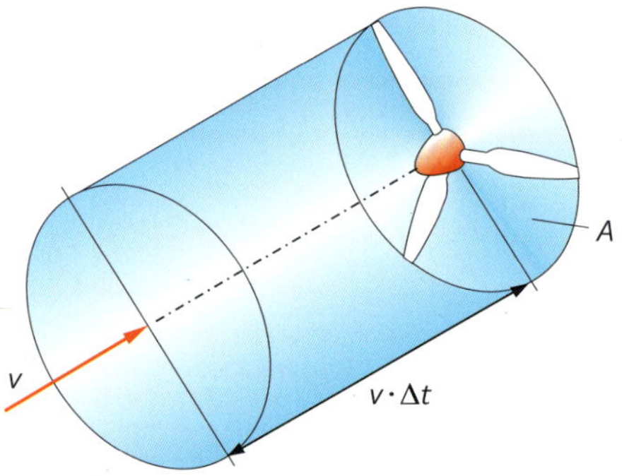

68.2 Die Luftmenge A·v·Δt strömt während Δt durch das Windrad und dreht die Flügel.

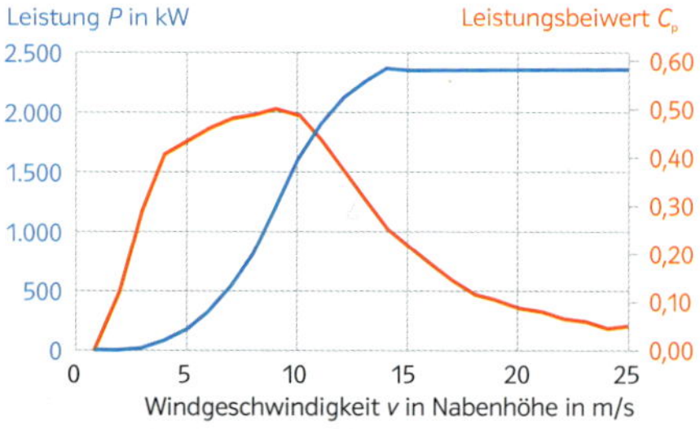

68.3 Leistung einer Windenergieanlage bei verschiedenen Windgeschwindigkeiten. Der Leistungsbeiwert ist der Anteil der genutzten Windenergie. (Daten: Fa. Enercon)

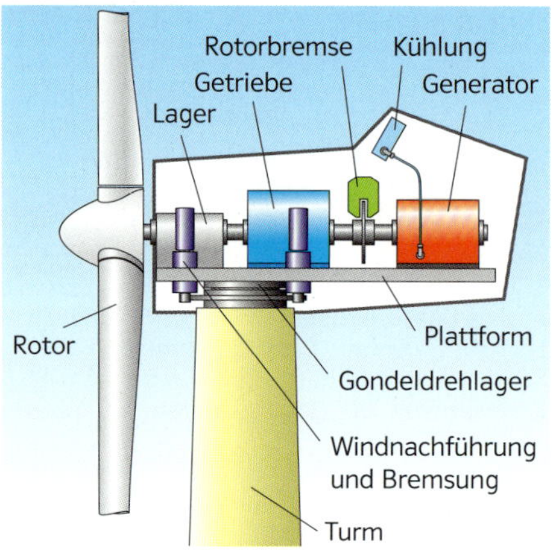

68.4 Komponenten einer Windkraftanlage

Windenergie als Beispiel für Energieumwandlungen

Das Prinzip von Windenergieanlagen (WEA) ist einfach (**68.4**): Der Wind dreht die Flügel, die über eine Welle einen Generator zur Stromerzeugung antreiben, der Strom wird ins Stromnetz abgegeben. Dabei treten folgende Energieumwandlungen auf: Ein Teil der kinetischen Energie der Luftströmung durch den Rotor wird in Rotationsenergie des Generators umgewandelt. Der Generator wandelt die mechanische Rotationsenergie in elektrische Energie. Die elektrische Energie steht den Kunden in Industrie und Haushalten zur Verfügung.

▷ Wir wollen die Leistung einer WEA mit Hilfe der kinetischen Energie der strömenden Luft abschätzen. Dazu betrachten wir ein Luftpaket, das durch die von den Rotorblättern überstrichene Fläche A fließt (**68.2**). Bei der Windgeschwindigkeit v strömt in der Zeit Δt durch diese Fläche ein Luftvolumen $A \cdot v \cdot \Delta t$. Die entsprechende Masse m erhalten wir durch Multiplikation mit der Luftdichte ϱ Die kinetische Energie ergibt sich durch Multiplikation mit $v^2/2$. Die Leistung P ist Energie pro Zeit, also:

$$P = \frac{mv^2}{2\Delta t} = \frac{A \cdot v \cdot \Delta t \cdot \varrho \cdot v^2}{2\Delta t} = \frac{A \cdot \varrho \cdot v^3}{2}$$

Dieser Ausdruck gibt die gesamte, vom Wind durch den Querschnitt A transportierte Leistung P an.

Da man den Wind durch eine WEA nicht vollständig abbremsen kann, wird ihm nur ein Teil dieser Leistung entnommen – bei modernen Anlagen beträgt dieser Wirkungsgrad maximal ca. 60 %. Wichtig ist, dass die Leistung mit der 3. Potenz der Windgeschwindigkeit wächst: Bei doppelter Windstärke gibt es die achtfache Leistung. Allerdings muss in der Praxis bei Windgeschwindigkeiten über 10 m/s durch Verstellen der Rotorblätter die Umdrehungszahl und dadurch die Leistung begrenzt werden, damit allzu große mechanische Belastungen der Rotorblätter und des Generators vermieden werden. (**68.3**)

Abschätzung der Leistung einer WEA

Die Fläche A beträgt bei einer Flügellänge von 40 m ca. 5000 m². Mit $v = 15$ m/s (54 km/h) und $\varrho = 1{,}2$ kg/m³ ergibt sich eine Windleistung P von rd. 10 MW, von denen 20 % genutzt werden, d.h. die abgegebene Leistung ist ca. 2 MW (**68.3**). Das ist die Größenordnung der Leistung von modernen Anlagen.
Alle Windenergieanlagen Österreichs lieferten 2014 insgesamt etwa dreimal soviel elektrische Energie wie das Donaukraftwerk Freudenau. Ihr Anteil an der Stromerzeugung beträgt ca. 6 %.

Untersuche, überlege, forsche: Windenergie

68.1 **W2** **a)** Diskutiere, wie die Leistung einer WEA von der Flügellänge, Luftdichte und Windgeschwindigkeit abhängt.
S2 **b)** Begründe, warum die Turbinen von Wasserkraftanlagen bei gleicher Leistung viel kleiner sind als die Rotoren einer WEA.

68.2 **W1** **a)** Wie schnell bewegen sich die Flügelspitzen bei 6 bzw. 18 Umdrehungen pro Minute und einer Flügellänge von 40 m?
W2 **b)** Welche Radialbeschleunigung müssen die Flügelspitzen aushalten?
W2 **c)** Erkläre, warum es notwendig ist, die Umdrehungszahl der Rotoren von WEA bei starkem Wind zu begrenzen.

68.3 **S2** Informiere dich über Windparks in Österreich. Es wird behauptet, dass die WEA der burgenländischen Windparks ausreichend elektrische Energie liefern, um das Burgenland mit Strom zu versorgen. Erhebe die notwendigen Daten und beurteile die Aussage. ◁

Fahrwiderstand am PKW – ist Energiesparen möglich?

Der Wunsch nach individueller Mobilität, nach dem eigenen Fahrzeug, hat einen hohen Preis. Am Beispiel von Kraftfahrzeugen sehen wir Energieumwandlungen mit großen Verlusten. Die chemische Energie des Treibstoffs wird im Verbrennungsmotor zu weniger als 50 % in mechanische Energie gewandelt, mehr als die Hälfte erwärmt die Umwelt. Die verfügbare mechanische Energie wird teils in kinetische Energie des Fahrzeugs und auf Steigungen in potenzielle Energie umgewandelt, teils in elektrische Energie für die KFZ-Elektronik, Klimaanlage und Beleuchtung. Ein Teil geht für Luftwiderstand und Rollwiderstand auf, wieder wird durch Reibung die Umwelt erwärmt. Es eröffnen sich viele Fragen, doch fragen wir hier nur, wie wichtig Roll- und Luftwiderstand bei PKWs sind?

a. Rollwiderstand

Auf S. 41 haben wir die Rollreibung als $F_R = f_R \cdot F_G$ kennen gelernt. Sie wirkt entgegengesetzt zur Bewegungsrichtung. Um sie auszugleichen, muss der Antrieb des PKW eine gleich große Kraft in Fahrtrichtung liefern.
Für die Rollreibung von PKW-Reifen auf normaler Fahrbahn gilt $f_R \approx 0{,}02$. Um also einen Kleinwagen mit $m = 1000\,\text{kg}$ (Gewicht F_G ca. 10 kN) zu bewegen, müssen wir eine Kraft von etwa 200 N aufwenden, entsprechend dem Gewicht von zwei Eimern Wasser.
Wie wirkt sich der Rollwiderstand beim Fahren aus? Wie viel Prozent der maximalen Motorleistung (z.B. 50 kW) muss man z.B. bei $v = 30\,\text{m/s}$ (108 km/h) zur Kompensation des Rollwiderstands aufbringen?
Arbeit ist Kraft mal Weg. Um während der Zeitdauer Δt den Energieverlust durch den Rollwiderstand auszugleichen, muss daher am PKW eine Arbeit $W_R = F_R \cdot s = F_R \cdot v \cdot \Delta t$ verrichtet werden: Leistung ist Arbeit/Zeit. Damit ergibt sich

$$F_R = f_R \cdot F_G = 0{,}02 \cdot 10\,\text{kN} = 200\,\text{N}$$
$$P_R = W_R/\Delta t = F_R \cdot v = 200\,\text{N} \cdot 30\,\text{m/s} = 6000\,\text{W} = 6\,\text{kW}.$$

Etwa 12 % der maximalen Motorleistung werden im Beispiel für den Rollwiderstand eines Kleinwagens gebraucht. Leichtlaufreifen ($f_R \approx 0{,}01$) würden den Rollwiderstand halbieren, zu niedriger Reifendruck würde ihn erhöhen.

b. Luftwiderstand

Wichtiger als der Rollwiderstand ist beim PKW der Luftwiderstand. Die vor dem Fahrzeug befindliche ruhende Luft muss weggeschoben, d.h. beschleunigt werden:
Der PKW verrichtet dadurch während einer Zeit Δt entlang des Wegs $v \cdot \Delta t$ die Arbeit $F_L \cdot v \cdot \Delta t$ und erteilt der Luftmasse $\varrho \cdot A \cdot v \cdot \Delta t$ die kinetische Energie $\frac{1}{2}\,\varrho \cdot A \cdot v \cdot \Delta t \cdot v^2$. ($A$ ist die Querschnittsfläche des PKW in Fahrtrichtung.)
Gleichsetzen beider Ausdrücke ergibt mit einem zusätzlichen Faktor c_w

Luftwiderstand
$$F_L = \tfrac{1}{2}\, c_w \cdot A \cdot \varrho \cdot v^2.$$

Der Faktor c_w (Widerstandsbeiwert) hängt von der Form des Fahrzeugs ab: Je kleiner c_w, desto „windschlüpfiger" ist der PKW. Messungen haben in einem großen Geschwindigkeitsbereich die Gültigkeit der Formel bestätigt: Der Luftwiderstand eines Körpers ist proportional zu v^2, zur Dichte der Luft ϱ und zum Querschnitt A. c_w hängt von der Form des Fahrzeugs ab und kann im Windkanal gemessen werden. A beträgt bei Klein-PKWs ca. $2{,}5\,\text{m}^2$.

ϱ ist die Dichte der Luft ($1{,}2\,\text{kg/m}^3$ bei 20 °C), $c_w \approx 0{,}35$ für PKWs.
Die Leistung P_L, die für eine konstante Geschwindigkeit v gegen den Luftwiderstand aufgewandt werden muss, beträgt bei $v = 30\,\text{m/s}$:

$$P_L = F_L \cdot v = \tfrac{1}{2}\, c_w \cdot A \cdot \varrho \cdot v^3 = 14\,\text{kW}.$$

Das ist etwa ein Viertel der angenommenen maximalen Motorleistung von 50 kW. Beachte, dass mit zunehmender Geschwindigkeit die notwendige Leistung und dadurch der Treibstoffverbrauch mit der 3. Potenz ansteigen. Der Rollwiderstand erfordert hingegen einen linear zunehmenden Anteil der Motorleistung.
In **70.1** zeigt, welche Motorleistung für den Luft- und den Rollwiderstand gebraucht wird. Ab einer bestimmten Geschwindigkeit steht keine Motorleistung mehr zum weiteren Beschleunigen zur Verfügung, die Maximalgeschwindigkeit ist erreicht.

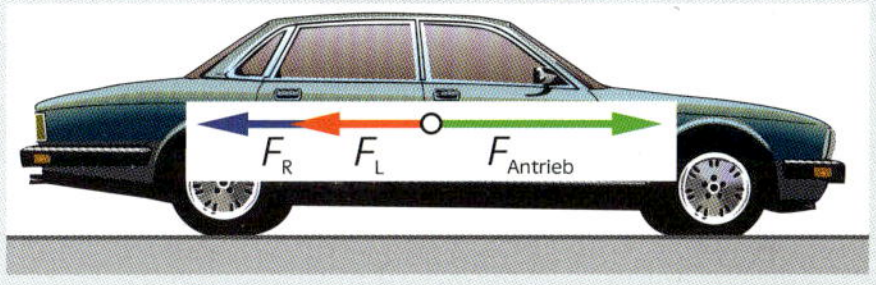

69.1 Luftwiderstand und Reibung müssen bei der Autofahrt durch die kontinuierlich wirkende Motorkraft des PKW kompensiert werden.

c. Treibstoff sparen

In der Regel möchte man eine bestimmte Strecke s zurücklegen. Wir fragen daher, wie der Kraftstoffverbrauch in diesem Fall von der Geschwindigkeit abhängt, d.h. welche Arbeit gegen den Luftwiderstand verrichtet wird. Wegen

$$W_L = F_L \cdot s = \tfrac{1}{2}\, c_w \cdot A \cdot v^2 \cdot s$$

sehen wir: Neben einer günstigen Form des Fahrzeugs (c_w und A möglichst klein) ist die Senkung der Geschwindigkeit der wichtigste Faktor, um Energie zu sparen: 10 % weniger Geschwindigkeit bedeutet fast 20 % weniger Luftwiderstand.
Im Zeichen von Klimaschutz und Erdölverteuerung soll der Treibstoffverbrauch gesenkt werden. Wir schätzen für unseren Kleinwagen ab:
Wie viel Treibstoff wird ungefähr zur Überwindung von Luft- und Rollwiderstand bei konstanten 30 m/s und 36 m/s (ca. 130 km/h) auf ebener Straße für eine Strecke von 100 km verbraucht?
Die Antwort erfordert zwei Schritte: Berechnung der notwendigen Arbeit und Vergleich mit dem Energieinhalt von Benzin, bzw. Diesel.

Rollarbeit:

$W_R = F_R \cdot s = 200\,N \cdot 100\,km = 2 \cdot 10^7\,Nm = 20 \cdot 10^6\,J = 20\,MJ$

Arbeit gegen den **Luftwiderstand** bei $v = 30\,m/s$:

$W_L = F_L \cdot s = ½\, c_W \cdot A \cdot \varrho \cdot v^2 \cdot s$

$= 0{,}5 \cdot 0{,}35 \cdot 2{,}5 \cdot 1{,}2 \cdot 30^2 \cdot 100 \cdot 10^3\,J$

$= 47\,MJ$, bzw. $68\,MJ$ bei $v = 36\,m/s$.

Insgesamt also $W = W_R + W_L = 67\,MJ$ ($v = 30\,m/s$), bzw. $88\,MJ$ ($v = 36\,m/s$).

Ein Liter Benzin hat einen Energieinhalt (Heizwert) von ca. 32 MJ (Diesel: 35 MJ). In einem Automotor wird davon zwischen 35 % (Benzinmotor) und 50 % (Dieselmotor) in mechanische Energie umgewandelt, der Rest erwärmt die Umwelt. Der Kraftstoffverbrauch pro 100 km in Litern ergibt sich daher zu

67 MJ/(32 MJ/Liter · 0,35) = ca. 6 Liter ($v = 30\,m/s$), bzw. ca. 8 Liter ($v = 36\,m/s$) für Benzin-PKW und

67 MJ/(35 MJ/Liter · 0,5) = ca. 4 Liter ($v = 30\,m/s$), bzw. ca. 5 Liter ($v = 36\,m/s$) für Diesel-PKW.

Das sind realistische Verbrauchsabschätzungen. Bergfahrten, Überholen, Dachträger, etc. erhöhen den Verbrauch.

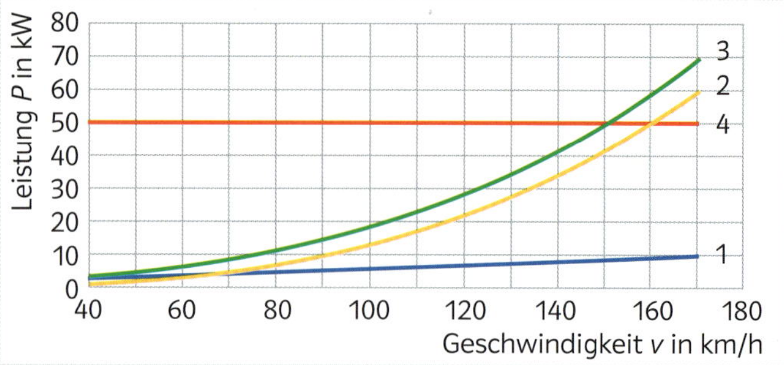

70.1 Anteile der Motorleistung für (1) Roll-, (2) Luftwiderstand und ihre Summe (3) als Funktionen der PKW-Geschwindigkeit im Vergleich zur verfügbaren maximalen Motorleistung (4). Die Differenz zwischen den Kurven (4) und (3) kann für Beschleunigung genutzt werden. Die Höchstgeschwindigkeit wird am Schnittpunkt von (3) und (4) erreicht.

Untersuche, überlege, forsche: PKW – Motorleistung und Höchstgeschwindigkeit

70.2 Welche Leistung hat dieses Tretauto?

70.1 W1 Für zwei verschieden motorisierte Modelle eines Klein-PKW nennt der Hersteller Motorleistungen von 50 bzw. 100 kW und Spitzengeschwindigkeiten von 160 bzw. 205 km/h. Wie lässt sich dies mit den Formeln für P_L und P_R begründen?

70.2 S2 Elektroautos – so werden sie beworben – verursachen keine Luftverschmutzung und produzieren kein CO_2. Überlege, unter welchen Bedingungen dies zutrifft.

70.3 S2 Ein Problem von Elektroautos ist die geringe Energiespeicherung in Akkus. Informiere dich, wie viel elektrische Energie pro kg in Akkus gespeichert werden kann und vergleiche mit dem Energieinhalt von 1 Liter Treibstoff.

70.4 W1 Begründe, warum eine möglichst konstante Geschwindigkeit weniger Treibstoff erfordert als eine ungleichmäßige Fahrweise.

70.5 W1 Erkläre, warum ein Beschleunigen von 120 km/h auf 130 km/h gleich viel Energie erfordert wie ein „Ampelstart" von 0 auf 50 km/h.

Sind Gehen und Koffertragen Arbeit?

Gelegentlich wird behauptet, dass nach den Gesetzen der Physik beim Gehen oder Koffertragen in der Ebene keine Arbeit verrichtet werde. Die Kraft, mit der wir uns aufrecht halten, bzw. den Koffer tragen, ist vertikal nach oben gerichtet, der Weg ist jedoch horizontal: Daher gibt es keine Kraftkomponente in Bewegungsrichtung und daher ist $W = 0$! Unsere Erfahrung sagt uns das Gegenteil! Wo liegt der Fehler?

Beim gleichmäßigen Gehen und Laufen wird der Körper abwechselnd gehoben und gesenkt, also Hubarbeit geleistet. Die Beinmuskulatur wirkt als Stoßdämpfer, wobei durch Reibung zwischen den Muskelfasern Bewegungsenergie in Wärmeenergie umgewandelt wird. Gleichzeitig werden die Beine abwechselnd nach hinten beschleunigt und wieder abgebremst.

Um einen Koffer zu halten, muss man die Muskeln anspannen. Jede Muskelanspannung erfordert einen Energieumsatz. Die Biologie hat dies auf der Ebene der Zelle und der Moleküle erforscht: Chemische Energie wird gebraucht, damit sich Muskelfasern verkürzen und ständig wieder spannen (70.3). Und wo endet die umgesetzte Energie schließlich? In Erwärmung der Muskulatur, also in innerer Energie!

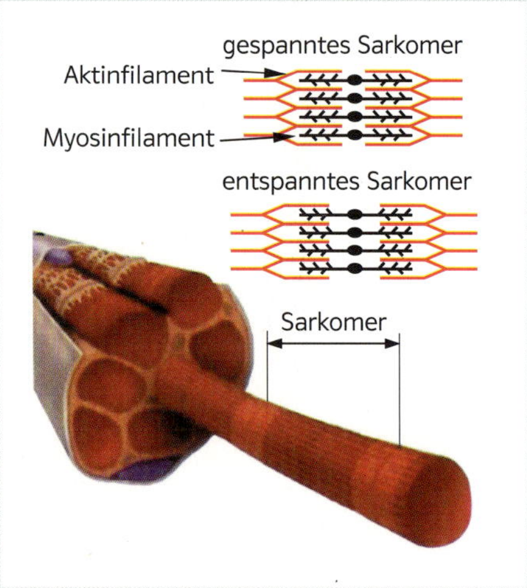

70.3 Aufbau von Muskelfasern. Die kleinste Einheit ist das Sarkomer, das sich unter Energieumsatz verkürzt: Köpfchen am Myosinfilament stützen sich am nahen Aktinfilament ab und verkürzen die Faser durch Nicken. Danach entspannen sie sich wieder.

▷ Energieumwandlung beim Trampolinspringen

Am Beispiel des Trampolinspringens (71.1) wollen wir Energieumwandlungen beim Sport betrachten. Wir zerlegen die Bewegung in einzelne Phasen:

1. Du steigst auf das Sprungtuch. Durch dein Gewicht werden das Sprungtuch und die Federn elastisch gedehnt. Dehnungsenergie wird gespeichert.
2. Zu Beginn musst du hochspringen, im Körper gespeicherte chemische Energie wird in Bewegungsenergie umgewandelt. Das zurückfedernde Sprungtuch unterstützt den Vorgang. Dehnungsenergie trägt zur Bewegungsenergie bei.
3. In der Flugphase wird kinetische Energie in potenzielle Energie und zurück umgewandelt.
4. Wenn dabei Drehungen und Salti gemacht werden, wird zusätzlich chemische Energie umgesetzt.
5. Bei der Landung am Sprungtuch wird kinetische Energie in Dehnungsenergie gewandelt.
6. Der Vorgang setzt sich bei Phase 2 fort. Der Vorgang würde bald durch Reibung zu Ende kommen, würdest du nicht aktiv springen. Je mehr Energie du selbst einsetzt, desto stärker unterstützt dich das Sprungtuch ◁

71.1 Trampolinspringen ist ein Wechsel von kinetischer und potenzieller Energie.

? Antwort auf die Eingangsfrage

Eine besondere Rolle in der Versorgung Österreichs mit elektrischer Energie spielen die Wasserkraftwerke, die etwa 60 % des Strombedarfs decken: Kraftwerke an den großen Flüssen (Donau, Inn, Drau, Enns) arbeiten gleichmäßig Tag und Nacht, Speicherkraftwerke in den Alpen liefern bei erhöhtem Strombedarf *Spitzenstrom*. Die abgebildeten Stauseen liegen in den Stubaier Alpen in Tirol und gehören zum Speicherkraftwerk Sellrain-Silz. Der obere See liegt in einer Höhe von 2300 m und fasst ca. 60 Mio. m³ Wasser, der untere See (ca. 3 Mio. m³) liegt bei 1900 m Höhe. Um die Seen zu füllen, wird zusätzlich zum natürlichen Zufluss aus Schmelz- und Regenwasser der beiden Täler durch ein Stollensystem Wasser aus weiteren Tälern der Berggruppe zugeleitet.

Am Ufer des unteren Sees steht ein Kraftwerk, das Wasser über eine Druckleitung aus dem oberen See erhält. Dabei wird eine Höhendifferenz von 400 m genutzt. Die Leistung des Kraftwerks entspricht der Leistung eines Donaukraftwerks. In Zeiten mit geringem Strombedarf kann Wasser zurück in den oberen See gepumpt werden. Die dafür notwendige Energie stammt aus dem Stromnetz: Sie wird als potenzielle Energie des Wassers gespeichert. Allerdings betragen die unvermeidlichen Verluste beim Pumpen etwa 25 % der eingesetzten Energie.

Eine weitere Druckleitung führt vom unteren See in das Kraftwerk Silz im Inntal (650 m Höhe). Die enorme Höhendifferenz von 1250 m lässt das Wasser mit 500 km/h auf die Turbinenschaufeln (71.3) treffen, Die Leistung von max. 500 MW entspricht 2 Donaukraftwerken oder 250 großen Windkraftanlagen.

Mit Speicherkraftwerken können kurzfristige Bedarfsspitzen gedeckt werden, da man sie schneller als z. B. Dampfkraftwerke ein- und ausschalten kann.

Speicherkraftwerke (71.2) nutzen die gegenseitige Umwandlung verschiedener Energieformen:

- Die Energie der Sonne lässt über dem Meer Wasser verdunsten, das durch Winde das Festland erreicht und als Regen oder Schnee im Gebirge Gletscher, Seen und Bäche speist.
- Wenn das Wasser eines Stausees durch die Druckleitung zu den Turbinen stürzt, wird potenzielle Energie zunächst in kinetische Energie des Wassers, in die Drehbewegung der Turbine und des Generators und schließlich in elektrische Energie umgewandelt.
- Wenn das Angebot an elektrischer Energie im europäischen Stromnetz den Bedarf übersteigt (und dadurch der Großhandelspreis niedrig ist), kann in Pumpspeicherwerken durch Hochpumpen des Wassers Energie als potenzielle Energie gespeichert werden und bei Bedarf wieder „verstromt“ werden.

Neben den offensichtlichen Vorteilen von Speicherkraftwerken gibt es Nachteile: Durch ihre Lage im Gebirge sind sie weit von den Ballungszentren entfernt, so dass lange Hochspannungsleitungen erforderlich sind. Die Errichtung riesiger Staumauern ist teuer. Sie benötigen viel Platz und verändern die Landschaft.

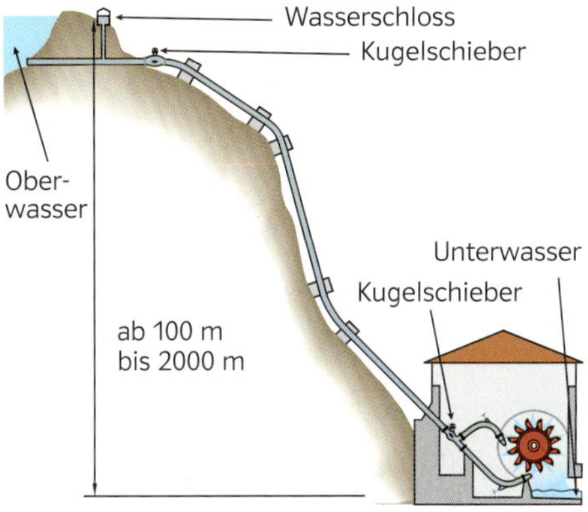

71.2 Schema eines Speicherkraftwerks. Von einem Speichersee führt eine Druckleitung zu einem tiefer gelegenen Kraftwerk. Potenzielle Energie wird in kinetische Energie umgewandelt: Aus den Düsen der Druckleitung spritzt Wasser mit hoher Geschwindigkeit auf die Turbinenschaufeln. Die Drehbewegung der Turbine wird im Generator in elektrische Energie umgewandelt. Das sog. Wasserschloss soll plötzliche Druckänderungen im Druckrohr beim Abschalten auffangen. (Kugelschieber sind Absperrventile der Druckleitung.)

71.3 Turbinenrad einer Freistahlturbine (Peltonturbine). Wasser wird mit hoher Geschwindigkeit auf die Turbinenschaufeln gespritzt und treibt sie an. Peltonturbinen sind auch im Kraftwerk Reißeck (Kärnten) bei einer Rekord-Fallhöhe von 1773 m im Einsatz.

Teste dein Wissen W1

1 Energie

72.1 Was versteht man in der Physik unter Arbeit?
a) Kraft mal zurückgelegter Weg
b) Kraft mal zurückgelegter Weg in Richtung der Kraft
c) Kraft normal zur Richtung des Weges mal zurückgelegter Weg

72.2 Ist das ruhige Halten einer Last oder das Tragen einer Last auf ebener Straße Arbeit?

72.3 Du dehnst einen Expander 20mal hintereinander um 1 m. Dabei benötigst du jeweils eine mittlere Kraft von 200 N. Wie groß ist die verrichtete Arbeit?
a) 8000 J b) keine Arbeit c) 4000 J

72.4 Ein Ball wird hoch gehoben und auf den Boden fallen gelassen. Danach wird der gleiche Ball doppelt so hoch gehoben und wieder fallen gelassen. Wie groß ist die kinetische Energie im 2. Fall, wenn der Ball auf dem Boden ankommt?
a) Halb so groß wie beim 1. Fall
b) Gleich groß
c) Doppelt so groß
d) 4-mal so groß

72.5 Chemische Energie des Treibstoffs wird in einem Auto, das von 0 auf 60 km/h beschleunigt, in kinetische Energie umgewandelt. Anschließend wird das Auto von 60 auf 120 km/h beschleunigt. Wie groß ist die Energie E_1, die man für die Beschleunigung von 0 auf 60 km/h benötigt im Vergleich zur Energie E_2, die zur Beschleunigung von 60 auf 120 km/h aufgewendet wird?
a) $E_1 : E_2 = 1 : 1$
b) $E_1 : E_2 = 1 : 2$
c) $E_1 : E_2 = 1 : 3$
d) $E_1 : E_2 = 1 : 4$

72.6 Energie wird niemals „erzeugt“, sie wird nur umgewandelt. Woher kommt dann die ursprüngliche Energie?
a) Vom Urknall, bei dem das Universum entstanden ist.
b) Das hängt vom betrachteten System ab.
c) Das lässt sich nicht beantworten.

72.1 Woher beziehen Lebewesen ihre Energie?

72.3 In einer Zeitschrift wurden Kraftwerke als „Energie-Erzeugungsanlagen“ bezeichnet. Was meinst du?

Zusammenfassende Übersicht

Körper, die nur miteinander wechselwirken und nicht von außen beeinflusst werden, bilden ein abgeschlossenes System.

Die Erhaltung der Energie

Energie ist die in einem Körper gespeicherte Arbeitsfähigkeit.
Ihre Einheit ist das Joule (J).
Arbeit = Kraftkomponente in Richtung des zurückgelegten Weges mal Weg.

$$W = \vec{F} \cdot \vec{s} = F_{\parallel} \cdot s = F \cdot s \cdot \cos\varphi$$

φ … Winkel zwischen $\vec{F}$ und $\vec{s}$
Die Arbeit ist eine skalare Größe.

In einem abgeschlossenen System bleibt die Gesamtenergie erhalten.

Energieformen können ineinander umgewandelt werden:
Die kinetische Energie
eines Massenpunktes $E_k = ½\, m \cdot v^2$
Die potenzielle Energie
eines Massenpunktes relativ zur Erdoberfläche $E_p = m \cdot g \cdot h$
Die innere Energie
eines beliebigen Körpers U
In einem nicht abgeschlossenen System entspricht die Energieänderung der Arbeit der von außen angreifenden Kräfte:

$$\Delta E = W$$

Vor allem in Technik und Sport ist man an der abgegebenen Arbeit pro Zeiteinheit interessiert. Man nennt sie **Leistung**:

$$P = \frac{W}{t}$$ … Einheit: Watt (W).

Thermodynamik

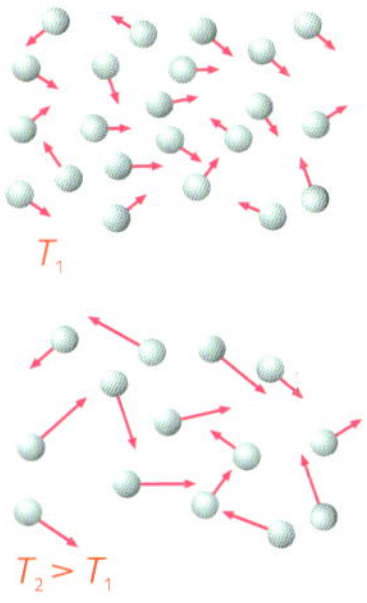

Links: Wolken, Meer und Eisberge – drei Aggregatzustände des Wassers. **Mitte:** In der mikroskopischen Betrachtungsweise entspricht die Temperatur der mittleren Bewegungsenergie der Teilchen. **Rechts:** Die Thermodynamik hilft, den Wirkungsgrad von Kraftwerken zu verbessern.

In der Mechanik wird das Verhalten von Körpern untersucht, ohne die innere Struktur dieser Körper zu beachten. Wir haben im Rahmen der Mechanik den Erhaltungssatz der Energie kennen gelernt und haben an Hand der Reibung verstanden, dass Energie in Körpern auch als **innere Energie** enthalten ist.
Die **Thermodynamik** untersucht, wie Energie zwischen verschiedenen Körpern ausgetauscht wird, wie sich Körper dabei verändern – z.B. bei Erwärmung ausdehnen oder schmelzen – und wie gespeicherte Energie z.B. in Wärmekraftmaschinen genutzt werden kann. Die Erkenntnisse der Thermodynamik reichen viel weiter und betreffen den Energieumsatz von Lebewesen ebenso wie das Wetter und die Entwicklung von Sternen.
Es gibt zwei grundsätzlich verschiedene Betrachtungsweisen:

Die makroskopische Betrachtungsweise

Man untersuchte zunächst nur direkt messbare Eigenschaften der **Materie** wie **Druck, Temperatur, Volumen** usw. Damit wurde ein breites Wissen über Eigenschaften der Materie gefunden, das in Alltag und Technik nützlich ist. Auch wenn man z.B. nicht die Ursache der Anomalie des Wassers, des Ausdehnens beim Gefrieren, kennt, so sollte man doch wissen, welche Folgen sie hat: Bildung von Eisdecken auf Gewässern, Platzen eingefrorener Wasserleitungen u.s.w.
Man erkannte, dass mechanische Energie vollständig in Wärmeenergie umgewandelt werden kann und dass die Gesamtenergie konstant ist. Die Rückumwandlung ist jedoch nur unvollständig möglich, weshalb Verbrennungsmotoren den Großteil der eingesetzten Energie als Abwärme an die Umgebung abgeben.

Die mikroskopische Betrachtungsweise

Ab etwa 1860 gelang es, die Thermodynamik auf **statistischen Betrachtungen** aufzubauen, die vom Aufbau der Stoffe aus Atomen und Molekülen ausgehen.
Möchte man den Zustand eines Körpers, z.B. der Luft im Raum, beschreiben, so sind wegen der ungeheuren Anzahl von Teilchen, die sich ungeordnet und unterschiedlich rasch bewegen, nur statistische Mittelwerte wichtig: Die mittlere kinetische Energie der Teilchen entspricht beispielsweise der Temperatur des Körpers.

Die gesellschaftliche Bedeutung der Thermodynamik

Unser Lebensstandard hängt davon ab, wie viel Energie zur Verfügung steht. Neben der reichlich vorhandenen, aber technisch noch wenig genutzten Sonnenenergie werden vor allem **fossile Energieträger** (Kohle, Erdöl, Erdgas) genutzt, deren Vorräte begrenzt sind. Sie stehen den Menschen in sehr ungleichem Ausmaß zur Verfügung: Hoher Energieeinsatz (und Lebensstandard) in den Industrieländern steht einem niedrigen Energieeinsatz in Entwicklungsländern gegenüber.
Es wird intensiv geforscht, um Energie sparsamer und effizienter zu nutzen, z. B. über die Nutzung der **Sonnenenergie** durch Photovoltaik und Sonnenwärmekraftwerke oder durch die Entwicklung von Niedrigenergiehäusern. Dabei spielt die Thermodynamik eine wichtige Rolle.

6f3h8q

1 Thermodynamische Zustandsgrößen

In diesem Kapitel erfährst du etwas über
- den Aufbau der Materie,
- die Messung der Temperatur,
- Kräfte zwischen Molekülen,
- thermische Ausdehnung,
- den Energiefluss bei Temperaturdifferenzen,
- die Anomalie des Wassers.

74.1
? Was haben Heißluftballone mit Thermodynamik zu tun?

1.1 Atome als Bausteine der Materie

Der amerikanische Nobelpreisträger Richard Feynman (1918–1988) antwortete auf die Frage, was wohl die wichtigste physikalische Erkenntnis sei:

Alle Körper sind aus Atomen aufgebaut, aus kleinen, sich ständig bewegenden Teilchen. Wenn Atome einander zu nahe kommen, wirken zwischen ihnen abstoßende Kräfte. Entfernen sie sich etwas voneinander, so treten anziehende Kräfte auf.

Der Atombegriff bildet eine wichtige Grundlage der modernen Naturwissenschaft. Fast alle Teilgebiete der Physik, besonders aber die **Chemie**, fußen auf der Atomphysik. Für die **Biologie** – Stichwort Molekularbiologie – bildet der Aufbau der Zelle aus Molekülen die Grundlage (**74.2**). Viele Aspekte des atomaren Aufbaus der Materie werden im Chemieunterricht genauer behandelt. Andere, wie die Struktur des Atoms selbst, werden hier nur kurz eingeführt und später genauer besprochen (s. Physik 7).

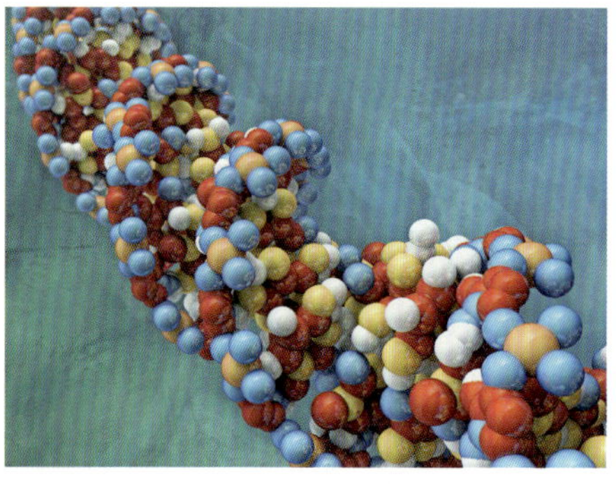

74.2 Die Untersuchung der Struktur der Materie und ihres Aufbaus aus Atomen ist für die Chemie und die Biologie ebenso wichtig wie für die Physik. Das Modell zeigt den Aufbau der DNA, des Trägers der Erbinformation aller Lebewesen.

Vorstellungen zum Atom in der Antike

Erste Überlegungen zum Aufbau der Materie sind aus dem antiken Griechenland ab dem 6. Jh. v. Chr. überliefert. Vier Elemente – Wasser, Erde, Feuer, Luft – sollten in unterschiedlicher Mischung die verschiedenen Stoffe aufbauen. Da man etwa beim Zerreiben eines Steins beliebig feinen Staub erhielt, lag die Vorstellung nahe, dass Materie beliebig fein zerteilt werden kann und daher nicht aus kleinsten Einheiten besteht. Da man kein Vakuum kannte, wurde die Vorstellung der Existenz eines leeren Raums abgelehnt. Diese **„Vier-Elemente-Lehre“** bestimmte bis ins 17. Jh. das Denken der Alchimisten, der vormodernen Chemiker.

Die gegenteilige Auffassung, nämlich dass die Welt aus kleinsten unteilbaren Stücken, den **Atomen** (das Unteilbare, griechisch: atomon) bestehe, wurde zuerst von den Philosophen Leukipp und Demokrit. den sog. Atomisten, (ca. 500 v. Chr.) vertreten.

Materie und leerer Raum sind nach der Vorstellung der Atomisten die beiden Grundbestandteile des Kosmos, das einzig Existierende. Die Materie selbst besteht aus kleinsten, unteilbaren, unveränderlichen Urteilchen, *„die so winzig sind, dass sie sich unseren Sinnesorganen entziehen und darum nur mit der Vernunft erkennbar sind“*. Diese Atome unterscheiden sich lediglich durch ihre Form, ihre Lage und innerhalb von Stoffverbindungen durch ihre verschiedenartige Anordnung. Der Raum zwischen den Atomen musste leer sein – sonst gäbe es kein „zwischen den Atomen“.

Die Lehre der Atomisten stieß in der Antike auf heftigen Widerspruch. Vor allem Aristoteles (384–322 v. Chr.) lehnte den Atomismus ab, da seiner Meinung nach ein ausgedehntes „unteilbares Teilchen“ ein Widerspruch in sich sei, und da er die Vorstellung eines leeren Raums vehement ablehnte. Die antike Atomlehre wurde da-

74.3 Antike Vorstellung von Atomen und ihrem Zusammenhalt her unter dem Einfluss von Aristoteles und seiner Schule verdrängt und erst im 17. Jh. wiederentdeckt.

Erst die Erfindung des Quecksilberbarometers 1643 durch Torricelli und die Versuche mit den Magdeburger Halbkugeln durch Otto von Guericke (s. S. 54) machten das Vakuum, einen Raum ohne Materie, wieder zu einem Thema der Wissenschaft, das in der modernen Physik aktueller denn je ist (s. Physik 8).

Dalton entdeckt die Atome

Zu Beginn des 19. Jhs. waren die Untersuchungsmethoden der Chemie so weit entwickelt, dass sich quantitative chemische Messungen mit ziemlicher Genauigkeit durchführen ließen. Das Studium der chemischen Reaktionen führte dabei auf folgende bemerkenswerte Gesetze:

75.1 John Dalton (1766–1844) war Naturwissenschafter und Lehrer in Manchester. In seinem Buch „A New System of Chemical Philosophy" legte er Grundlagen zur modernen Atomtheorie.

Gesetz von der Erhaltung der Masse
Bei chemischen Reaktionen bleibt die Gesamtmasse der Reaktionspartner unverändert.

Gesetz der konstanten Proportionen
In einer chemischen Verbindung sind die einzelnen Bestandteile stets in einem bestimmten, charakteristischen Massenverhältnis enthalten.

Der englische Naturforscher John Dalton (75.1) konnte als erster diese Gesetze erklären. Er sah in ihnen den Beweis für den atomaren Aufbau der Materie. Indem er annahm, dass sich die winzigen Atome zu kleinen Gruppen, den **Molekülen**, verbinden, wurden die Gesetze erklärt.
Weil sich die Atome bei chemischen Reaktionen nur anders anordnen, bleibt die Gesamtmasse unverändert. Allerdings muss man etwa bei einer brennenden Kerze die entstehenden Gase mit in Rechnung stellen. Wollte man ganz genau sein, so müsste selbst die als Licht ausgesandte Energie berücksichtigt werden, weil auch sie nach der Einsteinschen Formel $E = mc^2$ Masse besitzt (s. Physik 8).
Da sich die Atome bei chemischen Prozessen in ganz bestimmter Weise umordnen und zu Molekülen zusammenschließen, stehen die Bestandteile stets im selben Massenverhältnis – es gilt das Gesetz der konstanten Proportionen.
Dalton hat genau genommen den atomaren Aufbau der Materie **nicht entdeckt**, sondern ihn **vorausgesetzt**, um Gesetzmäßigkeiten von chemischen Reaktionen leichter verstehen zu können. Damit war jedoch nicht bewiesen, dass es nicht auch andere Erklärungsmöglichkeiten geben könnte. Seit Galilei und Newton akzeptiert man in der Physik eine Theorie erst dann, wenn sie auch durch ein Experiment belegt werden kann. Dies war bei den Atomen Daltons zunächst nicht der Fall.
Seit der Entdeckung der Radioaktivität am Ende des 19. Jahrhunderts verstärkten sich die Hinweise auf die Existenz der Atome und zahlreiche Experimente ließen sich nur aufgrund des atomaren Aufbaus der Materie überzeugend erklären. Einzelne Atome können heute mit modernen Mikroskopen, z.B. dem Rastertunnelmikroskop, sichtbar gemacht werden. (75.2 und Physik 7).

75.2 Heute lassen sich einzelne Atome aufpicken und versetzen: 48 Eisenatome wurden in einem Kreis von 14,3 nm Durchmesser auf einer Kupferoberfläche aufgereiht und mit einem Rastertunnelmikroskop abgebildet.

Untersuche, überlege, forsche: Eisen rostet

75.1 S2 Wenn Gegenstände aus Eisen oder Stahl längere Zeit feuchter Luft ausgesetzt sind, rosten sie. Ändert sich dabei ihre Masse? Begründe deine Meinung!

Rutherford findet den Atomkern und die Elektronenhülle

1911 gelang dem englisch-neuseeländischen Physiker Ernest Rutherford (75.3) eine aufsehenerregende Entdeckung: Die Atome – so fand er heraus – sind keineswegs massive Kügelchen, wie man bis dahin dachte, sondern haben eine innere Struktur. Sie bestehen aus einem winzigen elektrisch positiv geladenen Kern und einer negativen Hülle. Der **Atomkern** (Durchmesser 10^{-15} bis 10^{-14} m) ist rund 100 000-mal kleiner als das Atom und enthält fast die ganze Masse des Atoms. Die Hülle dagegen besteht aus leichten, negativ geladenen Teilchen, den **Elektronen**, welche zur Atommasse kaum etwas beitragen. Sie werden durch elektrische Kräfte an den Atomkern gebunden.

75.3 Ernest Rutherford (1871–1937) war ein Pionier der Erforschung der Radioaktivität (Nobelpreis 1908). Er zeigte, dass Atome aus Hülle und winzigem Kern bestehen.

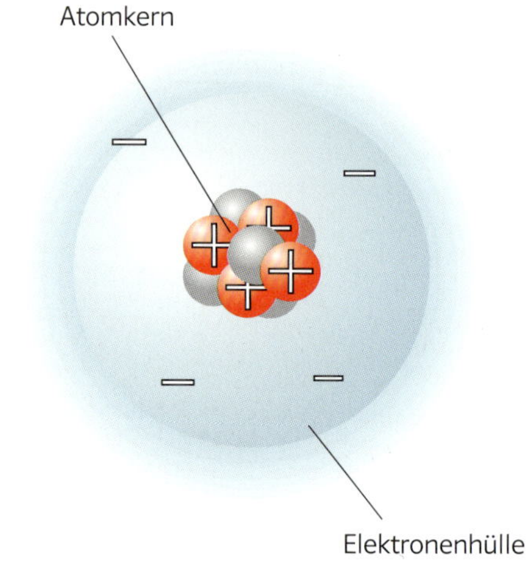

76.1 Atome bestehen aus dem Atomkern und den Elektronen der Hülle. Protonen und Neutronen bilden den Atomkern. Die Elektronen sind etwa 2000-mal leichter als Protonen bzw. Neutronen und tragen zur Masse des Atoms vernachlässigbar wenig bei.

Atome bestehen aus einem winzigen positiv geladenen Kern und einer negativ geladenen Hülle.
Im Kern ist fast die gesamte Masse des Atoms enthalten.
Die Atomhülle besteht aus negativ geladenen Elektronen. Die Atomhülle bestimmt die Größe und die chemischen Eigenschaften des Atoms.

Atome sind im Allgemeinen insgesamt elektrisch neutral: Der Atomkern enthält positive Ladungsträger, die **Protonen**. Ihre Anzahl heißt **Kernladungszahl** oder **Ordnungszahl** Z. Die Hülle enthält genauso viele Elektronen wie der Kern Protonen. Zusätzlich enthält der Atomkern neutrale Teilchen, die **Neutronen** (**76.1**). Neutronen sind etwas schwerer als Protonen. (s. Physik 8)

Kernladungszahl Z = Anzahl der Protonen im Kern
= Anzahl der Elektronen in der Hülle des neutralen Atoms.
Massenzahl A = Anzahl der Protonen und Neutronen im Kern

Hat ein Atom mehr (bzw. weniger) Elektronen in der Hülle als Protonen im Kern, so bezeichnet man es als negatives (positives) **Ion**.

Chemische Elemente

Im Alltag finden wir eine Fülle von Substanzen vor, aus denen die Welt besteht. Die Chemie konnte diese Vielfalt auf wenige Grundstoffe, die chemischen Elemente, zurückführen, die miteinander chemische Verbindungen bilden können. Welche Rolle dabei die Struktur der Atomhülle spielt, wurde erst mittels der Quantenmechanik verstanden. Die Wechselwirkung zwischen den Atomhüllen bindet Atome zu Molekülen und ermöglicht neben Gasen und Flüssigkeiten auch Festkörper wie den nur aus Kohlenstoff bestehenden Diamantkristall.

Es gibt rund 120 Grundstoffe, die chemischen Elemente.
Aus diesen sind alle Substanzen aufgebaut.

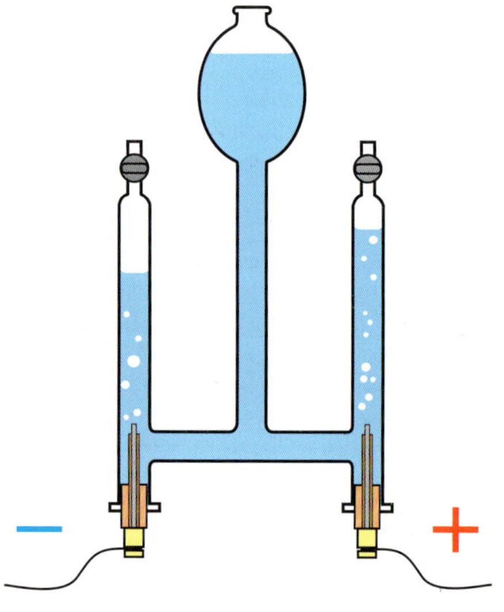

76.2 In der elektrolytischen Zelle wird Wasser in Wasserstoff und Sauerstoff zerlegt, die sich als Gase oberhalb der Elektroden ansammeln. An der Katode (–) entsteht Wasserstoff, an der Anode (+) Sauerstoff im Volumenverhältnis 2 : 1.

Untersuche, überlege, forsche: Wichtige chemische Elemente

76.1 S2 Welche chemischen Elemente sind die wichtigsten? Unter welchen Gesichtspunkten kann man diese Frage überlegen? Finde diese Elemente im Periodensystem der Elemente.

Alle Atomkerne eines chemischen Elements besitzen gleich viele Protonen. Sie können verschieden viele Neutronen enthalten und werden dann als **Isotope** desselben Elements bezeichnet.
Beispielsweise enthalten Kerne des Elements Kohlenstoff immer 6 Protonen, aber meist 6, selten 7 und sehr selten 8 Neutronen. Sie sind die Kohlenstoff-Isotope ^{12}C, ^{13}C und ^{14}C. (Die hochgestellte Zahl ist die Massenzahl A.) Im natürlich vorkommenden Kohlenstoff ist ^{12}C mit 98,9 % das häufigste Isotop.

76.3 Welche Elemente bauen deinen Körper auf? Welche sind für den Stoffwechsel wichtig?

Die Atommasse und die Molekülmasse

Zerlegt man Wasser (H_2O) auf elektrolytischem Weg in seine chemischen Elemente Wasserstoff und Sauerstoff (**76.2**), so findet man: Die Masse des erzeugten Wasserstoffs verhält sich zur Masse des Sauerstoffs stets wie 1 : 8. Die Volumina verhalten sich wie 2 : 1.
Daraus schließt man: Es sind doppelt so viele Wasserstoffatome wie Sauerstoffatome vorhanden. Die Masse eines Sauerstoffatoms ist daher 16-mal so groß wie die Masse eines Wasserstoffatoms.
Im 20. Jh. wurde es möglich, die Massen der Atome mittels Massenspektrometern (s. Physik 8) zu messen. Da Massen einzelner Atome in der Einheit kg sehr klein sind, wurde die **atomare Masseneinheit u** als eigene Einheit definiert:

Die **atomare Masseneinheit u** entspricht 1/12 der Masse eines ^{12}C-Atoms.
$u = 1{,}66 \cdot 10^{-27}$ kg.

Atom- und Molekülmassen werden meistens in Vielfachen der atomaren Masseneinheit angegeben. Um Verwechslungen zu vermeiden, bezeichnet man sie als relative **Atom**-, bzw. **Molekülmassen** (Symbol A_r, bzw. M_r; engl.: *atomic/molecular weight*).
Die relative Atommasse ist proportional zur Anzahl der Protonen und Neutronen im Atomkern und ist daher für reine Isotope näherungsweise eine ganze Zahl. (Eine kleine Abweichung ergibt sich, weil die Neutronen eine etwas größere Masse als die Protonen haben.)
Die folgende Tabelle gibt die gerundeten relativen Atommassen einiger Elemente an:

Element	Symbol	A_r	Element	Symbol	A_r
Wasserstoff	H	1,0	Sauerstoff	O	16,0
Helium	He	4,0	Chlor	Cl	35,5
Kohlenstoff	C	12,0	Blei	Pb	207,0
Stickstoff	N	14,0	Uran	U	238,0

Anmerkung: Der Wert bei Chlor (und anderen Elementen) ergibt sich als Mittelwert: Chlor tritt in der Natur als Gemisch von zwei Isotopen, ^{35}Cl und ^{37}Cl, im Verhältnis 3 : 1 auf. (Rechne nach!)

77.1 Joseph Loschmidt (1821–1895) war viele Jahre an der Universität Wien tätig. Er bestimmte die Größe der Luftmoleküle und die Zahl der Teilchen pro Kubikzentimeter. Dadurch wurde er ein Pionier des Atomismus.

Damit können wir beispielsweise die relative Molekülmasse des Wassermoleküls H_2O als Summe der relativen Atommassen der Molekülbestandteile berechnen:

$$M_r = 1 + 1 + 16 = 18.$$

Die erste ungefähre Bestimmung der **Größe von Molekülen** gelang 1865 dem österreichischen Physiker Josef Loschmidt (77.1). Die ungefähre Molekülgröße lässt sich mit dem Experiment 13.1 finden. Heute kann man die Größe von Atomen z.B. mit einem Rastertunnelmikroskop bestimmen (77.2). Es ergibt sich:

> Die Durchmesser der Atome liegen zwischen 10^{-10} m und $5 \cdot 10^{-10}$ m.

Das Mol und die Avogadro'sche Konstante

Mit der relativen Molekülmasse kann man das Mol als nützliches Maß für die Menge eines chemischen Stoffes definieren:

> 1 Mol einer Substanz mit der relativen Molekülmasse M_r enthält M_r Gramm der Substanz.

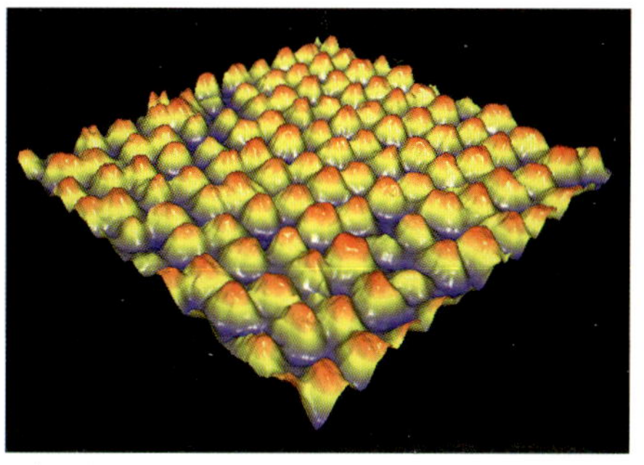

77.2 Oberfläche eines Siliciumkristalls mit einzelnen Atomen, aufgenommen mittels Rastertunnelmikroskop.

Welchen Vorteil bringt dieses neue Maß? 1 Mol eines Stoffes enthält unabhängig von der Substanz immer die gleiche Anzahl von Molekülen! Ihre Anzahl lässt sich leicht berechnen. Wir betrachten Kohlenstoff ^{12}C:
Die Masse eines ^{12}C-Atoms beträgt $12\,u = 12 \cdot 1{,}66 \cdot 10^{-27}$ kg. 1 mol ^{12}C hat eine Masse von 12 g. Die Anzahl der Atome in 1 mol ergibt sich daher zu

$$N_A = \frac{12\,g}{12 \cdot 1{,}66 \cdot 10^{-27}\,kg} = \frac{1}{1{,}66 \cdot 10^{-24}} \approx 6 \cdot 10^{23}$$

N_A wird **Avogadro'sche Konstante** genannt, sie ist eine Naturkonstante. Benannt ist sie nach dem italienischen Physiker Amedeo Avogadro (1776–1856), der 1811 die Hypothese aufstellte, dass gleiche Volumina von Gasen bei gleichem Druck gleich viele Teilchen enthalten.

> **1 Mol** einer Substanz enthält stets $6 \cdot 10^{23}$ Teilchen (Atome, bzw. Moleküle).
> Das Mol ist die SI-Einheit für die Menge einer Substanz,
> die aus einer einzigen Sorte von Teilchen besteht.

Untersuche, überlege, forsche: Veranschaulichung eines Mols

77.1 W1 Wie groß muss ein Becher mindestens sein, um 1 mol Wasser zu fassen? Stell dir vor, du könntest die Moleküle im Becher markieren. Anschließend würdest du dieses Mol Wasser gleichmäßig in den Weltmeeren (Volumen ca. $1{,}4 \cdot 10^9$ km^3) verteilen und schließlich 1 Liter heraus schöpfen. Wie viele markierte Moleküle könnte man darin finden?

77.3 Wieviele Moleküle aus dem Glas findest du nach dem Verteilen in den Ozeanen in einem Liter Meerwasser?

1.2 Temperatur und Molekularbewegung

Wodurch unterscheidet sich ein heißer von einem kalten Körper?
Betrachtet man einen Kristall mit einem Elektronen- oder Rastertunnelmikroskop, so sieht man dessen Atome in millionenfacher Vergrößerung auf dem Bildschirm (78.2). Man stellt fest, dass die Bilder unschärfer werden, wenn der Kristall erhitzt wird. Die Atome des Kristalls werden durch die Erwärmung in ungeordnete Bewegung versetzt: Sie bewegen sich umso heftiger, je heißer der Körper wird.
Die Unschärfe der Bilder beruht nicht auf einem Mangel des Gerätes, sondern weist auf eine fundamentale Naturerscheinung hin – auf die **thermische Bewegung** der Atome und Moleküle.

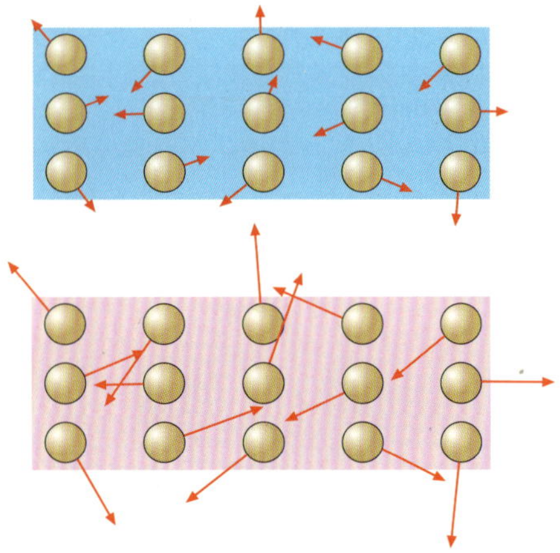

78.1 Kalter Kristall (oben): Geringe unregelmäßige Bewegung der Teilchen um ihre mittlere Position.
Heißer Kristall (unten): Die Teilchen bewegen sich heftig um ihre mittlere Position

Die thermische Bewegung

Besonders gut lässt sich die thermische Bewegung an Flüssigkeiten beobachten. Der englische Botaniker Robert Brown (1773–1858) hatte bei seinen mikroskopischen Untersuchungen entdeckt, dass Pflanzenpollen und mineralische Staubkörner in einem Wassertropfen zuckende Bewegungen ausführen.
Mit einem Mikroskop können wir diese **Brown´sche Bewegung** beobachten:

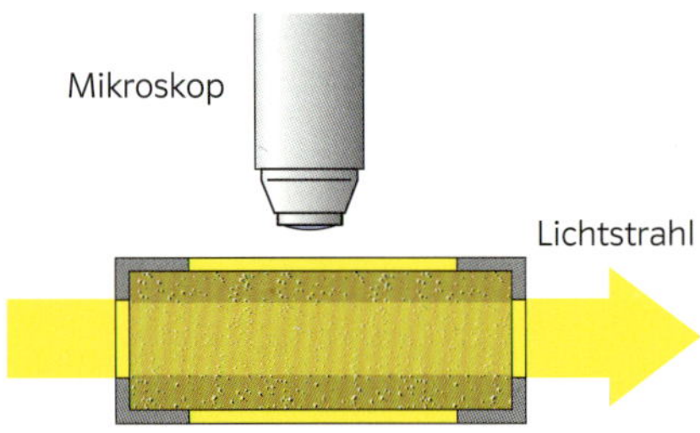

78.2 Beobachtung der Brown´schen Bewegung von Rauchteilchen mittels Mikroskop

Experiment: Brown'sche Bewegung

78.1 *Du brauchst:* Mikroskop (Vergrößerung ca. 500fach), Glasgefäß, Beleuchtung, etwas Tusche oder Milch, Kerze

E1 **a)** Blase in das Glasgefäß Kerzenrauch und beleuchte es von der Seite (**78.1**). Was siehst du im Mikroskop?

E1 **b)** Tropfe etwas Tusche (oder Milch) in Wasser und beobachte Tuscheteilchen (Fetttröpfchen) dieser Mischung unter dem Mikroskop. Notiere deine Beobachtungen.

Es dauerte lange, bis man die Ursache der Brown´schen Bewegung erkannte, und viele Erklärungsversuche erwiesen sich als falsch. Die Theorie der Brown´schen Bewegung stammt von Albert Einstein im Jahre 1905. Einstein erkannte, dass sich hier die thermische Bewegung der Flüssigkeitsmoleküle bemerkbar macht: Wassermoleküle stoßen unregelmäßig gegen die im Mikroskop sichtbaren größeren Teilchen, Pollen oder Sporen. Dabei übertragen sie Kraftstöße in zufällige Richtungen: Die sichtbaren Teilchen wandern auf einer Zick-Zack-Bahn durch die Flüssigkeit.
Die Brown´sche Bewegung wird bei gleich bleibender Temperatur im Laufe der Zeit nicht schwächer, sie bleibt beliebig lange bestehen: Ihre Ursache, die thermische Bewegung der Flüssigkeitsmoleküle, ist stets vorhanden – schwächer bei kühlen Körpern und stärker bei heißen.
Die thermische Bewegung der Teilchen eines Körpers bestimmt daher eine wichtige Eigenschaft des Körpers, die **Temperatur**.

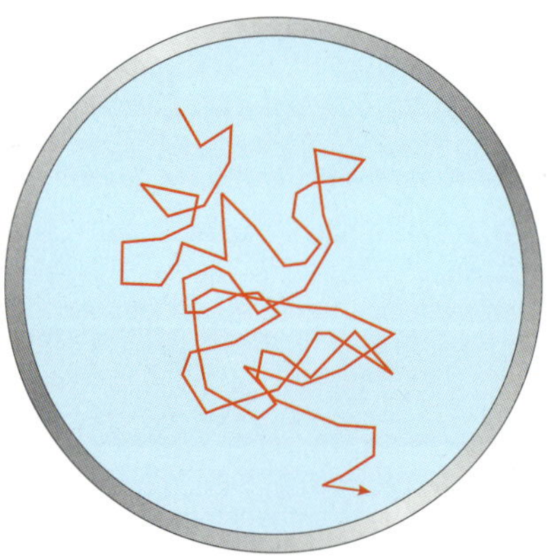

78.3 Langsam wandern Rauchteilchen auf unregelmäßigen Wegen von ihrem Ausgangsort weg.

> Die Atome und Moleküle aller Stoffe weisen eine ständige, **ungeordnete thermische Bewegung** auf.
> Die **Temperatur *T*** eines Körpers ist ein Maß für die Stärke der thermischen Bewegung seiner Atome und Molekül.

Experiment: Brown'sche Bewegung als Simulation

78.1 *Du brauchst:* ein Blatt kariertes Papier, einen Spielwürfel, Bleistift

E2 Veranschauliche dir in vereinfachter Form, wie die unregelmäßige Bahn eines Brown'schen Teilchens entsteht. Wähle am Papier ein Kästchen als Ausgangspunkt eines Teilchens. Würfle und versetze das Teilchen je nach gewürfelter Augenzahl (1, 2, 3, 4) ins nächste Kästchen (rechts, oben, links, unten), zeichne dabei die Bahn. Wiederhole den Vorgang und beobachte, wie sich das „Brown'sche Teilchen" vom Ausgangspunkt langsam entfernt. Stelle grafisch dar, wie sich der Abstand des Brown'schen Teilchens vom Ausgangspunkt mit der Zeit ändert. Schneller geht es mit einem Computerprogramm (s. Website physikplus.oebv.at).

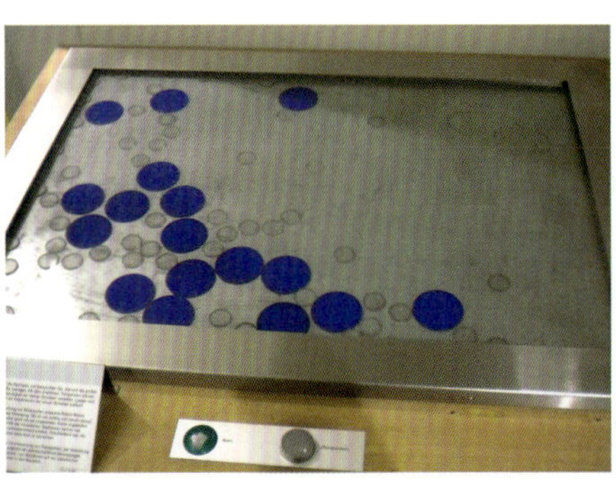

78.4 Veranschaulichung der Brown´schen Bewegung: Auf einem Luftkissentisch gleiten große (blau) und kleine (grau) leichtere Scheiben. Die Stöße der kleinen Scheiben führen zu einer Zick-Zack-Bewegung der großen.

Thermodynamische Systeme und Zustandsgrößen

Mit welchen weiteren physikalischen Größen wird der Zustand eines Körpers oder allgemeiner eines thermodynamischen Systems beschrieben?
Nehmen wir als Beispiel für ein thermodynamisches System das zum Füllen von Luftballons verwendete „Ballongas“ Helium in einem Druckbehälter mit einem Volumen $V = 5$ Liter. Die **Stoffmenge** soll 40 mol (160 g He) sein. Weitere **Zustandsgrößen** charakterisieren den Zustand des Gases: **Temperatur** T (z.B. 20 °C), **Druck** p (z.B. 200 bar) oder die **innere Energie** U.
Im Kapitel Mechanik/Energieerhaltung (S. 65) wurde der Begriff **System** eingeführt. Er ist sehr hilfreich, wenn es um den Austausch von Energie zwischen einem Körper (oder mehreren Körpern), dem sogenannten System, und der Umgebung geht. In der Thermodynamik wird vor allem das Verhalten von Systemen aus vielen Teilchen bei Energieaustausch mit der Umgebung untersucht.

Besonders wichtige **Zustandsgrößen** sind Temperatur, Druck, Volumen und innere Energie.

79.1 Das Gas eines Heißluftballons stellt ein thermodynamisches System dar: Sein Zustand wird durch Größen wie Druck, Temperatur, Volumen oder innere Energie beschrieben.

Kräfte zwischen den Molekülen

Warum existiert Materie in verschiedenen Aggregatzuständen – als Festkörper, als Flüssigkeit und als Gas?

Bei Temperaturen unterhalb des Schmelzpunkts führt die Wechselwirkung der Elektronen in den Atomhüllen zu starken Bindungen zwischen den Teilchen und dadurch zur Existenz fester Körper. Die Details der Bindungsmechanismen wurden erst durch die Quantenphysik im 20. Jh. erklärt.
Die stark aneinander gebundenen Teilchen können sich nicht frei bewegen, sondern ordnen sich regelmäßig an und bilden **feste Körper** (79.2). Im Festkörper schwingen die Teilchen um feste mittlere Positionen. Bei Erwärmung werden die Schwingungen stärker. Am Schmelzpunkt beginnen die Teilchen ihre festen Plätze zu verlassen, die regelmäßige Anordnung wird zerstört, der feste Körper schmilzt und wird flüssig.
Flüssigkeiten sind kaum zusammendrückbar, können sich aber jeder Gefäßform anpassen. Daher folgert man, dass ihre Teilchen weniger stark als im Festkörper aneinander gebunden sind und gegeneinander verschiebbar sind. Die thermische Bewegung der Teilchen ist weniger eingeschränkt als in einem festen Körper, sie können sich in allen Richtungen innerhalb der Flüssigkeit bewegen. Wegen der gegenseitigen Anziehung der Teilchen besitzen Flüssigkeiten Oberflächen. Besonders schnelle Moleküle können die Flüssigkeit verlassen und befinden sich als Dampf über der Flüssigkeit.
In **Gasen** sind die Molekülabstände so groß, dass anziehende Kräfte zwischen den Molekülen in der Regel keine Rolle spielen. Daher füllen Gase jedes verfügbare Volumen vollständig aus. Sie haben eine geringe Dichte und lassen sich leicht zusammen drücken. Entweder durch hohen Druck oder durch Abkühlung werden Gase flüssig: sie **kondensieren**. Beim Übergang in den flüssigen Zustand kommen die Moleküle einander nahe und die anziehenden Kräfte zwischen ihnen werden wichtig.

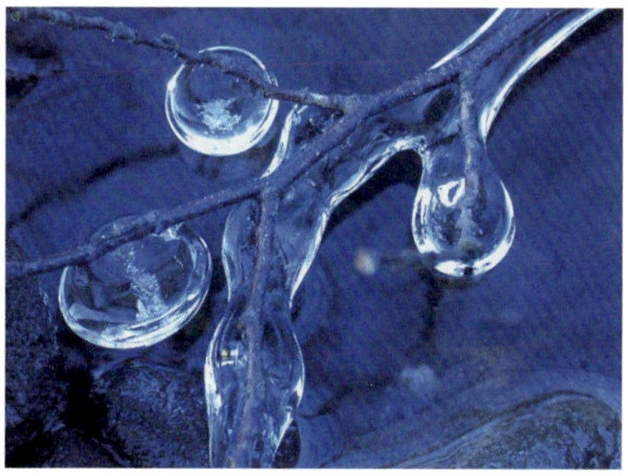

79.2 Wasser im festen Aggregatzustand

79.3 Wasser im flüssigen Aggregatzustand

Untersuche, überlege, forsche: Dichte von Flüssigkeiten und Gasen

79.1 Stickstoff ist unterhalb von −196 °C bei einem Druck von 1013 mbar flüssig. Die Dichte von flüssigem Stickstoff beträgt 810 kg/m³. Im gasförmigen Zustand bei 0 °C und 1013 mbar ist die Dichte 1,25 kg/m³.
W1 **a)** Was lässt sich über den Abstand der N_2-Moleküle im flüssigen und im gasförmigen Zustand sagen?
W1 **b)** Wie viele Moleküle sind jeweils im Volumen von 1 Liter enthalten?

79.4 Wasserdampf ist Wasser im gasförmigen Zustand und unsichtbar. Luft enthält immer Wasserdampf. Wolken enthalten Wassertröpfchen und Eiskristalle und werden dadurch sichtbar.

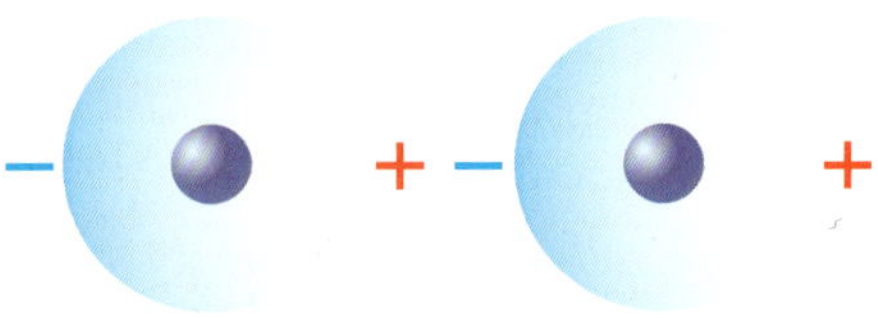

80.1 Ungleichmäßige Ladungsverteilungen in den Atomhüllen verursachen elektrische Anziehungskräfte.

80.2 Zwischen den beiden Steinplatten befindet sich ein Ölfilm. Kohäsion im Ölfilm und Adhäsion zwischen Steinplatten und Ölfilm verhindern, dass Luft zwischen die Platten eindringt. Durch Ziehen kann man die Platten nur schwer trennen.

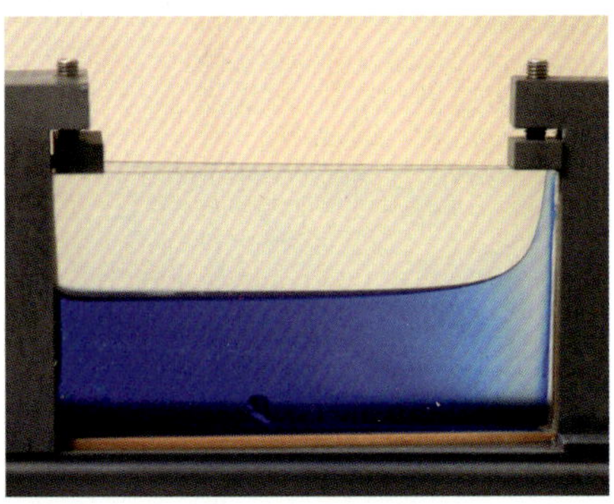

80.3 Wasser in einem Glaskeil: Die Kraft zwischen Wasser und Glaswand (Adhäsion) ist stärker als die Kraft in der Flüssigkeit (Kohäsion).

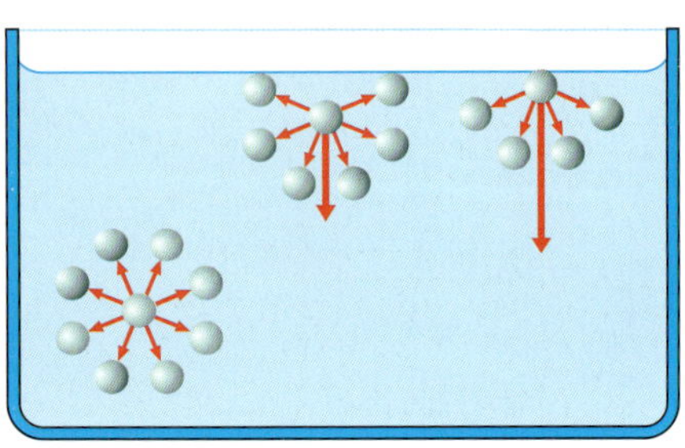

80.4 Moleküle an der Oberfläche werden von den Nachbarn festgehalten. Die Kräfte auf Moleküle innerhalb der Flüssigkeit heben einander auf.

Der Holländer Johannes van der Waals (1837–1923, Nobelpreis 1910) entdeckte eine weitere Art von Kräften, die bis hundertmal schwächer als die oben genannten Kräfte sind. Die sog. **Van-der-Waals-Kräfte wirken zwischen allen Teilchen**, zwischen elektrisch neutralen Molekülen wie auch zwischen Edelgasatomen.
Auch die van-der-Waals-Kräfte sind elektrische Kräfte. In den Elektronenhüllen der Atome und Moleküle bilden sich durch den Einfluss benachbarter Teilchen ungleichmäßige Verteilungen von elektrischen Ladungen. Dadurch kommt es zur elektrischen Anziehung zwischen elektronenarmen (positiv geladenen) und elektronenreichen (negativ geladenen) Regionen von benachbarten Molekülen (**80.1**).
Die Van-der-Waals-Kräfte haben in der Natur zahlreiche wichtige Auswirkungen: Sie halten z.B. Papierfasern zusammen, bestimmen die komplizierten geometrischen Formen der Riesen-Moleküle DNA oder RNA, die für die Lebensvorgänge von Bedeutung sind, und ermöglichen den Geckos, dank feinster Härchen an den Zehen kopfüber sogar über Glasscheiben zu laufen. Die besonderen Eigenschaften des Wassers beruhen auf diesen Kräften (s.S. 84).

Untersuche, überlege, forsche: Gecko-Effekt

80.1 S2 Informiere dich im Internet über den Gecko-Effekt

Kohäsion, Adhäsion und Kapillarität

Wirken die Molekularkräfte zwischen gleichartigen Molekülen eines Stoffes, so spricht man von **Kohäsionskräften**, sie halten den Körper zusammen. Wirken sie zwischen den Molekülen verschiedener Stoffe, so bezeichnet man sie als **Adhäsionskräfte** – sie lassen die Oberflächen verschiedener Stoffe aneinander haften.
Das Zusammenspiel von Adhäsion und Kohäsion kann man z.B. an der Grenzfläche von Wasser und Glas beobachten. Die Molekularkräfte zwischen Glas und Wasser sind größer als die Kräfte zwischen den Wassermolekülen. Das Wasser „benetzt" die Glaswand, die Wasseroberfläche krümmt sich (**80.3**). In einem engen Röhrchen – einer **Kapillare** – steigt Wasser durch den Unterschied der Kräfte auf, und zwar umso höher, je enger das Röhrchen ist.
In der Natur spielt die Kapillarität beim Flüssigkeitstransport in Pflanzen und in Lebewesen eine wichtige Rolle. Im Alltag nützt man die Kapillarität bei Dochten in Kerzen und Öllampen, bei Schwämmen, Mikrofasertüchern, Windeln, bei der Luftbefeuchtung und vielem mehr. Auf Adhäsion beruht z.B. die Wirkung von Klebebändern.

Die **Oberflächenspannung** von Flüssigkeiten wird durch die Kohäsion verursacht. Sie tritt an der Grenze zwischen Flüssigkeiten und Gasen auf. Sie kommt dadurch zustande, dass die Moleküle an der Oberfläche der Flüssigkeit einseitig von den Molekülen im Inneren der Flüssigkeit angezogen werden, während die Moleküle im Inneren der Flüssigkeit allseitig von Nachbarmolekülen angezogen werden.

Die Oberflächenspannung bewirkt beispielsweise, dass Flüssigkeiten Tropfen bilden, Seifenblasen zusammenhalten und kleine Insekten, wie Wasserläufer, von der Wasseroberfläche getragen werden.

Experiment: Untersuchen einer Flüssigkeit

80.1 *Du brauchst:* PET-Flaschen (dicht verschließbar), Wasser, Nadel (um Löcher in PET-Flaschen zu bohren).
Untersuche die Fragen:
E2 **a)** Kann man Wasser zusammendrücken?
E2 **b)** Wie überträgt sich der Druck in einer Flüssigkeit?

Die anziehenden Kräfte zwischen den Teilchen eines Stoffes und die thermische Bewegung wirken einander entgegen.
Das Verhältnis dieser beiden Einflüsse bestimmt, ob ein Stoff fest, flüssig oder gasförmig ist.

1.3 Temperatur und Volumenänderung

Der Mensch hat in der Haut temperaturempfindliche Nervenzellen, sog. **Thermorezeptoren**. Sie regen den Körper zu Maßnahmen gegen Überhitzung und Unterkühlung an. Die Kältemelder sind wesentlich zahlreicher als die Hitzemelder. Wie das nachfolgende einfache Experiment zeigt, können die Rezeptoren relativ gut Temperaturunterschiede registrieren. Das subjektive Temperaturempfinden hängt auch von äußeren Faktoren wie Luftfeuchtigkeit oder Wind ab. Als Thermometer sind die Rezeptoren ungeeignet. Unser Temperatursinn kann Temperaturunterschiede besser unterscheiden als Temperaturwerte feststellen.

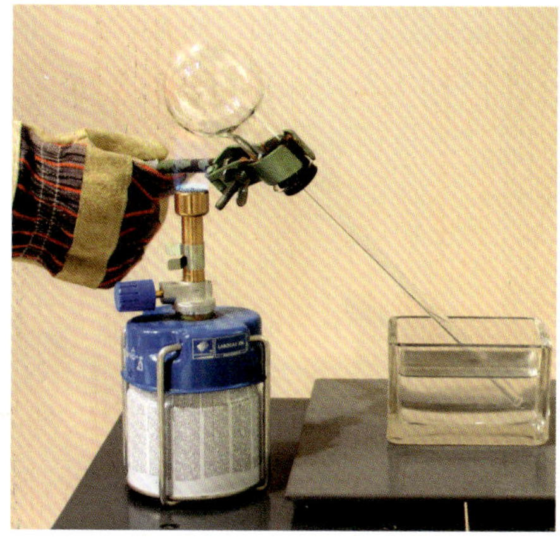

81.1 Gase dehnen sich durch Erwärmung aus. Beschreibe und erkläre, was du hier siehst.

Experiment: Temperaturempfindung

81.1 E1 Überprüfe deine subjektive Temperaturempfindung, indem du deine Hände in unterschiedlich warmes Wasser tauchst z. B. die linke Hand in heißes Wasser, die rechte in kaltes Wasser und dann beide Hände in lauwarmes Wasser.

Um Temperatur objektiv messen zu können, muss man fragen: Was passiert, wenn wir einen Körper erwärmen? Welche physikalischen Eigenschaften verändern sich dadurch und wie können wir sie messen?

Untersuche, überlege, forsche: Erwärmung eines Körpers

81.1 S2 Stelle zusammen, was du aus deiner Erfahrung über das Verhalten von festen Körpern, Flüssigkeiten oder Gasen bei Erwärmung bzw. Abkühlung weißt. Überlege passende Versuchsanordnungen, um die Veränderungen quantitativ zu erfassen.

Wenn man die Temperatur eines Körpers erhöht, stellt man einige Veränderungen fest: Der Aggregatzustand, die Form, auch optische und elektrische Eigenschaften können sich ändern.
Ganz besonders fällt auf, dass sich Körper beim Erwärmen ausdehnen.

81.2 Das Galilei'sche Thermoskop

Messung der Temperatur

Die Volumenänderung ermöglicht es, Geräte zur Temperaturmessung, **Thermometer**, zu konstruieren. Bringt man den Körper, dessen Temperatur man bestimmen will, mit einem Thermometer in Kontakt, dann nimmt dieses nach einiger Zeit die Temperatur des Körpers an.

Bereits GALILEI hat ein „Thermoskop" erfunden. Es besteht aus einer Glaskugel mit angesetzter Röhre, die mit dem unteren Ende in gefärbtes Wasser eintaucht. Die Luft in der Glaskugel dehnt sich bei Erwärmung aus und drückt die Wassersäule in der Glasröhre nach unten (81.2). Das Gerät wurde später zum Fiebermessen verwendet, wobei die Patienten die Glaskugel in den Mund nahmen.
Das klassische Thermometer, das **Flüssigkeitsthermometer**, nutzt die Volumenausdehnung einer Flüssigkeit, z. B. von Alkohol oder Petroleum. Flüssigkeit in einem kleinen Vorratsgefäß dehnt sich aus und steigt in einem engen Kapillarrohr auf. An einer Skala neben dem Kapillarrohr wird die Temperatur abgelesen. (Die früher benutzten Thermometer mit Quecksilber (giftig!) dürfen seit 2009 in der EU nicht mehr für Haushalt und Industrie, sondern nur für Forschungszwecke verkauft werden.)

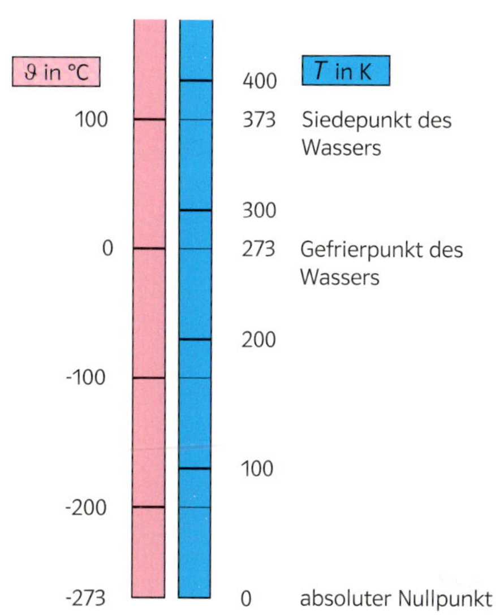

81.3 Vergleich der Celsius- und Kelvinskala

Die **Celsius-Skala** ist – außer in den USA und einigen englischsprachigen Ländern – die allgemein gebräuchliche Temperaturskala. Sie geht auf den schwedischen Naturforscher ANDERS CELSIUS (1701–1744) zurück. Sie ist mittels zweier Fixpunkte definiert:
Der Gefrierpunkt von Wasser wird als Nullpunkt 0 °C der Celsius-Skala definiert.
Dem Siedepunkt von Wasser wird die Temperatur 100 °C zugeordnet.
In den USA wird im Alltag die Temperatur meist in Grad Fahrenheit (°F) angegeben. 0 °C entspricht 32 °F, 100 °C entspricht 212 °F.

Stoff	in $10^{-6}\,K^{-1}$
Stickstoff	3674
Sauerstoff	3674
Wasserstoff	3662
Ethanol (Alkohol)	1400
Benzin	1060
Wasser	207
Quecksilber	180
Aluminium	69
Eisen	33
Diamant	3
Glaskeramik (Ceran)	0,3

82.1 Volumenausdehnungskoeffizient γ einiger technisch wichtiger Stoffe bei 20 °C und einem Druck von 1013 mbar.

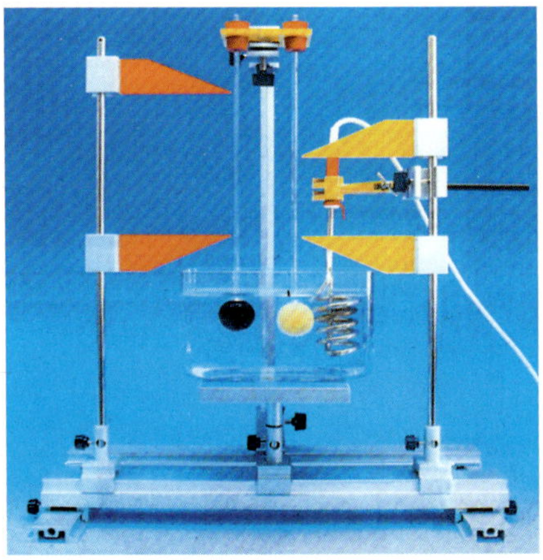

82.2 Messung: Ausdehnung von Flüssigkeiten bei Erwärmung. In Rundkolben mit angesetztem Kapillarrohr werden im Wasserbad verschiedene Flüssigkeiten erwärmt. Aus der Steighöhe in der Kapillare wird die Volumenzunahme bestimmt.

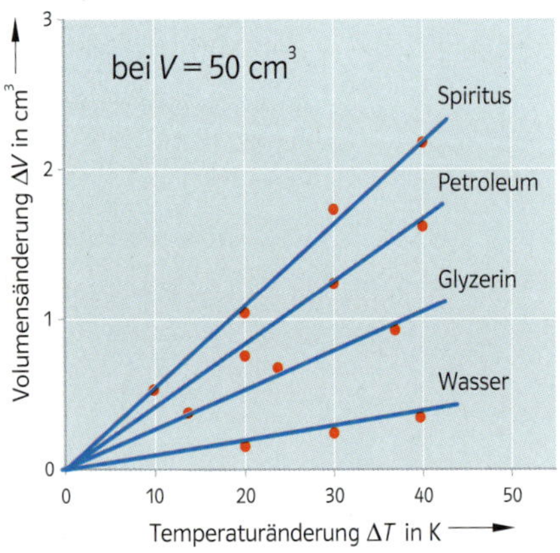

82.3 Darstellung der Volumenausdehnung verschiedener Flüssigkeiten.

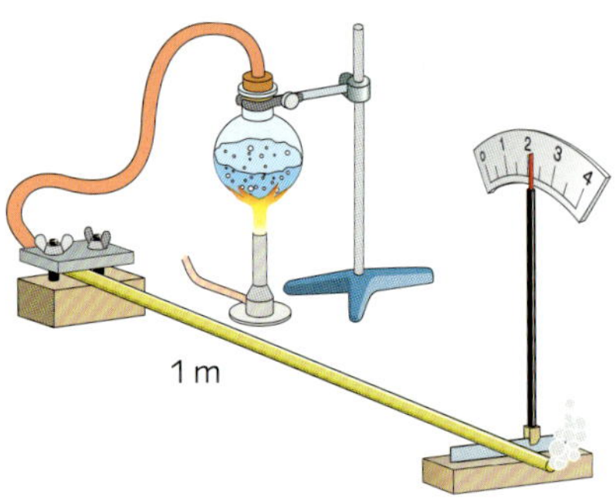

82.4 Messung der Ausdehnung eines Rohrs. Überlege, welche Fehlerquellen auftreten können.

Um ein Flüssigkeitsthermometer mit einer Skala zum Ablesen der Temperatur zu versehen, wird es zunächst in eine Mischung von Eis und Wasser getaucht und der Nullpunkt 0 °C der Skala markiert. Anschließend wird es in siedendes Wasser gehalten, und die Temperatur 100 °C markiert. Den Abstand zwischen 0 °C und 100 °C teilt man in hundert gleiche Teile und erhält so die Gradeinteilung.
Dabei muss man beachten, dass die Siedetemperatur des Wassers vom Luftdruck abhängt. Je kleiner der Luftdruck z. B. im Gebirge ist, desto niedriger ist die Siedetemperatur. Daher müssen die Fixpunkte 0 °C und 100 °C bei 1013,25 mbar Luftdruck, dem mittleren Luftdruck auf Meereshöhe, bestimmt werden.
Im internationalen Maßsystem SI ist die **Temperatur** T als **Basisgröße** festgelegt. Allerdings ist die Basiseinheit für die Temperatur nicht Grad Celsius, sondern Kelvin (K). Die Bezeichnung Kelvin ist zu Ehren von William Thomson (1824–1907), dem späteren Lord Kelvin, erfolgt. Die Kelvin-Skala unterscheidet sich von der Celsius-Skala durch die Definition des Nullpunktes: Man wählt als Nullpunkt jene Temperatur, bei der keine thermische Bewegung mehr auftritt. Diese **absolut tiefste Temperatur** liegt bei −273,15 °C (siehe nächstes Kapitel). Bei der Temperaturangabe in Grad Celsius verwendet man statt des Symbols T das Zeichen ϑ (**81.3**).

> Die **Temperatur** T ist eine Basisgröße im Internationalen Maßsystem SI, sie wird in Kelvin (K) gemessen.
> Bezug zur Celsius-Skala: 0 °C entsprechen 273,15 K.

Untersuchung der Volumen- und Längenausdehnung

Wenn man die Änderung des Volumens verschiedener Stoffe bei Erwärmung vergleicht (**82.1**), erkennt man: Gase dehnen sich stärker aus als Flüssigkeiten, diese wiederum stärker als feste Körper. Offenbar hängt die Größe der Volumenzunahme davon ab, wie fest die Teilchen an einander gebunden sind.
Die Messung zeigt, dass die Volumenänderung ΔV fester und flüssiger Stoffe in sehr guter Näherung proportional zur Temperaturänderung ΔT ist. Daraus ergibt sich folgendes Gesetz:

> $\Delta V = \gamma \cdot V_0 \cdot \Delta T$ oder $V = V_0 \cdot (1 + \gamma \cdot \Delta T)$
> V_0 … Anfangsvolumen, V … Volumen nach der Temperaturänderung ΔT,
> γ … Volumenausdehnungskoeffizient (Einheit: K^{-1})

Der Volumenausdehnungskoeffizient γ gibt an, um welchen Bruchteil das Volumen pro Kelvin Temperaturerhöhung zunimmt (**82.1**)

Untersuche, überlege, forsche: Warmer Kraftstoff

82.1 Beim Betanken eines PKW im Sommer ergibt sich folgende Situation: Kraftstoff mit einer Temperatur von 15 °C wird in den Tank gefüllt, anschließend steht der PKW auf einem Parkplatz in der Sonne und kann sich um 50 °C aufheizen.
W1 **a)** Wenn der Tank 60 l fasst, um wieviel dehnt sich der Treibstoff aus?
S2 **b)** Überlege, welche Probleme dadurch entstehen. Informiere dich, wie bei modernen PKW ein Austreten von Kraftstoff und die Abgabe von Kraftstoffdämpfen an die Umgebung vermieden werden.

Festkörper dehnen sich nach allen Richtungen aus. Bei Stäben und Drähten wirkt sich die Ausdehnung hauptsächlich auf die Länge aus. Man unterscheidet daher zwischen **Volumenausdehnung** mit der obigen Formel und **Längenausdehnung**.

Untersuche, überlege, forsche: Längenänderung

82.2 Mit dem Experiment von **82.4** kann man messen, wie sich die Länge eines Rohres mit der Temperatur ändert.
E1 **a)** Beschreibe das Experiment.
E2 **b)** Welche Größen müssen gemessen werden? Worauf muss man besonders achten, damit verlässliche Ergebnisse erreicht werden?

$$\Delta l = \alpha \cdot l_0 \cdot \Delta T \text{ oder } l = l_0 \cdot (1 + \alpha \cdot \Delta T)$$

l_0 ... Anfangslänge, l ... Länge nach der Temperaturänderung ΔT,
α ... Längenausdehnungskoeffizient.

Stoff	in 10^{-6} K^{-1}
Quarzglas	0,5
Fensterglas	7,6
Aluminium	23,0
Eisen	12,2
Messing	18,5
Polyamid (Nylon)	100–140
Eis	51,0
Silber	19,7

83.1 Längenausdehnungskoeffizienten α einiger praktisch wichtiger Stoffe.

Die **Tab. 83.1** enthält die Werte für die Koeffizienten der Längenausdehnung einiger technisch wichtiger Stoffe.
Die Ausdehnung durch Erwärmung hat bei Bauwerken, vor allem bei Brücken, große Bedeutung. Bedenkt man, dass die Temperatur einer Brücke innerhalb eines Tages um etwa 40 °C schwanken kann, so ergeben sich – besonders bei Metallbrücken großer Spannweite – beträchtliche Längenänderungen. Durch den Einbau von Rollenlagern an den Enden von Brücken oder durch Dehnungsfugen muss dies berücksichtigt werden (**83.2**). Zu beachten ist die Wärmeausdehnung auch bei Hochspannungsleitungen, die im Betrieb 80 °C erreichen und zwischen den Masten 300 m und mehr frei durchhängen. Eisenbahnschienen wiesen früher Fugen zwischen den Schienenstücken auf, um die Wärmeausdehnung zu kompensieren; heute werden sie verschweißt und so fest mit den Schwellen verschraubt, dass sie sich nicht verbiegen können: die wechselnden Temperaturen führen zur Stauchung, bzw. Dehnung der Schienen.
Auch bei **Bimetallstreifen** wird die Wärmeausdehnung ausgenützt. Sie bestehen aus zwei Metallen mit unterschiedlichen Ausdehnungskoeffizienten, die zusammen gewalzt oder verlötet sind. Bimetallstreifen werden in Thermometern und als Thermoschalter verwendet, weil sie sich bei Erwärmung verbiegen und Kontakte öffnen oder schließen können. (**83.3**)

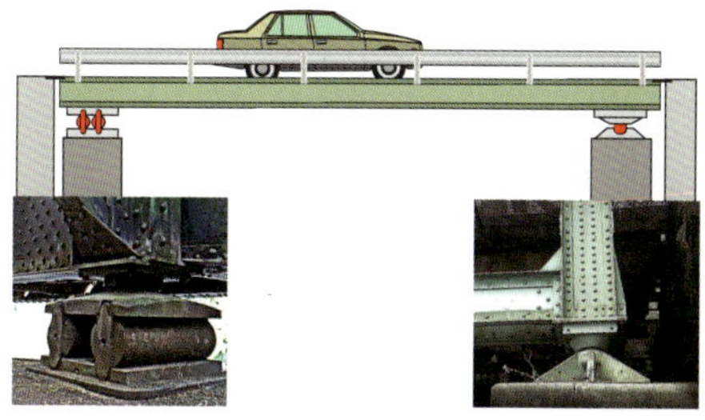

83.2 Brücken werden an mindestens einer Seite auf Kompensationsrollen gestellt (linkes Bild), damit sie auf Wärmeausdehnung reagieren können, ohne Schäden an den Fundamenten anzurichten.

Weitere Verfahren zur Temperaturmessung

Neben der thermischen Ausdehnung wird heute vor allem die Temperaturabhängigkeit des elektrischen Widerstands von feinen Metalldrähten, bzw. von Halbleiterbauelementen zur Temperaturmessung genutzt. Der elektrische Widerstand von Metallen und sog. Kaltleitern nimmt mit der Temperatur zu, während sog. Heißleiter (z.B. Thermistoren, **83.5 links**) besonders gut im warmen Zustand leiten. Aus diesen Materialien gefertigte Messfühler, **Sensoren**, ermöglichen es in Kombination mit elektronischen Schaltungen, Temperaturen zu messen und zu regeln. Beispielsweise messen Computer die Temperatur ihrer Prozessoren und steuern die Kühlung nach Bedarf, um Überhitzung zu vermeiden. Die Temperatursensoren sind wichtige Bausteine der **Mess- und Regelungstechnik**, die sich besonders wegen des Umweltschutzes rasch entwickelt.
Folienthermometer zum Fieberschnelltest oder als Aquarienthermometer nutzen den Farbumschlag gewisser chemischer Verbindungen, der bei Überschreiten einer Solltemperatur eintritt.
Im Gegensatz zu den bisher besprochenen Verfahren funktionieren **Infrarotthermometer** (**83.4. 83.5 rechts**) berührungslos, d.h. ohne das Messobjekt zu berühren. Sie ersetzen z.B. in Krankenhäusern die traditionellen Fieberthermometer. Im technischen Alltag helfen sie, überhitzte Leitungen bei elektrischen Anlagen oder Kältebrücken bei Gebäuden aufzuspüren. Sie messen die elektromagnetische Strahlung, die jede Körperoberfläche entsprechend ihrer Temperatur abstrahlt und die wir als Wärmestrahlung (infrarote Strahlung) wahrnehmen, und zeigen die entsprechende Temperatur am Display an. (Mehr zur Wärmestrahlung S. 86)

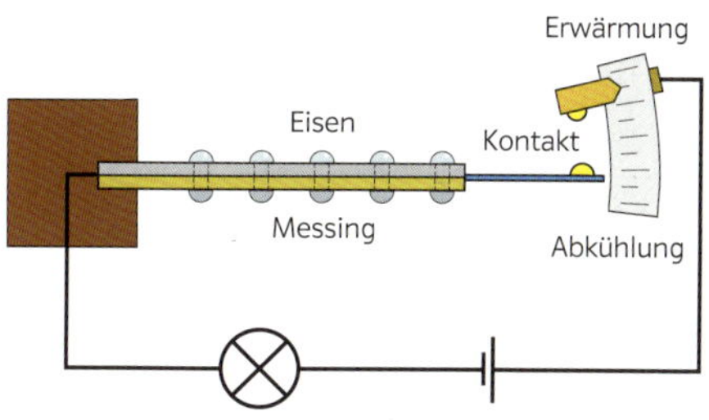

83.3 Wirkungsweise eines Bimetallschalters

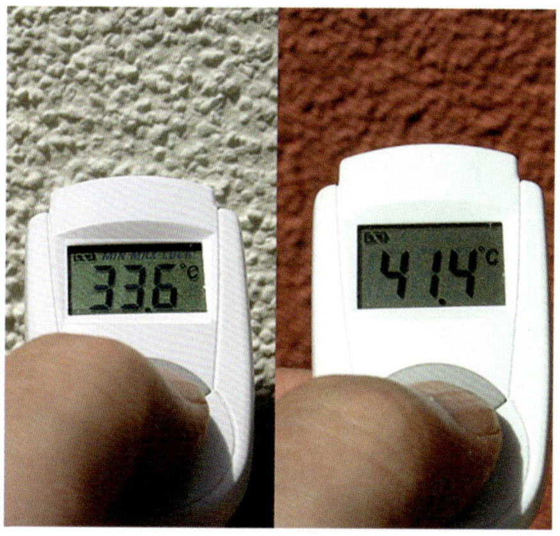

83.4 Mit einem Infrarotthermometer lässt sich die Temperatur von Oberflächen messen. Bei gleicher Sonneneinstrahlung hat sich der helle Verputz weniger erwärmt als der dunkle.

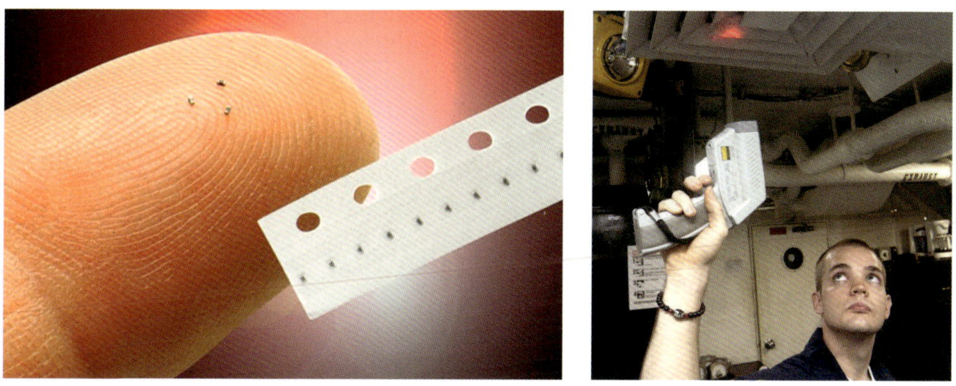

83.5 Links: Drei Thermistoren auf einer Fingerkuppe. Diese Halbleiterbauelemente reagieren schnell auf Temperaturänderungen mit einer Änderung des elektrischen Widerstands.
Rechts: Mit einem Infrarotthermometer kann die Temperatur berührungslos und punktgenau gemessen werden. (Im Bild bei einer elektrischenAnlage, ein eingebauter Laserpointer hilft beim Zielen.)

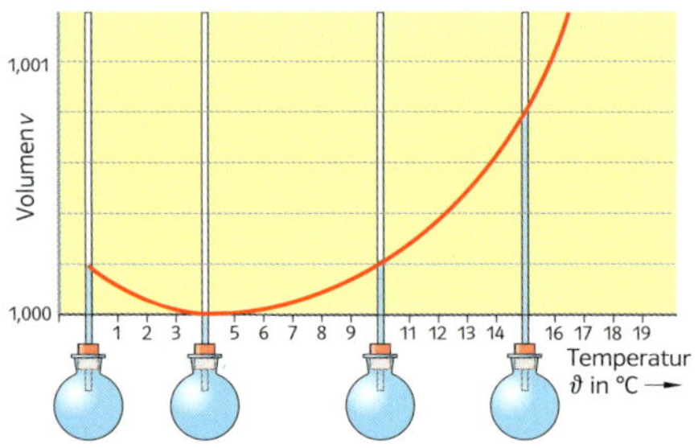

84.1 Die Anomalie des Wassers: Zwischen 0 °C und 4 °C nimmt das Volumen des Wassers bei Erwärmung ab.

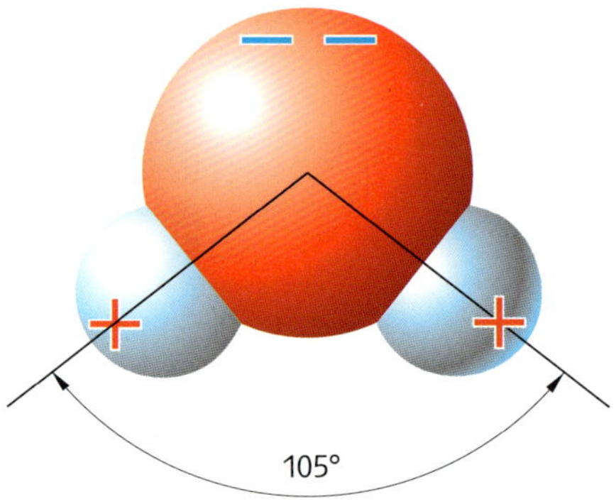

84.2 Das gewinkelt aufgebaute Wassermolekül ist ein elektrischer Dipol.

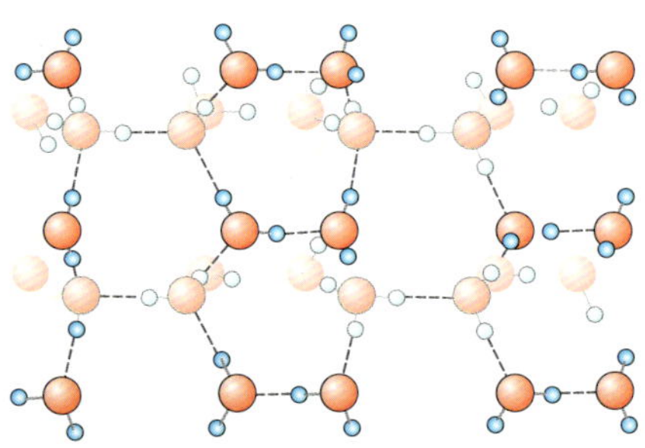

84.3 Die regelmäßige Anordnung von Sauerstoffatomen (rot) und Wasserstoffatomen (blau) der Wassermoleküle bei 0 °C erklärt die Anomalie von Wasser. Die Moleküle brauchen bei dieser Anordnung mehr Platz als bei geringerer Ordnung.

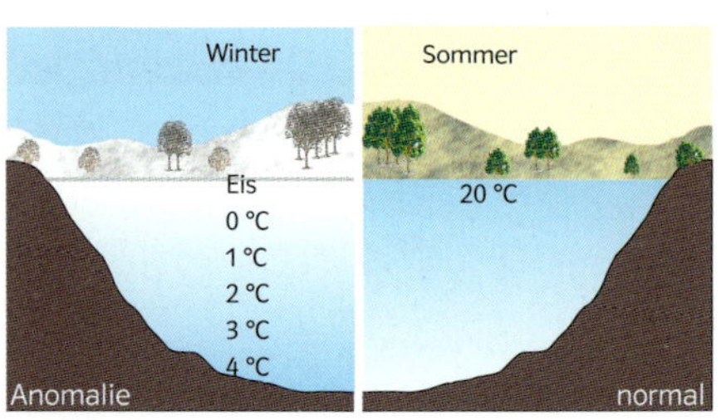

84.4 Die Temperaturschichtung in einem See im Winter und im Sommer. Der See gefriert im Winter an der Oberfläche. Die Temperatur am Grunde des Sees beträgt 4 °C. Im Sommer ist es an der Oberfläche wärmer als in der Tiefe.

Anomalie des Wassers

Ein besonders merkwürdiges Verhalten zeigt Wasser, wenn man es erwärmt. Wie **84.1** zeigt, nimmt das Volumen einer Wassermenge beim Erwärmen im Bereich von 0 °C bis 4 °C ab und nimmt erst bei weiterer Erwärmung zu. Diese eigenartige Erscheinung bezeichnet man als „Anomalie des Wassers“.
Um dieses Verhalten zu verstehen, betrachten wir die Form des Wassermoleküls. Wasser hat die chemische Formel H_2O, es besteht aus 2 Atomen Wasserstoff und einem Atom Sauerstoff. Das Molekül ist zwar elektrisch neutral, aber durch seine gewinkelte Form ist die Ladung nicht gleichmäßig verteilt: Das Sauerstoffatom zieht die Elektronen der Wasserstoffatome ein wenig an sich, so dass das Molekül nun eine negative und eine positive Seite besitzt, es ist ein elektrischer Dipol (**84.2**). Elektrische Dipole ziehen einander an. Dies gilt auch für Wassermoleküle, was einige besondere Eigenschaften von Wasser erklärt:

- großer Energiebedarf für schmelzen und verdampfen, hohe Oberflächenspannung
- flüssiger Zustand zwischen 0 °C und 100 °C. (Dass dies eine Besonderheit ist, sieht man im Vergleich mit anderen Molekülen ähnlicher Masse. Beispielsweise ist Ammoniak NH_3 zwischen −78 °C und −33 °C flüssig.)

Wassermoleküle binden einander bei geringer thermischer Bewegung mittels **Wasserstoffbrücken**: Die negative Seite eines Moleküls zieht ein H-Atom eines anderen Moleküls an (in **84.3** durch gestrichelte Linien angedeutet). Diese Bindung zwischen Molekülen ist schwächer als die Bindung innerhalb der Moleküle, sie bewirkt den Zusammenhalt von Eis und flüssigem Wasser. Dabei führt die gewinkelte Form der Moleküle zur charakteristischen Kristallform von Eis, die sich in der regelmäßigen Gestalt der Schneeflocken zeigt. Zwischen den einzelnen Molekülen bleibt dabei viel Zwischenraum, so dass die Dichte von Eis um ca. 10 % geringer ist als die Dichte von Wasser. Eis schwimmt daher im Wasser, wobei etwa 10 % des Volumens über die Wasseroberfläche ragen.
Beim Schmelzen geht die Orientierung der Wassermoleküle nicht sofort verloren. Wassermoleküle dringen in die Hohlräume der Eisstruktur ein. Dadurch nimmt das Volumen ab und erreicht bei 4 °C seinen kleinsten Wert. Bei weiterer Erwärmung steigt der Raumbedarf der Wassermoleküle infolge der zunehmenden thermischen Bewegung wieder an, so dass das Wasservolumen wieder größer wird.
Die Anomalie des Wassers ist für die Lebewesen im Wasser von großer Bedeutung. Sie verhindert, dass Seen im Winter bis zum Grund zufrieren (**84.4**)

Untersuche, überlege, forsche: Seen im Lauf der Jahreszeiten

84.1 W1 **a)** Wie ändert sich die Wassertemperatur eines Sees an der Oberfläche, bzw. in der Tiefe im Lauf der Jahreszeiten? Berücksichtige dabei, dass Wasser ein schlechter Wärmeleiter ist.
S2 **b)** Welche äußeren Einflüsse könnten wichtig sein? Wodurch durchmischt sich ein See und welche Folgen könnte eine mangelhafte Durchmischung haben?

1.4 Wärmetransport

Was passiert, wenn zwei Körper mit unterschiedlicher Temperatur miteinander in Kontakt gebracht werden? Aus unserer Erfahrung wissen wir, dass sich dabei die Temperaturen ausgleichen. Dabei geht Energie vom wärmeren auf den kälteren Körper über. In der Physik wird Energie, die aufgrund von Temperaturdifferenzen übertragen wird, als **Wärme** bezeichnet.

> Die Energie, die aufgrund von Temperaturdifferenzen von selbst von einem wärmeren auf einen kälteren Körper übergeht, nennt man **Wärme *Q***.
> Wie alle Energien wird Wärme in der Einheit Joule gemessen.

Es gibt drei verschiedene Arten von Wärmetransport unterschieden: Wärmeleitung, Wärmeströmung und Wärmestrahlung.

a Wärmeleitung

Wenn zwei Körper mit unterschiedlicher Temperatur miteinander in Kontakt kommen, treffen an der Grenzfläche die schnellen, energiereichen Teilchen des heißen Körpers auf die langsamen des kälteren Körpers, elastische Stöße sind die Folge (**85.1**). Energie wird auf die energieärmeren Teilchen übertragen. Zunächst geschieht dies nur an der Grenzfläche, doch wird durch weitere Stöße allmählich auch das Innere des Körpers erfasst, bis die Temperatur schließlich überall gleich ist. Die beiden Körper sind nun im **thermischen Gleichgewicht**.

Wie gut Stoffe Wärme leiten, hängt von den Bindungen ihrer Teilchen ab. Metalle mit den frei beweglichen Elektronen leiten Wärme besonders gut. Silber leitet am besten. Wolle, Stroh, Papier, Kork, Schnee, Styropor, ... leiten Wärme schlecht. Diese Stoffe enthalten in ihrer porösen Struktur den schlechten Wärmeleiter Luft.

In Flüssigkeiten und Gasen spielt Wärmeleitung eine geringe Rolle.

Wärmeleitung in einem homogenen Festkörper folgt einem einfachen Gesetz. Betrachten wir eine Platte (**85.2**) der Dicke d, der Fläche A und einem Temperaturunterschied ΔT zwischen den beiden Seiten. Fließt durch die Platte in der Zeit Δt die Wärme ΔQ, dann ist der Wärmestrom $\Delta Q/\Delta t$. Er wird in J/s = W gemessen.

Der Wärmestrom durch eine Platte ist zum Temperaturgefälle $\Delta T/d$ zwischen den beiden Seiten der Platte und zur Fläche A proportional.

Wärmetransport durch Wärmeleitung

$$\frac{\Delta Q}{\Delta t} = \lambda \cdot A \cdot \frac{\Delta T}{d}$$

Die Wärmeleitfähigkeit λ ist materialabhängig (**Tab. 85.3**). Dieses Gesetz der Wärmeleitung spielt bei der Planung von Energie sparenden Häusern eine große Rolle.

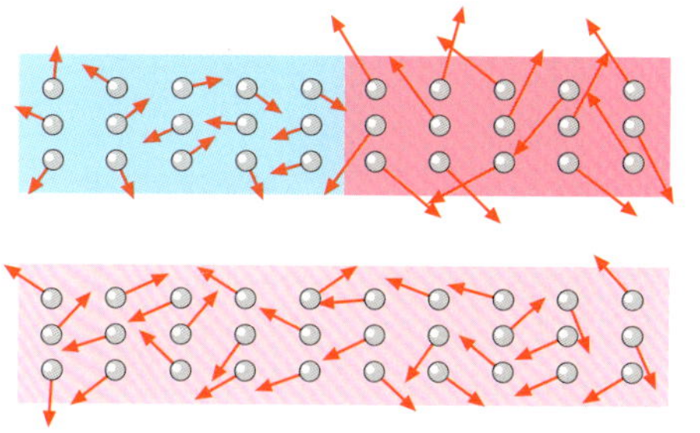

85.1 Energieübertragung durch Wärmeleitung. Oben: Die schnellen Teilchen des heißen Körpers übertragen durch Stöße Energie auf die langsamen Teilchen des kälteren Körpers. Unten: Der Vorgang endet, wenn die Temperatur in beiden Körpern gleich ist.

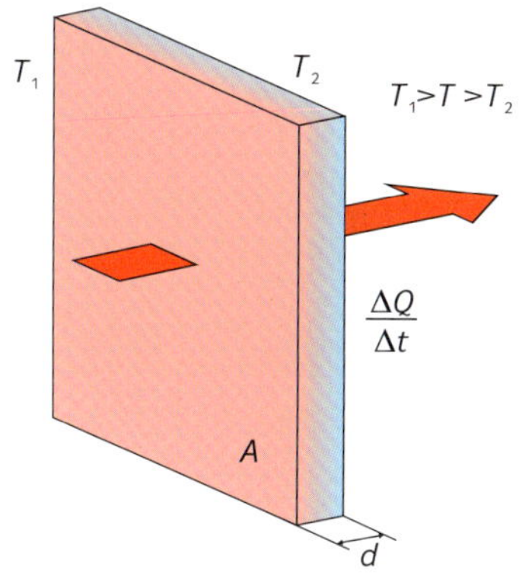

85.2 Wärmeleitung durch eine homogene Platte

Stoff	Wärmeleitfähigkeit λ in $W \cdot m^{-1} \cdot K^{-1}$
Silber	430
Beton	2,1
Vollziegel	0,7
Glas	0,7
Wasser	0,6
Styropor	0,05
Kork	0,04
Wolle	0,04
Luft	0,03

85.3 Wärmeleitfähigkeit verschiedener Stoffe

b Wärmeströmung

Flüssigkeiten und Gase transportieren Wärme hauptsächlich durch **Strömung (Konvektion)**. Über heißen Körpern, einer Herdplatte oder einem Heizkörper der Zentralheizung, kann man beobachten, dass warme Luft nach oben strömt.

Wenn in einer Flüssigkeit oder einem Gas ein Teilvolumen erwärmt wird, dann dehnt es sich aus und die Dichte nimmt relativ zur kühleren Umgebung ab. Durch Auftrieb bewegt sich das erwärmte Material nach oben. Ein Teil des kälteren Stoffs aus der Umgebung fließt nach unten und nimmt den Raum des aufsteigenden Stoffs ein, es entsteht eine Zirkulation. Der strömende Stoff transportiert Energie zwischen verschiedenen Orten und überträgt sie (meist durch Wärmeleitung) auf andere Körper. Diese durch Temperaturunterschiede verursachte Wärmeströmung spielt bei vielen natürlichen Prozessen eine Rolle. Wichtig ist die Auswirkung auf das Wetter (Winde), die Energieumwälzungen in den Ozeanen (z. B. Golfstrom) und die globalen Klimazonen.

85.4 zeigt, wie an Küsten im Tagesverlauf zum Land gerichtete Winde entstehen. Bei Sonnenschein erwärmt sich das Land schneller als die Wasseroberfläche. Über dem Land steigt Luft auf, kühlere Luft strömt am Boden vom Meer zum Land. In der Nacht kühlt das Land schneller ab als die Wasseroberfläche, die Zirkulation erfolgt nun vom Land zum Meer.

Neben der **freien Strömung**, die durch Temperaturunterschiede und die damit verbundenen Dichteunterschiede hervorgerufen wird, spielt die **erzwungene Konvektion** in der Technik eine große Rolle: Umwälzpumpen unterstützen die Wasserzirkulation in Warmwasserheizungen.

Unser Blutkreislauf funktioniert ebenfalls durch erzwungene Konvektion: Das Herz pumpt Blut durch die Blutgefäße, wodurch Sauerstoff und Nährstoffe zu den Zellen transportiert werden und Kohlenstoffdioxid sowie Stoffwechselprodukte abtransportiert werden. Zusätzlich sorgt der Blutkreislauf für eine konstante Kerntemperatur des Körpers, indem die Durchblutung der Extremitäten je nach der Außentemperatur geregelt wird.

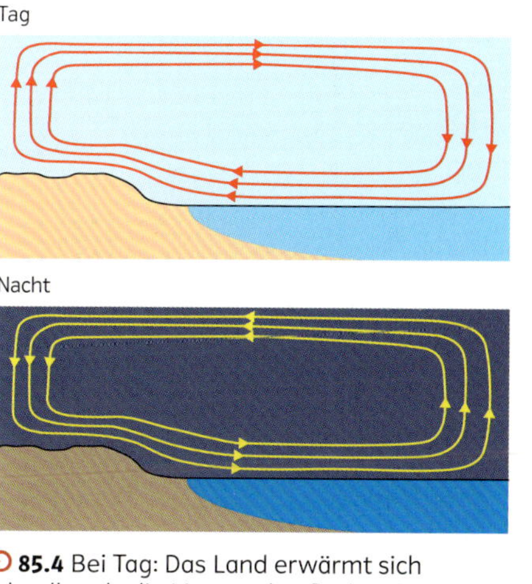

85.4 Bei Tag: Das Land erwärmt sich schneller als die Meeresoberfläche, die Luft steigt auf, der Wind kommt vom Meer. In der Nacht kühlt das Land aus und der Wind bläst zum Meer.

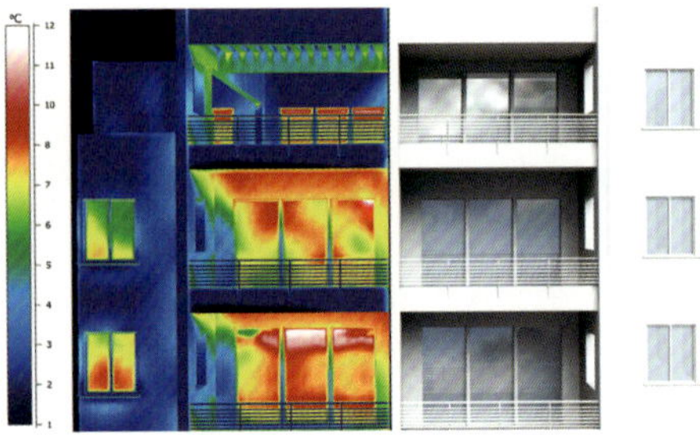

86.1 Mit einer Wärmebildkamera kann die Temperaturverteilung an einer Hausfassade – und somit thermische Schwachstellen – sichtbar gemacht werden.

86.2 Satellitenbild des Taifuns „Haitang" (16. 7. 2005, Westpazifik / Taiwan)

c Wärmestrahlung

Die dritte Art, wie sich Wärme ausbreiten kann, ist die **Wärmestrahlung**. Sie ist elektromagnetische Strahlung (wie das Licht) und breitet sich mit Lichtgeschwindigkeit aus. Die Intensität der abgestrahlten Wärmestrahlung hängt von der Temperatur und der Beschaffenheit der Körperoberflächen ab. Wärmestrahlung transportiert Energie auch durch das Vakuum. Alle Körper senden Wärmestrahlung aus, heiße Körper mehr als kalte Körper – die Strahlungsleistung ist proportional zu T^4. (Mehr dazu in Physik 7).

Experiment: Wahrnehmung von Wärmestrahlung

86.1 E1 *Du brauchst:* deine Hände, eventuell ein Infrarotthermometer
Halte die offenen Hände in etwa 1 cm Abstand vor deine Wangen.
Was merkst du? Wenn ein Infrarotthermometer zur Verfügung steht, miss außerdem die Temperatur von Wange und Handfläche. Beschreibe deine Beobachtung.

Das Zusammenwirken von Wärmeströmung und Wärmestrahlung lässt in der Atmosphäre **Hoch- und Tiefdruckgebiete** entstehen. Die Sonne heizt die Erde mit einer Strahlungsleistung von 1,4 kW/m² (gemessen am oberen Rand der Erdatmosphäre senkrecht zur Strahlrichtung). Dadurch wird die Erdoberfläche und die darüber befindliche Luft erwärmt. Die warme Luft steigt auf. Der Druck der Luft nimmt ab, es entsteht ein Tiefdruckgebiet. In das Tief strömen am Boden von allen Seiten Luftmassen ein – es entsteht **Wind**.
Ein Hochdruckgebiet bildet sich, indem sich die Luft über einer kälteren Stelle der Erdoberfläche abkühlt. Die Luft zieht sich zusammen, der Druck erhöht sich. Im Hochdruckgebiet lösen sich Wolken auf, weil sich die absinkende Luft erwärmt und die Wassertröpfchen in den Wolken verdampfen. Daher bringen Hochdruckgebiete Schönwetter.

Energiesparen durch Wärmedämmung

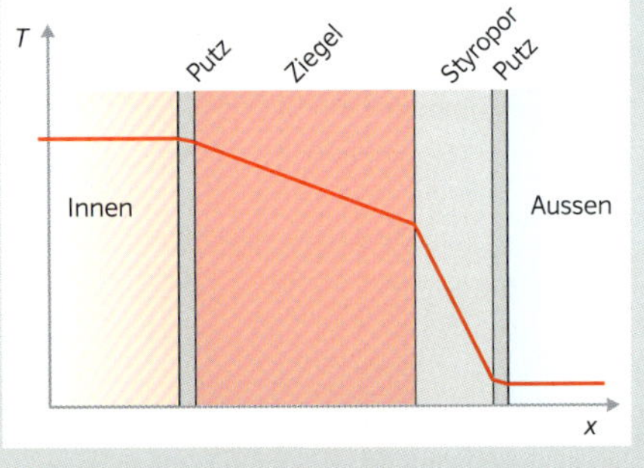

86.3 Wärmedurchgang durch eine Wand mit vier Schichten. Die Wärmedämmung aus 10 cm Styropor hilft mehr als 75 % des ohne Dämmung benötigten Heizbedarfs einzusparen.

86.4 Dämmung einer Wand mit Mineralwolle

Bei alten Wohnbauten geht im Winter viel Energie durch Wände, Fenster und oberste Geschoßdecke verloren. Wir berechnen für die Außenwand, wie sich eine zusätzliche Wärmedämmung auswirkt. Die Wand sei eine Vollziegelwand von 30 cm Stärke mit $\lambda = 0{,}6\,\mathrm{W \cdot m^{-1} \cdot K^{-1}}$. Es sollen 10 cm dicke Styroporplatten ($\lambda = 0{,}05\,\mathrm{W \cdot m^{-1} \cdot K^{-1}}$) auf der Außenseite angebracht werden. Auf Innen- und Außenseite der Wand soll ein Putz ($\lambda = 0{,}75\,\mathrm{W \cdot m^{-1} \cdot K^{-1}}$) 1,5 cm dick aufgetragen werden. Die Wand besteht daher aus mehreren Schichten, durch die der Wärmestrom fließt (**86.3**). Der Temperaturabfall an einer einzelnen Schicht ist

(1) $\Delta T = \frac{d}{\lambda A} \frac{\Delta Q}{\Delta t}$.

Wir addieren die Temperaturänderungen ΔT an den einzelnen Schichten. Daraus können wir den notwendigen Wärmestrom berechnen, mit dem wir die gewünschte Temperaturdifferenz zwischen Innen und Außen erreichen.
Die Beiträge d/λ der einzelnen Schichten sind:
Putz insgesamt 3 cm: $0{,}03/0{,}75\,\mathrm{m^2 \cdot K \cdot W^{-1}} = 0{,}04\,\mathrm{m^2 \cdot K \cdot W^{-1}}$
Vollziegelwand: $0{,}3/0{,}6\,\mathrm{m^2 \cdot K \cdot W^{-1}} = 0{,}5\,\mathrm{m^2 \cdot K \cdot W^{-1}}$
Styroporplatte: $0{,}1/0{,}05\,\mathrm{m^2 \cdot K \cdot W^{-1}} = 2{,}0\,\mathrm{m^2 \cdot K \cdot W^{-1}}$.

(2) $\Delta T = 0{,}54\,\mathrm{m^2 \cdot K \cdot W^{-1}} \cdot \frac{1}{A} \cdot \frac{\Delta Q}{\Delta t}$ (ohne Isolation), bzw.

$\Delta T = 2{,}54\,\mathrm{m^2 \cdot K \cdot W^{-1}} \cdot \frac{1}{A} \cdot \frac{\Delta Q}{\Delta t}$ (mit Isolation).

Bei $\Delta T = 30\,°\mathrm{C}$ zwischen Innen (20 °C) und Außen (−10 °C) fließt durch $A = 1\,\mathrm{m^2}$ Wandfläche der Wärmestrom
$\Delta Q/\Delta t = 30/0{,}54\,\mathrm{W} = 56\,\mathrm{W}$ (ohne Isolation), bzw. $\Delta Q/\Delta t = 30/2{,}54\,\mathrm{W} = 12\,\mathrm{W}$ (mit Isolation). Die Isolation mit 10 cm Styropor verringert den Wärmestrom durch die Außenwand und damit den Heizbedarf auf unter 25 % des ursprünglichen Werts.

Untersuche, überlege, forsche: Wärmeverlust durch Fenster

86.1 E2 Viel Energie geht zum Fenster hinaus. Wie ist Abhilfe möglich?

? Antwort auf die Eingangsfrage

Wie kann ein Heißluftballon aufsteigen und sich durch die Luft bewegen? Heißluftballone haben eine etwa kugelförmige Ballonhülle, an der ein Korb für Gasbrenner, Gasbehälter und Insassen hängt. Die Hülle fasst ein Volumen zwischen 3000 und 5000 m^3. Während der Fahrt sorgt der Gasbrenner für Heißluft, die Luft im Ballon hat etwa 90 °C. Nehmen wir ein Volumen von 4000 m^3 an und überlegen uns, welche Last der Ballon tragen kann. Das Prinzip des Archimedes für den Auftrieb in Flüssigkeiten gilt natürlich auch in Gasen: Die Auftriebskraft entspricht dem Gewicht der verdrängten Luftmenge. Wenn das Gewicht des Ballons mit Nutzlast kleiner als der Auftrieb ist, kann der Ballon aufsteigen.

Zunächst berechnen wir, wie viel Luft der gefüllte Ballon bei einer angenommenen Lufttemperatur von 20 °C verdrängt. Die Dichte der Luft beträgt 1,2 kg/m^3 bei einer Temperatur von 20 °C. Das Volumen von 4000 m^3 entspricht einer Luftmenge von 4800 kg. Die Masse des Ballons mit Heißluft und Nutzlast muss daher kleiner als 4800 kg sein.

Wie groß ist die Luftdichte bei 90 °C und bei normalem Luftdruck von 1013 mbar?

Aus Tab. 82.1 kann man ablesen, dass sich Gase ungefähr um den Faktor 0,00367 pro Grad bei Erwärmung ausdehnen. Die relative Volumenzunahme von Luft bei der Erwärmung von 20 °C auf 90 °C beträgt daher $70 \cdot 0{,}00367 \approx 0{,}257$. Aus 1 m^3 Luft bei 20 °C werden 1,257 m^3 bei 90 °C und einem Luftdruck von 1013 mbar. Daher sinkt die Dichte der Luft bei 90 °C auf $1{,}2/1{,}257\,kg/m^3 \approx 0{,}955\,kg/m^3$. Die Heißluft im Ballon hat daher eine Masse von $4000\,m^3 \cdot 0{,}955\,kg/m^3 \approx 3820\,kg$.

In unserem Beispiel kann der Ballon daher eine Last von ca. $(4800 - 3820)\,kg \approx 980\,kg$ tragen. Diese setzt sich zusammen aus Ballonhülle, Ausrüstung und Insassen.

Ein großer Nachteil aller Ballone ist die geringe Steuermöglichkeit, sie sind vom Wind abhängig. Erfahrene Ballonfahrer nutzen aus, dass Luftströmungen in verschiedenen Höhen unterschiedliche Richtung haben können.

Der Heißluftballon wurde von den Brüdern MONTGOLFIER in Frankreich erfunden. Im September 1783 beeindruckten sie den französischen KÖNIG LUDWIG XVI mit einem Ballonflug mit Tieren. Die erste bemannte Ballonfahrt fand am 21. November 1783 statt und dauerte 25 Minuten. Am 1. Dezember 1783 gelang dem französischen Physiker JACQUES CHARLES die erste Ballonfahrt mit einem Wasserstoff gefüllten Ballon, die ihn in über 3000 m Höhe brachte.

Bis zum ersten erfolgreichen Gleitflug eines Apparats, der schwerer als Luft ist, durch den deutschen Flugpionier OTTO LILIENTHAL im Jahr 1891, sollten noch mehr als 100 Jahre vergehen. Aufbauend auf Lilienthals Versuchen entwickelten die Brüder WRIGHT in USA das erste lenkbare Motorflugzeug, dessen erfolgreicher erster Flug am 17. Dezember 1903 eine rasante Entwicklung einleitete.

Gasgefüllte Ballone werden heute vor allem als Wetterballone verwendet.

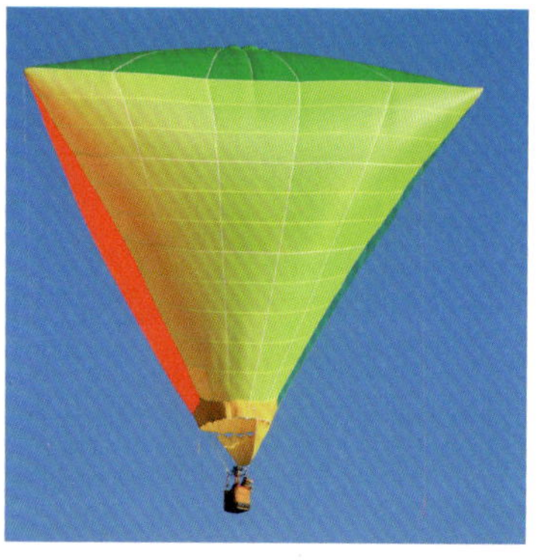

87.1 Heißluftballone müssen nicht „ballonförmig" sein!

Mit einem Ballonflug bis in 5000 m Höhe entdeckte der österreichische Physiker VIKTOR F. HESS (Nobelpreis 1936) im Jahr 1912 die kosmische Strahlung (s. Physik 8).

Teste dein Wissen W1 Lösungen im Anhang

87.1 Worin unterscheidet sich ein heißer fester Körper von einem kalten?
a) Durch die Stärke der thermischen Bewegung
b) Durch das Volumen
c) Durch den Druck

87.2 Was versteht man unter der Brown'schen Bewegung?
a) Bewegung von Molekülen
b) Bewegung von Atomen
c) Bewegung von kleinen Teilchen durch Stöße von Molekülen

87.3 Welches Phänomen lässt sich durch die Wirkung der Molekular-Kräfte erklären?
a) Oberflächenspannung
b) Kapillarität
c) Ionenbindung

87.4 Welche Aussage zur Temperaturmessung ist korrekt?
a) Die Kelvinskala hat keine negativen Temperaturen.
b) Die Basiseinheit der Temperatur ist das Grad Celsius.
c) Der Nullpunkt der Celsiusskala liegt bei 273,15 K.

87.5 Was ist mit der Äußerung gemeint, dass das Thermometer seine eigene Temperatur misst?

87.6 Was versteht man unter Wärme?
a) Wärme ist die kinetische Energie der Moleküle.
b) Wärme ist die gesamte Energie der Moleküle.
c) Energie, die von einem heißen auf einen kalten Körper von selbst übergeht.

87.7 Welche Aussage zur Wärmeausdehnung ist korrekt?
a) Feste Körper weisen nur eine Ausdehnung in der Länge auf.
b) Flüssigkeiten dehnen sich nicht aus.
c) Der Volumenausdehnungskoeffizient ist für alle Gase gleich groß.

87.8 Unter der Anomalie des Wassers versteht man:
a) Ein nicht normales Verhalten beim Verdampfen
b) Ein ungewöhnliches Verhalten beim Gefrieren
c) Ein von der Norm abweichendes Verhalten bei der Temperatur von 4 °C

2 Das ideale Gas

In diesem Kapitel erfährst du etwas über
- Modellbildung in der Physik,
- ideale und reale Gase,
- den Zusammenhang von Temperatur und Bewegungsenergie der Teilchen,
- wie Druck, Volumen und Temperatur von Gasen zusammenhängen,
- Osmose und welche Ähnlichkeit gelöste Stoffe mit idealen Gasen haben.

88.1
? Weshalb platzt die Haut von reifen Kirschen nach einem Regen – und was hat dies mit den Gasgesetzen zu tun?

In Gasen sind die Teilchen im Durchschnitt wesentlich weiter voneinander entfernt als in Flüssigkeiten und Festkörpern. Sie stehen kaum miteinander in Wechselwirkung. Man kann daher vermuten, dass das Verhalten von Gasen einfacher zu verstehen ist als das Verhalten der anderen beiden Materieformen. Das Hilfsmittel dazu ist das Teilchenmodell, auf das wegen der großen Teilchenzahl statistische Methoden angewandt werden.
Im Teilchenmodell werden **makroskopische Eigenschaften eines Gases**, nämlich Druck, Volumen, Temperatur mit **mikroskopischen Eigenschaften der Gasmoleküle**, vor allem ihrer **kinetischen Energie**, in Beziehung gesetzt. Selbstverständlich verhalten sich nicht alle Gase vollkommen gleich. Die Untersuchungen zum Verhalten der Gase erleichtert man sich daher mit einem geeigneten idealisierten Denkmodell.

2.1 Das Modell des idealen Gases

Als erste Annäherung an das reale Verhalten der Gase treffen wir folgende idealisierenden Annahmen:

Das ideale Gas
- besteht aus einer großen Anzahl von Molekülen, die in einem Gefäß mit bekanntem Volumen eingeschlossen sind. Die Teilchen sind in ständiger thermischer Bewegung und besitzen daher kinetische Energie.
- Die Abstände benachbarter Moleküle im Gas sind groß. Daher können das Volumen der Moleküle und die Wirkungen der Kräfte zwischen den Molekülen vernachlässigt werden. Die Moleküle werden wie ausdehnungslose Massenpunkte behandelt.
- Die Wechselwirkung der Moleküle untereinander und der Moleküle mit der Gefäßwand werden als elastische Stöße angesehen. Zwischen den Stößen bewegen sich die Moleküle kräftefrei.

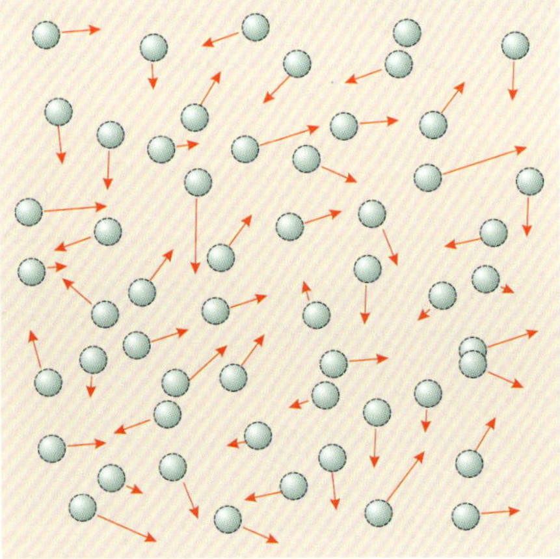

88.2 Modell eines Gases: Die Atome sind relativ weit voneinander entfernt und fliegen mit unterschiedlichen Geschwindigkeiten und in zufälligen Richtungen im Gefäß umher.

Das Arbeiten mit derartigen **Modellvorstellungen** hat einen doppelten Zweck: Einerseits möchte man Unbekanntes durch Analogien auf Bekanntes zurückführen, um sich von der Natur anschauliche Bilder zu machen. Das **Modell des idealen Gases** behandelt Moleküle als winzige harte Kugeln.
Andererseits versucht die Physik die allerwesentlichsten Parameter eines Systems zu identifizieren, um allgemeine Aussagen für möglichst viele Systeme treffen zu können. Modelle sind Abstraktionen und beschreiben nur näherungsweise die Wirklichkeit, sie sind vom Menschen erdachte Bilder, um Vorgänge in der Natur zu veranschaulichen und dadurch leichter beschreiben zu können.
Trotz der großen Erfolge der physikalischen Modellvorstellungen, die sich auch in den technischen Anwendungen widerspiegeln, muss man sich der Grenzen solcher Modelle stets bewusst sein.

Wie brauchbar ist das Modell des idealen Gases? Wann kommen reale Gase dem Modell nahe?
Der Modellzustand des idealen Gases wird von einem realen Gas umso besser erreicht, je mehr Platz den einzelnen Teilchen zur Verfügung steht und desto länger sie sich ohne Stöße bewegen können. Das ist der Fall, wenn der mittlere Abstand der Teilchen viel größer als die Teilchengröße ist. Reale Gase werden flüssig, wenn ihre Temperatur den Siedepunkt unterschreitet. Dabei binden die Kräfte zwischen den Molekülen die vorher frei beweglichen Teilchen. Näherungsweise erreicht daher das reale Gas den idealen Zustand, wenn es sich möglichst weit vom Siedepunkt entfernt befindet

Reale Gase verhalten sich umso genauer wie **ideale Gase**, je weniger Teilchen pro Volumen enthalten sind und je höher die Temperatur über der Siedetemperatur liegt.

Abweichungen vom Modell des idealen Gases sind daher zu erwarten, wenn die Teilchen bei hohem Druck so dicht gepackt sind, dass die Wechselwirkung der Teilchen und das Teilchenvolumen berücksichtigt werden müssen. Dann sind anstelle des Denkmodells „ideales Gas" neue, verfeinerte Modelle erforderlich.
Viele Gase wie etwa Stickstoff, Wasserstoff, Sauerstoff, alle Edelgase und auch die Luft kommen in einem großen Temperatur- und Druckbereich dem Modell des idealen Gases nahe. Auch die in Verbrennungsmaschinen benützten Kraftstoff-Luftgemische können gut mit dem Modell des idealen Gases erfasst werden.

▷ Mittlerer Abstand der Luftmoleküle

Die Dichte von Luft beträgt bei 0 °C etwa 1,3 kg/m³, ist also viel kleiner als die Dichte von Wasser mit 1000 kg/m³. Weil sich die Größen der Luftteilchen (zweiatomige Moleküle) und der Wassermoleküle (H_2O) nur wenig unterscheiden, muss jedem Molekül in der Luft etwa 1000-mal mehr Raum zur Verfügung stehen als im Wasser. Daraus können wir schließen, dass die Gasmoleküle in der Luft im Mittel etwa 10 Moleküldurchmesser voneinander entfernt sind. Ihr mittlerer Abstand beträgt also rund $5 \cdot 10^{-9}$ m.
Für molekulare Verhältnisse sind dies große Entfernungen, weshalb die Kräfte zwischen den Molekülen unmerklich klein sind. Sehen wir von der Wirkung der Schwerkraft ab, so bewegen sich die Gasmoleküle daher so lange geradlinig, bis sie an die Wand des Gefäßes prallen oder mit anderen Molekülen zusammenstoßen.
Wie viele Zusammenstöße erfährt im Durchschnitt ein Teilchen? Man kann berechnen, dass jedes Gasmolekül in den unteren Schichten der Lufthülle pro Sekunde etwa eine Milliarde Stöße erfährt und sich zwischen zwei Stößen um etwa 1000 Moleküldurchmesser fortbewegt. Die Stöße selbst sind elastisch. ◁

2.2 Die Zustandsgleichung des idealen Gases

Schließt man ein Gas in einen Behälter ein, so übt es auf die Gefäßwände einen Druck aus. Unaufhörlich stoßen die einzelnen Gasmoleküle gegen die Wände. Wenn man die Temperatur des Gases erhöht, so nimmt der Druck infolge der heftiger werdenden thermischen Bewegung zu. (**89.1, 89.2**)

Untersuche, überlege, forsche: Gasdruck

89.1 Auf einer Spraydose liest du den Sicherheitshinweis: „Behälter steht unter Druck. Vor Sonnenbestrahlung und Temperaturen über 50 °C schützen."
W2 **a)** Was hat das mit Physik zu tun?
S2 **b)** Müsste man die Gefahren kennen, die mit dem Kauf verbunden sind? Begründe deine Meinung.

Gase dehnen sich im Gegensatz zu Festkörpern und Flüssigkeiten in beliebig große Volumina aus. Will man die Eigenschaften einer bestimmten Menge eines Gases untersuchen, muss man es daher in einen Behälter einschließen.

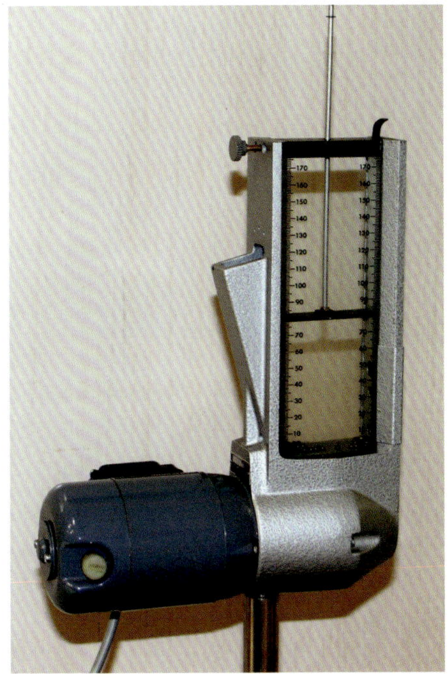

89.1 Dieses Gerät veranschaulicht die Bewegung von Gasteilchen. Das Gefäß hat Seitenwände aus Glas, ein Motor versetzt den Boden in heftige Schwingungen. Das Gefäß enthält als Molekülmodelle viele kleine Stahlkugeln, die durch die Bodenbewegungen hoch geschleudert werden und sich ähnlich wie Gasmoleküle verhalten.

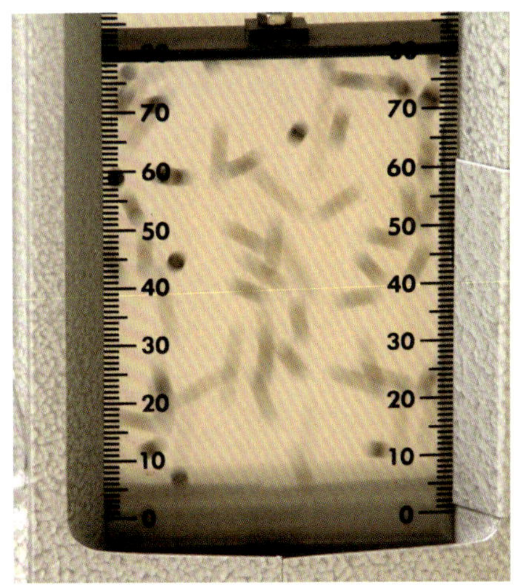

89.2 Kurzzeitaufnahme des Modellgases

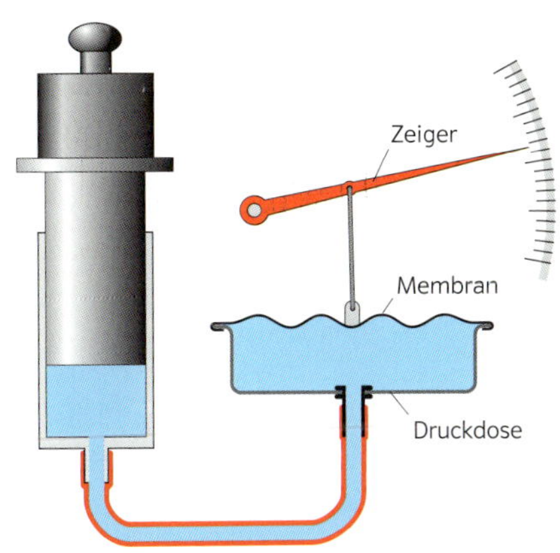

89.3 Prinzip eines **Dosenmanometers**. Die Membran (Deckel der Dose) wird durch Druck gehoben und bewegt einen Zeiger.

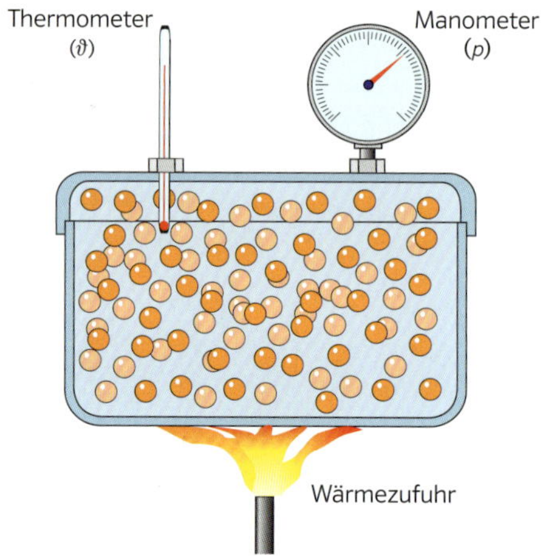

90.1 In einem Druckgefäß wird Luft erwärmt. Druck und Temperatur werden abgelesen und grafisch dargestellt. Den Gasdruck misst man mittels Manometer.

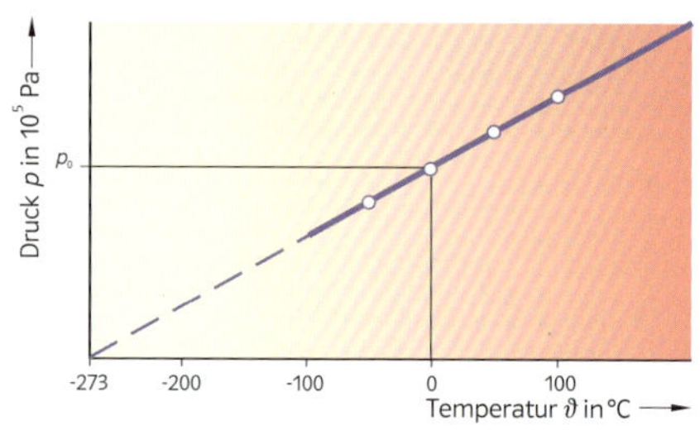

90.2 Gasdruck als Funktion der Temperatur. Durch die Messpunkte wird eine Gerade gelegt.

90.3 Sir William Thomson, Lord Kelvin of Largs, (1824–1907) gründete das erste britische Physik-Laboratorium. Er war ein vielseitiger Physiker und gilt als einer der Begründer der Thermodynamik.

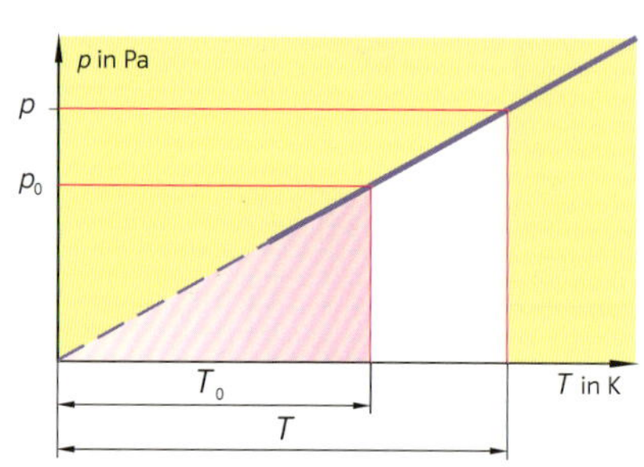

90.4 Bei konstantem Volumen ist der Druck eines Gases der absoluten Temperatur proportional.

Um den Zustand des Gases im Behälter zu beschreiben, benutzt man die folgenden **Zustandsgrößen**:

- die Menge des Gases (Zahl der Teilchen N oder Stoffmenge n in Mol),
- die Temperatur T,
- das Volumen V,
- den Druck p, den das Gas auf die Wände des Behälters ausübt.

Wie sich zeigt, sind diese Zustandsgrößen von einander abhängig: Wird eine dieser Größen geändert, ändert sich mindestens eine weitere Größe. Die **Zustandsgleichung** drückt die gegenseitigen Abhängigkeiten von Temperatur, Druck und Volumen aus. (Die Stoffmenge bleibt bei physikalischen Prozessen gleich, bei chemischen Reaktionen ändert auch sie sich.)

a Abhängigkeit des Gasdrucks von der absoluten Temperatur

Wie ändert sich der Druck, wenn man die Temperatur verändert, aber das Volumen konstant hält? Prozesse dieser Art nennt man **isochor**. (**90.1**) zeigt eine einfache Versuchsanordnung. Der folgende Experimentiervorschlag nutzt Gegenstände aus dem Haushalt.

Experiment: Zustandsänderung bei konstantem Volumen

90.1 E2 *Du brauchst:* ein luftdicht verschließbares Einsiedeglas, ein Dosenbarometer und ein kleines Thermometer (Bimetallthermometer oder elektronisches Thermometer).
Untersuche den Zusammenhang zwischen Druck und Temperatur einer eingeschlossenen Gasmenge bei gleich bleibendem Volumen.
Die Messgeräte werden in das Gefäß gelegt und dieses verschlossen. Die Messwerte sollen von außen ablesbar sein. Notiere Druck und Temperatur. Kühle das Gefäß im Kühlschrank eine Zeit lang und notiere Temperatur und Druck, während sich das Gefäß wieder erwärmt. In einem Wasserbad kann man auch höhere Temperaturen als die Umgebungstemperatur erreichen. Erstelle ein Diagramm und interpretiere das Ergebnis.

Aus den Messwerten stellt man fest, dass der Druck eine lineare Funktion der Temperatur ist (**90.2**).
Verlängert man die Gerade zu negativen Temperaturen, so schneidet sie bei sehr tiefen Temperaturen die Temperaturachse. Nach Präzisionsmessungen liegt der Schnittpunkt bei −273,15 °C, der Druck wird dort null. Bei dieser Temperatur verschwindet also die Molekularbewegung: Keine Bewegung, daher kein Druck! Wie man durch Messungen nachweisen kann, gilt dieses Ergebnis für alle Gase in gleicher Weise. −273,15 °C ist daher die tiefstmögliche Temperatur, sie kann nicht unterschritten werden. Man bezeichnet sie als den **absoluten Nullpunkt**.

> Die **tiefstmögliche Temperatur** beträgt −273,15 °C.
> Bei dieser Temperatur, dem absoluten Nullpunkt,
> verschwindet die thermische Bewegung der Moleküle.

Die Existenz eines absoluten Nullpunkts legt die Definition einer neuen Temperaturskala, der **Kelvin-Skala** (s. S. 82, Symbol T), nahe. Sie unterscheidet sich von der Celsius-Skala (Symbol ϑ) um den konstanten Wert 273,15: Der Gefrierpunkt von Wasser ($\vartheta = 0$ °C) entspricht $T = 273{,}15$ K.
Der absolute Nullpunkt ist eine Grenztemperatur, die man in Experimenten nicht erreichen kann. (Die tiefste bisher erreichte Temperatur beträgt ca. 10^{-9} K.)
Mit Hilfe der absoluten Temperatur ergibt sich eine einfache Beziehung zwischen dem Gasdruck und der Gastemperatur, wenn das Volumen konstant gehalten wird. Aus der **90.4** liest man ab: $p : p_0 = T : T_0$. Es gilt daher:

> Bei konstantem Volumen ist der Druck p eines idealen Gases
> der absoluten Temperatur T proportional:
> $p = \text{const} \cdot T$.

Eine Zustandsänderung bei konstantem Volumen findet z.B. im Augenblick der Zündung des Kraftstoff-Luftgemisches im Zylinder eines Verbrennungsmotors statt. Die Temperatur der Verbrennungsgase hängt von der Menge des verbrannten Kraftstoffs ab, entsprechend variiert der Druck auf den Kolben.

b Abhängigkeit des Gasdrucks vom Volumen

Wir messen den Gasdruck, während wir das Volumen bei gleichbleibender Temperatur vergrößern. Man nennt dies einen **isothermen Prozess**. Damit die Temperatur sich nicht ändert, muss das System von der Umgebung Wärme aufnehmen können.

Experiment: Isotherme Zustandsänderung (qualitativ)

91.1 E2 *Du brauchst:* Kunststoff-Einwegspritze (ohne Nadel), Manometer, Verbindungsschlauch.
Verbinde Manometer und Spritze. Untersuche den Zusammenhang zwischen Druck und Volumen einer abgeschlossenen Gasmenge bei gleich bleibender Temperatur. Die Versuchsanordnung entspricht **91.1**. Erstelle mit deinen Daten ein Diagramm und vergleiche das Ergebnis mit dem unten angegebenen Gesetz. Überlege Fehlerquellen.

Bei sorgfältiger Durchführung kann man aus der Messkurve (**91.1 unten**) ablesen, dass eine Halbierung des Gasvolumens eine Verdoppelung des Druckes bewirkt. Das Produkt aus p und V bleibt konstant!
Diese Beziehung wurde nach den beiden Physikern Robert Boyle (1627–1691, **91.2**) aus England und Edmé Mariotte (1620–1684) aus Frankreich benannt.

Boyle-Mariotte'sches Gesetz für isotherme Prozesse:

$$p \cdot V = \text{const}$$

Bei konstanter Temperatur T ist das Produkt aus Druck und Volumen eines idealen Gases immer gleich groß.

Bei sehr hohem Druck stimmt dieses Gesetz nicht mehr: Wenn man das Gas so fest zusammenpresst, dass die Moleküle einander fast berühren, dann handelt es sich nicht mehr um ein ideales Gas. Man spricht dann von realen Gasen, bei denen man die Ausdehnung der Moleküle und die zwischen ihnen wirkenden Molekularkräfte nicht mehr vernachlässigen darf!

Untersuche, überlege, forsche: Luftdruck im Flieger

91.1 S2 Der Kabinendruck in Verkehrsflugzeugen entspricht dem Luftdruck in 2000 m Höhe, etwa 790 mbar statt dem Normaldruck von 1013 mbar auf Meereshöhe. Beim Steig- und Sinkflug erfolgt die notwendige Druckänderung in der Kabine, dabei spürt man oft einen Druck im Ohr. Informiere dich, wie der Druckausgleich des Mittelohrs funktioniert.

c Abhängigkeit des Volumens von der Temperatur

Wie ändert sich das Volumen, wenn man die Temperatur verändert, aber dabei den Druck konstant hält? (**91.3**) Prozesse dieser Art nennt man **isobar**.
Viele thermodynamische Vorgänge erfolgen in unserer Umgebung bei konstantem Luftdruck, z.B. erwärmen sich die Luft in Wohnräumen oder die Luft im Heißluftballon (s. S. 87) bei konstantem Druck.
Der französische Physiker Joseph Louis Gay-Lussac (1778–1850) hat 1802 die Ausdehnung von Luft untersucht. Er erwärmte einen mit Luft gefüllten Glaskolben und maß, wie viel Luft aus dem Kolben verdrängt wurde. Er schreibt: „*Atmosphärische Luft, die bei der Temperatur des schmelzenden Schnees ein Volumen von 100 Teilen einnahm, wurde bis zur Wärme des kochenden Wassers erhitzt, und dehnte sich bis zu einem Volumen von 137,4, 137,6, 137,54, 137,55, 137,48, 137,57 solcher Teile aus, welches im Mittel eine Ausdehnung bis auf etwa 137,5 Teile gibt.*“

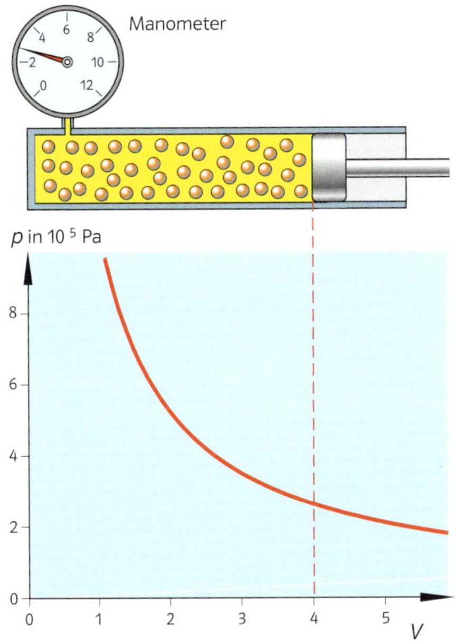

91.1 Messung der Abhängigkeit des Drucks vom Volumen. Bei konstanter Temperatur erweist sich das Produkt aus p und V als konstant. Die Kurve im p-V-Diagramm nennt man „Isotherme“.

91.2 Robert Boyle (1627–1691) entdeckte das nach ihm benannte Gasgesetz. Mit Robert Hooke arbeitete er an Dampfmaschinen, forschte über Atmung und Atmosphäre, Akustik und Hydrostatik. Mit seiner Publikation „The Sceptical Chemist“ legte er die Basis für die moderne Chemie.

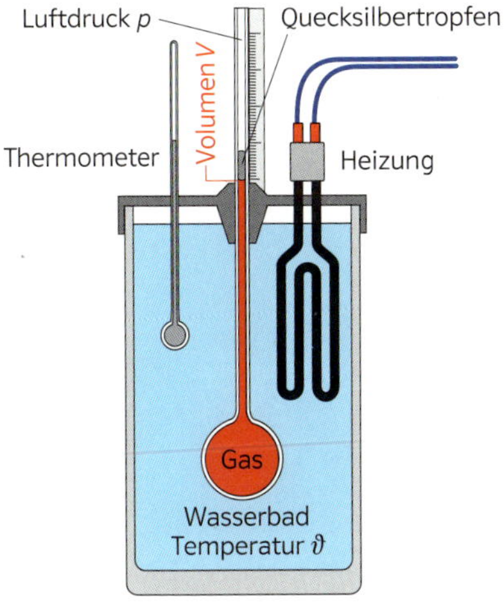

91.3 Gerät zur Messung der Ausdehnung eines Gases bei Temperaturerhöhung.

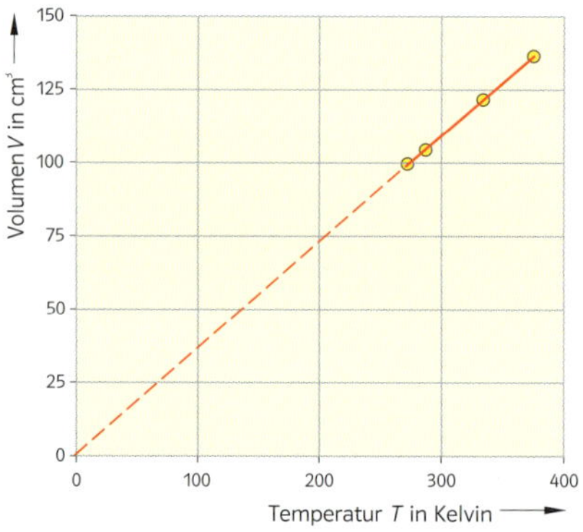

92.1 Gasvolumen als Funktion der Temperatur (bei $p = 1{,}013\,\text{bar}$)

92.2 Die beiden französischen Wissenschafter Joseph Gay-Lussac und Jean Baptiste Biot unternahmen 1804 die erste wissenschaftliche Ballonfahrt bis auf 4000 m Höhe und studierten dabei das Erdmagnetfeld.

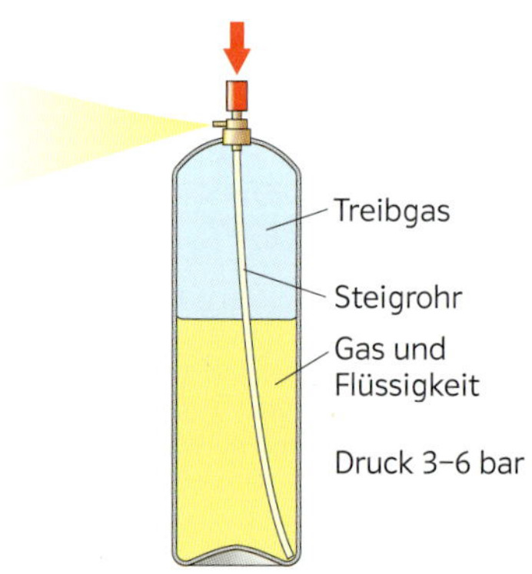

92.3 Spraydosen stehen unter Druck. Die Temperatur sollte 50 °C nicht übersteigen, sonst besteht Explosionsgefahr.

92.4 Als Reifendruck wird der Überdruck gegenüber dem äußeren Luftdruck bezeichnet. Der richtige Reifendruck dient der Sicherheit und erhöht die Lebensdauer der Reifen.

Untersuche, überlege, forsche: Gay-Lussac's Daten

92.1 Mit den Daten von Gay-Lussac lässt sich das Volumen als lineare Funktion der Temperatur ϑ schreiben.

E1 a) Stelle die Funktion auf. Bei welcher Temperatur wird das Volumen null?

E2 b) Überprüfe, wie dieser „absolute Nullpunkt“ durch kleine Fehler der Volumenbestimmung, z. B. um 0,1 Teile, beeinflusst wird.

Genaue Messungen zeigten:

> **Gay-Lussac'sches Gesetz** für isobare Prozesse
> Das Volumen eines idealen Gases ist bei konstantem Druck proportional zur absoluten Temperatur
> $V = \text{const} \cdot T$

d Das allgemeine Gasgesetz

Die drei Gesetze sind Spezialfälle eines einzigen Gesetzes, der allgemeinen Zustandsgleichung. Man sieht ohne Rechnung, dass sie sich aus einer einfachen Beziehung ergeben, wenn man jeweils eine Größe konstant hält.

> Die **allgemeine Zustandsgleichung** idealer Gase
> $p \cdot V = \text{const} \cdot T$

Welchen Wert hat die Konstante in der allgemeinen Zustandsgleichung?
Dazu betrachten wir eine Gasmenge von genau 1 mol. Diese enthält N_A Teilchen. (N_A ist die Avogadro-Konstante.) Wählen wir für Druck und Temperatur die Normbedingungen (d. h. Gasdruck $p_0 = 1013{,}25\,\text{mbar} = 101\,325\,\text{Pa}$ und Temperatur $T_0 = 0\,°\text{C} = 273{,}15\,\text{K}$), dann bestimmt das Volumen V_0 den Wert der Konstanten.
Genaue Messungen ergeben:

> Ein Mol eines idealen Gases hat bei Normbedingungen das Volumen
> $V_0 = 22{,}4\,\text{l} = 22{,}4 \cdot 10^{-3}\,\text{m}^3$.

Mit der Stoffmenge 1 mol erhalten wir für die Größe $p_0 \cdot V_0/T_0$ folgenden Wert:

$$p_0 \cdot V_0/T_0 = 1{,}01325 \cdot 10^5\,\text{Pa} \cdot 22{,}4 \cdot 10^{-3}\,\text{m}^3/273{,}15\,\text{K} = 8{,}314\,\text{J/K}$$

und daher allgemein

$$p \cdot V/T = 8{,}314\,\text{J/K}.$$

Die Größe $8{,}314\,\text{J/(mol} \cdot \text{K)}$ nennt man die **allgemeine Gaskonstante** R. Das Volumen eines idealen Gases ist proportional zur Stoffmenge n. Daher nimmt die allgemeine Zustandsgleichung für n mol die folgende Form an:

> **Allgemeine Zustandsgleichung für ideale Gase**
> $p \cdot V = n \cdot R \cdot T$
> $R = 8{,}314\,\text{J} \cdot \text{K}^{-1} \cdot \text{mol}^{-1}$ … allgemeine Gaskonstante, n … Stoffmenge (mol).

Wir sehen, dass zwischen Druck, Volumen und der absoluten Temperatur eines idealen Gases ein einfacher Zusammenhang besteht. Sind zwei der drei Zustandsgrößen p, V, T gegeben, ergibt sich die dritte Größe aus der Zustandsgleichung.

e Die adiabatische Zustandsänderung

Adiabatisch nennt man Vorgänge, bei denen zwischen dem idealen Gas und der Umgebung kein Temperaturausgleich erfolgt, wenn also bei einem Prozess weder Wärme zu- noch abgeführt wird: $\Delta Q = 0$.
Bei adiabatischer Expansion sinkt die Temperatur, bei adiabatischer Kompression steigt sie.
Adiabatische Prozesse laufen entweder sehr schnell ab, so dass die Zeit für einen Wärmeaustausch mit der Umgebung nicht ausreicht, oder der Vorgang findet in einem sehr gut isolierten System statt, so dass keine Übertragung von Energie in Form von Wärme auftritt.

Experiment: Adiabatische Zustandsänderung

93.1 **E1** Der Boden einer verschlossenen Flasche ist mit Spiritus bedeckt. In die Flasche wird Luft gepumpt, bis der Stopfen herausgedrückt wird (93.1). Erkläre, was hier passiert.

Adiabatische Zustandsänderungen kann man im Alltag oft beobachten. Beim Öffnen einer Dose mit einem kohlensäurehaltigen Getränk bildet sich kurzzeitig ein leichter Nebel. Der Abbau des Überdrucks (ca. 5 bar) über der Flüssigkeit geschieht adiabatisch, die Temperatur sinkt dabei so stark, dass der Wasserdampf über der Flüssigkeit kleine Nebeltröpfchen bildet, die sich schnell wieder auflösen. In Verbrennungsmotoren erfolgen die Verdichtung der angesaugten Luft bzw. des Luft-Kraftstoffgemisches und die Expansion der Verbrennungsgase adiabatisch.

Untersuche, überlege, forsche: Gase bei adiabatischer Druckänderung

93.1 93.4 zeigt, wie sich die Temperatur von Luft (Anfangstemperatur 25 °C) bei einer adiabatischen Druckänderung vom Anfangsdruck p_1 zum Druck p_2 ändert.

E1 **a)** Welcher Teil der Kurve entspricht einer Verdichtung bzw. Verdünnung der Luft?

E2 **b)** Erkläre anhand der Grafik, wie heiß Luft in einer Fahrradpumpe werden kann, wenn man einen Überdruck von 2,5 bar erreichen möchte!

E2 **c)** Wie kalt kann Gas im Hals einer Mineralwasserflasche ungefähr werden, wenn bei einem Innendruck von 4 bar die Flasche geöffnet wird?

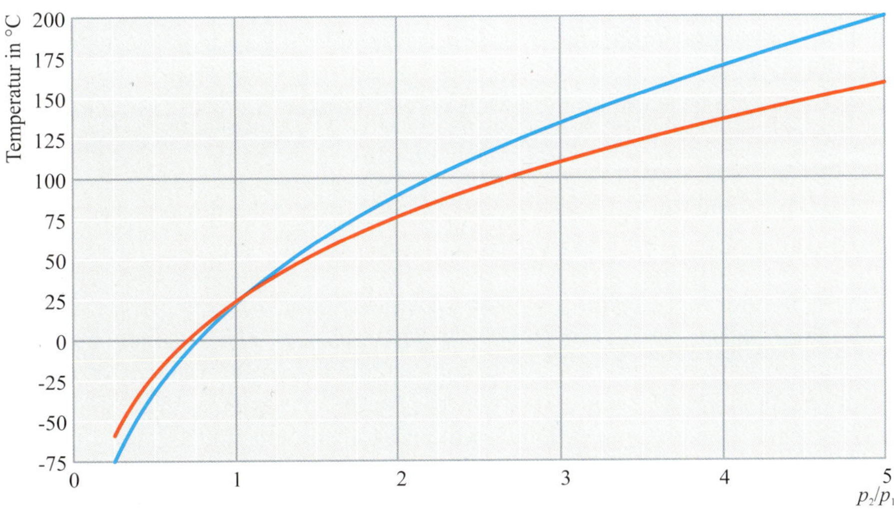

93.4 Temperaturänderung von Luft (blau) und CO_2 (rot) (T_1=25 °C) bei adiabatischer Druckänderung.

93.1 Plötzliche Druckminderung in einem Gefäß, das gesättigten Dampf einer Flüssigkeit enthält, führt durch Abkühlung zur Nebelbildung.

93.2 Daniel Bernoulli (1700–1782), einer der hochbegabten Forscher aus der Familie Bernoulli, war Professor an der Universität Basel und an der Akademie der Wissenschaften in St. Petersburg.

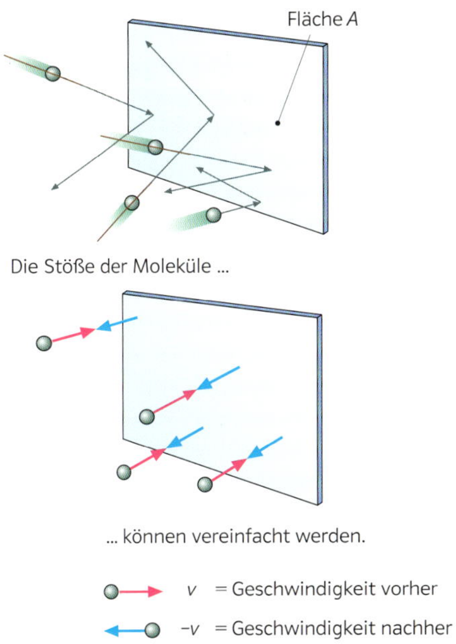

2.3 Gaskinetik

Die Zustandsgrößen Druck, Volumen, Temperatur, Stoffmenge beschreiben die Eigenschaften des Systems als Ganzes und sagen zunächst nichts über den atomaren Aufbau der Materie. Der Schweizer Mathematiker Daniel Bernoulli (93.2) überlegte 1738, ob die Bewegung von Molekülen den Gasdruck erklärt. Er führte erstmalig statistische Überlegungen zu Molekülen und Atomen ein, die mit späteren Verfeinerungen auch alle anderen Beobachtungen und Experimente zur Wärmelehre erklären.

Gasdruck und mittlere kinetische Energie

Stellen wir uns einen Behälter vor, in dem zunächst nur ein einziges Molekül eingeschlossen ist. Dieses Molekül fliegt auf gerader Bahn mit hoher Geschwindigkeit durch den leeren Raum, stößt auf eine Wand des Behälters, wird reflektiert und kommt so im Behälter nie zur Ruhe. Wegen dieser unaufhörlichen Bewegung hat jede Wand andauernd Stöße aufzufangen. Der Aufprall eines einzelnen Moleküls hat wenig Wirkung, jedoch gemeinsam üben die zahlreichen Moleküle im Behälter einen messbaren Druck auf die Wände des Behälters aus.

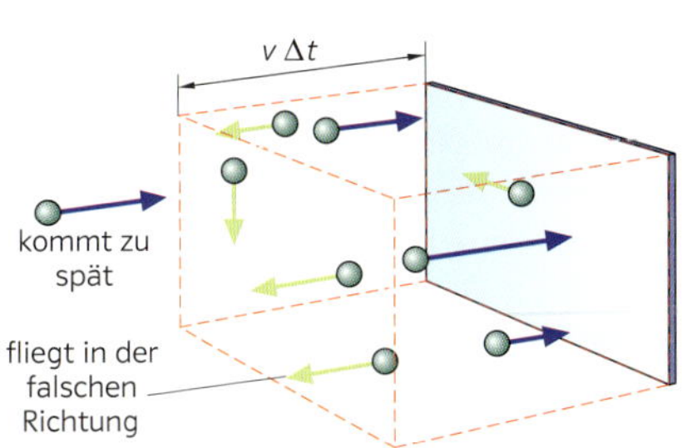

93.3 Alle Moleküle, die in diesem Quader enthalten sind und zur Wand fliegen, erreichen im Zeitintervall Δt die Wand.

94.1 LUDWIG BOLTZMANN (1844–1906) lehrte in Graz, Wien, München und Leipzig. Er vertrat konsequent die Atom- und Molekulartheorie der Materie, die sich damals zwar in der Chemie, aber noch nicht in der Physik durchgesetzt hatte. Boltzmann leistete bedeutende Beiträge zur statistischen Thermodynamik.

Mit Hilfe dieser Vorstellung kann man den Druck berechnen, den die vielen Teilchen des Gases auf die Behälterwände ausüben. Es zeigt sich, dass der Druck proportional zur mittleren kinetischen Energie $\overline{E_k}$ der Moleküle ist. Außerdem sagt uns die Zustandsgleichung des idealen Gases, dass der Druck zur Temperatur proportional ist, wenn sich das Volumen nicht ändert. Es gilt also:

$$p \sim \overline{E_k},\ p \sim T,\ \text{daher}\ \overline{E_k} \sim T.$$

Man erhält das wichtige Resultat:

> Die mittlere kinetische Energie der Moleküle eines Gases ist proportional zur absoluten Temperatur.
> Der Proportionalitätsfaktor hat für alle Gase den gleichen Wert.
> $$\overline{E_k} = \frac{3}{2} k \cdot T$$
> $k = 1{,}38 \cdot 10^{-23}$ J/K ... Boltzmann-Konstante

Diese Beziehung zwischen der mittleren kinetischen Energie der Moleküle und der absoluten Temperatur gilt universell – für Gase, für Flüssigkeiten und Festkörper.

▷ Um den von vielen Molekülen verursachten Druck zu berechnen, stellen wir uns ein ideales Gas vor, das in einem würfelförmigen Behälter eingeschlossen ist. Die Gasmoleküle fliegen darin völlig regellos umher.
Zerlegt man die Geschwindigkeit eines einzelnen Moleküls in 3 Komponenten, die in Richtung der Würfelkanten liegen, so ergeben sich 6 verschiedene Bewegungsrichtungen: vor, zurück, links, rechts, hinauf und hinunter. Keine Richtung ist gegenüber der anderen bevorzugt. Daher bewegt sich im Durchschnitt je ein Sechstel der Moleküle senkrecht auf eine der sechs Wandflächen A des Würfels zu (93.3). (Zur Vereinfachung sollen zunächst alle Moleküle dieselbe Geschwindigkeit haben.)
Wenn sich N Teilchen im Volumen V befinden, dann ist die Teilchendichte N/V. Während des Zeitintervalls Δt stoßen jene Teilchen an die Wand, die ihr näher als der Abstand $s = v \cdot \Delta t$ sind, den sie mit der Geschwindigkeit v während Δt zurücklegen. Es treffen daher auf die Fläche A insgesamt

$$\frac{1}{6}(N/V) \cdot (v \cdot \Delta t) \cdot A$$

Moleküle.
Jedes Molekül (Masse m) hat vor dem Stoß die Geschwindigkeit v, nach dem Stoß $-v$. Die Geschwindigkeitsänderung während der Zeit Δt beträgt daher $-2\,v$ und die mittlere Beschleunigung $-2\,v/\Delta t$. Die Kraft der Wand auf ein einzelnes Molekül ist daher $-2\,m \cdot v/\Delta t$. Umgekehrt übt dadurch jedes auftreffende Molekül auf die Wand die Kraft $+2\,m \cdot v/\Delta t$ aus.
Die Kräfte aller im Zeitintervall Δt auf die Wand treffenden Teilchen müssen addiert werden, ihre Summe ergibt die Kraft F der Teilchen auf die Wand:

$$F = \frac{1}{6}\left(\frac{N}{V} A \cdot v \cdot \Delta t\right) \frac{2m \cdot v}{\Delta t} = \frac{2}{3} \cdot \frac{N}{V} \cdot A \cdot \frac{m \cdot v^2}{2}$$

Nach der Mittelwertbildung über die unterschiedlichen Geschwindigkeiten der Moleküle ergibt sich der Druck auf die Wand:

$$p = \frac{F}{A} = \frac{2}{3} \cdot \frac{N}{V} \cdot \frac{m \cdot \overline{v^2}}{2} = \frac{2}{3} \cdot \frac{N}{V} \cdot \overline{E_k}$$

Den Zusammenhang zwischen $\overline{E_k}$ und T erhalten wir, indem wir p mittels der Zustandsgleichung einsetzen und $N = n \cdot N_A$ verwenden:

$$p = \frac{n \cdot R}{V} \cdot T$$

$$\overline{E_k} = \frac{3}{2} \cdot \frac{V}{n \cdot N_A} \cdot \frac{n \cdot R}{V} \cdot T = \frac{3}{2} \cdot \frac{R}{N_A} \cdot T = \frac{3}{2} \cdot k \cdot T,\ k = \frac{R}{N_A}$$ ◁

94.2 JAMES CLERK MAXWELL (1831–1879), englischer Physiker und Mathematiker. Maxwell hat die Methoden der mathematischen Statistik genutzt, um die Verteilung der Molekülgeschwindigkeiten zu berechnen. Er begründete damit die statistische Physik. Eine zweite Meisterleistung gelang ihm in der Elektrizitätslehre.

▷ Die Geschwindigkeit der Gasmoleküle

JAMES CLERK MAXWELL (▶ 94.2) und LUDWIG BOLTZMANN (▶ 94.1) haben im 19. Jh. die kinetische Gastheorie aufgebaut. Eine wichtige Frage war, wie schnell sich die Moleküle eines Gases bewegen.

Die typische Geschwindigkeit von Gasteilchen und ihre Abhängigkeit von der Temperatur T und der Teilchenmasse m lässt sich aus der grundlegenden Beziehung

$$\frac{m \cdot \overline{v^2}}{2} = \frac{3}{2} k \cdot T$$

zwischen der mittleren kinetischen Energie der Moleküle und der absoluten Temperatur abschätzen. Ein Großteil der Moleküle hat Geschwindigkeiten von der Größenordnung:

$$v \approx \sqrt{\overline{v^2}} = \frac{3 \cdot k \cdot T}{m}$$

Teilchengeschwindigkeiten nehmen mit der Wurzel aus der Temperatur zu, leichte Teilchen sind im Durchschnitt schneller als schwere.

Maxwell hat bereits 1860 die Geschwindigkeitsverteilung der Teilchen eines idealen Gases mit statistischen Methoden berechnet, Boltzmann hat 1877 dazu eine verbesserte, heute noch gültige Begründung erarbeitet. Sie heißt daher **Maxwell-Boltzmann-Verteilung** (▶ 95.1). Das Maximum der Verteilung liegt bei der wahrscheinlichsten Geschwindigkeit

$$\tilde{v} \approx \sqrt{\frac{2 \cdot k \cdot T}{m}}$$

Da die Verteilung nicht symmetrisch um den wahrscheinlichsten Wert ist, ist die mittlere Geschwindigkeit v_m etwas größer als $\tilde{v}$. Bei höherer Temperatur wird die Verteilung immer breiter.

In der folgenden Tabelle sind die mittleren Geschwindigkeiten in einigen Gasen für verschiedene Temperaturen angegeben.

Temperatur		Wasserstoff H_2	Stickstoff N_2	Sauerstoff O_2
in °C	in K	v_m in m/s	v_m in m/s	v_m in m/s
0	273	1843	493	461
100	373	2155	576	539
500	773	3102	829	776

In der Luft beträgt die mittlere Molekülgeschwindigkeit bei $T = 0\,°C$ etwa 480 m/s. Die Schallgeschwindigkeit ist proportional zur mittleren Molekülgeschwindigkeit und hat daher dieselbe Temperaturabhängigkeit.

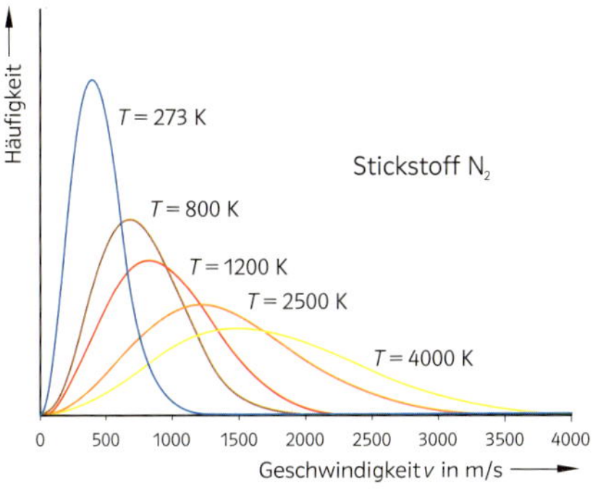

▶ **95.1** Die Verteilung der Geschwindigkeiten von Stickstoffmolekülen bei verschiedenen Temperaturen

Untersuche, überlege, forsche: Edelgase in der Atmosphäre

95.1 S1 Das Edelgas Argon (Isotop ^{40}Ar) entsteht beim radioaktiven Zerfall des Kaliumisotops ^{40}K, Helium (^{4}He) entsteht beim α-Zerfall der schweren Elemente Uran, Radium, etc., die in den Gesteinen der Erdkruste enthalten sind. Die Erdatmosphäre enthält zwar fast 1 % ^{40}Ar, aber praktisch kein Helium. Wohin und warum verschwindet das Helium?

Untersuche, überlege, forsche: Geschwindigkeitsverteilung

95.2 E2 Wenn man von der Geschwindigkeit spricht, meint man stets deren Betrag. Warum ist der Mittelwert über die Geschwindigkeiten einer festen Anzahl von Teilchen kleiner als die Quadratwurzel aus dem Mittelwert von deren Geschwindigkeitsquadraten? ◁

2.4 Der osmotische Druck

Wir lösen einen Festkörper, z.B. Zucker, in Wasser auf. Die Moleküle verteilen sich wegen der thermischen Bewegung bald gleichmäßig über das gesamte Flüssigkeitsvolumen. Der gelöste Stoff verhält sich ähnlich wie ein Gas, er verteilt sich im ganzen zur Verfügung stehenden Raum, wir sprechen von **Diffusion**. Der Vorgang ist temperaturabhängig. In heißem Wasser verläuft er schneller als in kaltem Wasser. Wir haben ein Gemisch aus den Teilchen der gelösten Substanz (hier Zucker) und den Teilchen des Lösungsmittels (hier Wasser). Das Lösen ist ein physikalischer Vorgang, keine chemische Reaktion.
Ein überraschender Effekt zeigt sich im folgenden Experiment:

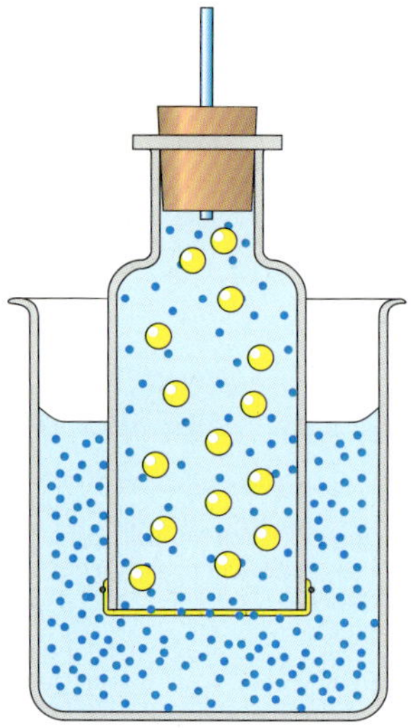

96.1 Experiment zur Osmose: Durch die Membran zwischen reinem Wasser und einer Zuckerlösung wandern Wassermoleküle in die Lösung.

Experiment: Osmotischer Druck

96.1 E1 *Du brauchst:* Eine (PET-)Flasche ohne Boden, halbdurchlässige Membran (z.B. Cellophan), Zuckerlösung, Wasser, Gefäß, Stopfen mit Steigrohr (**96.1**)
Die Flasche wird mit der halbdurchlässigen Membran unten verschlossen. Fülle Zuckerlösung in die Flasche und verschließe sie. Dann stelle sie in ein Gefäß mit reinem Wasser. Was geschieht?

▷ Man beobachtet, wie die Flüssigkeit in der Flasche zunimmt, im Steigrohr ist dies deutlich zu sehen. Wie erklärt dies das Teilchenmodell?
Wassermoleküle diffundieren durch die Membran in beiden Richtungen – im Gleichgewicht gleich viele in jeder Richtung. Das Gleichgewicht wird erreicht, wenn auf beiden Membranseiten die gleiche Teilchendichte vorhanden ist (was wegen der nur auf einer Membranseite vorhandenen Zuckermoleküle nicht möglich ist), oder wenn durch einen Gegendruck die Diffusion gestoppt wird. Den Gegendruck liefern die gelösten Moleküle: Diese bewegen sich von einander unabhängig wie ein Gas durch das vorhandene Volumen, d.h. durch das Lösungsmittel. Ihr Verhalten gehorcht der Zustandsgleichung idealer Gase.

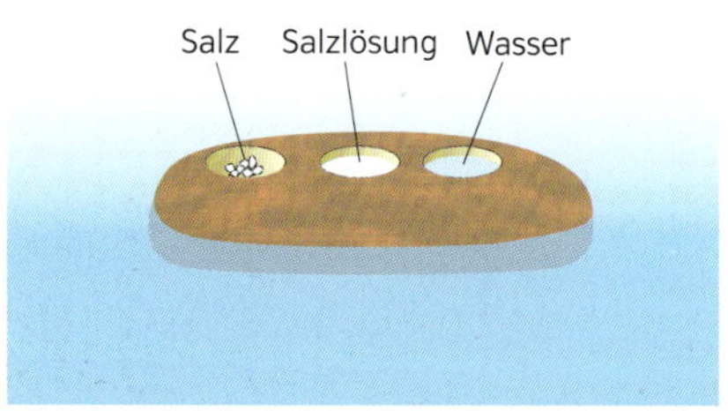

96.2 Experiment in der Küche: Bohre in eine Kartoffel 3 gleiche Gruben, „planiere" die gegenüberliegende Seite der Kartoffel und lege die Kartoffel in eine Schale Wasser. Gib grobkörniges Salz in die erste Grube, in die zweite eine physiologische Kochsalzlösung (9 g NaCl auf 1 ø destilliertes Wasser) und in die dritte destilliertes Wasser. Lasse das Ganze eine Stunde lang ruhen. Was beobachtest du? Erkläre die Beobachtung!

> Auf eine semipermeable Membran, die eine Lösung vom reinen Lösungsmittel trennt, wirkt der **osmotische Druck**
> $p = nRT/V$.
> Dabei gibt n die Stoffmenge in mol des im Volumen V gelösten Stoffes an.

Der osmotische Druck hängt nur von der Konzentration des gelösten Stoffes ab, nicht von der Art des Stoffes oder des Lösungsmittels. Er steigt proportional zur Temperatur.
Als Beispiel betrachten wir den osmotischen Druck von Apfelsaft, der 5 g Fruchtzucker ($C_6H_{12}O_6$) pro Liter enthält. Mit einer Molekülmasse von 180 ist dies 5/180 mol. Bei 300 K ergibt sich als osmotischer Druck der gelösten Moleküle:

$$p = 5/180\,\text{mol} \cdot 8{,}31\,\text{JK}^{-1}\text{mol}^{-1} \cdot 300\,\text{K}/(10^{-3}\,\text{m}^3) = 0{,}69 \cdot 10^5\,\text{Pa} = 0{,}69\,\text{bar}.$$

$p = 0{,}69$ bar entspricht dem Druck am Boden einer Wassersäule von ca. 7 m Höhe! ◁

Biologische Bedeutung der Osmose

Die Osmose spielt in der Biologie eine wichtige Rolle. Halbdurchlässige (semipermeable) Membranen sind Bauelemente vieler Zellen. Sie umschließen die Zellen und erlauben dennoch den Durchtritt derjenigen Moleküle, die für die Funktion und den Stoffwechsel der Zelle erforderlich sind. Der im Inneren von Zellen herrschende Zelldruck ist darauf zurückzuführen, dass der Zellsaft konzentrierter ist als die zwischen den Zellen zirkulierende Lösung. Durch Osmose gelangen Wasser und Nährstoffe in die Kronen hoher Bäume, der osmotische Druck zeigt sich an der Fähigkeit der Wurzeln, auch feinste Gesteinsrisse zu sprengen.

Antwort auf die Eingangsfrage

In den Kirschen befinden sich viele Zuckermoleküle in wässriger Lösung. Bleibt ein Regentropfen auf der reifen Kirsche haften, so trennt die Haut das Wasser von der Zuckerlösung im Inneren. Die Haut ist für die Wassermoleküle durchlässig, für die Zuckerteilchen aber nicht. Zum Ausgleich der Konzentration dringt das Wasser in das Innere ein, die Kirsche schwillt an und platzt. (Aus diesem Grund sind Gärtner und Obstbauern besorgt, wenn es zur Kirschen-Erntezeit regnet.)
In der Medizin nützt man z.B. bei Infusionen das Wissen um die Osmose. Bei einer Infusion in den Blutkreislauf muss die Konzentration der gelösten Stoffe mit der Konzentration im Blut übereinstimmen. Eine Infusion mit destilliertem Wasser würde die Blutkörperchen quellen und platzen lassen. Infusionen wurden daher mit so genannter „physiologischer" Kochsalzlösung (0,9 Gewichtsprozent NaCl in destilliertem Wasser) durchgeführt, sie sind den Bedingungen des menschlichen Körpers angepasst. (Medizinischer Standard sind heute sogenannte Vollelektrolyt-Lösungen, die der chemischen Zusammensetzung von Blutserum entsprechen.)

97.1 Die Osmose ist für den „Turgor" oder Saftdruck verantwortlich, der auf die Innenwand lebender Pflanzenzellen wirkt und durch osmotische Wasseraufnahme entsteht. Die prall gefüllten Zellen bewirken die Festigung der Pflanzenteile, die bei Wasserverlust verwelken. In diesem Gemälde von Claude Monet (1840–1926) steht das Welken der Blätter im Kontrast zu den besser versorgten Blüten der Sonnenblumen.

Teste dein Wissen W1

Lösungen im Anhang

97.1 Welche Aussagen zum idealen Gas sind richtig?
a) Die Teilchen des idealen Gases haben kein Volumen.
b) Die Teilchen sind bei $T = 0$ K bewegungslos.
c) Das ideale Gas besteht aus vielen Teilchen, die keine Kräfte aufeinander ausüben.

97.2 Wenn man den Druck des idealen Gases bei konstanter Temperatur halbiert, dann gilt:
a) Das Volumen verdoppelt sich.
b) Das Volumen halbiert sich.
c) Das Volumen vervierfacht sich.
Begründe deine Antwort.

97.3 Welche Aussage zur thermischen Zustandsgleichung ist korrekt:
a) Sie gilt für 1 Mol eines Gases.
b) Sie gilt für ein ideales Gas.
c) Sie gilt für ein reales Gas.

97.4 Welche Größen in der thermischen Zustandsgleichung sind zueinander proportional?
a) $p \cdot V$ zur Temperatur in °C
b) p zu T, wenn $V = \text{const}$
c) $p \cdot V$ zur Stoffmenge bei $T = \text{const}$

97.5 Was beobachtet man beim Experiment zur Osmose auf S. 96?
a) Im Steigrohr sinkt der Flüssigkeitsspiegel.
b) Im Steigrohr steigt der Flüssigkeitsspiegel.
c) Wasser wird aus der inneren Kammer nach außen gedrückt.

97.6 Was ist der Grund, dass nur einige Moleküle durch die semipermeable Wand treten können?

97.7 Wie kommt nach Bernoulli der Gasdruck zustande?
a) Durch die Kraft eines Kolbens.
b) Durch die Stöße der Gasmoleküle mit anderen Gasmolekülen.
c) Durch Stöße der Gasmoleküle mit der Gefäßwand.

97.8 Wie hängt der Druck mit der mittleren kinetischen Energie der Gasmoleküle zusammen?
a) Der Druck ist umso größer, je größer die mittlere kinetische Energie der Teilchen ist.
b) Der Druck hängt nur mit der Geschwindigkeit und nicht mit der kinetischen Energie der Teilchen zusammen.
c) Der Druck ist umso größer, je kleiner die mittlere kinetische Energie ist.

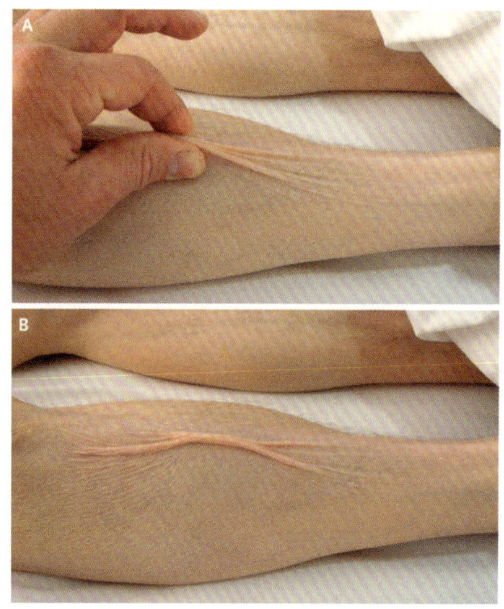

97.2 Der Turgor der Haut hat deutlich nachgelassen, wenn wie im Bild die Falte nach dem Loslassen erhalten bleibt.

3 Zustandsänderungen

In diesem Kapitel erfährst du etwas über,
- Wärmekapazität verschiedener Stoffe,
- Änderungen des Aggregatzustands und die dazu nötigen Energien,
- deren praktische Bedeutung,
- Dampfdruck und Luftfeuchtigkeit und
- wie sie das Wetter beeinflussen.

98.1

? Wie entsteht Nebel? Warum ist das Tal im Bild nicht vollständig von Nebel eingehüllt?

Eine wichtige Rolle in Natur und Technik spielen die Änderungen der Zustandsform, der sogenannten. **„Phase“**, von Stoffen. Beispiele für **Phasenübergänge** sind das **Schmelzen**, der Übergang vom Festkörper zur Flüssigkeit, oder das **Verdunsten**, der Übergang von der Flüssigkeit zum Gas.

98.3 gibt einen Überblick über die wichtigsten Phasenübergänge zwischen den Zuständen fest, flüssig und gasförmig. Bei jedem Übergang wird Energie in Form von Wärme aufgenommen oder abgegeben.

98.2 Wenn Eiszapfen schmelzen, sieht man zwei Phasen des Wassers. Die dritte Phase, der Wasserdampf über den Oberflächen, ist unsichtbar.

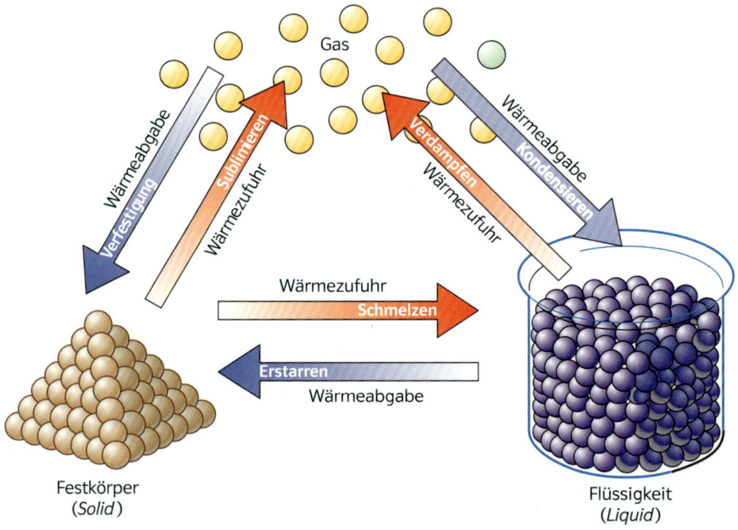

98.3 Phasenübergänge

Als vierter Zustand der Materie gilt das **Plasma**. Plasmen sind Gase, deren Atome ionisiert, d.h. in Elektronen und positive Ionen zerlegt sind. Durch ihre elektrischen und magnetischen Wechselwirkungen unterscheiden sie sich stark von der normalen Materie. Plasmen kommen in der Kerzenflamme, in Blitzen, im Polarlicht, in der Sonne und in Sternen, in den Gasnebeln von Galaxien, u.s.w. vor.

Phasenübergänge sind für **Wetter und Klima** wichtig. Wasser verdunstet aus Meeren und Seen. Das Verdunsten von Wasser erfordert viel Energie. Wenn die feuchte Luft durch Windströmungen vom Meer über das Land transportiert wird und dort als Niederschlag auf die Erde fällt, wird dabei auch die im Wasserdampf gespeicherte Energie frei und wärmt die Atmosphäre – davon profitieren vor allem die gemäßigten Klimazonen, z.B. Mitteleuropa. Bei gleicher Sonneneinstrahlung erwärmen sich Wasser und Festland unterschiedlich. Sand- und Felswüsten zeigen extreme Temperaturschwankungen, Meere und Seen erwärmen sich langsam und kühlen langsam ab, sie sorgen für gleichmäßige Temperaturen.

3.1 Wärmeaustausch und Wärmekapazität

Wenn wir einen heißen und einen kalten Gegenstand in thermischen Kontakt bringen, dann fließt Energie vom heißen zum kalten Körper, bis ihre Temperaturen nach einiger Zeit gleich sind. Energie, die von selbst von einem heißen auf einen kalten Körper übergeht, bezeichnet man als **Wärme** Q (s. S. 84).
Wir bestimmen die ausgetauschte Wärme Q im folgenden Experiment:

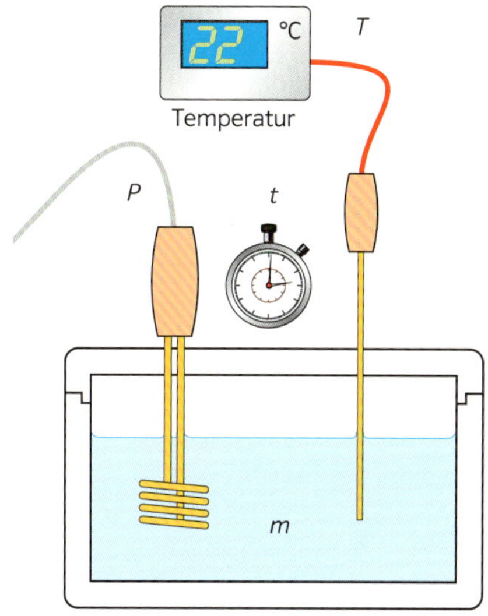

99.1 Experiment zur Bestimmung der Wärmekapazität von Wasser.

Experiment: Erwärmen von Wasser

99.1 *Du brauchst:* ein Wärme isolierendes Gefäß, Thermometer, Tauchsieder mit bekannter Leistung P, Uhr (**99.1**)

E1 **a)** Fülle in das Gefäß eine bestimmte Menge kaltes Wasser. Erwärme das Wasser mit dem Tauchsieder und sorge durch Umrühren für eine gleichmäßige Erwärmung. Miss die Zeitdauer Δt, bis eine gewünschte Temperaturdifferenz ΔT erreicht ist. Wie viel Energie wurde übertragen?

E1 **b)** Wiederhole das Experiment mit unterschiedlichen Wassermengen und mit unterschiedlichen Temperaturdifferenzen. Was schließt du aus diesen Experimenten?

Der heiße Körper (Tauchsieder) gibt Wärme Q an den kalten Körper (Wasser) ab. Die benötigte Wärme ist direkt proportional zur erzielten Temperaturerhöhung ΔT und zur Masse m des kalten Körpers. Das Wasser nimmt gleich viel Wärme auf, wie der Tauchsieder abgibt, wenn keine Wärmeverluste an die Umgebung auftreten.
Wir setzen daher für die vom kälteren Körper aufgenommene Wärme Q an:

$$Q = c \cdot m \cdot \Delta T.$$

Die Proportionalitätskonstante c heißt **spezifische Wärmekapazität** des Körpers.

Stoff	c
Wasser	4,183
Eis (0 °C)	2,1
Ethanol	2,43
Aluminium	0,896
Eisen	0,45
Gold	0,13
Sand	0,83
Marmor	0,8

99.2 Spezifische Wärmekapazität c verschiedener Stoffe in $kJ \cdot K^{-1} \cdot kg^{-1}$ (bei 20 °C)

> Die **spezifische Wärmekapazität *c*** eines Körpers gibt an, wie viel Energie zur Erwärmung des Körpers pro Kilogramm und pro Grad benötigt wird.
> *c* ist eine Materialeigenschaft. (Einheit: $J \cdot K^{-1} \cdot kg^{-1}$).

Die spezifische Wärmekapazität wird experimentell bestimmt (**99.1**). Sie ergibt sich aus der bekannten Leistung P des Tauchsieders und der Heizdauer Δt:

$Q = P \cdot \Delta t$. Daher: $c = \dfrac{Q}{m \cdot \Delta T}$.

Präzisionsexperimente ergeben:
Bei 20 °C beträgt die spezifische Wärmekapazität von Wasser $c = 4{,}183\ kJ \cdot K^{-1} \cdot kg^{-1}$.

> Beim Wärmeaustausch zwischen zwei unterschiedlich temperierten Körpern wird die **Wärmemenge** $Q = c \cdot m \cdot \Delta T$ vom kälteren Körper aufgenommen.
> ΔT ist die Temperaturerhöhung des Körpers, m seine Masse.

Stoff	c_p	c_V
Luft	1,005	0,717
Sauerstoff	0,917	0,656
Stickstoff	1,038	0,741
Wasserstoff	14,32	10,17
Helium	5,23	3,21
CO_2	0,837	0,647

99.3 Spezifische Wärmekapazität von Gasen in $kJ \cdot K^{-1} \cdot kg^{-1}$ (bei 20 °C)

▷ Die dem Körper zugeführte Wärme wird einerseits zur Temperaturerhöhung, also zur Erhöhung der Bewegungsenergie seiner Teilchen, andererseits für Arbeit bei der Volumenausdehnung gegen den Umgebungsdruck aufgewandt.
Bei Gasen kann man die Ausdehnung verhindern und das Volumen konstant halten. Man erhält dann die spezifische Wärmekapazität bei konstantem Volumen c_V. Erwärmt man das Gas so, dass der Druck konstant bleibt, dann vergrößert sich das Volumen: Für die gleiche Temperaturerhöhung muss mehr Wärme zugeführt werden. Die spezifische Wärmekapazität bei konstantem Druck c_p ist daher größer als die spezifische Wärmekapazität bei konstantem Volumen (siehe **99.3**). ◁

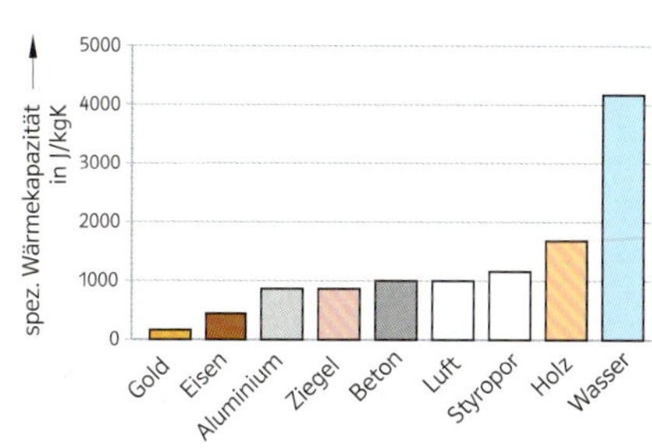

99.4 Spezifische Wärmekapazitäten im Vergleich

Untersuche, überlege, forsche: Tomate auf der Pizza

99.1 S2 Eine Pizza mit Tomatenstücken wird serviert. Woran verbrennt man sich eher Zunge und Gaumen – am Pizzaboden aus Hefeteig, am Schinken der Auflage, am geschmolzenen Käse oder an der Tomate? Begründe deine Meinung!

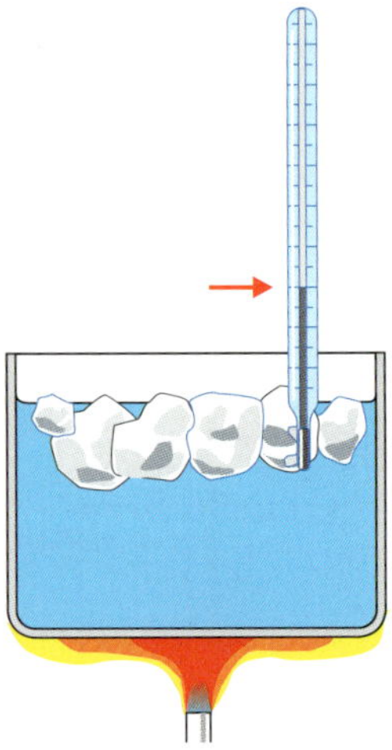

100.1 Erwärme eine Mischung aus Eis und Wasser und zeichne ein Diagramm des zeitlichen Verlaufs der Temperatur, bis das Eis vollständig geschmolzen ist.

3.2 Phasenübergang fest – flüssig

Schmelzen und Erstarren

Erwärmt man einen festen Körper, so werden die Schwingungen seiner Moleküle immer heftiger. Schließlich können die Molekularkräfte die Moleküle nicht mehr an festen Plätzen halten. Die geordnete Struktur des Festkörpers bricht bei einer bestimmten Temperatur – der **Schmelztemperatur** – zusammen, und der Körper wird flüssig,

Experiment: Schmelzen von Eis

100.1 E2 *Du brauchst:* Gefäß mit Wasser und einigen zerkleinerten Eiswürfeln, Thermometer, Rührstab, Heizplatte (**100.1**)
Stelle durch Umrühren sicher, dass die Wasser-Eis-Mischung 0 °C hat. Erwärme und miss in regelmäßigem Abstand die Wassertemperatur, wobei du immer wieder leicht umrühren solltest. Erstelle ein Diagramm, das den zeitlichen Verlauf der Wassertemperatur zeigt, und interpretiere es.

Während des **Schmelzens** bleibt die Temperatur gleich, die gesamte zugeführte Energie wird als **Schmelzwärme** zum Aufbrechen der Bindungen zwischen den Molekülen benötigt. Beim Abkühlen kehrt sich der Vorgang um. Beim **Erstarren** wird die zuvor aufgenommene Energie wieder frei.

Untersuche, überlege, forsche: Schmelzwärme von Eis

100.1 Wie kannst du das soeben durchgeführte Experiment so erweitern, dass du die Schmelzwärme von Eis näherungsweise bestimmen kannst?
E1 **a)** Welche Größen musst du messen, bzw. kennen?
E2 **b)** Plane ein Experiment, in dem warmes Wasser in einem Isoliergefäß eine kleine Menge Eis schmilzt. Welche Größen musst du messen?

Die Schmelzwärme pro Kilogramm bei Normaldruck nennt man die spezifische Schmelzwärme. Für Eis ist sie besonders groß. (**100.2**)

Stoff	kJ/kg	°C
Blei	25	328
Zinn	60	232
Silber	105	961
Kupfer	205	1085
Kochsalz	500	801
Eisen	260	1535
Eis	334	0

100.2 Spezifische Schmelzwärme und Schmelzpunkt einiger Substanzen

Zum Schmelzen eines Festkörpers wird Wärme (Schmelzwärme) benötigt.
Um 1 kg Eis zu schmelzen, ist die Schmelzwärme von 334 kJ erforderlich.

Die spezifische Schmelzwärme von Eis ($334\,kJ \cdot kg^{-1}$) ist im Vergleich zur spezifischen Wärmekapazität von Wasser von $4{,}18\,kJ \cdot kg^{-1} \cdot K^{-1}$) sehr groß: Um 1 kg Eis bei 0 °C zu schmelzen, ist ebensoviel Energie notwendig wie für eine anschließende Erwärmung auf 80 °C. Deshalb schmelzen Gletscher im Sommer nicht vollständig. Schnee überdauert wegen der hohen Schmelzwärme längere Perioden warmen Wetters. Auch die Eiswürfel im Getränk schmelzen nur langsam.

Untersuche, überlege, forsche: Schmelzen durch Druck

100.2 Das Experiment in **100.3** zeigt, wie eine dünne Drahtschlinge, an der ein Gewicht hängt, durch einen Eisblock wandert. Häufig wird das Phänomen so erklärt: Der Druck des Drahts senkt den Gefrierpunkt, das Eis schmilzt unter dem Draht, der dadurch tiefer sinkt, das Wasser über dem Draht gefriert wieder. Diese Erklärung wird von Experten kritisiert. Das Experiment wird bei Zimmertemperatur vorgeführt.
E2 **a)** Vielleicht ist der Draht warm genug, so dass das Eis unter ihm schmilzt? Wie könnte man diese Vermutung überprüfen?
W2 **b)** Das Gleiten von Schlittschuhen über das Eis wird oft ähnlich begründet: Durch den Druck der Kufen soll sich ein Wasserfilm bilden, der die Reibung herabsetzt. Der Druck der Schlittschuhkufen senkt jedoch den Gefrierpunkt nur um Bruchteile eines Grads – zu wenig, um einen Wasserfilm unter den Kufen zu erzeugen. Überlege und schätze ab, ob Gleitreibung zwischen Stahl und Eis einen ausreichenden Wasserfilm bilden kann!

100.3 Eine Drahtschlinge wandert durch einen Eisblock

Vom festen zum gasförmigen Zustand: Sublimation

Festkörper gehen manchmal direkt vom festen in den gasförmigen Zustand über. Diesen Vorgang nennt man **Sublimation**. Die erforderliche Energie wird dem Festkörper entzogen, der sich dadurch abkühlt.
Neben intensivem Sonnenschein, warmem Wind oder Regen ist Sublimation ein weiterer, allerdings langsamer Mechanismus, durch den im Winter eine Schnee- oder Eisdecke schwindet. Bei kaltem trockenem Wetter schmilzt Schnee nicht, sondern geht direkt in Wasserdampf über. In ähnlicher Weise trocknet gefrorene Wäsche im Winter oft schneller als in der feuchten warmen Luft einer geheizten Wohnung. Ein kleiner Teil der Moleküle im Eis besitzt ausreichend Energie, um den Molekularkräften zu entkommen und Wasserdampf über der Eisoberfläche zu bilden, zu sublimieren.

Den umgekehrten Vorgang kann man z.B. am Gefrierfach des Kühlschranks beobachten. Der Wasserdampf in der Luft wird im Kontakt mit den kalten Wänden unmittelbar fest, ohne dass sich zuvor flüssiges Wasser bildet. Das Gefrierfach muss regelmäßig abgetaut werden.

Raureif (**101.2**) ist ebenfalls ein Verfestigungsprodukt. Er entsteht an dünnen Gegenständen (Ästen, Blättern) als locker anhaftende und zerbrechliche Eisnadeln. Diese Nadeln bilden sich aus dem Wasserdampf bei sehr feuchter Luft, schwachem Wind und tiefen Temperaturen.
Sublimation wird auch in technischen Prozessen genutzt (**101.1**). In der Lebensmittelindustrie wird z.B. Beerenobst (Müslifrüchte) und Kaffee (Instant-Kaffee) zur Schonung des Aromas durch Gefriertrocknung Wasser entzogen.

101.1 Trockeneis ist gefrorenes Kohlenstoffdioxid (CO_2), das bei Temperaturen über −78 °C und normalem Luftdruck direkt in den gasförmigen Zustand übergeht. (Das Bild zeigt CO_2-Stücke in Wasser. Das kalte CO_2 lässt Wasserdampf kondensieren und Nebel bilden.) Trockeneis hat zahlreiche Anwendungen in Technik, Medizin (Vereisen von Warzen) und Unterhaltung (Bühnennebel) und dient als Kühlmittel für den Transport von Medikamenten und Lebensmitteln.

101.2 Raureif

Untersuche, überlege, forsche: Wärmekissen – Thermopads

101.1 S2 Bei Phasenumwandlungen wird Energie in einem Körper gespeichert (z.B. beim Schmelzen) oder abgegeben (z.B. beim Erstarren). Da sich dabei die Temperatur nicht ändert, wird diese Energie latente (verborgene) Energie genannt. Anwendung findet dieser Effekt beispielsweise in wiederverwendbaren Wärmekissen. Informiere dich über das Funktionsweise von Wärmespeichern, die auf Phasenumwandlung beruhen. Die verwendeten Materialien werden engl. *phase change materials* genannt.

3.3 Phasenübergang flüssig – gasförmig

a Das Verdunsten

Lässt man ein Gefäß mit Wasser längere Zeit offen stehen, so wird das Wasser allmählich immer weniger. Wohin verschwindet es?
Das Wasser **verdunstet**. In einer Flüssigkeit haben nur wenige Moleküle ausreichend Energie, um gegen die Anziehung der Molekularkräfte den Molekülverband zu verlassen. Über der Wasseroberfläche bilden sie die gasförmige Phase von Wasser – den **Wasserdampf** (**101.3**).

Manche Moleküle kehren infolge der Molekularbewegung wieder vom Dampf ins Wasser zurück. Durch Diffusion und Luftströmungen, z.B. indem man den Dampf wegbläst, wird dies verhindert. Dadurch gibt das flüssige Wasser fortwährend Moleküle als Dampf an die Umgebung ab, was die Verdunstung begünstigt. Daher trocknet z.B. Wäsche im Wind rascher und ein Föhn lässt nasse Haare schnell trocknen.
Indem das Wasser die schnellsten Moleküle verliert, nimmt die mittlere Molekülgeschwindigkeit ab. Das Wasser wird kälter. Dieses Phänomen kennen wir vom Schwitzen: der Schweiß verdunstet und der Körper kühlt ab.

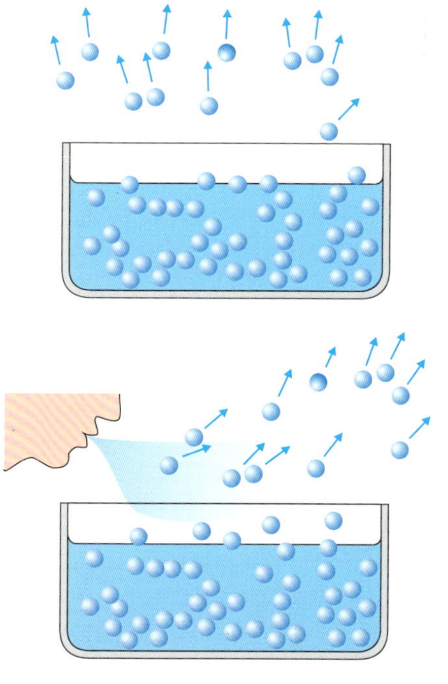

101.3 Flüssigkeit verdunstet: Die schnellsten Moleküle überwinden die anziehenden Molekularkräfte. Durch Blasen kann man die Dampfmoleküle entfernen, bevor sie in die Flüssigkeit zurückkehren. Indem die energiereichsten Moleküle entfernt werden, sinkt die Temperatur der Flüssigkeit.

Untersuche, überlege, forsche: Kühlen durch Verdunsten

101.2 E2 Feuchte Badewäsche wird oft als kalt empfunden. Plane eine Untersuchung, um die kühlende Wirkung feuchter Wäsche quantitativ zu erfassen.

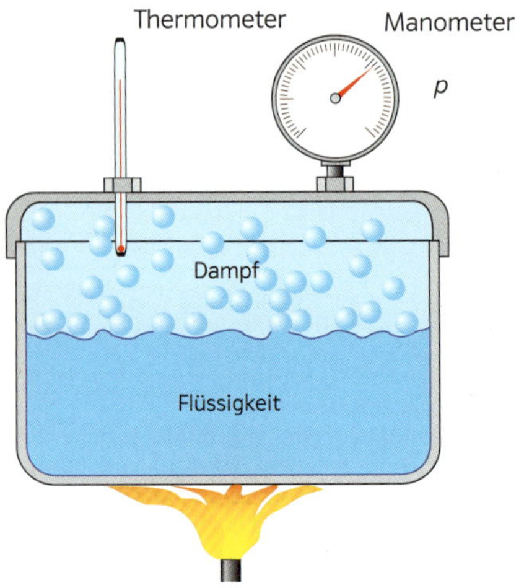

102.1 Experiment zur Messung des Dampfdrucks

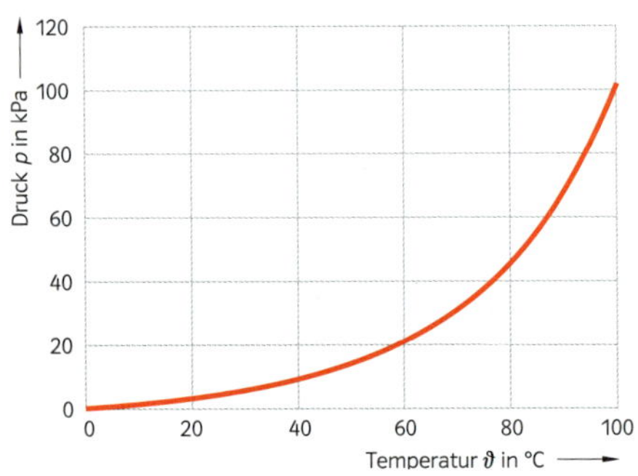

102.2 Der Sättigungsdampfdruck von Wasser zwischen 0 °C und 100 °C steigt nahe dem Siedepunkt steil an.

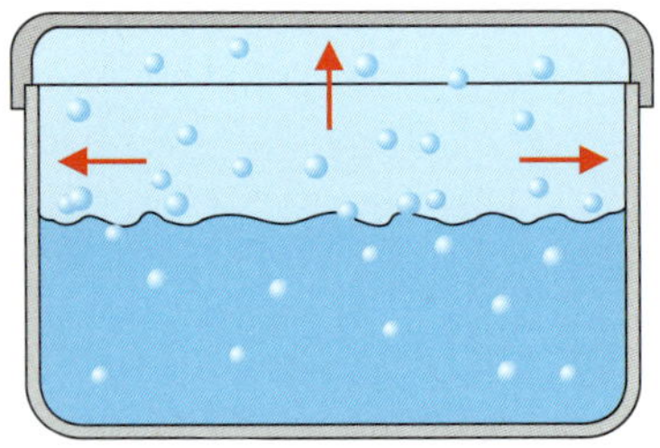

102.3 Sowohl die Dichte wie auch die thermische Bewegung der Moleküle im Dampf nehmen mit der Temperatur zu.

102.4 Vergrößert man das Volumen, so treten mehr Moleküle in den Dampfraum über, bis die ursprüngliche Dichte wieder hergestellt ist.

b Der Dampfdruck

Um den Übergang flüssig-gasförmig einer Substanz (z.B. Wasser) zu untersuchen, müssen wir den Verlust von Flüssigkeit durch Verdunstung verhindern. Dazu schließen wir die Substanz in ein Druckgefäß ein. Energiereiche Moleküle verlassen die Flüssigkeitsoberfläche und bewegen sich im Raum über der Flüssigkeit, gleichzeitig kehren Moleküle in die Flüssigkeit zurück. Bei konstanter Temperatur bildet sich ein **dynamisches Gleichgewicht** zwischen dem flüssigen und dem gasförmigen Zustand. Dadurch erreicht der gasförmige Anteil eine konstante Dichte und einen konstanten Druck, die nur von der Temperatur abhängen. (102.2)

Der mit der Flüssigkeit im Gleichgewicht stehende Dampf heißt **gesättigter Dampf**. Sein Druck auf die Flüssigkeitsoberfläche und die Gefäßwand heißt **Dampfdruck** der Flüssigkeit.

▷ Meist befindet sich im Raum über der Flüssigkeit zusätzlich Luft, und der Druck über der Flüssigkeit setzt sich aus dem Dampfdruck und dem Druck der eingeschlossenen Luft zusammen. Um nur den Dampfdruck zu untersuchen, sollten wir zunächst die Luft entfernen. Wir haben dann im Gefäß einen einzigen Stoff (z.B. Wasser) in zwei Zuständen (flüssig und gasförmig).
Wie ändert sich der Dampfdruck mit der Temperatur?

Experiment: Dampfdruck von Wasser

102.1 E1 *Du brauchst:* ein Druckgefäß mit Thermo- und Manometer, Heizplatte, Wasser
Fülle das Druckgefäß mit Wasser und erwärme es, bis der Druck des Dampfes den äußeren Luftdruck übersteigt. Lass über ein Ventil im Deckel eventuelle Restluft und etwas Wasserdampf ab, so dass sich keine Luft mehr im Gefäß befindet. Das Gefäß enthält dann die Flüssigkeit und darüber ihren gesättigten Dampf (102.1).
Erstelle beim Abkühlen des Gefäßes ein Diagramm (**Dampfdruckkurve**), das den Druck des Dampfs als Funktion der Temperatur zeigt (102.2).

Im Diagramm (102.2) trennt die Dampfdruckkurve den flüssigen Zustand vom gasförmigen Zustand. Die Punkte auf der Kurve beschreiben Wasser im Gleichgewicht des flüssigen mit dem gasförmigen Zustand. Im Bereich von 0 °C bis 100 °C steigt der Dampfdruck von 6 mbar auf 1013 mbar. Im Bereich links von der Kurve gibt es nur flüssiges Wasser, rechts nur gasförmiges Wasser.
Die Dampfdruckkurve (102.2, 105.1) zeigt, dass im Gegensatz zum Verhalten eines idealen Gases der Dampfdruck nicht proportional zur Temperatur ansteigt, sondern stärker. Im idealen Gas bleibt die Teilchenzahl gleich, der Druck steigt proportional zur Temperatur. Im System Flüssigkeit-Gas steigt bei Temperaturerhöhung einerseits die mittlere kinetische Energie der Moleküle, und andererseits verlassen mehr Moleküle die Flüssigkeit. Es stellt sich ein neues dynamisches Gleichgewicht bei einem höheren Dampfdruck ein.
Ändert sich der Dampfdruck, wenn wir das Dampfvolumen verändern? Vergrößert man das Volumen des Dampfes bei gleich bleibender Temperatur, so nehmen zunächst Dichte und Druck ab. Bis die ursprüngliche Dichte des Dampfes wieder erreicht ist, können mehr Moleküle die Flüssigkeit verlassen als in sie zurückkehren, (102.2). Solange noch Flüssigkeit vorhanden ist, hängen die Dampfdichte und der Dampfdruck über der Flüssigkeit daher nicht vom Volumen ab.

Der Druck eines gesättigten Dampfes steigt mit wachsender Temperatur, ist aber unabhängig vom Volumen.

Die Dampfdruckkurve endet abrupt beim **kritischen Punkt**, einem für die Flüssigkeit charakteristischen Wert von Druck und Temperatur. Bei Wasser betragen die **kritische Temperatur** $T_k = 374{,}15\,°C$ und der **kritische Druck** $p_k = 221{,}15$ bar (102.1). Am kritischen Punkt verschwindet der Unterschied zwischen Flüssigkeit und Gas. Die thermische Bewegung ist nun so stark, dass die Teilchen auch bei noch größerem Druck nicht an ihre nächsten Nachbarn gebunden bleiben. Über dem kritischen Punkt gibt es nur noch Gas (105.1).

Die Dampfdruckkurve des Wassers ist technisch sehr wichtig. Dampfturbinen in Wärmekraftwerken arbeiten umso effektiver, je heißer der Dampf ist. Temperaturen bis 600 °C und Drücke bis 300 bar stellen an das Material von Dampfkessel und Turbinenschaufeln hohe Anforderungen. ◁

Gas	K	°C
Wasserdampf	647,3	374
Kohlendioxid	304,1	31
Sauerstoff	154,7	−118
Stickstoff	126,3	−147
Wasserstoff	33,2	−240
Helium	5,2	−268

103.1 Kritische Temperatur einiger Gase
Gase können nur unterhalb der kritischen Temperatur verflüssigt werden.

Untersuche, überlege, forsche: Der Druckkochtopf

103.1 S2 Es heißt, dass man mit einem Druckkochtopf Energie sparen kann. Informiere dich über Aufbau, Wirkungsweise und die Geschichte dieser Erfindung.

1911 – Radioaktivität sichtbar gemacht

Der schottische Physiker Charles T. R. Wilson (1869–1959) konnte als Erster im Jahr 1911 die Flugbahnen von α-Teilchen sichtbar machen. Das Prinzip der von ihm entwickelten **Nebelkammer** nutzt die Eigenschaften von Dämpfen:
In einem geschlossenen Gefäß verdampft Alkohol und bildet gesättigten Dampf. Das Gefäß ist durch einen verschiebbaren Kolben verschlossen. Durch rasches Herausziehen des Kolbens wird das Volumen der Kammer plötzlich vergrößert. Dadurch sinken Druck und Temperatur schlagartig, da in der kurzen Zeit der Expansion kein Wärmeaustausch mit der Umgebung stattfindet. Nun ist für die niedrigere Temperatur zu viel Dampf vorhanden, der Dampf ist übersättigt. Der übersättigte Dampf sollte teilweise kondensieren, damit sich wieder ein Gleichgewichtszustand einstellt. Kleine Flüssigkeitströpfchen bilden sich jedoch nur, wenn Kondensationskeime vorhanden sind. Hier kommt nun die Radioaktivität ins Spiel. α-Teilchen, die von einem Mineral ausgehen, das Uran enthält, Teilchen der kosmischen Strahlung und andere ionisierende Teilchen erzeugen längs ihrer Bahnen Ionen, die als Kondensationskeime wirken: Kleine Flüssigkeitströpfchen (Nebeltröpfchen) entstehen. Die Flugbahnen der ionisierenden Teilchen werden sichtbar. (**103.2**) Viele Jahrzehnte lang wurden Nebelkammern in der Forschung genutzt, bis sie von elektronischen Nachweisgeräten abgelöst wurden. Heute regen sie in naturwissenschaftlichen Museen Menschen zu Fragen an.

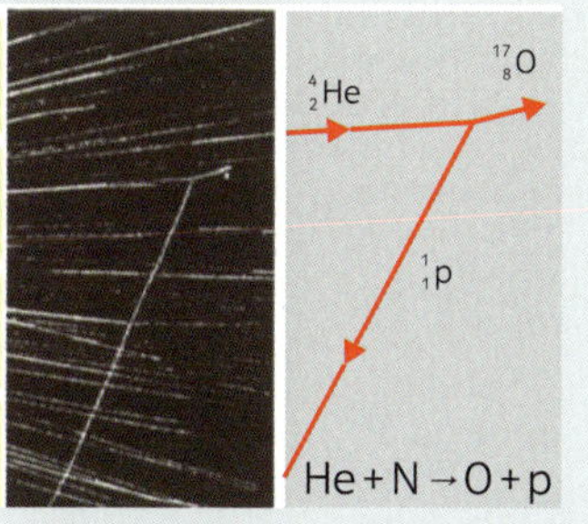

103.2 Spuren von ionisierenden Teilchen in einer Nebelkammer. Die Aufnahme zeigt die erste beobachtete Umwandlung eines Atomkerns.

c Das Sieden

Experiment: Erhitzen von Wasser in einem offenen Gefäß

103.1 E2 *Du brauchst:* Gefäß, Thermometer, Heizplatte, Wasser
Beobachte die Vorgänge beim Erwärmen von Wasser bis 100 °C (**103.3**). Miss die Temperatur alle 30 s und fertige ein Diagramm $T = f(t)$ an. Beschreibe deine Beobachtungen. (Vorsicht: Gefahr von Verbrühungen!)

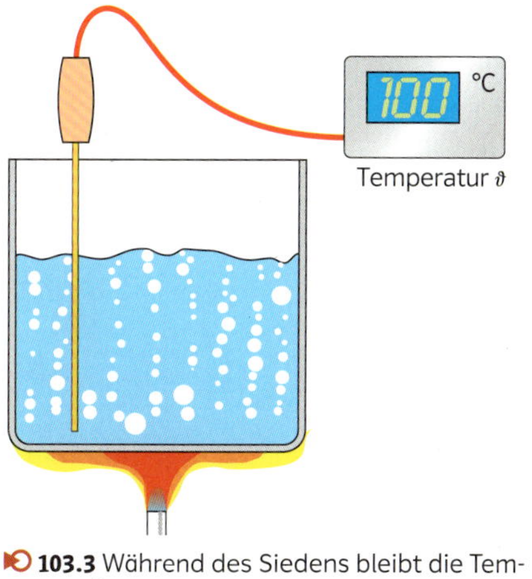

103.3 Während des Siedens bleibt die Temperatur konstant.

Zunächst beobachten wir, wie die Verdunstung im offenen Gefäß stärker wird. Durch Konvektion gelangt Wasser, das am heißen Gefäßboden erwärmt wird, an die Oberfläche. Der Dampfdruck nimmt mit der Temperatur zu, immer mehr Teilchen treten aus der Flüssigkeit in die Luft aus. Durch Konvektion werden sie abtransportiert und es kann sich kein Gleichgewicht zwischen Flüssigkeit und Dampf einstellen.
Wenn aber z.B. am Gefäßboden die Temperatur so hoch ist, dass der Dampfdruck größer als der hydrostatische Druck in der Flüssigkeit ist, bilden sich an mikroskopisch kleinen Verunreinigungen oder Unregelmäßigkeiten innerhalb der Flüssigkeit Dampfbläschen: Dort reicht die Bewegungsenergie der Teilchen, um die Bindung zwischen den Wassermolekülen zu lösen. Wegen ihrer geringeren Dichte steigen Dampfbläschen durch Auftrieb zur Oberfläche und transportieren dabei Energie. Wenn auch das Wasser an der Oberfläche die **Siedetemperatur** (100 °C bei einem Druck von 1013 mbar) erreicht hat, ist der Dampfdruck an der Oberfläche gleich dem Umgebungsdruck (Luftdruck). Die Wassermoleküle entweichen nun ungehindert, was eine gesteigerte Wärmeabfuhr bewirkt. Daher bleibt die Temperatur der Flüssigkeit auch bei weiterer Wärmezufuhr konstant. Die zugeführte Energie bewirkt ein weiteres Verdampfen.

Die Verdampfung aus dem Inneren der Flüssigkeit heißt **Sieden**.
Sieden tritt ein, wenn der Dampfdruck dem Luftdruck entspricht.

104.1 Ein Demonstrationsexperiment: Wasser wird in einem Rundkolben zum Sieden gebracht und von der Wärmequelle entfernt. Das Wasser siedet nicht mehr. Man verschließt das Gefäß und gießt kaltes Wasser darauf. Im Gefäß beginnt es wieder zu sieden. Warum? (Vorsicht: Schutzbrille tragen! Gefahr von Glasbruch durch Implosion.)

Substanz	kJ/kg
Aluminium	10900
Wasser	2257
Alkohol	844
Benzol	396

104.2 Spezifische Verdampfungswärmen einiger Substanzen

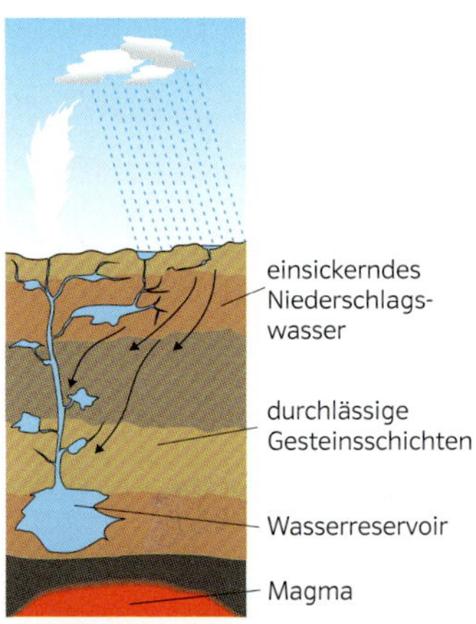

104.3 Geysire zeigen eindrucksvoll die Wirkung von überhitztem Wasser (Siedeverzug) in der Natur. In vulkanischen Gebieten kann Sickerwasser in tief reichenden Spalten weit über 100°C erreichen. Der Druck der darüberliegenden Wassersäule kann lange Zeit das Sieden verhindern. Wenn schließlich doch Dampfblasen aufsteigen, reißen sie Wasser mit sich. Durch den verringerten Wasserdruck setzt Sieden ein: Ein Gemisch aus heißem Dampf und Wasser schießt als Fontäne aus dem Spaltensystem.
Das Foto zeigt den Geysir Old Faithful im Yellowstone-Park (USA).

Daher ist die Siedetemperatur vom Luftdruck abhängig. Bei niedrigerem Luftdruck siedet Wasser unterhalb von 100 °C. Z. B. siedet Wasser am Mount Everest bei etwa 70 °C, der Luftdruck beträgt dort etwa ein Drittel des Luftdrucks auf Meeresniveau.

Untersuche, überlege, forsche: Luftdruck und Siedetemperatur

104.1 Stelle in je einem Diagramm den Verlauf von Luftdruck p und Siedetemperatur ϑ_s in Abhängigkeit von der Höhe h (über dem Meeresniveau) dar.

m	0	903	1804	3000	4191	5382	6565	7741	8910
°C	100	97	94	90	86	82	78	74	70
mbar	1013	909	814	701	601	513	436	370	312

E2 **a)** Entnimm dem Diagramm durch Interpolation die Siedetemperatur von Wasser auf dem 3789 m hohen Großglockner und auf dem 5895 m hohen Kilimandscharo.

S2 **b)** Informiere dich über die Probleme, die der niedrige Luftdruck in Höhen über 7000 m verursacht.

Verdampfungswärme

Nach Erreichen der Siedetemperatur bleibt die Temperatur der Flüssigkeit trotz Wärmezufuhr konstant. Die zugeführte Wärme dient nur zur Überwindung der Molekularkräfte beim Übergang von der Flüssigkeit in den Dampf.
Als **spezifische Verdampfungswärme** der Flüssigkeit bezeichnet man den Quotienten aus aufgewandter Energie zur Masse der verdampften Flüssigkeit.

Untersuche, überlege, forsche: Verdampfungswärme von Wasser

104.2 E2 Überlege, wie du die spezifische Verdampfungswärme für Wasser bestimmen kannst. Entwirf eine Versuchsanordnung dazu.

Genaue Messungen ergeben, dass zum Verdampfen von 1 kg siedendem Wasser beim Luftdruck von 1013 mbar eine Energie von 2257 kJ benötigt wird. Dies ist im Vergleich zu anderen Flüssigkeiten sehr viel (**104.2**). Der Grund liegt in der Stärke der Wasserstoffbrücken, die beim Verdampfen aufgelöst werden.

Die spezifische Verdampfungswärme von Wasser beträgt 2257 kJ/kg.

Untersuche, überlege, forsche: Teewasser weiter sieden lassen?

104.3 Ist es sinnvoll, Teewasser im Wasserkocher lange sieden zu lassen?

W1 **a)** Wird es dadurch heißer?

W1 **b)** Wieviel Wasser könnte man von 20 °C auf 100 °C mit der Verdampfungswärme von 1 kg Wasser erwärmen?

Kühlt man Wasserdampf unter die Siedetemperatur, so binden die zwischenmolekularen Kräfte die Moleküle erneut aneinander. Der meiste Wasserdampf **kondensiert** zu flüssigem Wasser. Dabei gibt er die zuvor aufgenommene Verdampfungswärme als **Kondensationswärme** wieder ab. Einige Moleküle bleiben als Dampf über der Flüssigkeit. Wasserdampf kondensiert an Flächen (z. B. Bildung von Tau) oder mikroskopisch kleinen Körpern, wie Wassertröpfchen oder Staubkörnern.

▷ Siedeverzug

Dampfblasen entstehen an mikroskopisch kleinen Verunreinigungen. Bei sehr reinen Substanzen kann die Phasenumwandlung weit über den Siedepunkt, bzw. unter den Gefrierpunkt verzögert werden.
Bei **Siedeverzug** ist die Flüssigkeit **überhitzt**, ihre Temperatur ist höher als der normale Siedepunkt. Eine kleine Störung, z. B. eine Erschütterung, lässt die Flüssigkeit schlagartig verdampfen. Die explosionsartige Volumenausdehnung auf etwa das 1700-fache kann zu schweren Unfällen führen. Daher verwendet man in der Chemie sog. Siedesteinchen, an deren porösen Oberflächen sich Dampfblasen bilden. ◁

▷ Das Zustandsdiagramm eines Stoffes

Einen Überblick über die Phasenübergänge eines Stoffes erhält man, wenn man in einem Druck-Temperatur-Diagramm den Schmelz-, den Dampf- und den Sublimationsdruck als Funktion der Temperatur einzeichnet. Wir betrachten dazu das Zustandsdiagramm von Wasser (105.1). Die drei Druck-Temperatur-Kurven trennen Gebiete voneinander, in denen nur der feste oder nur der flüssige oder nur der gasförmige Aggregatzustand existiert. Jeder Punkt auf einer der Kurven bedeutet, dass jeweils zwei Zustände – z.B. fest und flüssig – gleichzeitig vorkommen. Es sind Punkte, in denen Phasenübergänge stattfinden.
Alle drei Kurven laufen in einem Punkt zusammen. Dieser Punkt heißt **Tripelpunkt**. Er gibt an, bei welchem Druck und bei welcher Temperatur alle Phasen des jeweiligen Stoffs gleichzeitig vorkommen.
Während Schmelz- und Siedetemperaturen eines Stoffes und daher auch alle darauf aufbauenden Temperaturskalen vom Luftdruck abhängen, ist der Tripelpunkt vom Luftdruck unabhängig: Er ist daher für die Definition einer Temperaturskala besonders geeignet. Bis 2019 wurde deshalb der Tripelpunkt von reinem Wasser bei $T = 273{,}16\,\mathrm{K}$ und $p = 612\,\mathrm{Pa}$ als Fixpunkt für die Kelvinskala benützt.◁

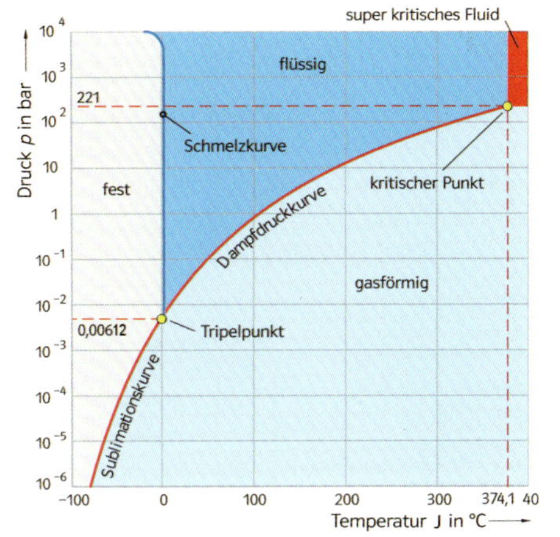

105.1 Das Zustandsdiagramm von Wasser Die Dampfdruckkurve endet im kritischen Punkt. Über dem kritischen Punkt kann die Flüssigkeit vom Gas nicht unterschieden werden. Der Tripelpunkt ist eine Fundamentalkonstante für Wasser. Es existieren hier alle 3 Phasen gleichzeitig. (Beachte die Skala der Ordinatenachse! Vergleiche mit der Dampfdruckkurve in **102.2** und erkläre die unterschiedliche Kurvenform!)

Wasserdampf mal 3

Tanzende Wassertropfen
Man könnte annehmen, dass eine Flüssigkeit umso schneller verdampft, je heißer die Heizfläche ist. Eine einfache Beobachtung zeigt, dass dies nicht immer zutrifft. Spritzt man Wasser auf eine heiße Herdplatte, so sieht man, wie einzelne Wassertropfen minutenlang über die Herdplatte tanzen. Auf der Tropfenunterseite hat sich eine Dampfschicht gebildet. Wie alle Gase ist Wasserdampf ein schlechter Wärmeleiter, die Dampfschicht behindert den Wärmefluss zum Wassertropfen, weshalb er nur langsam verdampft (105.2).
Im großen Maßstab kann etwa die Ausbildung einer isolierenden Dampfschicht an der Wand eines Dampfkessels zur Überhitzung der Kesselwand und im schlimmsten Fall zum Materialversagen und zur Kesselexplosion führen.

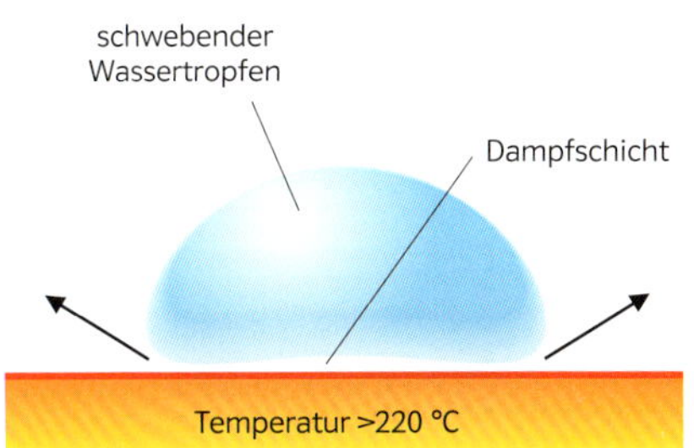

105.2 Wassertropfen können minutenlang auf heißen Herdplatten tanzen. Ein Dampfpolster trägt und schützt sie.

Der gefährliche Fettbrand
Beim Verdampfen nimmt das Volumen schlagartig zu – am Siedepunkt bei normalem Luftdruck um etwa den Faktor 1700! Das macht nicht nur den Siedeverzug so gefährlich, es ist eine häufige Ursache von schweren Unfällen in Küchen und Industriebetrieben. Wenn Frittierfett in der Pfanne zu heiß wird, verdampft Fett, das sich selbst entzünden kann. Versucht man nun, den sich anbahnenden Zimmerbrand durch Löschen mit Wasser zu verhindern, löst man erst recht eine Katastrophe aus. Wasser ist schwerer als Fett und sinkt in der Pfanne ins heiße Fett. Beim schlagartigen Verdampfen verteilt es das Fett in einer Wolke aus kleinen Tröpfchen, die nun gleichzeitig in einer Stichflamme verbrennen. Schwere Verbrennungen von Personen und große Sachschäden sind die Folge. (Im Internet sind eindrucksvolle Demonstrationen von Fettbränden zu sehen, mit denen Feuerwehren über die Gefahren informieren.)
In Industriebetrieben kann es durch den Kontakt von Wasser mit flüssigem Metall zu schweren Unfällen kommen. Wie beim Fettbrand wird dabei flüssiges Metall mit oft tödlichen Folgen für Menschen zerstäubt.

Energiesparen – die Brennwerttherme (105.3).
Häufig dient Erdgas zur Warmwasserbereitung und zur Heizung. Erdgas besteht großteils aus Methan CH_4. Beim Verbrennen entsteht gemäß der Reaktion $CH_4 + 2\,O_2 \rightarrow CO_2 + 2\,H_2O$ Kohlenstoffdioxid und Wasser. Die etwa 1200 °C heißen Verbrennungsgase heizen den Warmwasserspeicher und verlassen die Brennkammer mit etwa 150 °C. Statt sie direkt in den Abluftkamin zu leiten, lässt man sie zuvor das zurückfließende Wasser der Heizung (Rücklauf) und die angesaugte Verbrennungsluft vorwärmen. Dabei kondensiert der Wasserdampf und gibt die Kondensationswärme ab. Man kann dadurch etwa 10 % Erdgas einsparen.

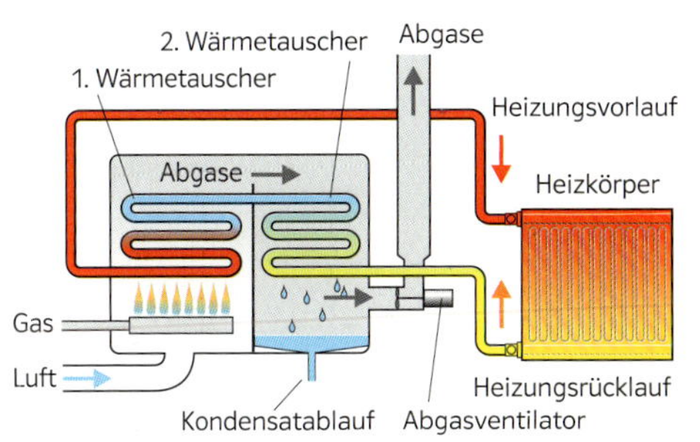

105.3 Prinzip der Brennwerttherme.

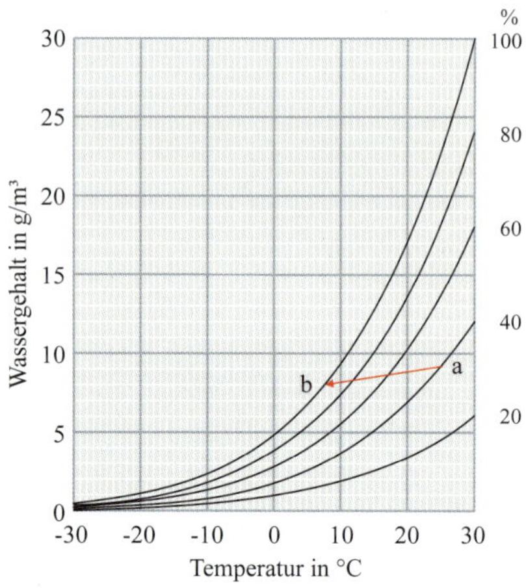

106.1 Die Sättigungsdichte von Wasserdampf nimmt mit steigender Temperatur rasch zu (schwarze Kurve für 100% relative Feuchtigkeit, graue Kurven für geringere rel. Feuchtigkeiten). Die rote Linie (a–b) zeigt beispielhaft, wie ein Luftpaket (40% rel. Feuchtigkeit bei 25 °C) bei adiabatischer Ausdehnung bei 7 °C den Taupunkt erreicht.

3.4 Die Luftfeuchtigkeit

Temperatur, Luftdruck bzw. Luftdruckunterschiede und Luftfeuchtigkeit bestimmen als wichtigste Grundgrößen das Wetter. Durch unterschiedliche Erwärmung der Luft entstehen Druckunterschiede, diese erzeugen Luftströmungen, die Winde. Durch Wasserdampf in der Atmosphäre entstehen Wolken und Niederschläge. Allerdings sind für das Wetter weitere Faktoren wie die Rotation der Erde und die Gliederung der Erdoberfläche durch Gebirge und Ebenen, Meere und Seen wichtig.
Die Luft der Erdatmosphäre enthält als wichtigste Gase Stickstoff N_2 (ca. 78%), Sauerstoff O_2 (ca. 21%), Argon Ar (0,9%), Kohlenstoffdioxid CO_2 (0,04%) und – in wechselnden Mengen – Wasserdampf (bis 0,4%). Jedes dieser Gase trägt entsprechend seinem Volumenanteil zum gesamten Luftdruck bei.
Ständig verdunstet Wasser aus den Meeren. Dadurch gelangt Wasserdampf in die Atmosphäre und wird durch Wind weiter transportiert. Aus warmen Meeresoberflächen verdampft mehr Wasser als aus kalten. (Der Beitrag von Flüssen und Seen kann kleinräumig wichtig sein.)
Wie viel Wasserdampf maximal in der Atmosphäre enthalten sein kann, hängt von der Temperatur ab. Bei hohen Temperaturen kann sie mehr Wasserdampf enthalten als bei niedrigen. Die Dampfdichte wird in g/m^3 angegeben.
106.1 zeigt die **Sättigungsdichte** (Dichte von gesättigtem Wasserdampf) als Funktion der Temperatur. Bei 0 °C beträgt sie ca. $5\,g/m^3$, d.h. bei 0 °C können in $1\,m^3$ Luft höchstens 5 g Wasserdampf enthalten sein. Bei 20 °C sind es ca. $17\,g/m^3$, und bei 100 °C fast $600\,g/m^3$.
Wenn z. B. durch Abkühlen die Wasserdampfdichte die jeweilige Sättigungsdichte erreicht, enthält die Luft **gesättigten Wasserdampf**. Der Dampf beginnt zu kondensieren, er bildet Flüssigkeitströpfchen (Nebel, Wolken, Regen, Tau). Man sagt, dass der **Taupunkt** erreicht ist.
Die tatsächliche Wasserdampfdichte wird als absolute Feuchtigkeit bezeichnet. Meist liegt sie erheblich unter der Sättigungsdichte.

106.2 Übersättigter Wasserdampf kondensiert. Er bildet Wassertröpfchen oder Eiskristalle und wird in Form von Wolken sichtbar. Wasserdampf ist hingegen unsichtbar. Die sichtbaren Dampfschwaden über siedendem Wasser sind Nebel und bestehen aus Wassertröpfchen.

> Die maximale Menge an Wasserdampf, die Luft bei einer bestimmten Temperatur pro Kubikmeter enthält, heißt **Sättigungsdichte**.
>
> Die Wasserdampfdichte in Luft heißt **absolute Feuchtigkeit**.
> Die **relative Feuchtigkeit** gibt das Verhältnis der absoluten Feuchtigkeit zur Sättigungsdichte in Prozent an.

Die Sättigungsdichte und die absolute Feuchtigkeit werden in g/m^3 angegeben.

Untersuche, überlege, forsche: Flüssigkeitsverlust

106.1 Nicht nur durch Schwitzen, sondern auch durch Atmen verliert man Wasser, dies besonders im Winter wegen der geringen absoluten Luftfeuchtigkeit bei tiefen Temperaturen. In der Lunge ist die Atemluft bei 37 °C mit Wasserdampf gesättigt (absolute Feuchtigkeit ca. $44\,g/m^3$). Bei 0 °C Lufttemperatur beträgt die Sättigungsdichte $4{,}8\,g/m^3$. Bei 50% relativer Feuchtigkeit beträgt die absolute Luftfeuchtigkeit beim Einatmen bei 0 °C daher $0{,}5 \cdot 4{,}8\,g/m^3 = 2{,}4\,g/m^3$.
Vergleiche Temperatur und Feuchtigkeit der Atemluft beim Ein- und Ausatmen. Bei intensivem Sport, z.B. Eislaufen oder Snowboarden, atmet man etwa 60 Liter Luft pro Minute ein und aus.
E2 **a)** Wie viel Wasser verliert man dabei innerhalb einer Stunde?
S2 **b)** Welche Empfehlung würdest du als Betreuer/in abgeben?

106.3 Flugzeug im Landeanflug. Auf der Flügeloberseite herrscht Unterdruck. Bei hoher Luftfeuchtigkeit bildet sich durch adiabatische Abkühlung Nebel.

Die Feuchtigkeit der Luft hat für unser Wohlbefinden große Bedeutung. Bei zu hoher Luftfeuchtigkeit in Gebäuden kondensiert Wasserdampf an kalten Wänden, an Fenstern, und Leitungsrohren, sie kann zu Schimmelbildung und zu einem ungesunden Wohnklima führen. Zu geringe Feuchtigkeit lässt – besonders in der Heizperiode – die Atmungsorgane austrocknen. Zu große Feuchtigkeit bei hoher Lufttemperatur empfinden wir als schwül, Schweiß kann nicht mehr verdunsten. Eine relative Luftfeuchtigkeit von 50–60 % wird als angenehm empfunden.

Wolkenbildung – Beispiel Haufenwolken im Sommer

Wolken sind äußerst komplexe Phänomene in der **Troposphäre**, die als Wetterschicht der Atmosphäre bis in etwa 15 km Höhe reicht. Sie sind ein Forschungsgebiet der **Meteorologie** (Wetterkunde).

Relativ einfach lässt sich Bildung von **Haufenwolken** (Cumuluswolken) erklären. Sonneneinstrahlung erwärmt den Boden und die dort aufliegende untere Luftschicht. Die höhere Temperatur lässt verstärkt Wasser verdunsten. Die warme feuchte Luft hat eine geringere Dichte als die darüberliegende – einzelne „Luftpakete" lösen sich vom Boden und steigen durch den Auftrieb in die Höhe. Verfolgen wir den Weg eines Luftpakets.

Der Luftdruck nimmt mit der Höhe um ca. 1¼ Prozent pro 100 m ab. Wegen des geringeren Drucks dehnt sich die warme aufsteigende Luft aus und kühlt dabei ab (s. adiabatische Zustandsänderung, S. 92), ist aber weiterhin wärmer als die umgebende Luft. Solange die relative Luftfeuchtigkeit unter 100 % liegt und keine Kondensation auftritt, kühlt sich Luft um ca. 1 °C pro 100 m Höhengewinn ab.

Die relative Feuchtigkeit nimmt zu, bis bei 100 % der Taupunkt erreicht wird und der überschüssige Wasserdampf kondensiert. (**106.1**)

Bei weiterem Aufsteigen der Luft setzen sich Abkühlung und Kondensieren fort. Die dabei frei werdende **Kondensationswärme** erwärmt die Luft, so dass die Temperatur nur um ca. 0,6 °C pro 100 m abnimmt. Dies verstärkt den Auftrieb und ist die Ursache für den Aufwind in der Wolke.

Die **Kondensation** setzt in einer Höhe zwischen 500 m und 1500 m ein. Es bilden sich feinste Tröpfchen mit einem Durchmesser von einigen Mikrometern. Diese kleinen Wolkentröpfchen werden durch Aufwinde in die Höhe befördert. Bei geringer Feuchtigkeit bilden sich typische Schönwetterwolken, die nur geringe Höhe erreichen und sich gegen Abend wieder auflösen. Bei sehr feuchter Luft bilden sich eindrucksvolle Wolkentürme, die als **Gewitterwolken (Cumulonimbus-Wolken)** bis in etwa 10 km Höhe reichen. (**107.4**)

Damit **Regentropfen** entstehen, die zur Erde fallen können, müssen die Tröpfchen wachsen. In großer Höhe herrschen Temperaturen von −40 °C (und kälter) und die Wassertröpfchen gefrieren zu kleinsten Eiskristallen. Die Eiskristalle sinken langsam Richtung Erde. Sie sammeln Wassertröpfchen ein und wachsen, sie verklumpen zu größeren „Graupelkörnern". Sobald die Graupelkörner die Temperaturgrenze von 0 °C überschreiten, schmelzen sie und fallen als Regentropfen zur Erde.

Hagelbildung setzt auf- und absteigende Luftströme voraus, in denen sich bereits relativ große Eiskristalle befinden, an die sich ständig weitere unterkühlte Wassertropfen anlagern können. Dadurch entstehen zunächst Graupel- und schließlich Hagelkörner. Als **Hagel** bezeichnet man Graupel über 5 mm Durchmesser

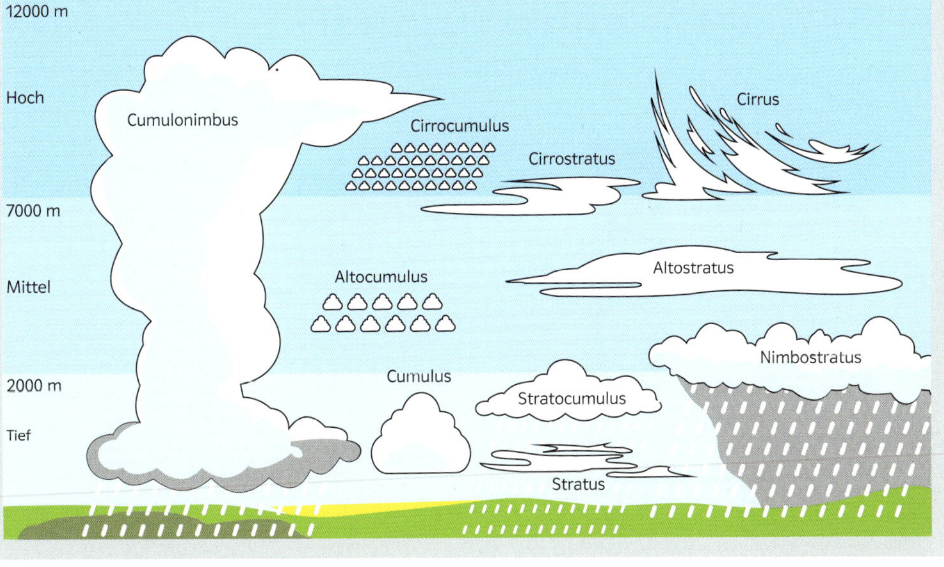

107.1 Hagelkörner können beträchtlich groß werden und erheblichen Schaden anrichten. Ihre Endgeschwindigkeit haben wir in Physik 5 abgeleitet.

107.2 Föhn entsteht durch das Aufsteigen feuchter Luftmassen, die auf der Wetterseite abregnen und als warmer trockener Fallwind ins Tal gelangen.

Diese Erklärung klingt plausibel, doch trifft sie nur zum Teil zu. Viele Föhnereignisse verlaufen ohne Niederschlag. Ein Hauptgrund der hohen Windgeschwindigkeiten bei Föhn scheint die Düsenwirkung von Tälern und Pässen in Gebirgen zu sein. (Weiterführende Informationen auf der Website.)

107.3 Cumulus- oder Haufenwolken entstehen durch Kondensation von Wasserdampf in Aufwinden. Bei hoher Luftfeuchtigkeit entwickeln sich daraus die Gewitterwolken (Cumulonimbus).

107.4 Höhenschema verschiedener Wolkentypen

108.1 Strahlungsnebel an einem Fluss

108.2 Kaltluftsee über dem Talbecken

108.3 Smog über einer Großstadt

Antwort auf die Eingangsfrage

Nebel entsteht, wenn der in der Luft enthaltene Wasserdampf zu mikroskopisch kleinen Wassertröpfchen mit Durchmessern von etwa 0,01 mm kondensiert. Die Tröpfchen sind so klein, dass sie wegen ihres Luftwiderstands nur sehr langsam zu Boden sinken und durch Luftbewegungen wieder nach oben gewirbelt werden.
Im Grunde genommen ist Nebel nichts anderes als eine auf dem Erdboden aufliegende Wolke, wobei die Sichtweite bis unter einen Kilometer zurückgeht.
Man unterscheidet hauptsächlich zwei Arten, den **Strahlungs**- und den **Advektionsnebel**.
Strahlungsnebel entsteht in klaren Nächten als Folge der ungehinderten Abstrahlung von Wärme in den Weltraum und führt zur Abkühlung der feuchten Luft unter den Taupunkt. Der Wasserdampf kondensiert und legt sich an kleinen Staubpartikeln – den **Kondensationskernen** – an. Häufig findet man diese Nebel in Flussnähe und in der Nähe von Seen, Wiesen und Mulden im Gelände. Der stärkste Temperaturrückgang setzt am Abend unmittelbar über dem Erdboden ein. Daher erfolgt die Nebelbildung meist vom Erdboden ausgehend und setzt sich mit zunehmender Ausstrahlung nach oben hin fort. Meist bilden sich nur lockere Nebelschichten von geringer Höhe, die durch Sonneneinstrahlung wieder aufgelöst werden können.
Advektionsnebel (**108.4**) entsteht, wenn feuchtwarme Luft über eine kalte Unterlage strömt. Dabei kühlt die warme Luft bis zum Taupunkt ab. Beispiele dafür sind Nebel am Meer und an Küsten, aber auch Nebel im Winter, wenn wärmere Luftmassen sich über das kalte Festland legen.
Manchmal kühlt der Boden im Winter über großen Flächen so stark ab, dass riesige Nebelgebiete entstehen, die tagelang anhalten können. Dabei kommt es zu einer **Temperaturumkehr (Inversion)**. Unter normalen Bedingungen nimmt die Lufttemperatur mit der Höhe ab, warme Luft kann nach oben steigen und die Atmosphäre wird durchmischt. Über einem **Kaltluftsee** (**108.2**) liegt jedoch wärmere Luft – im Tal liegen die Temperaturen um 0 °C, auf den Bergen ist es angenehm warm. Die Atmosphäre ist nun stabil geschichtet und es gibt keine Durchmischung. Dies hat mehrere Konsequenzen:

- In der Nebelzone reichern sich Schadstoffe (Ruß aus Heizungen und Dieselmotoren, Stickoxide aus Motoren, Schwefeldioxid aus der Verbrennung von Kohle und Öl, Feinstaub) in der Luft an, es bildet sich Smog (**108.3**). (Das Wort Smog ist aus den englischen Wörtern „smoke“ und „fog“ entstanden.) Smog führt zu Atembeschwerden und Gesundheitsschäden – im Jahr 1952 starben in London über 10 000 Menschen an den Folgen von Smog. (Seither wurde die Luftqualität durch viele Maßnahmen verbessert – Anschluss an Fernwärme statt Einzelofenheizung, Entschwefelung von Heizöl und Dieselkraftstoff, etc.)
- Die kompakte Schicht aus Wassertröpfchen an der Nebeloberseite reflektiert Sonnenstrahlung wie ein Spiegel. Der Nebel kühlt durch Strahlung nachts weiter ab.

Erst wenn eine großräumige Luftströmung einsetzt, werden diese Nebel aufgelöst.

108.4 Advektionsnebel über einem Meeresarm vor San Francisco, USA

Teste dein Wissen W1

Lösungen im Anhang

109.1 Um einen im Schnee liegenden Stein bildet sich bei Sonneneinstrahlung bald ein schneefreier Raum. Warum?
a) Der Stein hat eine höhere Wärmekapazität, darum schmilzt der Schnee.
b) Der Schnee hat eine geringe Schmelzwärme, darum schmilzt er leichter.
c) Der Stein hat eine geringere Wärmekapazität als Schnee und erwärmt sich in der Sonne stärker.

109.2 Warum kann im Frühjahr warmer Regen (10 °C) Schnee (0 °C) schmelzen und dadurch Hochwasser verursachen?

109.3 Warum bläst man über eine heiße Suppe?

109.4 Warum trocknet Wäsche im Wind schneller?

109.5 Warum sinkt die Temperatur einer Flüssigkeit beim Verdunsten?

109.6 Was geschieht beim Aufbringen eines Kältesprays auf die Haut?

109.7 Da stets die schnellsten Moleküle die Flüssigkeit verlassen und in den gesättigten Dampf übertreten, gilt:
a) Der Dampf ist wärmer als die Flüssigkeit.
b) Der Dampf ist gleich warm wie die Flüssigkeit.
c) Der Dampf ist kühler als die Flüssigkeit.
Begründe deine Auswahl.

109.8 Wie ändert sich der Dampfdruck, wenn die Temperatur steigt?
a) Der Dampfdruck steigt.
b) Der Dampfdruck sinkt.
c) Der Dampfdruck ändert sich nicht.

109.9 Wie ändert sich der Dampfdruck, wenn das Dampfvolumen größer wird?
a) Der Dampfdruck steigt.
b) Der Dampfdruck sinkt.
c) Der Dampfdruck erreicht allmählich den anfänglichen Wert.

109.10 Was versteht man unter der kritischen Temperatur?

109.11 Warum verursacht Wasserdampf von 100 °C schwerere Verbrühungen als Wasser von 100 °C?

109.12 Wovon hängt die Siedetemperatur einer Flüssigkeit ab?
a) Vom äußeren Luftdruck
b) Vom Dampfdruck
c) Vom Volumen

109.13 Was versteht man unter Kondensationswärme, und wie hängt sie mit der Verdampfungswärme zusammen?

109.14 Wie entstehen Wolken?

109.1 Hochwasser im Frühjahr

109.2 In der Sauna wird manchmal Wasser über heiße Steine gegossen („Aufguss"). Was wird damit erreicht?

109.3 Manche Tiere können „eingefroren" den Winter überleben. Wie ist das möglich?

4 Energie und Entropie

In diesem Kapitel erfährst du,
- was der 1. und der 2. Hauptsatz der Thermodynamik aussagen,
- welche Bedeutung sie für unser Leben und die Technik um uns haben,
- warum Vorgänge von selbst immer nur in einer Richtung ablaufen,
- wie Energie und Entropie dabei zusammenwirken,
- was man unter dem Wirkungsgrad von Wärmekraftmaschinen versteht,
- und warum er nie 100 % betragen kann.

110.1 Entropiespiel: Das Spielbrett enthält in jeder Hälfte 6x6 nummerierte Felder. Zu Beginn steht auf allen Feldern der linken Hälfte des Spielbretts eine Figur. Durch Würfeln werden jeweils eine Spalten- und eine Zeilennummer bestimmt. Die entsprechende Figur wechselt auf die andere Hälfte.

? Was beobachtet man? Was geschieht am Anfang bzw. einige Minuten später? Was hat dies mit Wärme zu tun?

Im 18. Jh. begann die Erdbevölkerung rapide zu wachsen. Die Entwicklung der Naturwissenschaften hatte in der Renaissance eingesetzt und begann nun, unmittelbare Auswirkungen auf die Menschheit zu haben. Die Fortschritte in der Medizin brachten eine längere Lebenserwartung, und die Technik ermöglichte es, Nahrung, Kleidung und Wohnungen für immer mehr Menschen zu schaffen.
In die Zeit nach 1750 fällt der Beginn einer rasanten technischen Entwicklung, die in der ersten industriellen Revolution, dem Zeitalter der **Dampfmaschinen** und Eisenbahnen, mündete. Eine wesentliche Voraussetzung für diesen Fortschritt war die Konstruktion leistungsfähiger Dampfmaschinen. Die ersten derartigen Maschinen wurden um 1700 in England gebaut, um eingedrungenes Wasser aus Bergwerken zu pumpen. Anfänglich verschlangen diese rasselnden und keuchenden Ungetüme riesige Kohlenmengen, die wiederum nur mit erheblichem Aufwand an menschlicher Arbeitskraft gewonnen werden konnten. Die Verbesserung der Dampfmaschine war daher eine dringliche Aufgabe.
Dem Engländer James Watt (**110.3**) gelang der entscheidende Schritt. 1769 baute er die erste wirklich leistungsfähige Dampfmaschine, die etwa fünfmal mehr Arbeit pro Tonne Kohle verrichtete als ältere Maschinen.
Das Maschinenzeitalter war angebrochen. Die darauf rasch einsetzende **Industrialisierung** machte die Dampfmaschine bald unentbehrlich. Neue Erfindungen führten zu immer weitergehenden Verbesserungen. Dafür mussten jedoch viele physikalische Fragen geklärt werden wie z. B.:

- Was ist Wärme?
- Wie hängt Wärme mit Arbeit zusammen?
- In welchem Umfang kann Wärme zur Verrichtung von Arbeit genutzt werden?

Die Antwort auf diese Fragen liefert die Thermodynamik, die sich damit als Wissenschaft entwickelte. Im Wechselspiel von theoretischen Überlegungen und praktischer Erprobung konnten die heutigen **Wärmekraftmaschinen** (Dampf- und Gasturbinen, Benzin- und Dieselmotoren), die die Kolbendampfmaschine des James Watt abgelöst haben, entwickelt und optimiert werden.
Die Bedeutung der Thermodynamik reicht darüber weit hinaus. Die in diesem Kapitel zu besprechenden **Hauptsätze der Thermodynamik** gelten für Lebewesen und ihren Stoffwechsel genauso wie für Sterne und ihren Aufbau und sie bestimmen die Richtung von chemischen Reaktionen.

110.2 Dampftraktoren konnten im späten 19. Jh. nur auf tragfähigen Böden (z. B. Prärie) eingesetzt werden.

110.3 James Watt (1736–1819) war ein schottischer Erfinder. Zu arm für Studium oder Lehre wurde er Instrumentenbauer an der Universität Glasgow. Er schuf die erste leistungsfähige Dampfmaschine. Ihm zu Ehren heißt die Einheit der physikalischen Leistung Watt.

4.1 Wärme, Arbeit und innere Energie

Die innere Energie

In der Mechanik (S. 65–67) wurde der Erhaltungssatz der Gesamtenergie, kurz **Energiesatz**, für mechanische Systeme eingeführt. Er lautet: *In einem reibungsfreien abgeschlossenen System – einem System, auf das keine Kräfte von Außen wirken – ist die Summe der gesamten kinetischen und potenziellen Energien konstant.*

Bei **Reibung** scheint dieser Erhaltungssatz nicht zu gelten, bewegte Körper kommen zum Stillstand. Die beteiligten Körper erwärmen sich – offensichtlich wird die durch Reibung „verlorene" **mechanische Energie in den Körpern** gespeichert.

Im Kapitel 3 Zustandsänderungen haben wir gesehen, was die Zufuhr bzw. Abgabe von Energie auf Grund von Temperaturunterschieden bewirkt:

Eine **Temperaturänderung** eines Körpers zeigt die Änderung der thermischen Energie, der Energie der Teilchenbewegung (s. Wärmekapazität).

Eine **Änderung des Aggregatzustands** (Schmelzen bzw. Verdampfen) erfordert Energie zum Trennen von Bindungen zwischen Molekülen, die beim Erstarren bzw. Kondensieren wieder frei wird (s. z.B. Verdampfungs- bzw. Kondensationswärme).

Zusätzlich kann **chemische Energie** im System gespeichert sein, z.B. in der Treibladung von Raketen, in einer Autobatterie oder in Nahrungsmitteln. Man muss sie berücksichtigen, wenn chemische Reaktionen ablaufen.

Dies legt nahe, die Summe aus **thermischer Energie** (einschließlich der **Schmelz- und Verdampfungswärme**) und **chemischer Energie** unter dem Begriff **innere Energie** U des Körpers zusammenzufassen. Sie ist neben der kinetischen und der potenziellen Energie der Mechanik der Massenpunkte eine weitere Energieform. Damit wird berücksichtigt, dass thermodynamische Systeme aus einer ungeheuer großen Anzahl von Teilchen bestehen (Vielteilchensysteme), die nur durch statistische Größen (Mittelwerte) beschrieben werden können.

Die **innere Energie** U eines thermodynamischen Systems umfasst die thermische Energie und die chemische Energie.

Unter Berücksichtigung der inneren Energie eines Systems können wir den Satz von der Erhaltung der Gesamtenergie allgemein formulieren (S. 67):

In einem abgeschlossenen System bleibt die Gesamtenergie E konstant. Die einzelnen Energieformen können sich ineinander umwandeln.

Der Erhaltungssatz der Gesamtenergie gehört zu den wichtigsten naturwissenschaftlichen Leistungen des 19. Jhs. Es bedurfte vieler Untersuchungen, bis man von der Gültigkeit des Satzes überzeugt sein konnte. Julius Robert Mayer (111.1) hat als erster den Zusammenhang von Wärme und mechanischer Arbeit erkannt.

111.1 Julius Robert Mayer (1814–1878)
Der Heidelberger Arzt erkannte bereits um 1840, dass der Energiesatz auch in reibungsbehafteten Systemen gültig sein musste. Er war damals Arzt auf einem Schiff nach Indonesien. Er stellte fest, dass unter tropischem Klima das Venenblut eine hellrote Färbung annimmt. Diese Beobachtung regte ihn dazu an, den Wärmehaushalt des menschlichen Organismus genauer zu untersuchen, dabei kam er zu dem Resultat: „Wenn Bewegung abnimmt und aufhört, so bildet sich immer ein dem verschwindenden Kraft- oder Bewegungsquantum genau entsprechendes Quantum von Kraft mit anderer Qualität, namentlich also Wärme". („Kraft" war damals gleichbedeutend mit „Energie".)

Was ist ein System?
Ein physikalisches System besteht aus einem oder mehreren Körpern, die unter einander in Wechselwirkung stehen und gegen ihre Umgebung entweder isoliert sind oder mit ihr nur Energie, ev. auch Materie austauschen.
Im Rahmen der Mechanik werden die Körper als ausdehnungslose Massenpunkte ohne innere Struktur idealisiert. Man kann für die einzelnen Körper des Systems eine kinetische und eine potenzielle Energie definieren.
Ein thermodynamisches System ist ein Vielteilchensystem. Energie und Impuls einzelner Teilchen sind nicht interessant. Bedeutsam sind nur statistische Mittelwerte dieser Größen.
Bei thermodynamischen Systemen steht die Energiebilanz im Vordergrund.

Beispiel: Ein Ballon – gefüllt mit Helium – fliegt davon

Ein Ballon sei mit einem Mol Helium (4 g) gefüllt, er hat bei Normalbedingungen (0 °C, 1013 mbar) ein Volumen von 22,4 l. Er steigt mit etwa 3 m/s auf und erreicht eine Höhe von 10 000 m, bevor er platzt. Wie groß sind die einzelnen Beiträge zu seiner Gesamtenergie (die Ballonhülle wollen wir vernachlässigen).

Kinetische Energie: $E_k = \frac{m \cdot v^2}{2} = 18 \cdot 10^{-3}$ J

Potenzielle Energie: $E_p = m \cdot g \cdot h \approx 400$ J

Innere Energie (s. S. 94): $U = N_A \cdot \overline{E_k} = \frac{3}{2} N_A \cdot k \cdot T = 1{,}5 \cdot 8{,}31 \cdot 273\ \text{J} \approx 3400$ J.

Die innere Energie ist der bei weitem größte Beitrag zur Gesamtenergie.

▷ Zur inneren Energie tragen neben der Translationsenergie der Teilchen bei mehratomigen Molekülen die Energie der Rotation und der inneren Schwingungen, und bei Festkörpern, Flüssigkeiten und realen Gasen die Wechselwirkungsenergie zwischen den Molekülen bei. Bei gleicher Energiezufuhr steigt die Temperatur eines Körpers umso weniger, je mehr Bewegungsmöglichkeiten („Freiheitsgrade") seine Teilchen haben. ◁

112.1 J. P. Joule konnte zeigen, dass durch Verwirbeln mit einem Rührwerk Wasser erwärmt wird.

Arbeit und Wärme – zwei Arten, um Energie zu übertragen

In der **Mechanik** haben wir die **Arbeit**, das Produkt Kraft mal Weg, als **Energieübertragung** kennen gelernt. Sie kann sowohl die kinetische als auch die potenzielle Energie eines offenen Systems verändern. Selbstverständlich können wir auch die innere Energie durch Arbeit verändern.

Wenn wir etwa einen Fahrradschlauch aufpumpen, dann werden die Pumpe und die Luft in ihr warm, die innere Energie U erhöht sich (112.2). Ebenso erwärmen sich die Fahrzeugbremsen durch Reibungsarbeit der Bremsbacken, auch ihre innere Energie U erhöht sich.

Die innere Energie eines Körpers können wir auch erhöhen, indem wir ihn in Kontakt mit einem heißeren Körper bringen. Es wird dann **Wärme** $Q = c \cdot m \cdot \Delta T$ übertragen.

Wie dieser Zustand aus einem anderen Zustand hervorgegangen ist, hat keine Bedeutung – das System hat diesbezüglich kein Gedächtnis!

Die innere Energie U eines Körpers kann sowohl durch Arbeit W (z.B. durch Reibung oder Kompressionsarbeit) als auch durch Wärme Q verändert werden. Man fasst dies im so genannten 1. Hauptsatz der Wärmelehre zusammen:

1. Hauptsatz der Wärmelehre
Die innere Energie eines Körpers kann durch Arbeit W und durch Wärme Q geändert werden.
$\Delta U = W + Q$.

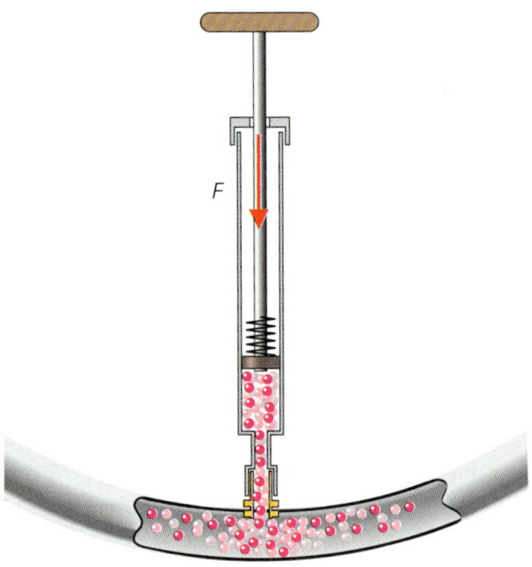

112.2 Temperaturerhöhung an der Fahrradpumpe: Warum wird die Pumpe warm, wovon hängt die Temperaturerhöhung ab?

Als **Vorzeichenregel** für den ersten Hauptsatz gilt (112.3):

Die **einem System** durch Arbeit oder Wärme **zugeführte Energie** ist **positiv**, sie **erhöht** die innere Energie. Die vom System als Arbeit oder Wärme **abgegebene Energie** ist **negativ**, sie vermindert die innere **Energie**.

Die **innere Energie** U ist eine sogenannte Zustandsgröße. Zusammen mit den anderen Zustandsgrößen wie Stoffmenge, Volumen, Druck, Temperatur charakterisiert sie den Zustand eines Körpers als thermodynamisches System.

Untersuche, überlege, forsche: Zunahme der inneren Energie durch Reibungsarbeit

112.1 E1 Erscheint es dir möglich, mit einem Handmixer Wasser zu erwärmen? Überlege, wie du deine Vermutung experimentell mit Haushaltsgeräten überprüfen kannst. Führe das Experiment durch und prüfe das Ergebnis auf Plausibilität. Welche Fehlerquellen vermutest du?

Volumenarbeit bei Gasen und der 1. Hauptsatz – Nutzung von Energie

Die innere Energie eines Systems kann, wie wir gesehen haben, durch Arbeit erhöht werden. Umgekehrt kann ein thermodynamisches System auch Arbeit verrichten, indem es Maschinen antreibt. Dies ist die Grundlage der Wärmekraftmaschinen (z.B. Automotoren). Wie geht das? Eine simple Modellmaschine zeigt dies.

Wir betrachten ein Gas in einem Zylinder mit einem beweglichen Kolben (113.1). Der Kolben trägt eine Last, wodurch das Gas auf den Druck p komprimiert ist. Erwärmt man das Gas, dann dehnt es sich bei konstantem Druck aus. Der bewegliche Kolben soll sich dabei um die Strecke Δx verschieben. Bezeichnet A die Kolbenfläche, so ist die Kraft auf den Kolben durch $F = p \cdot A$ gegeben. Die bei der Volumenausdehnung des Gases (**Expansion**) verrichtete Arbeit W ist das Produkt Kraft mal Weg, also

$$W = -F \cdot \Delta x = -p \cdot A \cdot \Delta x = -p \cdot \Delta V \text{ ... } \textbf{Expansionsarbeit}$$

wobei $\Delta V = A \cdot \Delta x$ die Volumenzunahme des Gases ist. Das Vorzeichen der Arbeit ist negativ, da dem System Energie entzogen wird.

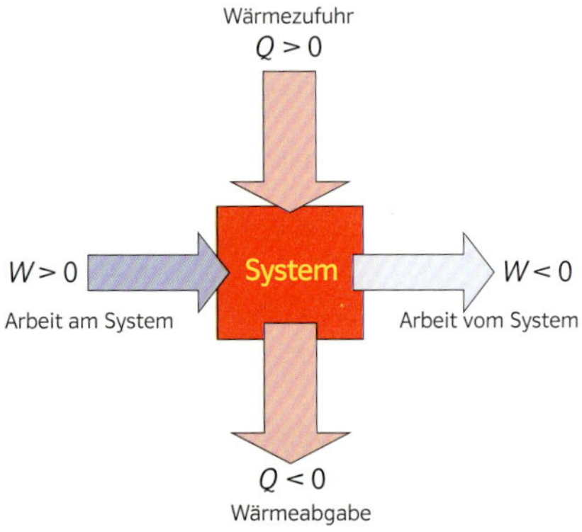

112.3 Vorzeichenregel für den 1. Hauptsatz

Die vom Gas verrichtete Arbeit wird genutzt, indem durch die Verschiebung des Kolbens die Last gehoben wird, in der Praxis etwa Wasser aus einem Bergwerk – was die Aufgabe der ersten Dampfmaschinen war.

Grafische Darstellung der Volumenarbeit

▷ Wie kann man die Expansionsarbeit bestimmen? James Watt stellte fest, dass die Arbeit W der Fläche eines Rechtecks mit der Höhe p und der Breite ΔV entspricht. Misst man also den Druck, während sich das Gas ausdehnt, und trägt ihn in Abhängigkeit vom Volumen auf, so kann man die verrichtete Arbeit direkt ablesen. Die Arbeit W wird durch die Fläche unter der Kurve im ***p-V*-Diagramm** gegeben (113.2). ◁

Verkleinert man das Volumen des Gases (**Kompression**), so wird von außen Arbeit am Gas verrichtet. $W = -p \cdot \Delta V > 0$, wegen $\Delta V < 0$.
Dazu als Beispiel die Fahrradpumpe. (113.2) Meist stößt man den Kolben der Pumpe rasch – so schnell, dass keine Zeit zum Temperaturausgleich der Pumpe mit der Umgebung bleibt, die gesamte an der Luft in der Pumpe verrichtete Arbeit wird als innere Energie in der Luft gespeichert: $\Delta U = W$ (adiabatische Zustandsänderung).
Man kann es aber auch bequem angehen und den Kolben so langsam in die Pumpe drücken, dass die Pumpe sich nicht erwärmt, sondern immer die Umgebungstemperatur beibehält (isotherme Zustandsänderung). Da sich die Temperatur nicht ändert, bleibt die innere Energie gleich. Die verrichtete Arbeit wird als Wärme an die Umgebung abgegeben: $\Delta U = W + Q = 0$, daher $Q = -W$.

▷ Betrachten wir einige Spezialfälle:

Isochore Prozesse ($p = \text{const.} \cdot T$) laufen bei konstantem Volumen ab.
Das System kann keine Arbeit verrichten.
Für isochore Prozesse gilt: $W = 0$ und $\Delta U = Q$. Die innere Energie eines Systems nimmt zu bzw. ab, wenn das System Wärme aufnimmt bzw. abgibt.

Isotherme Prozesse ($p \cdot V = \text{const.}$) laufen bei konstanter Temperatur ab, $\Delta T = 0$.
Weil die Temperatur konstant bleibt, ändert sich die Wärmebewegung der Teilchen nicht, und die innere Energie bleibt ebenfalls gleich.
Daraus folgt: $\Delta U = 0$, $W + Q = 0$, $W = -Q$. Es gilt: $p \cdot \Delta V = Q$.
Arbeit, die am System verrichtet wird, wird als Wärme an die Umgebung abgegeben. Zugeführte Wärme wird als Expansionsarbeit (Verschieben eines Kolbens) nach außen abgegeben.

Adiabatische Prozesse laufen ohne Wärmeaustausch mit der Umgebung ab.
Für adiabatische Prozesse gilt: $Q = 0$ und $\Delta U = W$.
Daher ändert sich die innere Energie eines Systems nur um den Betrag der Arbeit, die am oder vom System verrichtet wird.

Kreisprozesse bringen das System nach Austausch von Arbeit und Wärme wieder in den ursprünglichen Zustand zurück. In solchen Fällen ändert sich die gesamte innere Energie nicht.
Für Kreisprozesse gilt daher $\Delta U = 0$. Die Differenz aus zugeführter und abgeführter Wärme Q steht für die abzugebende Arbeit $-W$ zur Verfügung.
Im p-V-Diagramm verlaufen Kreisprozesse entlang einer geschlossenen Kurve (113.3). Die Fläche innerhalb der geschlossenen Kurve im p-V-Diagramm entspricht der Arbeit, die vom System verrichtet wird. Kreisprozesse haben große Bedeutung bei allen Wärmekraftmaschinen. ◁

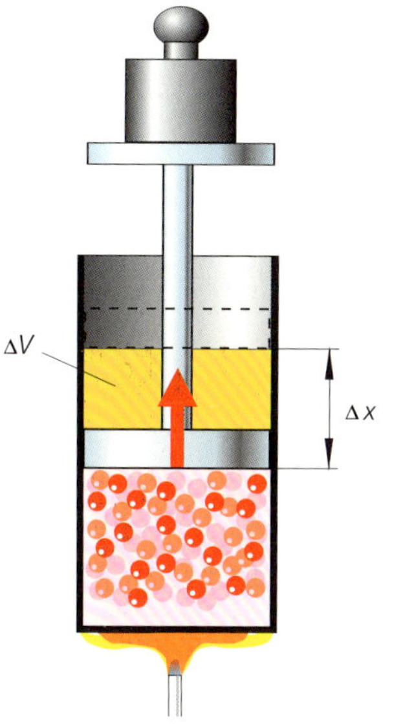

113.1 Heißes Gas drückt gegen einen Kolben. Bei Erwärmung erfolgt eine Ausdehnung bei konstantem Druck (isobar). Dadurch wird der Kolben nach außen verschoben und Arbeit verrichtet.

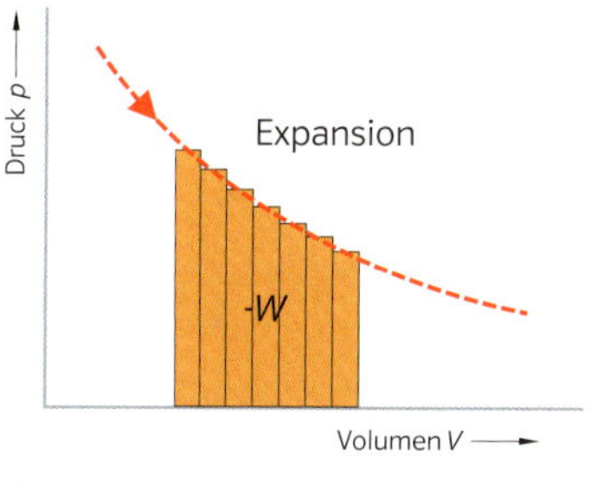

113.2 Die Arbeit $-W = p \cdot \Delta V$ ist durch die Fläche aller Rechtecke unter dem Graphen $p(V)$ gegeben. In diesem Beispiel nimmt der Druck im Zylinder während der Expansion ab.

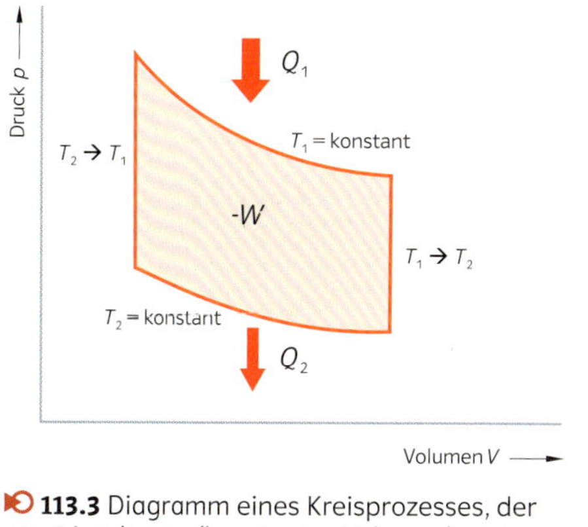

113.3 Diagramm eines Kreisprozesses, der aus 2 isochoren (konstantes Volumen) und 2 isothermen (konstante Temperatur) Teilprozessen besteht. Die Differenz von zugeführter Wärme Q_1 und abgeführter Wärme Q_2 wird als Arbeit vom System verrichtet.

Holz	14
Braunkohle	22–25
Steinkohle	25–29
Benzin	40
Diesel, Heizöl	42
Erdgas	50

114.1 Heizwert einiger Brennstoffe in MJ/kg

100 g Speck	3550
100 g Frankfurter	1050
100 g Rindfleisch	500
100 g Scholle (Fisch)	350
1 Hühnerei	300
100 g Vollkornbrot	950
100 g Butter	3150
100 g Fettkäse	1675
100 g Zucker	1675
1 Apfel	300
100 g Reis	1550
100 g Kartoffeln	300
100 g Spinat	75
1 l Vollmilch	3750
100 g Schokolade	2300

114.2 Nährwerte einiger Nahrungsmittel in kJ. (Oft werden Nährwerte noch in der alten Einheit Kilokalorie angegeben. Umrechnung: 1 kcal = 4,182 kJ.)

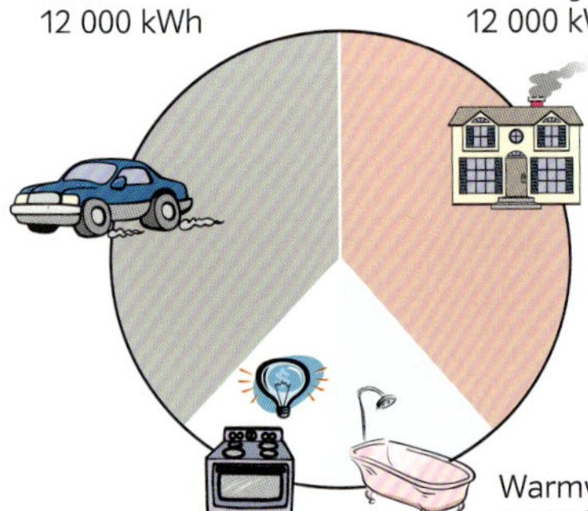

114.3 Heizung und Auto verbrauchen im Durchschnitt am meisten Energie in privaten Haushalten.

Änderung der inneren Energie bei Verbrennungsprozessen

Ein wichtiger Schritt in der Entwicklung der Menschheit war es, das Feuer nutzbar zu machen. Durch Kochen und Braten werden die Lebensmittel leichter verdaulich. Im Feuer werden Tongefäße hergestellt und Metalle geschmolzen. Und an der wärmenden Feuerstelle konnte der frühe Mensch auch im arktischen Klima überleben. Brennstoffe spielen heute und in Zukunft eine große Rolle.

Bei der **Verbrennung** von Stoffen **nimmt die innere Energie** des Systems „Brennstoff + Sauerstoff“ durch die chemische Reaktion ab. Die Energiedifferenz wird als Wärme (und Licht) an die Umwelt abgegeben. Die Energiemengen variieren dabei je nach Substanz, die verbrannt wird. Zur Charakterisierung von Brennstoffen definiert man daher die materialabhängige Größe **Heizwert** (**114.1**):

Der **Heizwert** gibt an, wie viel Energie bei der Verbrennung von 1 kg einer Substanz an die Umgebung abgegeben wird.

Praktisch alle Brennstoffe neben reiner Kohle bestehen aus Kohlenwasserstoffen. Bei ihrer Verbrennung entsteht neben CO_2 auch H_2O, das als Dampf im Verbrennungsgas enthalten ist. Er wird als Nebel über Schornsteinen, am KFZ-Auspuff und als Kondensstreifen bei Flugzeugen sichtbar. Bei Erdgasheizungen ist es sinnvoll, die im Wasserdampf enthaltene Wärme zu nützen.

Die wichtigsten Energieträger für private Haushalte in Österreich sind derzeit (2014) für

- Heizung: Holz (ca. 34%), Erdgas (22%), Öl (25%), Fernwärme (15%)
- Warmwasser: Strom (27%), Gas (18%), Holz (18%), Öl (13%) und Fernwärme (12%)

Nährwerte von Lebensmitteln

Auch die **Nährwerte** unserer Nahrungsmittel können als Heizwerte verstanden werden. Was hat Nahrung mit Verbrennung zu tun?

Über die Nahrungsmittel nehmen wir z. B. Kohlenhydrate auf. Diese werden bei der Verdauung in Traubenzucker umgewandelt, der vom Blut zur Muskulatur und zum Gehirn transportiert wird. Der Traubenzucker dient als „Brennstoff“ und wird mit Hilfe des Blutsauerstoffs (aus der Lunge) zu Kohlenstoffdioxid oxidiert. Dabei wird Energie in Form von Wärme und Muskelarbeit frei. Das Kohlenstoffdioxid atmen wir über die Lunge wieder aus.

Die über die Oxidation eines Nahrungsmittels im Körper frei werdende Energie wird in den „Nährwerttabellen“ (früher „Kalorientabellen“) angegeben. (**114.2**)

Zur Aufrechterhaltung der Körpertemperatur und für die lebenswichtigen Körperfunktionen werden ungefähr 100 kJ Energie pro kg Körpergewicht und pro Tag benötigt. Diese Energiemenge bezeichnet man als den **Grundumsatz**. Der Grundumsatz ist nicht für alle Menschen gleich, er hängt u. a. vom Geschlecht und vom Alter ab. Ein weiterer Energieumsatz **(Leistungsumsatz)** wird für die Tätigkeit der Muskeln bei Arbeit und Sport, für das Wachstum, für erhöhten Wärmebedarf in kalter Umgebung und für geistige Tätigkeit benötigt.

Als empfohlene Richtwerte für eine ausgewogene Energiezufuhr pro Tag für Personen mit einer leichten körperlichen Tätigkeit, z. B. Büroarbeit, gelten:

Alter	männlich	weiblich
15 bis 19 Jahre	13000 kJ	10500 kJ
19 bis 25 Jahre	12500 kJ	10000 kJ
25 bis 51 Jahre	12100 kJ	9600 kJ
51 bis 65 Jahre	10500 kJ	8400 kJ
über 65 Jahre	9600 kJ	7500 kJ

Untersuche, überlege, forsche: Grund- und Leistungsumsatz

114.1 S2 Informiere dich über den Grundumsatz, der deinem Körperbau entspricht, und wie verschiedene Tätigkeiten den Leistungsumsatz beeinflussen. Schätze dann ab, welchen Energiebedarf du an einem Tag mit großer bzw. geringer körperlicher Anstrengung hast. Vergleiche dies mit dem Nährwert einer von dir verzehrten Mahlzeit.

4.2 Die Entropie

Fast selbstverständlich und dennoch höchst bemerkenswert ist folgender Sachverhalt: Nie wurde beobachtet, dass sich kaltes Wasser in einem Topf weiter abkühlt und Wärme an die heiße Herdplatte abgibt. Niemals beginnt das Wasser in einer Teetasse zu sieden, während sich die Zimmerluft abkühlt. Im Gegenteil! Der selbständige Wärmeübergang führt immer zu einem Temperaturausgleich und nie zu einer Verstärkung der Temperaturunterschiede.
Diese Erfahrung hat der deutsche Physiker Rudolf Clausius (1822–1888) in einem weiteren Hauptsatz der Wärmelehre formuliert:

2. Hauptsatz der Wärmelehre
Wärme geht von selbst nur von einem wärmeren auf einen kälteren Körper über und niemals umgekehrt.

Dieser Satz ist deshalb wichtig, weil er eine eindeutige **Richtung der Naturvorgänge** festlegt. Der erste Hauptsatz (Satz von der Energieerhaltung) würde auch den umgekehrten Vorgang zulassen.

Eine Anmerkung: Der 2. Hauptsatz verallgemeinert eine wiederholt gemachte Erfahrung, nämlich dass ein bestimmter Vorgang noch nie beobachtet wurde. Daraus wird behauptet, dass der Vorgang auch künftig nicht erfolgen kann. Der Schluss ist nach den Gesetzen der Logik nicht zulässig: Wer noch nie schwarze Schwäne gesehen hat, könnte meinen, dass es sie nicht gibt – sie sind jedoch in Australien heimisch. Boltzmanns **statistische Thermodynamik** lieferte die Rechtfertigung für den 2. Hauptsatz: Wegen der ungeheuer großen Teilchenzahl in thermodynamischen Systemen ist es zwar nicht ausgeschlossen, aber extrem unwahrscheinlich, dass der nichtbeobachtete Vorgang jemals eintritt.

Irreversible Vorgänge und Entropieänderung

Die Eigenschaft, dass thermische Vorgänge von selbst nur in einer Richtung ablaufen, steht im auffallenden Gegensatz zu den reibungsfreien Vorgängen in der Newton´schen Mechanik, die ebenso gut in der einen wie in der anderen Richtung ablaufen können. Die Bilderreihe (115.1) zeigt den Zusammenstoß zweier Kugeln. Ohne zusätzliche Information kann man nicht feststellen, ob der Vorgang in der Reihenfolge *a* bis *e* oder umgekehrt abläuft. Auch die Folge *e* bis *a* beschreibt einen physikalisch möglichen Vorgang. Wir sprechen daher von einem **umkehrbaren** oder **reversiblen** Vorgang.
Dagegen kann man die Bilder vom Zusammenstoß zweier Autos (115.2) sofort richtig ordnen. Der natürliche Ablauf des Vorgangs lautet: Bewegung, Aufprall, Deformation, Stillstand. Beim zeitlich umgekehrten Vorgang würden die deformierten und ruhenden Autos sich von selbst reparieren und dabei nach rückwärts aus einander fahren. Wenn ein Film des Aufpralls umgekehrt vorgeführt wird, merkt man sofort, dass ein solcher Vorgang in Wirklichkeit niemals vorkommt.
Was hat dies mit Wärmelehre zu tun? Beim Aufprall des Autos wird dessen gesamte kinetische Energie in ungeordnete Molekularbewegung umgewandelt und dabei das Auto verformt und erwärmt. Beim zeitlich umgekehrten Vorgang müsste sich das Fahrzeug von selbst abkühlen und gleichzeitig die Energie der ungeordneten thermischen Bewegung teils zur Wiederherstellung der Struktur des Autos nutzen, teils in die geordnete Bewegung des gesamten Autos überführen. Nach den Gesetzen der Newton'schen Mechanik wäre dies nicht unmöglich, nach Boltzmanns Thermodynamik aber extrem unwahrscheinlich. Die Selbstreparatur des Schrottautos widerspricht dem zweiten Hauptsatz. Wir haben es daher mit einem **nicht umkehrbaren** oder **irreversiblen** Vorgang zu tun.

Wenn ein Vorgang von selbst nur in einer Richtung ablaufen kann, bezeichnet man ihn als irreversibel.
Der 2. Hauptsatz bestimmt die Richtung von irreversiblen Prozessen.

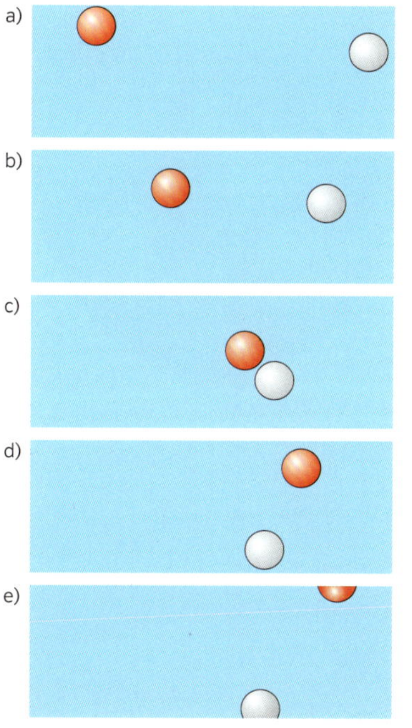

115.1 Elastischer Stoß. Reihenfolge von a nach e oder umgekehrt von e nach a? Das lässt sich hier nicht sagen. Beide Reihenfolgen wären möglich. Der Vorgang ist umkehrbar (reversibel).

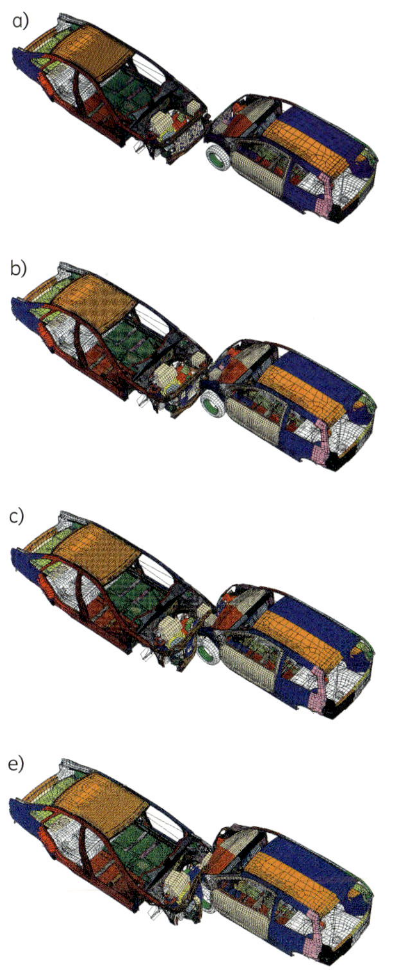

115.2 Bei einem Crash-Test ist die Reihenfolge eindeutig: a–e. Der Vorgang ist nicht umkehrbar – er ist irreversibel.

116.1 Ein Tropfen Tinte diffundiert im Wasser. Nach einiger Zeit ist das Wasser einheitlich gefärbt. Die Entropie hat zugenommen, der Prozess ist irreversibel.

116.2 Vermischen (Verreiben) von Ölfarben ist ebenfalls ein irreversibler Prozess.

116.3 RUDOLF CLAUSIUS (1822–1888), stellte im Jahre 1850 den zweiten Hauptsatz der Wärmelehre auf und zog daraus wichtige Schlussfolgerungen über Wärmekraftmaschinen. Im Jahre 1865 führte er den Entropiebegriff ein.

Reversible Vorgänge sind z.B. ungedämpfte Pendelschwingungen oder ideale elastische Stöße. Sie kommen in der Natur wegen der unvermeidlichen Reibung niemals vor. Im Alltag beobachtet man immer irreversible Prozesse: Gedämpfte Pendelschwingungen, unelastische Stöße, Erwärmung durch Reibung, Diffusion, Wärmeleitung, Deformationen usw. Fensterscheiben können beim Ballspiel zwar zerbrechen, aber sie haben sich noch nie von selbst repariert!

Untersuche, überlege, forsche: Irreversible Vorgänge

116.1 S2 Sucht gemeinsam Beispiele für irreversible Vorgänge im Alltag und diskutiert den Grund für Irreversibilität. Stehen irreversible Vorgänge zum 1. Hauptsatz in Widerspruch?

Was ist Entropie?

Die Einführung des Begriffs Entropie ist eine der großen schöpferischen Leistungen in der Physik, vergleichbar mit der Formulierung der Relativitätstheorie. Rudolf CLAUSIUS (116.3) erkannte im Jahr 1865 bei der Untersuchung der Theorie der Wärmekraftmaschinen, dass der Quotient aus übertragener Wärme Q und Temperatur T eine wichtige Rolle spielt. Er führte eine neue physikalische Größe ein, die er **Entropie** S nannte.

Er stellte fest, dass bei jedem Wärmetransport eine Entropieänderung

$$\Delta S = \frac{Q}{T}$$

stattfindet.

Die Entropie ist eine **Zustandsgröße**, sie hängt nur vom aktuellen Zustand des abgeschlossenen thermischen Systems ab. Wenn sich in einem thermodynamischen Prozess der Zustand des Systems ändert, ändert sich meist auch die Entropie des Systems.

> Die Änderung der **Entropie** eines Systems beträgt
>
> $$\Delta S = \frac{Q}{T}$$
>
> Q ist die übertragene Wärme, T die entsprechende Temperatur.

Das neu geschaffene Wort Entropie ist dem Wort Energie nachempfunden. Energie weist auf die im System steckende Arbeitsfähigkeit (*ergon*, griechisch Arbeit) hin, Entropie auf die Umwandlungsfähigkeit.

Für die Entropie S gilt im Unterschied zur Energie kein Erhaltungssatz. Während die Gesamtenergie in einem abgeschlossenen System erhalten bleibt, nimmt die Gesamtentropie bei irreversiblen Vorgängen (also bei praktisch allen natürlich ablaufenden Prozessen) zu. Dabei wird wie beim Energiesatz vorausgesetzt, dass das System abgeschlossen ist.

Beispiel: Entropieänderung bei Wärmeübergang

Wir betrachten ein System, das aus einem wärmeren Körper (Temperatur T_1) und einem kälteren Körper (T_2) besteht, und berechnen die Entropieänderung des Systems beim Übergang von Wärme Q vom wärmeren auf den kälteren Körper (T_2). Wenn ein Körper bei der Temperatur T die Wärmemenge Q aufnimmt, dann steigt seine Entropie um $\Delta S = Q/T$. Bei Wärmeabgabe nimmt die Entropie des Körpers ab.

Die gesamte Entropieänderung beträgt daher

$$\Delta S = \Delta S_1 + \Delta S_2 = -Q/T_1 + Q/T_2 = Q \cdot (T_1 - T_2)/(T_1 \cdot T_2).$$

Wegen $T_1 > T_2$ ist also $\Delta S > 0$. Die Entropie des Gesamtsystems nimmt zu, wenn Wärme von einem wärmeren auf einen kälteren Körper übergeht. Allgemein gilt:

> Findet in einem abgeschlossenen System ein irreversibler Prozess statt, so nimmt die Entropie S dieses Systems zu: $\Delta S > 0$
> Bei reversiblen Prozessen bleibt die Entropie gleich: $\Delta S = 0$
> Die gesamte Entropie eines Systems kann nicht abnehmen.

Mit der Entropiezunahme ist eine zeitliche Entwicklung des Gesamtsystems verbunden. Im Beispiel gab es anfangs, d.h. in der Vergangenheit, Temperaturunterschiede im System, die sich in der Zukunft ausgleichen. $\Delta S > 0$ bestimmt die Richtung, in der irreversible Prozesse ablaufen, das System altert – die Zeit verstreicht! Wenn das Temperaturgleichgewicht erreicht ist, gilt $\Delta S > 0$, und das System ändert sich nicht mehr, die Zeit ist stehen geblieben.
Rudolf Clausius, der die Welt noch als abgeschlossenes System ansah, hat die Folgerungen aus dem 1. und dem 2. Hauptsatz folgendermaßen ausgedrückt:

> Die Energie der Welt ist konstant,
> die Entropie der Welt strebt einem Maximum zu.

Am Ende des 19. Jhs. hat man diese Argumente auf das Universum angewendet und man kam zu einer schockierenden Einsicht: Im Lauf der Zeit sollten sich die Temperaturunterschiede ausgleichen, in einem gleichmäßig warmen Universum würden alle Veränderungsprozesse zum Stillstand kommen. Man sprach vom **Wärmetod des Universums** – auch wenn dieser erst in ferner Zukunft eintreten sollte. Aus heutiger Sicht ist es allerdings ungewiss, ob das Universum ein abgeschlossenes System ist oder Teil eines größeren Systems ist – trotz aller Fortschritte der Physik enthält die Kosmologie noch viele Rätsel.

Die statistische Betrachtung der Entropie

Der 1. Hauptsatz (Energieerhaltung) legt keine Richtung fest, in der natürliche Prozesse ablaufen. Warum sollte es daher unmöglich sein, dass beispielsweise die Teilchen eines Gases in das Gefäß zurückkehren, aus dem sie ausgeströmt sind? Andererseits ist das Ausströmen von Gas in ein größeres Gefäß (**117.1**) ein typischer irreversibler Vorgang, dessen Umkehrung den 2. Hauptsatz verletzen würde. Dieser Widerspruch löste am Ende des 19. Jhs. unter Physikern und Philosophen heiße Diskussionen aus. Wie kann er aufgelöst werden? Die wichtigste Erkenntnis verdanken wir dem bedeutenden österreichischen Physiker Ludwig Boltzmann (1844–1906, **118.3**).

Gedankenexperiment

117.1 Ein Mol eines idealen Gases, also $n = N_A = 6 \cdot 10^{23}$ Moleküle, befindet sich in der linken Hälfte eines durch eine Wand geteilten Behälters. Entfernt man die Wand, so verteilen sich die Gasteilchen gleichmäßig auf das gesamte Volumen, sie sind in ständiger Bewegung. Der Vorgang ist irreversibel. Niemand hat je beobachtet, dass sich das Gas von selbst wieder in eine Behälterhälfte zurückzieht. Aber ist dies prinzipiell unmöglich? Eine einfache Überlegung hilft dies zu klären.
Ist im Behälter nur ein Teilchen vorhanden ($n = 1$), so ist es mit jeweils gleicher Wahrscheinlichkeit $P_1 = 0{,}5$ links wie rechts anzutreffen (**117.2, 3**).
Fügen wir ein zweites Teilchen hinzu. Auch dieses wird sich mit der Wahrscheinlichkeit $P_2 = 0{,}5$ links befinden. Die Wahrscheinlichkeit, beide Teilchen gleichzeitig links zu finden, ist $P = P_1 \cdot P_2 = 0{,}25$ (**117.4**). Im Mittel finden wir diese Situation bei jeder vierten Beobachtung.
Jedes weitere Teilchen halbiert die Wahrscheinlichkeit, alle Teilchen links zu finden, so dass wir bei n Teilchen durchschnittlich 2^n-mal beobachten müssen, bis wir alle Teilchen eines Mol Gas einmal links vorfinden (**117.5**).
Bei 10 Teilchen müsste man im Mittel $2^{10} = 1024$ Beobachtungen machen und dies würde bei einer Beobachtung pro Sekunde etwa eine Viertelstunde dauern. Aber bereits bei 100 Teilchen wären durchschnittlich $2^{100} = (1024)^{10} =$ ca. 10^{30} Beobachtungen nötig – wie viele Jahre bräuchte man dafür? Für $n = N_A = 6 \cdot 10^{23}$ ist 2^n viel größer als jede vorstellbare Zahl! Es ist also **extrem unwahrscheinlich**, dass ausgeströmtes Gas sich durch Zufall jemals wieder sammelt.

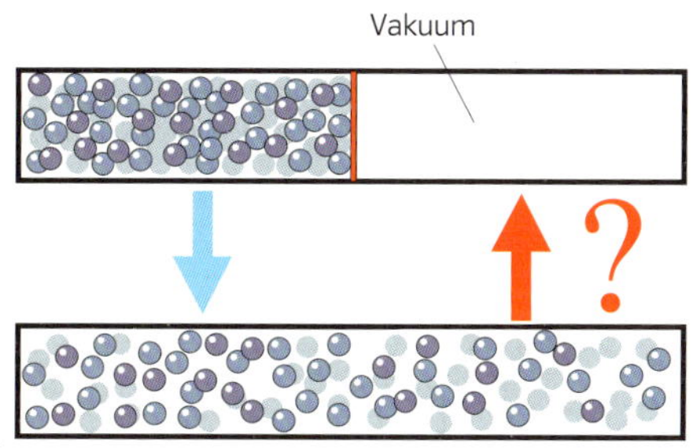

117.1 Ein Gas befindet sich in der linken Hälfte eines Behälters. Die Zwischenwand wird entfernt. Das Gas expandiert ins Vakuum. Sollte die Molekularbewegung, die das Gas ausströmen lässt, nicht auch eine Umkehr dieses Vorganges bewirken können? Z.B. wenn alle Teilchen an der rechten Wand reflektiert werden?

117.2 Befindet sich nur ein Teilchen im Behälter, dann wird es bei vielen Beobachtungen etwa in der Hälfte aller Fälle links …

117.3 … in der Hälfte aller Fälle rechts zu finden sein.

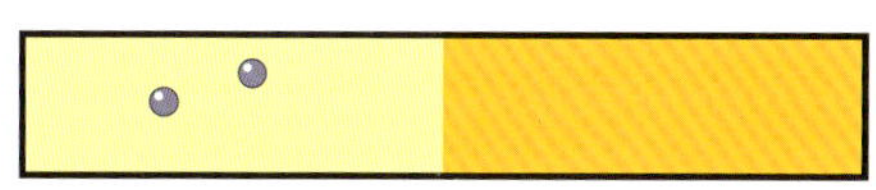

117.4 Geben wir ein zweites Molekül hinzu, so halbiert sich die Zahl der günstigen Fälle, da auch das neue Molekül links oder rechts sein kann. Nur noch jeder vierte Fall ist im Mittel günstig, beide Moleküle links anzutreffen.

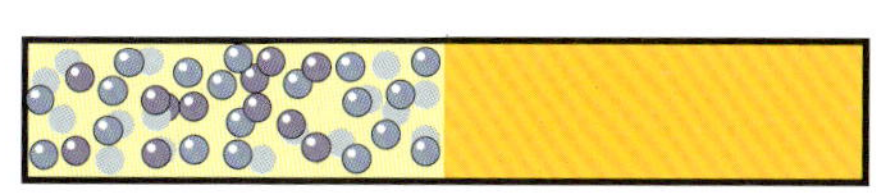

117.5 Bei n Molekülen sind 2^n Beobachtungen erforderlich, bis man erwarten darf, alle Moleküle links zu finden.

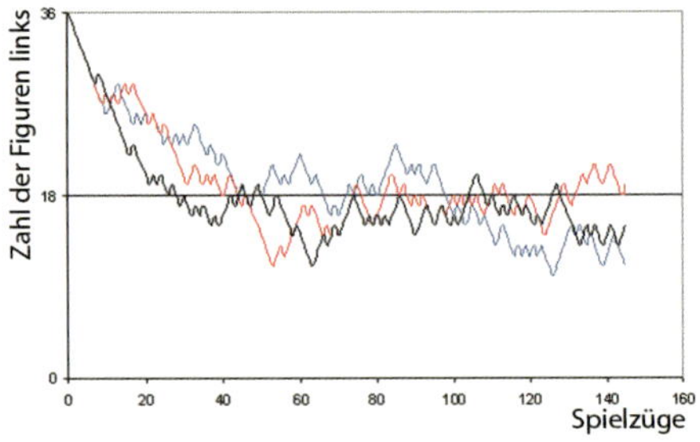

118.1 Computersimulation des Entropiespiels mit 36 Figuren in drei Durchläufen. Aufgetragen ist die Zahl der Figuren im linken Spielfeld gegen die Zeit, sie schwankt um den Mittelwert, kehrt aber nicht zum Ausgangswert zurück.

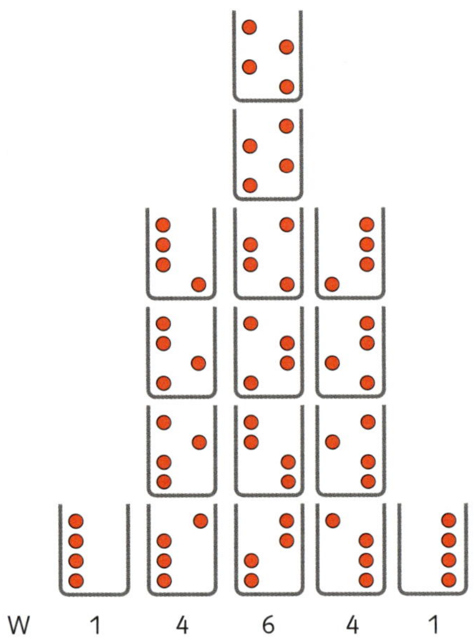

118.2 Es gibt 16 Möglichkeiten, vier verschiedene Teilchen in einem Behälter links und rechts zu verteilen. Nur eine Möglichkeit aus 16 stellt den Ausgangszustand dar. Die Verteilung 2:2 ist mit W=6 die wahrscheinlichste.

118.3 Boltzmanns Grabmal in Wien

Zusammenfassend kommen wir zur Erkenntnis

Die von selbst eintretende Umkehr irreversibler Vorgänge ist nicht prinzipiell unmöglich, aber statistisch gesehen extrem unwahrscheinlich.

Unter Arbeitsaufwand kann jedoch ein irreversibler Prozess umgekehrt werden, Wärme also von einem kalten auf einen warmen Körper übergehen. Dies geschieht beispielsweise in jedem Kühlschrank. Dort wird einem kalten Körper Wärme entzogen und an die Umwelt abgegeben, wodurch sich diese noch mehr erwärmt. Den dazu nötigen Arbeitsaufwand kann man allerdings an der Stromrechnung ablesen!

? Antwort auf die Eingangsfrage

Zu Beginn des Spiels befinden sich alle Figuren in der linken Hälfte des Spielplans. Beim Würfeln wird die rechte Spielhälfte allmählich mit Figuren in zufälliger Verteilung besetzt, wobei gelegentlich Figuren auf die linke Seite zurück wandern. Nach kurzer Zeit bemerkt man, dass sich ein Gleichgewicht einstellt, Figuren wechseln zwischen links und rechts und doch befinden sich stets ungefähr gleich viele Figuren in jeder Hälfte. Daran ändert sich auch nichts, wenn man die Spielzeit verlängert. Man hat den Zustand „größter Wahrscheinlichkeit" erreicht (**118.1**). Ein Blick auf das Spielfeld zeigt, wieso der Gleichgewichtszustand (gleich viele Figuren in jeder Hälfte) so viel wahrscheinlicher ist als der Ausgangszustand: Im Ausgangszustand gibt es nur eine Möglichkeit, die Figuren aufzustellen. Im Gleichgewichtszustand sind sehr viele verschiedene Aufstellungen möglich, die alle gleich wahrscheinlich sind.

▷ Entropie und Wahrscheinlichkeit

Führen wir das Gedankenexperiment der vorigen Seite weiter und zählen wir die Möglichkeiten ab, eine Anzahl Teilchen auf links und rechts zu verteilen. **118.2** zeigt das Ergebnis für $n=4$ Teilchen. Dadurch finden wir die relativen Wahrscheinlichkeiten, Es gibt 6 Möglichkeiten, gleich viele Teilchen links und rechts zu platzieren, aber nur 1 Möglichkeit, alle Teilchen links zu platzieren. Bei 4 Teilchen ist daher die Gleichverteilung bereits 6-mal häufiger bzw. wahrscheinlicher als die Ausgangsverteilung, bei 6 Teilchen bereits 20-mal, bei 8 Teilchen 70-mal, u.s.w. Damit wird verständlich, dass beträchtliche Abweichungen von der Gleichverteilung extrem unwahrscheinlich sind.
Die Anzahl W der Möglichkeiten für eine bestimmte Aufteilung der Teilchen auf links und rechts bestimmt die **relative Wahrscheinlichkeit** dieser Aufteilung.
Allgemein gilt:
Von selbst ablaufende Prozesse verlaufen stets so, dass die Entropie maximal wird. Die statistische Betrachtung zeigt, dass ein sich selbst überlassenes thermodynamisches System den wahrscheinlichsten Zustand (W maximal) anstrebt und nur kleine Schwankungen um diesen wahrscheinlichste Zustand auftreten, große Schwankungen aber sehr unwahrscheinlich sind.
Dies legt nahe, dass zwischen der Entropie eines Zustands und der Wahrscheinlichkeit eines Zustands ein Zusammenhang besteht. Den Zusammenhang hat Boltzmann gefunden. Wegen ihrer Bedeutung befindet sich diese Beziehung sogar als Inschrift auf seinem Grabmal in Wien (**118.3**):

Entropie nach Boltzmann
$S = k \cdot \ln W.$

Die Boltzmann-Konstante $k = 1{,}38 \cdot 10^{-23}$ J/K wurde bereits im Zusammenhang mit der mittleren kinetischen Energie der Teilchen eines idealen Gases eingeführt (s. S. 94). W ist die Anzahl der Möglichkeiten, einen speziellen thermodynamischen Zustand eines Systems durch seine Teilchen zu realisieren. Mit ln wird der natürliche Logarithmus bezeichnet.
$W=1$ gilt z.B. am – nicht erreichbaren – absoluten Nullpunkt, weil es dort nur einen einzigen Zustand gibt: Die Moleküle bewegen sich nicht. Die Entropie ist null, weil $\ln 1 = 0$ ist.

Die Überlegungen des letzten Abschnitts sind Teil der Statistischen Physik. Sie führt die auf Erfahrung beruhenden Hauptsätze der Thermodynamik und die Gesetze der Zustandsänderungen auf die Teilchenstruktur der Materie zurück. Im 20. Jh. wurde die Statistische Physik durch die Quantenphysik zur Quantenstatistik erweitert und bildet dadurch die Grundlage zum Verständnis der Materie.

Exkurs Mathematik: Was bedeutet der Ausdruck „ln“?

119.1 Beim Potenzieren $y = a^x$ gibt es zwei Umkehrrechenarten, je nachdem ob man die Basis a oder den Exponenten x sucht. Um die Basis einer Potenz zu berechnen, benützt man das **Wurzelziehen**, den Exponenten einer Potenz findet man durch **Logarithmieren**.

Sehen wir uns ein Beispiel an:

Die Gleichung $e^x = 7{,}389$ soll gelöst werden. ($e = 2{,}718\,28\ldots$ heißt Euler-Zahl.)

Wir wenden auf beiden Seiten den Logarithmus zur Basis e an und schreiben dafür ln. Also:

$e^x = 7{,}389 \mid \ln \rightarrow x = \ln 7{,}389 = 2$

ln heißt natürlicher **Logarithmus** und hat eine eigene Taste auf dem Taschenrechner. ◁

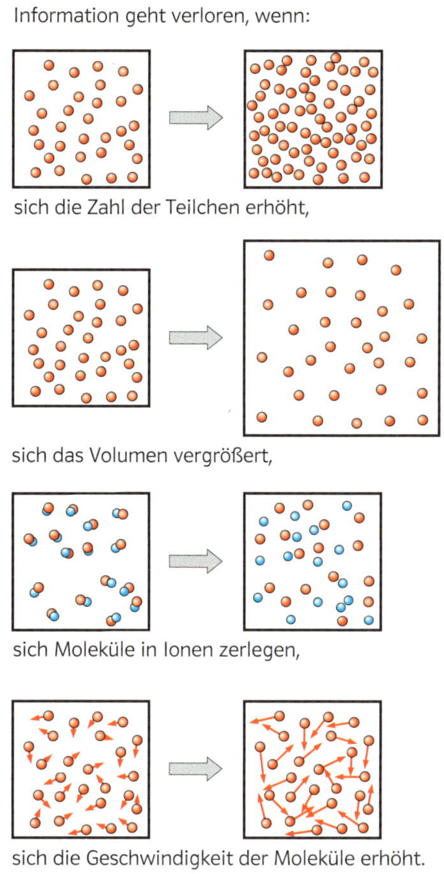

119.1 Entropie und Information: Ein Informationsverlust bedeutet eine Zunahme der Entropie (und umgekehrt). Bei den dargestellten Vorgängen geht Information z. B. über den Ort der Teilchen verloren, da ihnen nachher mehr Raum zur Verfügung steht.

Teste dein Wissen W1 Lösungen im Anhang

119.1 Wodurch unterscheidet sich ein abgeschlossenes System von einem offenen System?
a) Es gibt keinen Energie- und Teilchenaustausch mit der Umgebung.
b) Es besitzt innere Energie im Gegensatz zum offenen System.
c) Es ist von der Umgebung isoliert.

119.2 In einer Druckrohrleitung fließt Wasser aus einem Speichersee zum Kraftwerk. Welche Energieform gehört nicht zur Inneren Energie?
a) Die kinetische Energie des strömenden Wassers
b) Die kinetische Energie der Wärmebewegung der Wassermoleküle
c) Die zwischenmolekularen Kräfte

119.3 In welcher Weise kann man die innere Energie eines Körpers erhöhen?
a) Durch Wärmeleitung
b) Durch Wärmestrahlung
c) Durch Beschleunigungsarbeit

119.4 Wodurch unterscheidet sich der erste Hauptsatz vom allgemeinen Erhaltungssatz der Energie?

119.5 Warum wird die Entropie eines Systems bei Erhöhung der Temperatur größer?

119.6 Wodurch unterscheiden sich reversible von irreversiblen Vorgängen?

119.7 Kann in einem Teil eines Systems die Entropie abnehmen?

119.2 Wie wird das Universum enden? Die Materie konzentriert in Schwarzen Löchern (oben) oder verteilt über den Raum (links)?

5 Wärme- und Kältetechnik

In diesem Kapitel erfährst du,
- wieso Wärme nicht zu 100 % als Arbeit genutzt werden kann,
- wie Verbrennungsmotoren funktionieren,
- wie Dampfmaschinen immer leistungsfähiger wurden,
- wie Kühlschrank und Wärmepumpe funktionieren,
- welche erstaunliche Phänomene nahe am absoluten Nullpunkt auftreten.

120.1
? Ist der menschliche Organismus eine Wärmekraftmaschine?

120.2 Die Dampflokomotive „Austria" war die erste Lokomotive in Österreich, gebaut wurde sie in England. 1837 zog sie den Eröffnungszug der „Kaiser Ferdinands Nordbahn" von Wien bis Deutsch-Wagram. Bereits 1839 ging die Strecke bis Brünn (Tschechien). Die heute noch übliche Spurweite von 1435 mm hat der englische Eisenbahnpionier GEORGE STEVENSON (1781–1847) eingeführt.

120.3 BERTHA BENZ und ihre beiden Söhne unternahmen 1888 mit dem „Benz Patent-Motorwagen Modell 3" – 2,0 ø-Einzylinder, 3 PS (2,2 kW), max. 20 km/h – die erste „Fernfahrt" der Automobilgeschichte (106 km) zwischen Mannheim und Pforzheim (nachgestellte Szene).

Die Möglichkeit, verschiedene Energieformen in mechanische und elektrische Energie umzuwandeln, ist eine Grundlage unserer Zivilisation. Wind- und Wasserkraft haben wir in Physik 5 kennen gelernt. Mittels Turbinen stellen sie elektrische Energie bereit, früher trieben sie – wie das Mühlrad am Bach – Maschinen direkt an. **Wärmekraftmaschinen** wandeln Wärme in Arbeit um. Sie umfassen von der bereits historischen Kolbendampfmaschine bis zum Flugzeugtriebwerk eine Vielzahl von Maschinen. Sie nutzen die Ausdehnung von Gasen bei Erwärmung und die dabei auftretenden Kräfte. Im Allgemeinen soll kontinuierlich Arbeit verrichtet werden. Dafür muss die Maschine periodisch arbeiten und immer wieder dieselben thermodynamischen Zustände durchlaufen. Dabei wird Energie einem Speicher entnommen und teilweise als Arbeit genutzt, der andere Teil wird bei niedrigerer Temperatur an die Umgebung abgegeben. Damit stellt sich die Frage, wie viel aufgewendete Energie tatsächlich genutzt wird, welchen **Wirkungsgrad** die Maschine erreichen kann und wie man ihn verbessern kann.

Die Umkehrung der Wärmekraftmaschine ist die **Wärmepumpe**, die als **Kühl-** oder **Gefrierschrank** unverzichtbar geworden ist. Lebensmittel vor dem Verderb zu schützen war bis ins 20. Jh. ein großes Problem. Dank der Kühlgeräte können heute Lebensmittel und Medikamente bei Temperaturen aufbewahrt werden, bei denen Bakterien und Schimmelpilze sich nur langsam oder überhaupt nicht vermehren. Mit Arbeitsaufwand wird Wärme vom kälteren Körper zur wärmeren Umgebung transportiert. Wärmepumpen dienen auch zur Heizung von Gebäuden, indem sie z. B. der Außenluft Energie entziehen und damit die Innenluft erwärmen. Ihr Antrieb erfolgt meist elektrisch, was bequem ist und am Ort keine Abgase verursacht.

Wärmekraftwerke liefern aus **fossilen Brennstoffen** (Kohle, Erdöl, Erdgas), **nuklearen Brennstoffen** (Uran), oder **erneuerbaren Energieträgern** (Sonnenenergie, Biomasse, Erdwärme) oder auch Müll elektrische Energie. Unser gewohnter Lebensstandard hängt von leicht verfügbarer und kostengünstiger elektrischer Energie ab.

Die Erdbevölkerung wächst schnell und immer mehr Menschen wünschen sich zu Recht bessere Lebensbedingungen, d. h. besseren Zugang zu erschwinglicher Energie. Dies bringt zwei Probleme mit sich:

Wie groß sind die Vorkommen an fossilen Brennstoffen, wie lange reichen sie? Darf die Menschheit innerhalb weniger Jahrzehnte jene fossilen Reserven verbrauchen, deren Bildung in der Natur Jahrmillionen gedauert hat und die den wichtigsten Rohstoff der chemischen Industrie bilden?

Das zweite Problem ist erst seit 1980 ins Bewusstsein gerückt: Die Verbrennung der fossilen Energieträger erhöht den Anteil des **Treibhausgases** CO_2 in der Atmosphäre und trägt zur **globalen Klimaerwärmung** mit unerwünschten Folgen bei.

5.1 Wirkungsgrad von Wärmekraftmaschinen

Periodisch arbeitende Wärmekraftmaschinen nutzen den Energiefluss zwischen zwei Energiespeichern mit unterschiedlichen Temperaturen. Da sie mit der Umgebung, den Energiespeichern, im Energieaustausch stehen, sind sie keine abgeschlossenen Systeme.
Erfahrungsgemäß kann zwar Bewegungsenergie durch Reibung vollständig in Wärme umgewandelt und als innere Energie gespeichert werden, aber die Umkehrung des Vorgangs, die Umwandlung von Wärme in Arbeit, gelingt nur zum Teil. Der meist größere restliche Teil wird als **Abwärme** an die Umgebung abgegeben. Vom Standpunkt des Menschen aus wird die zugeführte Energie in der Maschine teilweise **entwertet**, weil sie nicht mehr als Arbeit genutzt werden kann. (Bei Wärmekraftwerken wird immer öfter die Abwärme als Fernwärme zur Beheizung von Gebäuden genutzt, man nennt dies Kraft-Wärme-Kupplung.)
Als Maß für die Güte der Umwandlung wird der **Wirkungsgrad** η definiert:

> Der Wirkungsgrad η einer Wärmekraftmaschine ist das Verhältnis der gewonnenen mechanischen Nutzarbeit W zur aufgewendeten Wärme Q:
> $\eta = \frac{W}{Q}$ (Angabe meist in Prozent).

Beispielsweise ist der Wirkungsgrad eines Verbrennungsmotors in einem Auto definiert als die Nutzarbeit, die der Motor abgibt, im Verhältnis zur chemischen Energie des benötigten Treibstoffs.
Welcher Bruchteil der zugeführten Wärmemenge kann mit einer periodisch arbeitenden Maschine im besten Fall genutzt werden?
Diese Frage hat Sadi Carnot (121.1) bereits 1824 durch Betrachtung einer **idealisierten Wärmekraftmaschine** – der **Carnot-Maschine** – beantwortet. Die Carnot-Maschine arbeitet mit einem **reversiblen Kreisprozess** (121.2, 121.3).

▷ Die Carnot-Maschine besteht aus einem gasgefüllten Zylinder mit einem beweglichen Kolben. Der Zylinder steht abwechselnd mit zwei Energiespeichern unterschiedlicher Temperatur in Kontakt. Als Arbeitsmittel dient ein ideales Gas. Die Volumenänderung des Gases wirkt über Kolben und Pleuelstange auf eine Kurbelwelle und stellt dadurch Nutzarbeit zur Verfügung. 121.3 zeigt 4 Arbeitsschritte im p-V-Diagramm:

1. Die Wärmeaufnahme erfolgt im Kontakt mit dem wärmeren Speicher bei konstanter hoher Temperatur T_1. Dabei dehnt sich das Gas isotherm aus. Die Energie Q_1 wird auf das Arbeitsmittel übertragen. Im p-V-Diagramm erfolgt die Zustandsänderung von 1 nach 2.
   Der Entropiezuwachs ist $\Delta S_1 = Q_1/T_1$, daher ist $Q_1 = -\Delta S_1 \cdot T_1$.
2. Der Zylinder wird thermisch isoliert, so dass keine Wärme mit der Umgebung ausgetauscht wird. Das Gas kann weiter adiabatisch expandieren (von 2 nach 3), bis die Temperatur T_2 erreicht ist. Da keine Wärme ausgetauscht wird, ändert sich die Entropie nicht.
3. Bei der niedrigeren, konstanten Temperatur T_2 wird die Wärme Q_2 an den Energiespeicher 2 abgegeben: $Q_2 = -\Delta S_2 \cdot T_2$, wobei gleichzeitig das Gas verdichtet wird (von 3 nach 4). Durch die Wärmeabgabe exportiert die Maschine Entropie, nämlich Q_2/T_2. Die für die Kompression benötigte Arbeit muss zugeführt werden, z.B. indem man die Energie eines Schwungrads auf der Kurbelwelle nutzt.
4. Im letzten Arbeitstakt wird adiabatisch, also mit thermisch isoliertem Zylinder wie im 2. Schritt, weiter komprimiert (von 4 nach 1), bis der Anfangszustand wieder erreicht ist.

Wieso ist der Carnot-Prozess reversibel? Er ist eine Idealisierung. Der Prozess muss so geführt werden, dass keine Energie durch Reibung vergeudet wird. Unter dieser Voraussetzung kann man den Prozess auch umkehren: Die Maschine arbeitet angetrieben durch äußere Arbeit als **Wärmepumpe** und bringt Energie vom Energiespeicher 2 in den Speicher 1.

121.1 Nicolas Sadi Carnot (1796–1832), französischer Wissenschafter, Physiker und Ingenieur in Napoleons Armee. Er ist als Begründer der Thermodynamik bekannt. 1824 beschrieb er mit dem Carnot'schen Kreisprozess eine perfekte Maschine. Carnots Leistungen waren die Grundlage für spätere Forscher wie Kelvin, Mayer, Joule und Clausius. Er starb mit 36 Jahren an Cholera.

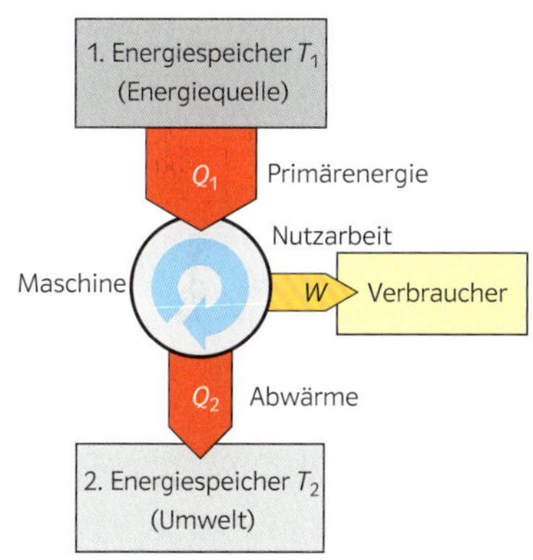

121.2 In einer idealen Wärmekraftmaschine (Carnot-Maschine) fließt Energie zwischen zwei Speichern, ein Teil wird als Arbeit abgegeben.

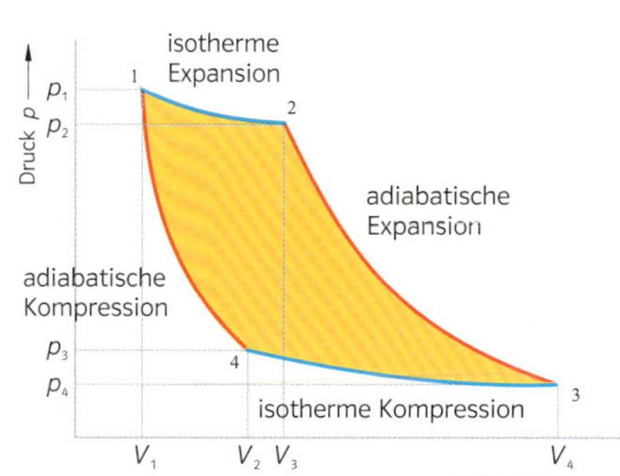

121.3 Der Carnot'sche Kreisprozess. Die vom Kurvenzug 1-2-3-4-1 eingeschlossene Fläche im p-V-Diagramm stellt die Nutzarbeit dar.

122.1 Dampfwolken steigen aus den Kühltürmen von Dampfkraftwerken (Gas-, Öl-, Kohle- oder Kernkraftwerke) und geben die Abwärme an die Umgebung ab. Welche Energiemengen werden hier umgesetzt?

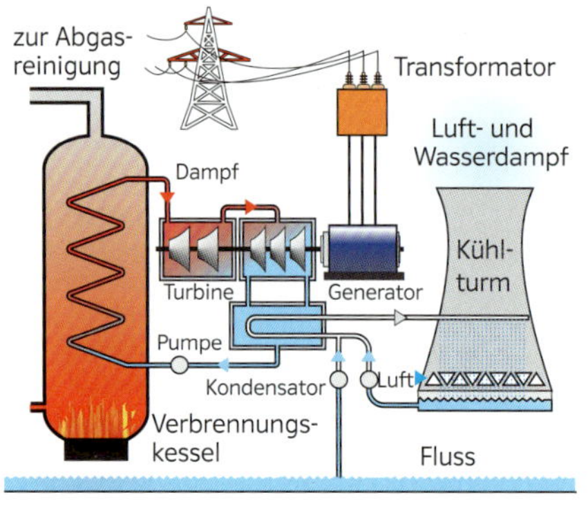

122.2 Schema eines Kraftwerks mit Dampfturbinen.

122.3 Die Müllverwertungsanlage Zwentendorf/Dürnrohr (Hintergrund) erzeugt Dampf für das Kraftwerk Dürnrohr. Fernwärme wird bis St. Pölten geliefert. Dadurch können ca. 75% der Energie im Müll genutzt werden.

122.4 Das Kraftwerk Simmering (Wien) ist derzeit (2012) das leistungsstärkste Kraftwerk Österreichs, es erzeugt 700 MW elektrische Leistung und 450 MW Fernwärme und erreicht dadurch einen Wirkungsgrad von über 80%. Ein Kühlturm ist hier überflüssig.

In den adiabatischen Arbeitsschritten 2 und 4 wird keine Wärme ausgetauscht und daher keine Entropie erzeugt. Der Carnot´sche Kreisprozess ist reversibel und führt zum Anfangszustand zurück, daher ändert sich die Entropie des Arbeitsmittels nicht:

$$\Delta S_{gesamt} = \Delta S_1 + \Delta S_2 = 0 \text{ oder } \Delta S_1 = -\Delta S_2.$$

Die Arbeit W entspricht der Differenz von zugeführter Wärme Q_1 und der Abwärme Q_2. Als Wirkungsgrad ergibt sich:

$$\eta = W/Q_1 = (Q_1 - Q_2)/Q_1 = (T_1\,\Delta S_1 + T_2\,\Delta S_2)/(T_1\,\Delta S_1) = (T_1 - T_2)/T_1 = 1 - T_2/T_1 \lhd$$

Der reversible Prozess mit $\Delta S_{gesamt} = 0$ stellt den Prozess mit dem höchstmöglichen Wirkungsgrad dar. Reale Prozesse haben immer einen niedrigeren Wirkungsgrad η. Daher ergibt sich allgemein:

> Der maximale Wirkungsgrad η_{th} einer periodisch arbeitenden Maschine, die Wärme einem Energiespeicher mit der Temperatur T_1 entnimmt und Abwärme an die Umwelt mit der Temperatur T_2 abgibt, ist
> $$\eta_{th} = 1 - T_2/T_1$$
> η_{th} heißt **thermodynamischer Wirkungsgrad**.
> Das Gleichheitszeichen gilt für den Grenzfall des reversiblen Prozesses.
> Für reale Prozesse gilt: $\eta < \eta_{th}$

Der thermodynamische Wirkungsgrad hängt nur vom Verhältnis T_2/T_1 ab. Könnte man die Abwärmetemperatur $T_2 = 0\,K$ erreichen, so wäre eine vollständige Umwandlung von Wärme in Arbeit möglich. Da aber T_2 nicht unter die Temperatur der Umgebung (etwa 300 K) gesenkt werden kann, können große Wirkungsgrade nur durch hohe Arbeitstemperaturen T_1 erzielt werden.

Die gespeicherte Energie kann umso besser in Arbeit umgewandelt werden und ist daher umso **wertvoller**, je **höher** die Temperatur des Speichers ist. Daher wird hochwertige Energie verschwendet, wenn wir Brennstoffe bei hohen Temperaturen von über 1000 °C verbrennen, um Wasser auf 100 °C zu erhitzen. Stattdessen sollte man „Nieder-Temperatur-Wärme" mit anderen Verfahren bereitstellen, aber nicht hochwertige „arbeitsfähige" Energie verheizen: Fernwärmenetze liefern in Städten Abwärme aus Wärmekraftwerken und Müllverbrennungsanlagen an Industrie und Haushalte.

Die Abwärme bei Wärmekraftmaschinen ist also kein Konstruktionsmangel, sondern eine unvermeidliche Folge der Gesetze der Thermodynamik. Der deutsche Physiker Max Planck (1858–1947) formulierte die Aussage des 2. Hauptsatzes daher so:

> Es ist unmöglich, eine periodisch arbeitende Maschine zu konstruieren, die weiter nichts bewirkt, als eine Last zu heben und einem Behälter dauernd Wärme zu entziehen.

In der Praxis ist der tatsächliche Wirkungsgrad wesentlich kleiner als der maximale. Reale Prozesse laufen immer irreversibel ab!

Beispiel: Wirkungsgrad moderner Gas- und Dampfkraftwerke

Die Kombination von Gasturbinen, Dampfturbinen und Fernwärme stellt derzeit die bestmögliche Energienutzung dar. In der Gasturbine wird Erdgas zusammen mit Sauerstoff aus der Luft verbrannt. Die heißen Gase treiben die Turbinenschaufeln, expandieren und kühlen sich dabei von 1600 °C auf 650 °C ab. Sie sind dann noch heiß genug, um Wasserdampf für eine Dampfturbine zu erzeugen.

Der thermodynamische Wirkungsgrad der Gasturbine ist $\eta_{th} = (1600 - 650)/(1600 + 273) = 0{,}51 = 51\%$. Die Gasturbine treibt einen Generator zur Stromerzeugung, wobei sich insgesamt ein Wirkungsgrad von 40% ergibt.

Die zusätzliche Stromerzeugung mit der Dampfturbine und die Bereitstellung von Fernwärme ermöglichen, ca. 80% der Energie des eingesetzten Erdgases zu nutzen.

5.2 Verbrennungsmotoren

Wir betrachten die Vorgänge in einem Verbrennungsmotor am Beispiel des Benzin-**Viertaktmotors**, auch **Ottomotor** nach seinem Erfinder NICOLAUS OTTO (1832–1891) genannt. Die wichtigsten Teile sind der Zylinder mit dem beweglichen Kolben, der über die Pleuelstange auf die Kurbelwelle wirkt, und mindestens je ein Einlass- und ein Auslassventil sowie eine Zündkerze (**123.1**). Um einen ruhigen Lauf zu erreichen, besteht der Motor aus mehreren Zylindern – bei PKWs meist vier –, in denen der Energieträger, ein Benzin-Luftgemisch, verbrannt wird. Der Motor soll die im Gemisch enthaltene chemische Energie mit möglichst wenig Wärmeverlust und geringem Schadstoffausstoß in mechanische Energie umwandeln. Die Arbeitsgänge verlaufen im Zylinder in vier Takten: Ansaugen des Kraftstoff-Luft-Gemisches, Verdichten, Zünden und schließlich Ausstoß der verbrannten Gase (**123.2**).

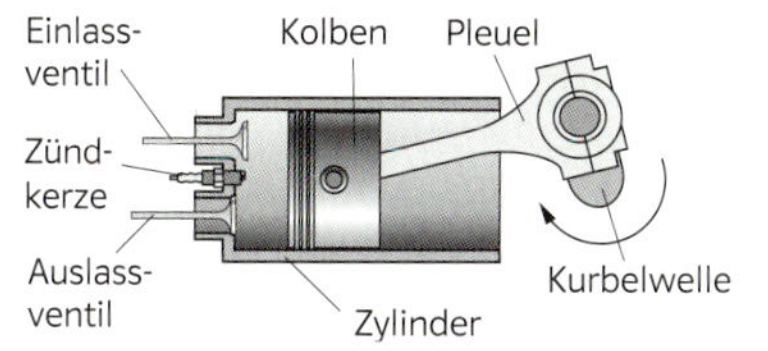

123.1 Ein Zylinder eines 4-Takt-Ottomotors (schematisch)

1. Takt (Ansaugtakt): Der Kolben geht hinunter. Das Einlassventil öffnet sich, das Benzin-Luft-Gemisch wird angesaugt. Der Druck im Zylinder liegt dabei etwas unter dem äußeren Luftdruck. Daher wird zum Ansaugen kaum Arbeit benötigt.
2. Takt (Kompressionstakt): Alle Ventile sind geschlossen. Der Kolben geht hinauf und komprimiert das Gemisch, der Druck steigt. Die Kompressionsarbeit erhöht die innere Energie und damit auch die Temperatur des Gases. Die Temperatur darf dabei 500 °C nicht überschreiten, da es sonst zu vorzeitiger Entzündung des Gemischs und zur Beschädigung des Motors kommt.
3. Takt (Arbeitstakt): Das Gemisch wird durch einen elektrischen Funken an der Zündkerze gezündet. Der plötzliche große Temperaturanstieg auf ca. 2000 °C erhöht den Druck auf etwa 30 bar. Der Kolben wird von den Verbrennungsgasen nach unten getrieben.
4. Takt (Auspufftakt): Die Verbrennungsgase werden bei geöffnetem Auslassventil durch den Kolben mit geringem Arbeitsaufwand nach außen geschoben. Ihre Temperatur beträgt immer noch bis zu 900 °C.

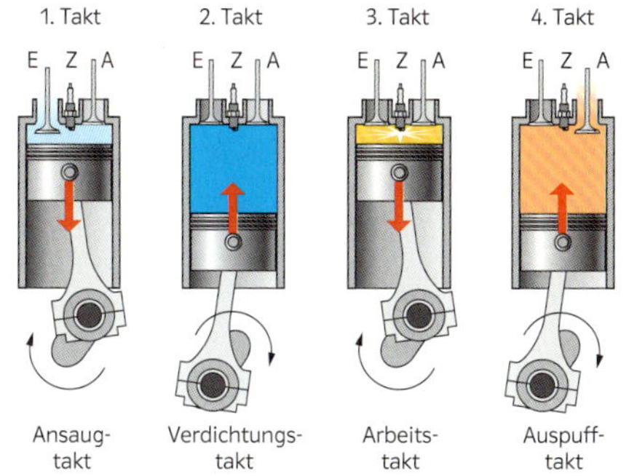

123.2 Die 4 Takte eines Ottomotors. PKW-Motoren haben meist 4 oder 6 Zylinder. Damit soll ein runder Lauf des Motors erreicht werden.

Beim **Dieselmotor** wird im Gegensatz zum Ottomotor nur Luft angesaugt. Als Kraftstoff dient das Erdölprodukt Dieselöl, kurz Diesel genannt, oder zunehmend Biodiesel aus Pflanzenölen. Am Ende des Verdichtungsvorgangs wird Kraftstoff in die hoch verdichtete Luft im Verbrennungsraum eingespritzt. Die verdichtete Luft ist so heiß, dass der eingespritzte Kraftstoff sich selbst entzündet.
Vorteile des Dieselmotors gegenüber dem Ottomotor sind der bessere Wirkungsgrad und der dadurch geringere Kraftstoffverbrauch sowie billigere und ungefährlichere Kraftstoffe. Dieselmotoren benötigen allerdings bei gleicher Leistung mehr Hubraum als Ottomotoren. Mit einem Turbolader lässt sich dieser Nachteil vermeiden: Eine kleine Turbine wird von den Abgasen angetrieben, ein daran gekoppelter Verdichter erhöht den Druck der Luft, so dass im Ansaugtakt mehr Luft (mehr Sauerstoff) den Zylinder füllt und mehr Kraftstoff verbrannt werden kann. (**123.3**)
Verbrennungsmotoren haben **Auswirkungen auf die Umwelt**: Das entstehende Kohlenstoffdioxid (CO_2) verstärkt den Treibhauseffekt in der Atmosphäre und trägt zur **Klimaerwärmung** bei. Durch unvollständige Verbrennung von Kraftstoff im Motor entsteht Ruß, der mit dem Abgas abgegeben wird; als **Feinstaub** (Teilchengröße <10 µm) gelangt er in die Lunge und kann sie schädigen. Daher müssen neue Diesel-PKW Rußfilter besitzen. Bei der Verbrennung bildet Luftstickstoff (N_2) mit Sauerstoff **Stickoxide**. Diese reizen und schädigen die Atmungsorgane, auch fördern sie die Bildung von bodennahem Ozon. Bei modernen Motoren wandeln Katalysatoren einen Großteil der Schadstoffe und des nichtverbrannten Treibstoffs im Abgas in H_2O, N_2, CO_2 um.

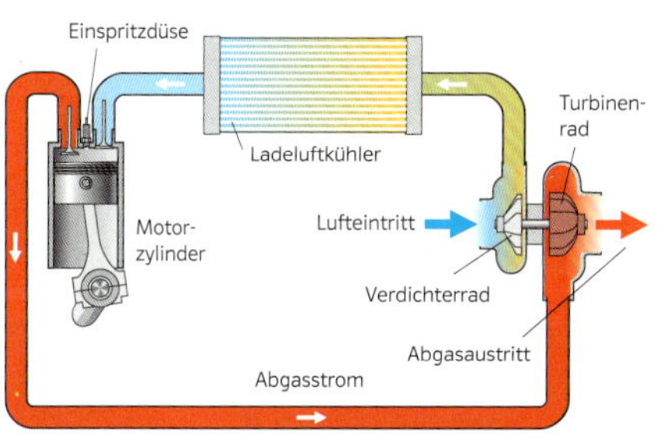

123.3 Dieselmotoren haben keine Zündkerzen: Der Kraftstoff wird eingespritzt und zündet durch die hohe Temperatur der komprimierten Luft von selbst. Das Schema zeigt einen Dieselmotor mit Turbolader (Turbo-Diesel).

Untersuche, überlege, forsche: Wirkungsgrad von Viertaktmotoren

123.1 Die Verbrennung im Zylinder erfolgt bei 2000 °C. Die Abgastemperaturen erreichen bei Diesel- und Ottomotoren ca. 500 °C (Diesel) bzw. ca. 900 °C (Benzin) bei Volllast.

W1 **a)** Wie groß sind die thermodynamischen Wirkungsgrade.
W2 **b)** Warum sind die realen Wirkungsgrade wesentlich schlechter?

124.1 Die Heronskugel, ein antikes Gerät, demonstriert den Dampfdruck und das Rückstoßprinzip

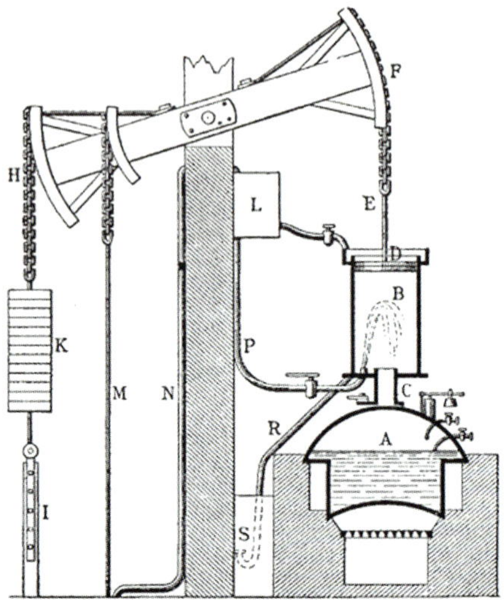

124.2 Maschine von NEWCOMEN

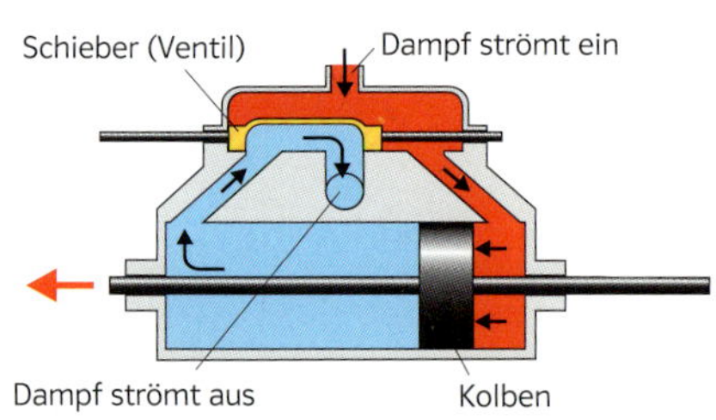

124.3 Steuerung der doppelt wirkenden Dampfmaschine nach Watt: Je nach Schieberstellung strömt Dampf von rechts bzw. links in den Zylinder

124.4 Rotor einer Dampfturbine vor dem Einbau. Heißer Dampf wird mit hohem Druck in der Mitte auf die Turbinenschaufeln geleitet, strömt links und rechts und überträgt Bewegungsenergie auf die Turbinenschaufeln.

Meilensteine der Entwicklung von Dampfmaschinen

Heronskugel: Von HERON, einem berühmten Mathematiker und Techniker, der vermutlich im 1. Jh. n. Chr. im ägyptischen Alexandria lebte, sind einige Bücher als Abschriften und Übersetzungen erhalten. In Pneumatika, dem Buch über die Wirkungen von Luft, Wasser und Dampf, wird neben anderen Maschinen beschrieben, wie Dampf aus einem geschlossenen heißen Wasserkessel durch Röhren in eine drehbare Kugel geführt wird und beim Ausströmen durch Düsen die Kugel in Drehung versetzt (**124.1**). Als Motor dürfte das Gerät noch nicht gedient haben – eher als Volksbelustigung, doch stellt es die erste Erwähnung des Rückstoßprinzips beim Ausströmen von Flüssigkeiten und Gasen dar.

Newcomen und die erste Dampfmaschine: Als im frühen 18. Jh. in England immer mehr Bergbau (Kohle und Erze) betrieben wurde, stellte das eindringende Grundwasser in den Schächten ein großes Problem dar. Wie könnte man es abpumpen?
Nach gescheiterten Versuchen seiner Vorgänger schuf THOMAS NEWCOMEN (1664–1729), ein Schmied und Eisenhändler, im Jahr 1712 die erste funktionierende Maschine. Er nutzte die Volumenverkleinerung von Wasserdampf beim Kondensieren. **124.2** zeigt die Maschine. Ein beweglicher Kolben (D) verschließt einen Zylinder (B), die Kolbenbewegung wird durch einen Balken auf ein Gestänge übertragen, das im Schacht Wasser hebt. Der Zylinder ist über ein Absperrventil (C) mit dem Dampfkessel (A) verbunden. Im ersten Schritt (Expansion) fließt bei geöffnetem Ventil Dampf in den Zylinder, das Gewicht des Gestänges und der geringe Dampfdruck heben den Kolben, der Zylinder füllt sich mit Wasserdampf. Im anschließenden Arbeitsschritt wird bei geschlossenem Ventil Wasser in den Zylinder gespritzt, der Dampf kondensiert und der Druck im Zylinder sinkt auf wenige mbar. Der Luftdruck drückt den Kolben in den Zylinder, über den drehbaren Balken wird die Bewegung auf die Pumpe im Schacht übertragen. Wegen ihrer einfachen Bauweise waren die Maschinen trotz ihrer geringen Effizienz sehr beliebt, selbst im 19. Jh. wurden sie noch gebaut und genutzt, wenn Kohle leicht und billig verfügbar war.

James Watt revolutioniert die Dampfmaschine: Der Schotte JAMES WATT (1736–1819) konnte wegen Armut weder studieren, noch eine Lehre abschließen. Zu seinem Glück brauchte man an der Universität Glasgow einen geschickten „Instrumentenbauer". Als er ein Modell der Newcomen-Maschine reparieren sollte, erkannte er die großen Nachteile dieser Maschine: Durch Einspritzen von Wasser in den Zylinder kühlte dieser aus, der zugeführte Dampf diente großteils der Erwärmung des Zylinders. Seine Lösung: Er verband den Zylinder mittels Rohrleitung mit einem eigenen Gefäß, dem Kondensator, in dem der Dampf kondensierte und wo niedriger Druck herrschte. Den Zylinder schützte er durch ein „jacket" vor Wärmeverlust. Später erfand Watt die doppelt wirkende Dampfmaschine mit einem geschlossenen Zylinder und die dazu nötige Ventilsteuerung (**124.3**). Bei jeder Hin- und Herbewegung des Kolbens verrichtet nun der einströmende Dampf mit seinem Überdruck Arbeit, während der Kondensator weiterhin für Unterdruck sorgt. Dem Übergang zu hohen Dampfdrücken stand der sicherheitsbewusste Watt skeptisch gegenüber. Als es im 19. Jh. durch Fortschritte in der Metallbearbeitung gelang, Dampfkessel für hohe Drücke zu bauen, konnten die Dampfmaschinen kompakter werden und z.B. zum Antrieb von Lokomotiven dienen.

Dampfturbinen: Der Schwede GUSTAV DE LAVAL (1845–1913) und der Engländer CHARLES PARSONS (1854–1931) erfanden in den 1880er Jahren die Dampfturbinen. Sie haben im Vergleich zur Kolbendampfmaschine zwei wesentliche Vorteile:
- Statt der pulsierenden Kolbenbewegung rotiert die Turbine gleichmäßig.
- Es gibt innerhalb der Turbine nur einen thermodynamischen Vorgang, die Druck- und Temperaturabnahme des Dampfes, so dass die Maschine in thermodynamischer Hinsicht leichter optimiert werden kann.

Daher hat die Dampfturbine die Kolbendampfmaschine ersetzt (**124.4**).

5.3 Kühlschrank und Wärmepumpe

Rechts ein Zeitungsbericht aus dem Jahr 1875. Er zeigt Probleme, die man vor der Erfindung elektrischer Kühlschränke mit der Aufbewahrung und Frischhaltung von Lebensmitteln hatte. Heute befindet sich vermutlich in jedem Haushalt der Industrieländer ein Kühlschrank – für viele Menschen in den Entwicklungsländern ein unerreichbarer Luxus.

„Der Eisertrag des Hudson-Flusses war im Jahre 1875 größer und besser als je zuvor. Die Blöcke sind im Mittel 40 cm dick, und es konnten über zwei Millionen Tonnen eingebracht werden. Dieser enorme Eisvorrat wird allein in der Stadt New York verbraucht werden. Er wird aus den Eishallen über den Hudson-Fluss mit großen Dampfschiffen heruntergebracht. Der übliche Monatsverbrauch einer kleinen Familie liegt zwischen 250 und 500 kg."

Der Kompressorkühlschrank

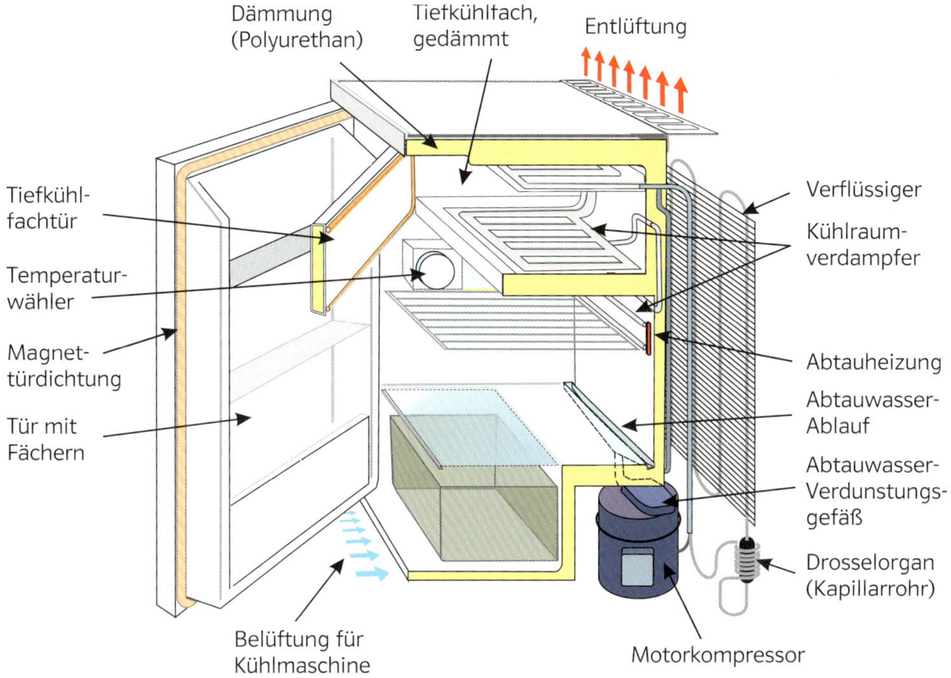

125.1 Prinzip des Kühlschranks.

Wir verfolgen den Weg des Kühlmittels und beginnen beim **Verdampfer**, dem von Kühlmittel durchflossenen Wärmetauscher in der Wand des Kühlschranks und im Gefrierfach. Da es im Kühlschrank wärmer als −30 °C ist, verdampft das Kühlmittel im Verdampfer. Die dazu notwendige Verdampfungsenergie wird den Lebensmitteln im Schrank entzogen. Das nun gasförmige Kühlmittel steht unter einem Druck von ca. 1 bar und wird durch den **Kompressor** abgepumpt.

An der Rückwand des Kühlschranks befindet sich der **Verflüssiger** – ein mehrfach gewundenes Rohr mit Kühlrippen. Der Kompressor pumpt das Kühlmittel in den Verflüssiger und komprimiert es. Das Gas erwärmt sich dadurch über die Umgebungstemperatur und wird bei ausreichendem Druck flüssig. Die Kühlrippen des Verflüssigers geben die frei werdende Kondensationswärme an die Umgebung ab und kühlen das Kühlmittel auf die Umgebungstemperatur.

Anschließend passiert das flüssige, unter hohem Druck stehende Kühlmittel eine Drossel (z. B. ein enges Rohr), dabei wird der Druck des flüssigen Kühlmittels wieder auf ca. 1 bar reduziert. Die Kühlflüssigkeit fließt in den Verdampfer und der ganze Prozess wiederholt sich.

Bei einem Kompressor-Kühlschrank (**125.1**) nutzt man aus, dass zum Verdampfen einer Flüssigkeit Energie notwendig ist. Im Rohrsystem eines Kühlschrankes befindet sich ein flüssiges Kühlmittel, das bei Normaldruck einen Siedepunkt unterhalb von −30 °C besitzt. Durch hohen Druck lässt sich das verdampfte gasförmige Kühlmittel verflüssigen, solange die Temperatur unter der kritischen Temperatur liegt – bei Propan (Siedepunkt −42 °C) als Kühlmittel ist dies 97 °C mit dem erforderlichen Druck von 42 bar.

Der Betrieb von Kühlschränken oder Tiefkühltruhen erfordert erhebliche Mengen an elektrischer Energie. Um die Konsumenten zum Kauf sparsamer Geräte anzuregen, wurde EU-weit ein System zur Kennzeichnung der Energieeffizienz von Haushaltsgeräten eingeführt. Geräte erhalten Noten A+++, A++, A+, A. Die besten heute (2016) am Markt erhältlichen Haushaltskühlgeräte benötigen dank besserer Wärmedämmung etwa halb soviel Energie wie Geräte der Klasse A+.

Als Kühlmittel dienen u. a. Ammoniak, Propan, Butan und Fluor-Kohlenwasserstoffverbindungen (FKW). Chlorhaltige FKW, sog. FCKW, dürfen nicht mehr eingesetzt werden, da sie beim Entweichen in die Atmosphäre Ozon in der Stratosphäre abbauen, das einen Schutz gegen ultraviolette Sonnenstrahlung bildet.

125.2 Der Eisblockverkäufer war vor der Einführung von Kühlschränken ein gewohntes Bild im Stadtbild (Bild aus der Mitte des 20. Jhs.).

Untersuche, überlege, forsche: Raumkühlung möglich?

125.1 W2 **a)** Wenn man den Kühlschrank öffnet, strömt kalte Luft heraus. Kann man im Sommer das Zimmer kühlen, indem man den Kühlschrank offen stehen lässt? Was meinst du?

S2 **b)** Informiere dich über die Energieeffizienz von Kühlschränken und deren Anschaffungskosten. Kühlschränke sind langlebige Güter mit einer Nutzungsdauer von mindestens 10 Jahren. Wann lohnt sich die Anschaffung eines neuen Geräts?

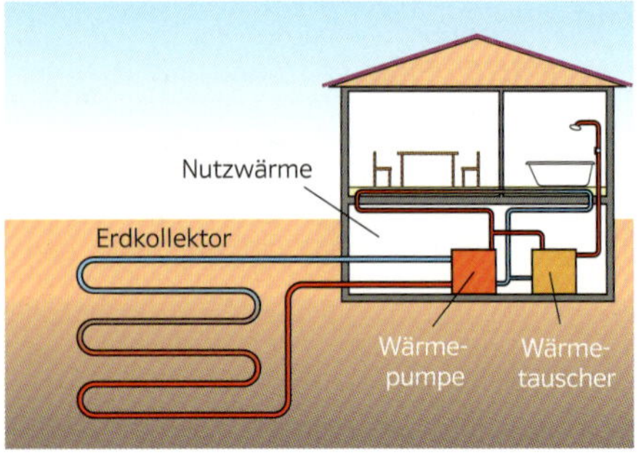

126.1 Erdwärmepumpen zur Beheizung von Gebäuden entziehen dem Erdboden Energie. Dazu werden im Boden Wärmetauscher verlegt, durch die entweder Frostschutzmittel oder Kältemittel zirkuliert. Weniger Aufwand erfordern Luftwärmepumpen, die Außenluft abkühlen.

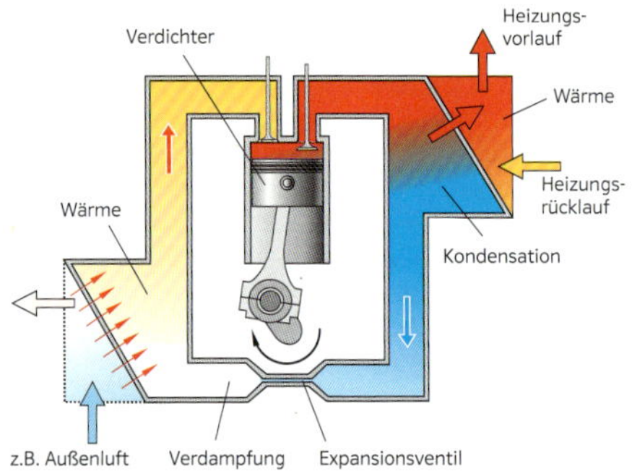

126.2 Prinzip der Wärmepumpe als Umkehrung des Kühlschranks

126.3 Wärmepumpen werden meist mit Fußbodenheizungen kombiniert, da sie nur bei niedrigen Vorlauftemperaturen T_1 gute Leistungszahlen haben. Die Abgabe der Wärme über Heizkörper (Radiatoren) ist nicht zu empfehlen.

Die Wärmepumpe

Im Kühlschrank wird Wärme unter Arbeitsaufwand von einem kälteren Energiespeicher in einen wärmeren Speicher gepumpt. Denselben Vorgang kann man auch für Heizzwecke ausnützen. Dazu wird der Umgebung des Hauses – Luft, Boden, Grundwasser – Wärme entzogen und unter Arbeitsaufwand mit einer **Wärmepumpe** in das Innere des Hauses „gepumpt" (**126.1, 126.2**).

Die heute erhältlichen Wärmepumpen für Wohnhäuser werden elektrisch betrieben. Für jede Kilowattstunde zugeführter elektrischer Energie werden etwa ein bis drei zusätzliche Kilowattstunden an Umgebungswärme in das Haus gepumpt. Wärmepumpen liefern daher etwa 3- bis 4-mal mehr Wärme als Elektroheizungen. Sie nutzen Umgebungswärme statt fossiler Brennstoffe.

Sie scheinen daher ideal für die Heizung zu sein und erfreuen sich dank staatlicher Förderungen wachsender Beliebtheit. Dabei darf man nicht vergessen, dass die zum Betrieb der Wärmepumpe erforderliche Elektroenergie im Winter meist in Wärmekraftwerken mit einem Wirkungsgrad von rund 40% erzeugt wird. Nur 40% der dort eingesetzten Energie wird tatsächlich in Elektroenergie umgewandelt, der Rest wird bereits beim Kraftwerk als ungenutzte Abwärme abgegeben. Erreicht man daher mit der Wärmepumpe eine Verdoppelung bzw. Verdreifachung der eingesetzten Elektroenergie für Heizzwecke, so hat man nur den Verlust wettgemacht, der beim Kraftwerk eingetreten ist, der gesamte Wirkungsgrad ist aber kaum besser als bei der direkten Verwendung von Öl für Heizzwecke.

Wesentlich günstigere Verhältnisse liegen vor, wenn die Wärmepumpe mit einem Verbrennungsmotor betrieben wird. Sowohl die Abwärme des Motors als auch die Wärme aus der Umgebung dienen hierbei zur Heizung. (Die Gerätekosten sind allerdings höher.)

Den Wirkungsgrad der Wärmepumpe können wir aus Carnots Überlegungen abschätzen. Eine Wärmekraftmaschine, der die Wärme Q_1 zugeführt wird, kann bestenfalls die Arbeit

$$W = \eta_{th} \cdot Q_1 = \left(1 - \frac{T_2}{T_1}\right) Q_1 = \frac{T_1 - T_2}{T_1} \cdot Q_1$$

nach außen abgeben. Da eine Wärmepumpe eine verkehrt laufende Wärmekraftmaschine ist, kann sie dem wärmeren Energiespeicher mit dem Arbeitsaufwand W bestenfalls die Wärme Q_1 zuführen:

$$Q_1 = \frac{T_1}{T_1 - T_2} \cdot W.$$

Den Quotienten Q_1/W bezeichnet man als **Leistungszahl**.

Beispiel: Heizen mit Wärmepumpen

Eine Wärmepumpe nutzt Grundwasser von 10 °C und liefert Warmwasser von 50 °C. Eine ideale Wärmepumpe würde die eingesetzte Energie W um den Faktor $(273+50)/40 = 8{,}1$, d. h. um das 8-fache, vergrößern. In der Realität ist die Hälfte erreichbar. Die Temperatur des Grundwassers ist jahreszeitlich konstant, nicht jedoch die Lufttemperatur.

Luftwärmepumpen verlieren an Effizienz, je kälter die Luft wird (und je mehr man die Heizung braucht). Bei einer Luftwärmepumpe würde bei −10 °C Lufttemperatur die ideale Leistungszahl auf 5,4 zurückgehen, die reale auf 2,7.

Untersuche, überlege, forsche: Heizkostenvergleich

126.1 S2 Ermittle für eure Wohnung an Hand der Heizkostenabrechnung den jährlichen Heizwärmebedarf in kWh und den spezifischen Heizwärmebedarf (HWB) pro m^2 Wohnfläche. Für Niedrigenergiehäuser gilt HWB < 70 kWh/m^2/a, sanierungsbedürftig sind ältere Gebäude mit HWB > 150 kWh/m^2/a. Vergleiche die Energiepreise für unterschiedliche Energieträger (Erdgas, Strom, Heizöl, Fernwärme, …).

126.2 S2 Überlege Vor- und Nachteile von Wärmepumpen aus ökologischer Sicht.

5.4 Die Jagd nach dem absoluten Nullpunkt

Wie weit lässt sich ein Körper abkühlen? Die Vorhersage einer tiefstmöglichen Temperatur von −273,15 °C stellte eine Herausforderung für die Experimentalphysik dar. Zahlreiche Forschergruppen versuchten, dem absoluten Nullpunkt möglichst nahe zu kommen. Im 21. Jh. ist man dem Ziel auf weniger als ein Nanokelvin nahe gekommen.
Es gelang, alle Gase sowohl zu verflüssigen als auch in den festen Zustand überzuführen. Dafür gibt es zwei Methoden:
Bei der adiabatischen Kühlung von Gasen lässt man Gas in einem wärmeisolierten Zylinder expandieren, wobei das Gas wie in einer klassischen Dampfmaschine einen Kolben verschiebt oder eine Gasturbine antreibt. Dabei verrichtet es **Arbeit gegen einen äußeren Druck**, und seine innere Energie nimmt ab – das Gas kühlt ab. Wiederholt man die Expansion mehrmals, dann sinkt die Temperatur schließlich so weit ab, dass das Gas flüssig wird.
Bei tieferen Temperaturen ist eine andere Methode wirkungsvoller. Man lässt in einem Gefäß komprimiertes Gas durch eine kleine Öffnung in ein Gebiet niederen Drucks strömen. Die Moleküle verrichten bei dieser Expansion Arbeit gegen die anziehenden zwischenmolekularen Kräfte. Dadurch verringert sich die kinetische Energie der Moleküle, die Temperatur des Gases sinkt. Dieses Phänomen wurde von J. P. JOULE und von WILLIAM THOMSON, dem späteren LORD KELVIN, gemeinsam entdeckt und heißt Joule-Thomson-Effekt (127.2). Durch Wiederholung dieser Prozesse erreicht man immer tiefere Temperaturen.
Die Geschichte der Tieftemperaturtechnik begann 1860 mit der Erreichung des Erstarrungspunktes von Quecksilber (234 K, −39 °C). Siebzehn Jahre später, im Jahre 1877, gelang erstmals die Verflüssigung von Sauerstoff bei 90,2 K. Nach weiteren 21 Jahren konnte JAMES DEWAR in England Wasserstoff bei 20,4 K verflüssigen. Weitere zehn Jahre der Verfeinerung experimenteller Techniken waren erforderlich, bis dem niederländische Physiker KAMERLINGH ONNES im Jahre 1908 die Verflüssigung von Helium bei 4,2 K gelang.
Flüssiger Sauerstoff, Stickstoff, Wasserstoff und Helium werden heute großtechnisch hergestellt. Das größte mit flüssigem Helium gekühlte Objekt sind die 1200 supraleitenden Magnetspulen von je 15 m Länge, die am Europäischen Forschungszentrum CERN bei 1,9 K betrieben werden, um Protonen auf einer Kreisbahn zu führen und gegenseitig zur Kollision zu bringen – das Interesse gilt den physikalischen Bedingungen, wie sie am Beginn des Universums geherrscht haben. (Mehr dazu in Physik 8)
Der absolute Nullpunkt kann zwar nicht erreicht werden, jedoch werden immer neue Methoden gesucht, um sich noch weiter an diese Grenze der Natur heranzutasten. Tieftemperaturphysiker zwingen die Atome in ihren Versuchen Schritt für Schritt mehr zur Bewegungslosigkeit. Z. B. wird bei Laserkühlung ein Laserstrahl auf kleine Gaswolken gerichtet, um auch noch so langsame Gasatome möglichst wirkungsvoll zu bremsen. Das unerreichbare Ziel, der absolute Nullpunkt (0 K), bedeutet in der klassischen Physik absolute Ruhe der Teilchen, in der Quantenphysik bleibt immer ein Rest an Bewegung. Im Labor werden Temperaturen von 10^{-9} K, erreicht, wodurch im Labor die tiefsten Temperaturen des Universums erzeugt werden. Die dabei beobachteten Phänomene eröffnen beispielsweise die Möglichkeit, die Zeitmessung noch wesentlich genauer zu machen.

127.1 Die Luftverflüssigungsanlage von CARL VON LINDE (1842–1934). Linde stellte erstmals im Jahr 1895 durch Anwendung des Joule-Thomson-Effekts größere Mengen flüssige Luft her. Stickstoff wird unter normalem Atmosphärendruck bei 77 K (−196 °C) flüssig, Sauerstoff bei 90 K (−183 °C).

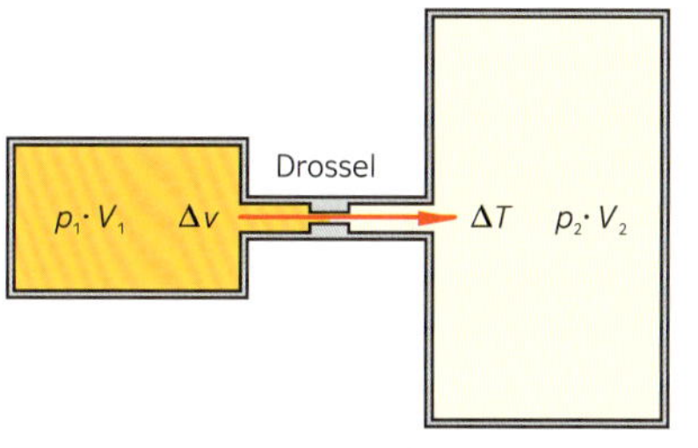

127.2 Der Joule-Thomson Effekt: Die Drossel bewirkt eine Druckerniedrigung. Bei der Expansion verrichten die Moleküle von nicht-idealen Gasen gegen die anziehenden zwischenmolekularen Kräfte Arbeit: Die kinetische Energie und damit die Temperatur nehmen ab. Der Effekt ist die Grundlage der Verflüssigung bei tiefen Temperaturen, ist aber auch im Kühlschrank durch die Drossel realisiert.

Demoexperiment: Versuche mit flüssigem Stickstoff

127.1 Taucht man einen Gummischlauch kurze Zeit in flüssigen Stickstoff, so wird der normalerweise biegsame Schlauch hart und spröde (**127.3**). Auch organische Materialien, wie Blumen oder Fleisch, verhalten sich so. Flüssiger Stickstoff in ein Gefäß mit Wasser gegossen erzeugt Theaternebel, auf den Tisch gegossen gleiten Tropfen reibungsfrei auf einer Dampfschicht.

E1 Beobachte genau, beschreibe deine Beobachtung und versuche, eine Erklärung für die beobachteten Phänomene zu geben.

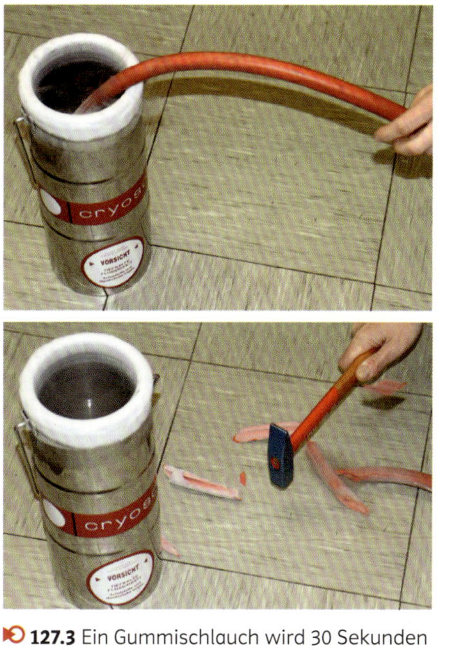

127.3 Ein Gummischlauch wird 30 Sekunden in flüssigen Stickstoff getaucht. Der Schlauch lässt sich anschließend leicht mit einem Hammer zerschlagen.

128.1 Ein Effekt, der nur bei Supraleitern auftritt: Ein keramischer Supraleiter wird auf einen Permanentmagneten gelegt und mit flüssigem Stickstoff gekühlt. Er wird supraleitend und schwebt über dem Magneten.

Das Vordringen in die Welt tiefer und tiefster Temperaturen brachte zahlreiche Erkenntnisse über die Materie. Bei sehr tiefen Temperaturen verändern sich nämlich ihre Eigenschaften wie beispielsweise die Elastizität oder – besonders wichtig – der elektrische Widerstand.

Von besonderer Bedeutung für Physik und Technik ist immer noch die Entdeckung der **Supraleitung** durch den niederländischen Physiker KAMMERLINGH ONNES im Jahr 1911. Bei Abkühlung auf tiefste Temperaturen verlieren zahlreiche Stoffe ihren elektrischen Widerstand völlig. Elektrischer Strom durch einen supraleitenden Ring fließt ohne elektrischen Widerstand und wird nicht schwächer. Eine Sensation war es, als GEORG BEDNORZ und ALEXANDER MÜLLER 1986 keramische Supraleiter bei Temperaturen über −250 °C fanden, die mit flüssigem Stickstoff gekühlt werden können. Bereits ein Jahr später bekamen die beiden den Nobelpreis in Physik.

Für Stromleiter ohne elektrischen Widerstand interessieren sich natürlich die Techniker: Supraleitende Spulen werden zur Erzeugung starker Magnetfelder verwendet, in der medizinischen Diagnostik spielt die Magnetresonanztomographie eine große Rolle – sie ist auf supraleitende Magnetspulen angewiesen. Es wäre auch von großem wirtschaftlichem Nutzen, elektrische Energie mit supraleitenden Fernleitungen verlustfrei über große Distanzen zu transportieren. Zukunftstraum ist es, dass in einer nächsten Computergeneration Informationen durch Strom in Supraleitern gespeichert werden können, weil dabei die sonst störende Wärmeentwicklung entfällt. Dadurch würde die Herstellung kleinerer und noch schnellerer Computer möglich.

Das Perpetuum mobile – immer wieder neu erfunden

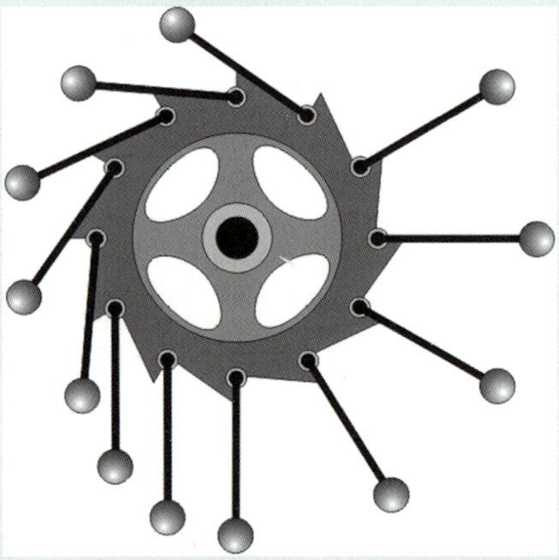

128.2 Vorschlag eines Perpetuum mobiles. Was hat der Erfinder sich gedacht? Warum wird es nicht funktionieren?

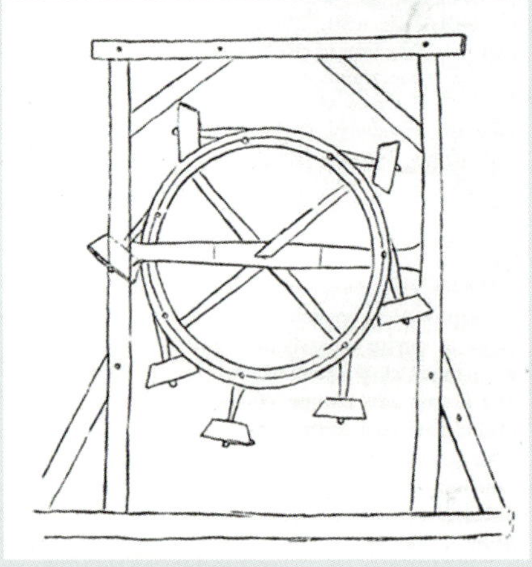

128.3 Perpetuum mobile des VILLARD DE HONNECOURT (um 1230)

Immer wieder wird das Perpetuum mobile neu erfunden, aber leider ohne Erfolg. Je nachdem, ob die Maschine den 1. oder den 2. Hauptsatz außer Kraft setzen soll, spricht man von einem Perpetuum mobile 1. oder 2. Art.

Ein **Perpetuum mobile 1. Art** wäre eine Maschine mit einem Wirkungsgrad von über 100 %. Sie sollte Arbeit verrichten, ohne dass ein Energiespeicher geleert wird. Eine solche Maschine könnte beispielsweise in einen Speicher Wasser hoch pumpen, das dann über eine Turbine sowohl die Pumpe als auch eine weitere Maschine antreibt. Noch vor der Formulierung des Erhaltungssatzes der Energie beschloss die Pariser Akademie der Wissenschaften 1775, Entwürfe solcher Maschinen nicht mehr zu begutachten. Selbst im 21. Jh. werden Perpetuum mobile-Geräte entworfen, in Zeitungen und im Fernsehen beworben und an gutgläubige Kunden verkauft – versprechen sie doch oft eine Wirkung ohne Energiekosten.

Ein **Perpetuum mobile 2. Art** stellt keine Verletzung des Energiesatzes dar, sondern ignoriert den 2. Hauptsatz. Meist wird vergessen, dass die Abwärme in einen Speicher mit niedriger Temperatur fließen muss (s. S. 122, Planck'sche Formulierung des 2. Hauptsatzes).

Ein Erfinder namens SANJAY AMIN erregte im Jahr 1999 in den USA Aufsehen (und konnte private Förderer für seine Firma Entropy Systems Inc. finden), als er einen neuen thermodynamischen Kreisprozess nebst zugehöriger technischer Umsetzung vorstellte – die Entropiemaschine. Der Erfinder behauptete:
„Entropy Engine technology converts any available heat into power. This heat can be at any temperature (even sub-zero temperatures). Low temperature heat is the most abundant form of energy in the world and the Entropy Engine technology can convert this low temperature heat to power. ... Therefore, Entropy Engine technology does not produce any pollution and has virtually zero operating costs."
Leider konnte auch dieser Erfinder nicht das Perpetuum mobile dauernd laufen lassen. Gäbe es ein solches Perpetuum mobile 2. Art, dann könnte man den Energiebedarf der Menschheit durch Abkühlen der Meere decken. Bei „Erfindungen" dieser Art stellt sich die Frage, ob die Erfinder nur einer Selbsttäuschung erlegen sind, in der Physikstunde nicht aufgepasst haben, oder etwa betrügerisch handeln.

Antwort auf die Eingangsfrage

Der menschliche Organismus stellt stark vereinfacht ein **offenes thermodynamisches System** dar. Der Mensch nimmt hochwertige chemische Energie und Stoffe zu sich (Nahrungsmittel und Sauerstoff) und gibt minderwertige Energie und Stoffe ab (Wärme, Kohlendioxid und Ausscheidungen). Es findet demnach eine **Entwertung von Energie** statt.

Die hochwertige Energie aus der Nahrung wird für die vielfältigen Körperfunktionen wie etwa den Bluttransport, die Muskel- und Gehirntätigkeit verbraucht. Ein völlig inaktiver Mensch mit einer Körpermasse von ca. 70 kg, verbraucht dafür durchschnittlich 7000 kJ pro Tag, den so genannten **Grundumsatz** (siehe Seite 114), der sich in Abgabe von Körperwärme äußert. Der Grundumsatz dient der Herztätigkeit (200 kJ/Tag) und der Atmung (250 kJ/Tag). Muskelaktivitäten und insbesondere sportliche Aktivitäten benötigen einen zusätzlichen Energieumsatz, der größer ist als die an die Umgebung verrichtete Arbeit, denn bei der Umwandlung der chemischen Energie in mechanische Muskelenergie treten Verluste auf.

Wie für Maschinen kann man für den menschlichen Organismus einen Wirkungsgrad definieren, der das Verhältnis von abgegebener mechanischer und aufgenommener chemischer Energie angibt. Würde der menschliche Organismus wie eine Wärmekraftmaschine arbeiten, dann würde sich bei einer Lufttemperatur von 20 °C und einer Körpertemperatur von 37 °C folgender maximaler Wirkungsgrad ergeben:

$\eta = 1 - T_{Umgebung} / T_{Körper} = 1 - 293/310 = 0{,}05$, also 5 %.

In Wirklichkeit tritt aber ein weit höherer Wirkungsgrad auf, nämlich bis zu mindestens 25 %.

Damit der menschliche Körper als Wärmekraftmaschine einen solchen Wirkungsgrad erreichen könnte, müsste er aber viel wärmer sein: $\eta = 1 - T_{Umgebung} / T_{Körper}$ daraus: $T_{Körper} = T_{Umgebung} / (1 - \eta) = 391\,K$, das bedeutet, der Mensch hätte statt 37 °C eine Körpertemperatur von ca. 118 °C.

Der Mensch arbeitet daher nicht wie eine Wärmekraftmaschine: Während bei einer Wärmekraftmaschine große Verluste durch den Umweg über die Wärme auftreten, findet im menschlichen Organismus in den Muskeln eine Direktumwandlung der chemischen Energie in mechanische Energie statt.

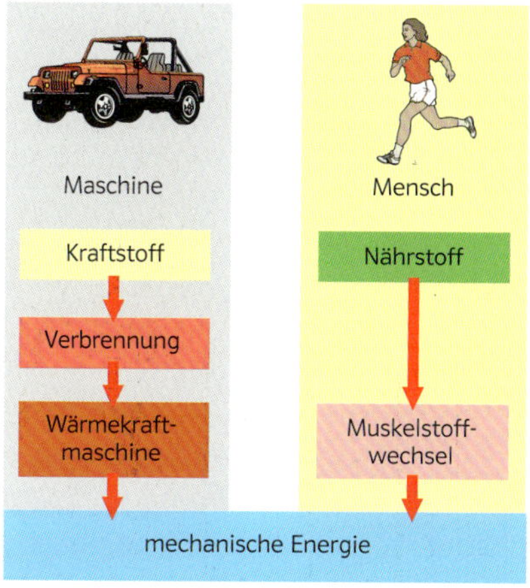

129.1 Vergleich Mensch-Wärmekraftmaschine. Wodurch unterscheiden sich die Prozesse der Energieumwandlung?

129.2 Sportmedizinische Untersuchung der Leistungsfähigkeit mit Atemluftanalyse.

129.3 Gibt es eine Ober- bzw. Untergrenze für die Größe warmblütiger Lebewesen? Was haben die Ohren von Polarfuchs, Fuchs und Wüstenfuchs mit ihrem Wärmehaushalt zu tun?

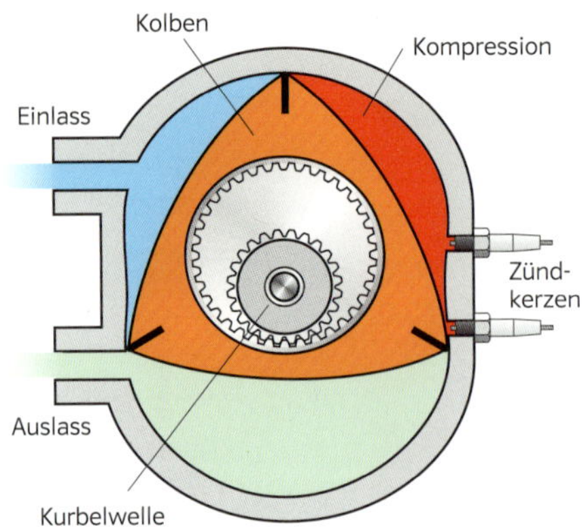

130.1 Zylinder und Kolben eines Wankelmotors (Schnitt). Finde heraus, was die Vor- und Nachteile dieser Konstruktion sind!

130.2 Die „Big Boy"-Lokomotiven zogen bei einer Leistung von 4560 kW Züge mit 6000 t. Mit ihnen endete das Zeitalter der Dampflokomotiven in den USA, Diesellokomotiven sind wirtschaftlicher.

Teste dein Wissen W1 — Lösungen im Anhang

130.1 Was ist der Wirkungsgrad eines Verbrennungsmotors? Begründe!
a) Verhältnis von thermischer zu mechanischer Energie.
b) Verhältnis von mechanischer zu chemischer Energie.
c) Verhältnis von chemischer zu mechanischer Energie.

130.2 Welches Diagramm gibt den Carnot-Prozess wieder? Begründe!

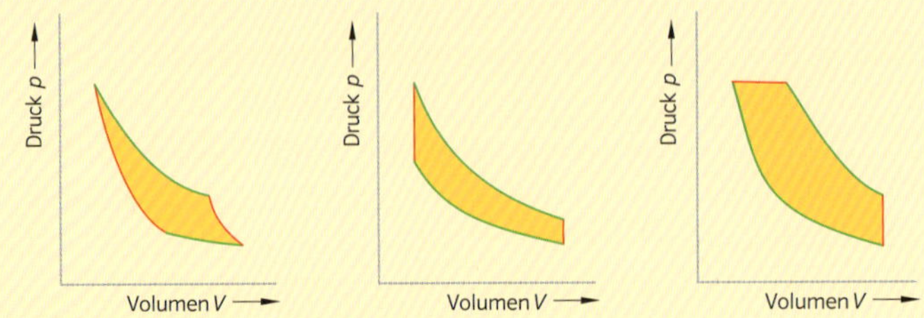

130.4 Zu Aufgabe 130.2

130.3 Wodurch unterscheidet sich ein reversibler Vorgang von einem irreversiblen?
a) Er verläuft langsam.
b) Er verläuft ohne Reibung.
c) Er kann in umgekehrter Richtung ablaufen.

130.4 Wenn man die Kühlschranktüre offen lässt, wird es im Raum
a) kühler,
b) wärmer,
c) ändert sich nichts.

130.5 Welche der folgenden Anlagen hat den größten Wirkungsgrad? Begründe!
a) Dampfmaschine
b) Ottomotor
c) Generator

130.6 Bei welchen der folgenden Maschinen muss man Arbeit zuführen? Warum?
a) Verbrennungsmotor
b) Kühlschrank

130.7 Der Wirkungsgrad einer Dampfturbine ist umso größer,
a) je mehr Brennstoff verbraucht wird,
b) je weniger Wasser gebraucht wird,
c) je heißer der eintretende Dampf ist.

130.3 Schiffsdiesel mit 25800 kW zum Antrieb eines Tankers. Beachte die Personen rechts unten.

Zusammenfassende Übersicht

Atome als Bausteine der Materie

Atome bestehen aus positiv geladenem Kern (positiv geladene Protonen und neutrale Neutronen) und negativ geladener Hülle (Elektronen). Der Kern enthält praktisch die Gesamtmasse des Atoms. Jedes chemische Element (Ordnungszahl Z) besteht aus Atomen mit Z Protonen im Kern und Z Elektronen in der Hülle; Atomsorten eines Elements mit unterschiedlich vielen Neutronen heißen Isotope.

Kernladungszahl Z = Zahl der Protonen = Zahl der Elektronen = Ordnungszahl im Periodensystem der Elemente.
Atomare Masseneinheit u: $1\,u = 1{,}66 \cdot 10^{-27}\,kg$
($1\,u = 1/12$ der Masse des Kohlenstoffisotops ^{12}C)

Die Masse von Atomen und Molekülen wird in Vielfachen (relative Atommasse A_r bzw. Molekülmasse M_r) von u angegeben. Z.B. relative Molekülmasse von H_2O: $M_r = 1 + 1 + 16 = 18$.

1 Mol einer Substanz besteht aus $6 \cdot 10^{23}$ Teilchen und enthält M_r Gramm der Substanz.

Atomradius: einige $10^{-10}\,m$. Kernradius: einige $10^{-15}\,m$
Elektrische Kräfte wirken zwischen Atomen und Molekülen und bestimmen die Eigenschaften von festen Körpern, Flüssigkeiten und Gasen:

a Ionenbindung: Ionenkristalle (z.B. NaCl) bestehen aus regelmäßig angeordneten positiven und negativen Ionen.

b Metallbindung: Zwischen positiv geladenen Ionen bewegen sich Elektronen wie ein Gas („Elektronengas"). Sie kompensieren die gegenseitige Abstoßung der Ionen und leiten elektrischen Strom.

c Atombindung: In Molekülen (z.B. H_2) und manchen Kristallen (z.B. Diamant) werden die Atome durch gemeinsame Elektronenpaare gebunden.

d Zwischenmolekulare Bindungen (Wasserstoffbrücken, van-der-Waals-Bindung):
In den Elektronenhüllen der Moleküle ist die Ladung entweder dauernd oder kurzzeitig *ungleichmäßig* verteilt. Dadurch wirken zwischen den Molekülen anziehende elektrische Kräfte, die z.B. für den Zusammenhalt von Festkörpern und Flüssigkeiten (Oberflächenspannung, Kohäsion) und Adhäsion verantwortlich sind.

Absolute Temperatur

Die **absolute Temperatur *T*** ist ein Maß für die ungeordnete thermische Bewegung der Atome und Moleküle.
T wird in Kelvin (K) gemessen: $T = \vartheta + 273{,}15\,K$, wobei ϑ die in °C gemessene Temperatur ist. Die thermische Bewegung hört am **absoluten Nullpunkt** ($0\,K = -273{,}15\,°C$) auf.
Die **mittlere kinetische Energie** der Teilchen eines Körpers ist proportional zur absoluten Temperatur des Körpers:

$$\frac{\overline{mv^2}}{2} = \frac{3}{2}kT \quad (k = 1{,}38 \cdot 10^{-23}\,J/K,\ \text{Boltzmann-Konstante})$$

Fast immer dehnen sich Körper beim Erwärmen aus. Ausnahme: Anomalie des Wassers.

Der **Energietransport** zwischen Körpern unterschiedlicher Temperatur erfolgt durch **Wärmeleitung**, **Konvektion** und **Strahlung**. Die transportierte Energie wird als **Wärme** Q bezeichnet.

Verhalten idealer Gase

Das Verhalten von Gasen wird weitgehend durch das Modell des idealen Gases beschrieben:

Die Teilchen eines idealen Gases besitzen im Vergleich zum mittleren Abstand eine *verschwindend kleine Ausdehnung* und üben unter einander Kräfte nur durch *elastische Stöße* aus.

Für Druck p, Volumen V und Temperatur T eines idealen Gases gilt die allgemeine Zustandsgleichung

$$p \cdot V = N \cdot k \cdot T = n \cdot R \cdot T$$

$R = 8{,}314\,J/(mol \cdot K)$ ... allgemeine Gaskonstante,
N ... Zahl der Moleküle, n ... Stoffmenge in mol

Zustandsänderungen und Phasenübergänge

Die **spezifische Wärmekapazität** gibt an, wie viel Energie zur Erwärmung eines Körpers pro kg und pro K gebraucht wird.
Auch Schmelzen und Verdampfen erfordert Energiezufuhr, die **Schmelz-** bzw. **Verdampfungswärme**, die beim Erstarren bzw. Kondensieren wieder frei wird.
Über einer Flüssigkeit bildet sich in einem geschlossenen Gefäß **gesättigter Dampf**. Sein Druck steigt mit wachsender Temperatur.
Die Siedetemperatur hängt vom herrschenden Druck ab (Dampfdruckkurve). Oberhalb der **kritischen Temperatur** existiert nur noch die Gasphase.
Nahe dem Phasenübergang flüssig-gasförmig kann das Modell des idealen Gases nicht angewendet werden. Zwischen den Teilchen wirken starke Kräfte: anziehend bei größeren Abständen, abstoßend bei kleinen Abständen.

Energie und Entropie

Die innere Energie U ist die gesamte Energie eines thermodynamischen Systems. Sie umfasst die kinetische Energie der Wärmebewegung, zusätzlich bei mehratomigen Molekülen die Energie der Rotation und inneren Schwingungen der Moleküle, und bei Festkörpern, Flüssigkeiten und realen Gasen die Wechselwirkungsenergie zwischen den Molekülen.

Erster Hauptsatz der Wärmelehre
Die innere Energie U eines Körpers kann durch Zufuhr bzw. Abfuhr von Wärme Q und Arbeit W verändert werden:
$\Delta U = Q + W$

Die Entropie S ist eine weitere Funktion, die den Zustand eines thermodynamischen Systems charakterisiert. Sie bestimmt die Richtung von thermodynamischen Prozessen (Temperaturausgleich, gleichmäßige Verteilung von Gasmolekülen im Raum, ...), die von selbst ablaufen. Für die Entropie S gilt kein Erhaltungssatz. Wenn ein Körper bei der Temperatur T die Wärme Q aufnimmt, erhöht sich seine Entropie um $\Delta S = Q/T$. Zusammengefasst gilt:

Zweiter Hauptsatz der Wärmelehre
Wärme geht *von selbst* nur von einem Körper höherer Temperatur auf einen Körper tieferer Temperatur über. In abgeschlossenen Systemen bleibt die Entropie bei reversiblen Prozessen konstant, bei irreversiblen Vorgängen nimmt sie zu. $\Delta S \geq 0$

Die Expansion eines Gases in ein leeres Gefäß ist ein Beispiel für einen irreversiblen Prozess. Die spontane Umkehrung irreversibler Prozesse widerspricht dem zweiten Hauptsatz. Sie ist jedoch *nicht unmöglich*, sondern nach Boltzmanns Auffassung nur *extrem unwahrscheinlich*.

Ludwig Boltzmann hat die Entropie in statistischer Weise gedeutet: Wegen der großen Zahl von Teilchen ist ein bestimmter Zustand eines thermodynamischen Systems besonders wahrscheinlich, wenn er durch viele unterschiedliche und jeweils gleich wahrscheinliche Anordnungen der Teilchen realisiert werden kann. Die Entropie S hängt von der Anzahl W möglicher Anordnungen ab: $S = k \cdot \ln W$. (k ist die Boltzmann-Konstante.)

Wärme- und Kältetechnik

Aus dem zweiten Hauptsatz folgt die Unmöglichkeit eines **Perpetuum mobile 2. Art**, einer periodisch arbeitenden Maschine, die Wärme vollständig in Arbeit umwandelt.

Der Wirkungsgrad η einer Maschine ist definiert als

$$\eta = \frac{\text{abgegebene Nutzarbeit}}{\text{aufgewandte Energie}}.$$

Der Wirkungsgrad η einer periodisch arbeitenden Wärmekraftmaschine, die Wärme einem Speicher der Temperatur T_1 entnimmt und bei der Temperatur T_2 Abwärme an die Umwelt abgibt, kann den idealen thermodynamischen Wirkungsgrad

$$\eta_{th} = 1 - T_2/T_1$$

nicht überschreiten.

Die prinzipielle Beschränkung des Wirkungsgrades von Wärmekraftmaschinen bedeutet:

Die einem Wärmespeicher entnommene Energie kann nur zum Teil in Nutzarbeit umgewandelt werden, der andere Teil muss stets als Abwärme bei niedrigerer Temperatur ungenutzt an die Umgebung abgegeben werden. Dieser Teil der Energie wird zwar *nicht vernichtet* – er wird jedoch entwertet, da er wegen der niedrigen Umgebungstemperatur nicht mehr zur Gewinnung von Nutzarbeit dienen kann. Reale Wärmekraftmaschinen erreichen etwa 50 % des idealen Wirkungsgrades.

Kühlschrank und **Wärmepumpe** kehren die Funktion von Wärmekraftmaschinen um: Unter Einsatz von Arbeit wird der kühlere Wärmespeicher abgekühlt und der wärmere weiter erwärmt.

Weiterführende Fragestellungen

ATOME UND MOLEKÜLE

1 Warum gibt man Atom- und Molekülmassen in atomaren Masseneinheiten und Stoffmengen in Mol an?

2 Welche Kräfte und Bindungsarten wirken innerhalb von Molekülen, welche zwischen Molekülen? Wodurch halten Festkörper bzw. Flüssigkeiten zusammen?

3 Welche Beiträge zu heutigen Vorstellungen vom Aufbau der Materie leisteten Boyle, Dalton, Loschmidt, Boltzmann, Maxwell und Rutherford? Welche wichtigen Phänomene der Atomphysik wurden erst ab dem Ende des 19. Jh. entdeckt?

THERMISCHE EIGENSCHAFTEN VON STOFFEN

1 Bringe Beispiele zur praktischen Bedeutung der Längen- und Volumenausdehnung in Natur und Technik bei großen Temperaturdifferenzen. Schätze die Effekte ab.

2 Diskutiere Möglichkeiten zur Wärmedämmung von Gebäuden. Was versteht man unter einem Niedrigenergiehaus bzw. Passivhaus?

3 Erläutere die Begriffe Temperatur und Wärme. Erkläre verschiedene Verfahren zur Temperaturmessung.

ZUSTANDSÄNDERUNGEN

1 Wann werden Gase gut durch das Modell des idealen Gases beschrieben, wann versagt dieses Modell?

2 Was sagt die allgemeine Gasgleichung aus und für welche Prozesse ist sie von Bedeutung?

3 Welche Rolle spielt Wasser für Klima und Wetter unter Berücksichtigung der Verdampfungs- und Schmelzwärme?

ENERGIE UND ENTROPIE

1 Erläutere den 1. und den 2. Hauptsatz in Anwendung auf den Otto-Motor.

2 Was bedeutet der Begriff „innere Energie"?

3 Was bedeutet Irreversibilität von Naturvorgängen?

4 Wie wird Irreversibilität im Rahmen von Boltzmann's statistischen Überlegungen erklärt?

Rechenaufgaben W1

Hinweise zur Bearbeitung von Rechenaufgaben:
- Eine Skizze kann hilfreich sein.
- Überlege, welche physikalischen Zusammenhänge (Formeln) für die Lösung der Aufgabe gebraucht werden.
- Führe Berechnungen zunächst mit Formelzeichen durch, setze erst zum Schluss Zahlenwerte mit Einheiten ein.
- Überprüfe, ob das Ergebnis die richtige Einheit hat und der Zahlenwert sinnvoll ist.
- Runde numerische Ergebnisse erst am Schluss auf eine sinnvolle Stellenzahl. Speichere Zwischenergebnisse.

Verwende $g = 9{,}81\,\text{m/s}^2$ für die Fallbeschleunigung.

Bewegung

1 Grundgrößen

1 Wie lange würdest du mit einem Raumschiff mit 10 km/s a) zum Mond (384 000 km), b) zur Sonne (150 Mio. km) c) zum nächsten Fixstern Alpha Centauri (4 ly) brauchen? Wie lange braucht das Licht?

2 Gib die Distanzen a) Bregenz – Wien (500 km), b) Erde – Mond, c) Erde – Sonne in Lichtjahren an.

3 Eine Raumsonde fliegt am Jupiter vorbei und sendet von dort Aufnahmen zur Erde. Geben uns die Bilder einen Eindruck, wie es am Jupiter gerade im Augenblick aussieht, in dem wir die Bilder empfangen haben?

4 Der Polarstern ist der hellste Stern im Sternbild Kleiner Bär (auch Kleiner Wagen). Die Lage des Sterns kann zur Bestimmung der geographischen Breite genutzt werden: Der Stern liegt im Norden, seine Höhe über dem Horizont entspricht der geographischen Breite des Beobachtungsortes. (Abb.) Der Polarstern ist $3{,}8 \cdot 10^{18}\,\text{m}$ von der Sonne entfernt. Überlege, was sich historisch ereignet hat, als das Licht diese Sterne verließ.

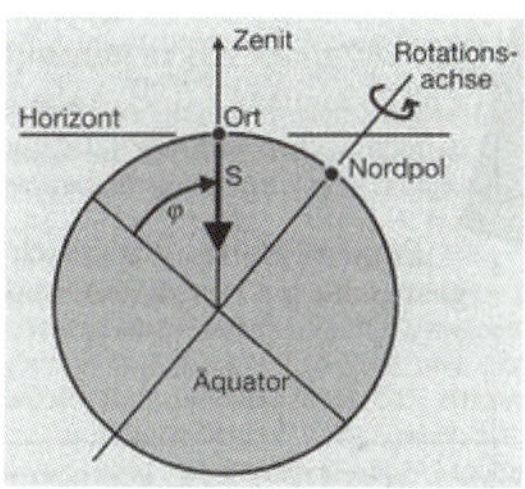

Zu 4 Bestimmung der geographischen Breite: Der Polarstern liegt in der Verlängerung der Erdachse. Die geographische Breite ist gleich jenem Winkel, unter dem wir den Polarstern über dem Horizont sehen.

5 Die weitesten, mit entsprechenden Teleskopen beobachtbaren Himmelsobjekte sind die sogenannten Quasare. Sie sind von der Erde rund $10^{26}\,\text{m}$ entfernt. Wie weit in die Vergangenheit sieht man dabei?

2 Geschwindigkeit und Beschleunigung

6 Von der Meeresoberfläche wird ein kurzes Schallsignal ausgesandt, das am Meeresboden reflektiert wird (Echolotverfahren). Man misst die Zeit, die verstreicht, bis das Signal oben wieder empfangen werden kann. Wie tief ist das Meer, wenn das Signal 1,8 s benötigt und die Schallgeschwindigkeit im Meerwasser 1475 m/s beträgt?

7 Im Fernsehen wurde in einer Wissenschaftssendung gesagt, dass die Durchschnittsgeschwindigkeit der Erde auf ihrer Bahn um die Sonne 30 km/s ist. Kann das stimmen? (Radius der Erdbahn 150 Mio. km). Welche Strecke legt die Erde in einem Tag zurück?

8 Zur Messung der Mondentfernung wird ein Laserblitz auf einen von den Apollo-Astronauten aufgestellten Reflektor gerichtet. Die Laufzeit für den Hin- und Rückweg des Laserlichts beträgt 2,563 s. Wie weit ist der Mond entfernt?

9 Mit welcher mittleren Geschwindigkeit fliegt man mit einem Verkehrsflugzeug von Wien nach New York? Flugzeit 9 h 10 min, Luftliniendistanz 3 670 miles (1 Flugmeile = 1,852 km).

10 Welche Zeitersparnis erreicht ein Autofahrer für eine Strecke von 100 km, wenn er seine übliche Durchschnittsgeschwindigkeit von 70 km/h auf 80 km/h steigert?

11 Die Polizei verfolgt ein Auto, das mit 160 km/h auf der Autobahn fährt und 10 Minuten Vorsprung hat. Der Polizeiwagen fährt mit 180 km/h. Wann wird er das Auto einholen?

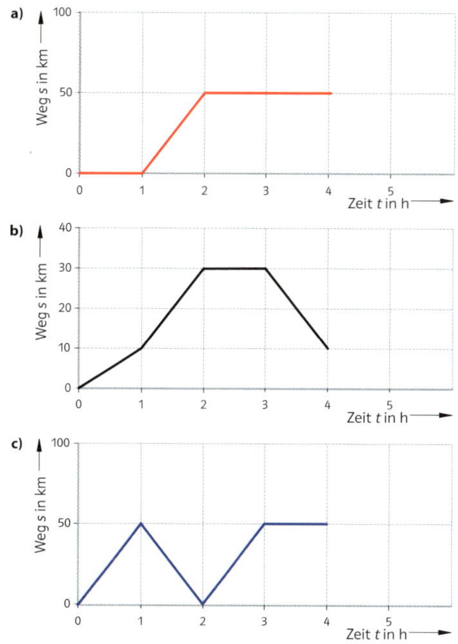

Zu 12

12 In den grafischen Fahrplänen (Abb.) sind verschiedene Bewegungsabläufe wiedergegeben. Beschreibe sie!

13 Eine durchschnittliche Beschleunigung beim Radfahren ist etwa $1\,\text{m/s}^2$. Wie kannst du das nachprüfen?

14 Berechne mit Hilfe der Kurzformel den Anhalteweg für Geschwindigkeiten im Ortsgebiet (Wohnstraße 30 km/h, Hauptstraße 50 km/h) und auf Freilandstraßen (70 km/h, 100 km/h).

15 Ein Auto fährt mit der Beschleunigung $a = 2\,\text{m/s}^2$ an. Welche Geschwindigkeit hat es nach 15 s? Welchen Weg legt es in dieser Zeit zurück?

16 Ein Zug fährt mit konstanter Beschleunigung an. Er erreicht in 20 s eine Geschwindigkeit von 5 m/s. Wie groß ist seine Beschleunigung und welchen Weg hat er in den 20 s zurückgelegt?

17 a) Mit welcher Geschwindigkeit hebt ein Flugzeug vom Boden ab, wenn es mit gleichmäßiger Beschleunigung eine Rollstrecke von 1,6 km in 40 s durchläuft?
b) Wie groß ist die Beschleunigung?

18 Die Wiener U-Bahn erreicht eine Höchstgeschwindigkeit von ca. 80 km/h. Die Beschleunigung beträgt $0{,}25\,\text{m/s}^2$. Wie weit müssten zwei Stationen mindestens entfernt sein, damit die Maximalgeschwindigkeit erreicht werden kann.

19 Ein Zug fährt mit $v = 100\,\text{km/h}$. Jemand betätigt die Notbremse, der Zug hält nach $s = 400\,\text{m}$. Wie lange dauert der Bremsvorgang? Welche Beschleunigung erfährt der Zug?

20 Zwei Autos A1 und A2 fahren mit $v_1 = 54\,\text{km/h}$ im Abstand $s_0 = 25\,\text{m}$ (gemessen von Front zu Front) hintereinander. Das hintere Auto A2 setzt zum Überholen an und beschleunigt mit $a = 2\,\text{m/s}^2$.
a) Wann ist A2 auf gleicher Höhe mit A1? Welche Geschwindigkeit v_2 hat dabei A2?
b) Wann ist A2 25 m vor A1 und kann wieder die Spur zurückwechseln?
c) Wie lang war die gesamte Überholstrecke s_2?

21 Ein Flugzeug setzt mit 290 km/h auf eine Landebahn auf, die 2 km lang ist. Wie groß muss die als konstant angenommene Verzögerung mindestens sein, damit die Piste ausreicht?

22 Ein Auto fährt mit $v = 80\,\text{km/h}$. Wie lange ist sein Bremsweg, wenn es mit einer Verzögerung $a = 4\,\text{m/s}^2$ gebremst wird.

23 Ein PKW-Lenker erreicht das Ortsende mit $v_0 = 10\,\text{m/s}$, worauf er mit $a = 2\,\text{m/s}^2$ beschleunigt. Zeichne **a)** das Geschwindigkeits-Zeit-Diagramm und **b)** das Weg-Zeit-Diagramm für die ersten 10 s ab dem Ortsende. **c)** Beim Ortsende beginnt eine Beschränkung auf 70 km/h. 200 m nach dem Ortsende misst ein Verkehrsradar die Geschwindigkeit. Um wieviel war der PKW zu schnell?

24 Ein Turmspringer springt aus 10 m Höhe ins Wasser. Welche Geschwindigkeit erreicht er (in km/h)? Im Wasser taucht der Springer 3,5 m ein. Wie groß ist die Verzögerung? (Der Luftwiderstand wird vernachlässigt). Warum sind solche Sprünge gefährlich, was muss man bei Sprüngen aus großer Höhe beachten?

25 Ein Fallschirmspringer, der in der „Freifallphase“ mit ungeöffnetem Schirm Kunstfiguren vollführt, wird durch die Luft gebremst, so dass er beim Durchfallen von 400 m eine gleich bleibende Geschwindigkeit von ca. 50 m/s erreicht. Welche Geschwindigkeit hätte er, wenn es tatsächlich ein freier Fall wäre?

Kraft

1 Erstes und zweites Newton'sches Gesetz

26 Die Resultierende mehrerer Kräfte, die am gleichen Punkt angreifen, kann man folgendermaßen finden: Man setzt die einzelnen Kraftvektoren aneinander, ohne ihre Richtung zu ändern. Die Resultierende zeigt dann vom Anfang des ersten Kraftvektors zur Spitze des letzten. Beweise diese Regel, indem du sie zunächst für zwei Kräfte überprüfst und dann auf drei und mehr Kräfte verallgemeinerst. Was bedeutet es physikalisch, wenn sich das „Kräftepolygon“ schließt? Wie bewegt sich ein materieller Punkt, wenn die angreifenden Kräfte einander das Gleichgewicht halten?

27 Ein Auto ($m = 900$ kg) benötigt 11 Sekunden, um aus dem Stand auf 80 km/h zu kommen. Wie groß ist die durchschnittliche Beschleunigung? Wie groß ist die durchschnittliche Kraft des Motors?

28 Bei Crashtests wird mit Dummys untersucht, welche Kraft bei einem Frontalzusammenstoß auf die Sicherheitsgurten wirkt. Dabei wird das Auto in 0,25 s aus einer Geschwindigkeit von 64 km/h zum Stillstand gebracht. Der Dummy hat eine Masse von 60 kg.
a) Welche Kraft wirkt auf die Gurten?
b) Wäre es gefährlich, sich mit den Armen am Lenkrad abzustützen statt Sicherheitsgurte zu verwenden?

29 Ein Nagel wird mit einem Hammer ($m = 0{,}5$ kg) waagrecht mit der Geschwindigkeit von 3 m/s eingeschlagen und dringt 15 mm tief in die Wand ein. Ein zweiter gleicher Nagel wird genau in derselben Weise getroffen, dringt aber nur 2 mm ein. Wie groß ist in beiden Fällen die mittlere Kraft der Wand auf den Nagel?

30 Ein Schlitten ($m = 100$ kg) lässt sich längs einer waagrechten Eisfläche reibungslos verschieben. Am Schlitten greift die Zugkraft $F = 50$ N an, die waagrecht in Fahrtrichtung wirkt. Mit welcher Beschleunigung setzt sich der Schlitten in Bewegung? Wie groß ist die Geschwindigkeit des Schlittens nach 10 s? Welchen Weg legt der Schlitten in dieser Zeit zurück?

2 Drittes Newton'sches Gesetz

31 Überprüfe die Maßeinheit der Gravitationskonstante.

32 In welcher Höhe beträgt das Gewicht eines Körpers nur noch ein Viertel seines Wertes auf der Erdoberfläche? ($m_E = 6 \cdot 10^{24}$ kg, $r_E = 6370$ km)

33 Wie groß ist die gravitative Anziehung zwischen 2 Personen mit der Masse von je 80 kg im Abstand von 1 m?

34 Der nächste Fixstern, Alpha Centauri, ist von der Sonne 4,3 Lichtjahre entfernt und hat eine Masse von ca. $4 \cdot 10^{30}$ kg. Die Masse der Sonne beträgt ca. $2 \cdot 10^{30}$ kg. Welche Gravitationskraft besteht zwischen diesen beiden Sternen?

35 Wie groß ist die Fallbeschleunigung der Erde in einer Höhe von 10 000 km über der Erdoberfläche?

36 Im Roman „Alice im Wunderland“ fällt Alice in ein Kaninchenloch. Das Loch führt durch den Mittelpunkt der Erde und endet auf der anderen Seite der Erdkugel (Abb.). Physikalisch betrachtet: Was könnte mit Alice passieren? Nimm bei deinen Überlegungen an, dass die Erde eine homogene Kugel ist.

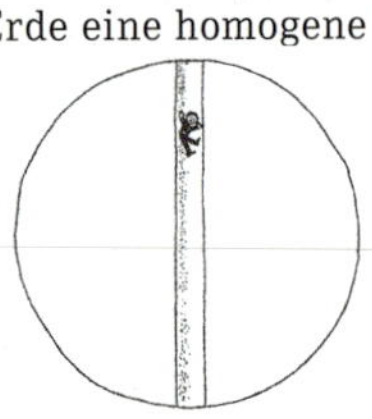

Zu 36

Zu 37

37 Zerlege das Gewicht eines schaukelnden Kindes in zwei Komponenten, die parallel und senkrecht zur Bewegungsrichtung stehen (s. Bild). Welche ist die treibende und welche die spannende Komponente?

38 Eine Lampe ist mit zwei gleich langen Seilen an zwei gleich hoch liegenden Punkten aufgehängt (Abb.). Welche Kraft muss von den Seilen aufgebracht werden? Wie hängt sie vom Winkel 2α ab, den die Seile mit einander einschließen? Wann ist die Kraft in den Seilen größer als das Gewicht der Lampe?

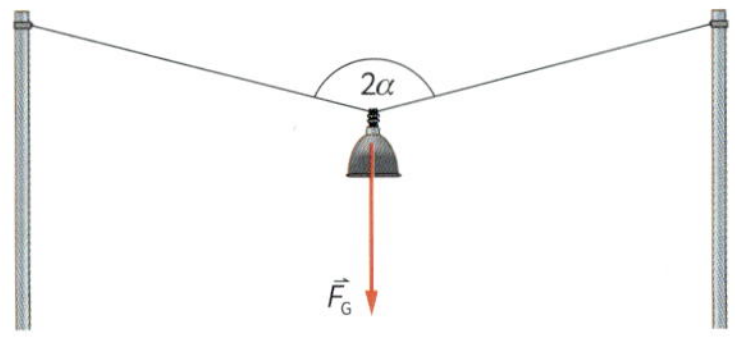

Zu 38

39 Zerlege das Gewicht Q an einem Kran in zwei Komponenten: In Richtung des Auslegers AB und in Richtung des Seiles BC (s. Abb.).

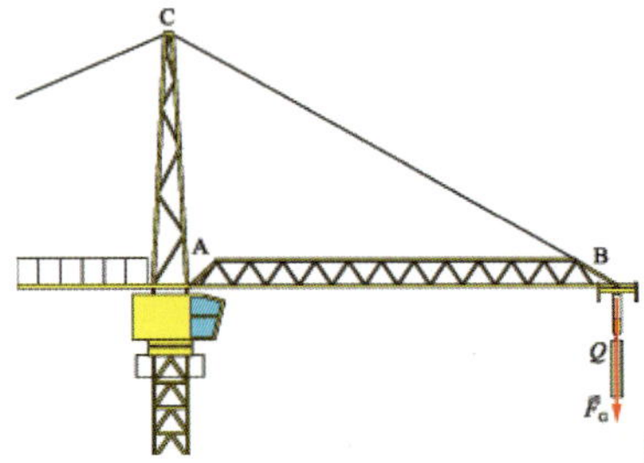

Zu 39

40 Wie groß. ist die Kraft auf eine Person ($m = 70$ kg) in einem Aufzug, wenn er mit $a = 2{,}5\ \text{m/s}^2$ nach oben beschleunigt?

41 Wie viel Masse hätte jene Menge Wasser, die auf dem Mond ein Gewicht von 10 N hätte? (Die Fallbeschleunigung auf dem Mond beträgt $1{,}65\ \text{m/s}^2$). Vergleiche die Zahl mit jener auf der Erde!

42 Ein Wagen ($m_1 = 2500$ g) kann sich auf einer waagrechten Fahrbahn reibungsfrei bewegen. Am Wagen ist eine Schnur befestigt. Diese führt über eine leicht drehbare Rolle und hat an ihrem Ende ein Gewichtsstück ($m_2 = 500$ g) hängen. a) Wie lautet die Bewegungsgleichung? b) Mit welcher Beschleunigung setzt sich die Anordnung in Bewegung? c) Welche Geschwindigkeit erreicht der Wagen nach 0,75 s? d) Welchen Weg legt er in dieser Zeit zurück?

3 Der Einfluss der Reibung

43 Vergleiche die Bremswirkung bei einem PKW (Masse $m = 1200$ kg) für den Rollwiderstand (Rollreibungszahl $f_R = 0{,}015$), für optimales Bremsen auf trockener Betonfahrbahn (Haftreibungszahl $f_H = 0{,}9$) und bei blockierten Bremsen (Gleitreibungszahl $f_G = 0{,}4$). Welche Strecke braucht das Auto bei 72 km/h jeweils zum Stehenbleiben? Was passiert, wenn die Bremsen blockieren? Was ist zu tun, wenn die Bremsanlage ausfällt?

44 Berechne die Grenzgeschwindigkeit für kleine Regentropfen ($r = 1$ mm). Wie lange brauchen die Tropfen mindestens auf ihrem Weg zur Erde? Nimm an, dass der Regen aus einer Wolke in 1000 m Höhe fällt. ($\rho_L = 1{,}2\ \text{kg/m}^3$)

4 Spezielle Bewegungsformen

45 An eine Schraubenfeder mit der Federkonstante $k = 10$ N/m wird ein Körper der Masse $m = 60$ g gehängt. a) Wie groß ist die Dehnung der Feder auf der Erde? b) Wie groß ist sie auf dem Mond?

46 Ein Vulkanausbruch wirft Material mit Geschwindigkeiten bis zu 200 m/s aus. Wie hoch müsste dann die Lavafackel sein?

47 Im Jahr 2012 ließ sich der Extremsportler Felix Baumgartner nach einem Ballonaufstieg in die Stratosphäre zur Erde fallen. Er legte dabei in 4:20 min eine Höhendifferenz von 36 403 m zurück, bevor er die letzten 1585 m mit dem Fallschirm in etwa 5 min zurücklegte.
a) Wie lange hätte er für den ersten Teil des Falls unter Vernachlässigung des Luftwiderstands gebraucht?
b) Welche Geschwindigkeit hätte er erreicht?

48 Eine Silvesterrakete wird mit 60 m/s nach oben geschossen, sie explodiert im höchsten Punkt. Ein weit entfernter Zuschauer hört den Knall 6 s, nachdem er das Licht gesehen hat. Wie hoch war die Rakete, und wie weit war der Zuschauer entfernt? (Schallgeschwindigkeit bei 0 °C: 331 m/s)

49 In Filmen kann man gelegentlich den Sprung eines Fahrzeugs von einer Brücke oder Rampe bewundern. Ein Motorrad springt von einer 10 m hohen Rampe mit 100 km/h ab.

a) In welcher ungefähren Entfernung vom Fußpunkt der Rampe trifft das Fahrzeug auf?

b) Wie groß ist die Geschwindigkeit beim Aufprall?

50 Ein Transportflugzeug fliegt mit einer Geschwindigkeit von 750 km/h in einer Höhe von 10 000 m und soll ein Versorgungspaket in ein angegebenes Ziel werfen. Wie weit vor dem Ziel muss das Paket abgeworfen werden? (Luftwiderstand vernachlässigen)

51 Wie groß sind die Winkelgeschwindigkeiten

a) des Sekundenzeigers,

b) des Minutenzeigers und

c) des Stundenzeigers einer Uhr?

52 Die Erde führt zwei Drehbewegungen aus: Rotation um ihre Achse und Umlauf um die Sonne. Wie groß sind die entsprechenden Winkelgeschwindigkeiten?

53 Der Mond bewegt sich annähernd auf einer Kreisbahn (r = 384 000 km) um die Erde und benötigt dafür ungefähr 28 Tage. Wie groß ist die Bahngeschwindigkeit und wie groß ist die Beschleunigung in radialer Richtung?

54 Eine Wäschetrommel dreht sich beim Schleudern 1200-mal in der Minute. Welche Beschleunigung erfährt ein Wassertropfen am Trommelrand, der von der Drehachse 24 cm entfernt ist? Vergleiche mit der Erdbeschleunigung g!

55 Wie rasch bewegt sich ein Ort am Äquator aufgrund der Erdrotation? Wie groß ist die Beschleunigung an diesem Ort? Um welchen Bruchteil seines Gewichts wird ein Körper dort leichter als am Nordpol?

56 Ein Stein (m = 0,3 kg) ist an eine 50 cm lange Schnur gebunden und wird mit wachsender Geschwindigkeit in einer waagrechten Ebene im Kreis herumgeschleudert. Bei welcher Geschwindigkeit reißt die Schnur, wenn sie 15 N aushält?

57 Eine Milchkanne (m = 0,5 kg) wird in einem lotrechten Kreis mit dem Radius r = 1 m geschwungen. Wie groß muss die Geschwindigkeit im höchsten Punkt mindestens sein, damit keine Milch ausfließt?

58 Berechne mit Hilfe des 3. Keplerschen Gesetzes die Masse der Sonne.

Energie

59 Der Hochsprungweltrekord von Javier Sotomayor (1,93 m groß, 80 kg schwer) liegt seit 1993 bei 2,45 m. Welche Hubarbeit verrichtete er bei seinem Rekordsprung? Der Sportler muss seinen Schwerpunkt, der etwa in halber Körperhöhe lokalisiert ist (96 cm über dem Erdboden), beim sog. Fosbury-Flop praktisch auf Lattenhöhe heben.

60 Wie groß ist die Arbeit einer Pumpe, die 1000 m³ Wasser 400 m hoch befördert? Gib die Antwort in J und in kWh.

61 Ein Auto mit der Masse von ca. 900 kg beschleunigt von 50 km/h auf 100 km/h. Welche Beschleunigungsarbeit muss der Motor aufbringen? (Von Reibung soll abgesehen werden!)

62 Ein Hundeschlitten wird mit einer Geschwindigkeit von 15 km/h auf einer horizontalen Spur zwei Stunden lang gezogen. Die Zugkraft in Richtung der waagrecht liegenden Zugseile beträgt 120 N. Wie groß ist die verrichtete Arbeit? Was geschieht mit der übertragenen Energie?

63 Ein Bergsteiger (m = 70 kg) besteigt von Heiligenblut (1279 m) aus den Großglockner (3789 m). Wie groß ist die dabei verrichtete Arbeit?

64 Die Leistung wird heute noch manchmal in PS (Pferdestärke) angegeben. Mit 1 PS bezeichnet man jene Leistung, die notwendig ist, um in 1 s einen Körper mit 75 kg Masse 1 m hochzuheben. Wieviel kW entsprechen 1 PS?

65 Eine Person (m = 65 kg) steigt eine Treppe hinauf. Sie gewinnt dabei 1 m Höhe in 3 Sekunden. Wie groß ist ihre mittlere Leistung? Die Geschoßhöhe in modernen Wohnhäusern ist etwa 3 m. Welche Arbeit würde sie beim Weg vom Erdgeschoß in den 2. Stock verrichten?

66 Über den Niagarafall fließen pro Sekunde im Mittel $4 \cdot 10^3$ m³ Wasser und stürzen ca. 50 m in die Tiefe. Bis zu 90 % der Wassermenge werden nachts auf Kraftwerksturbinen geleitet. Wie viel Leistung (in MW) wird genutzt?

67 Ein Auto (m = 900 kg) soll innerhalb von 12 Sekunden eine Geschwindigkeit von 90 km/h erreichen.

a) Mit welcher Beschleunigung muss es anfahren?

b) Welche Kraft muss der Motor dabei aufbringen?

c) Welche Leistung gibt der Motor ab, wenn beim Beschleunigungsvorgang folgende Geschwindigkeiten durchlaufen werden:
18 km/h, 36 km/h, 72 km/h?
(Reibung und Luftwiderstand sollen außer Betracht bleiben.)

68 Der Fahrwiderstand eines PKW betrage etwa 320 N bei einer Fahrgeschwindigkeit von 54 km/h. Welche Leistung muss der Motor aufbringen, damit eine konstante Geschwindigkeit gehalten werden kann?

69 Welche Leistung vollbringt ein Radfahrer, der zur Bewältigung einer Bergstrecke mit 1200 m Höhendifferenz 1:15 h braucht? Das Rad wiegt 50 N, der Mann 700 N.

70 Mit welcher durchschnittlichen Geschwindigkeit bewegen sich Luftmoleküle? Die gesamte Bewegungsenergie von 1 m³ Luft beträgt ca. $1{,}5 \cdot 10^5$ J. (Dichte der Luft: 1,2 kg/m³ bei 20 °C.)

71 Wieviel Energie speichert ein Stausee, der 1250 m über den Turbinen liegt und ca. $3 \cdot 10^6$ m³ Wasser enthält?

72 Eine Gewitterwolke befindet sich 1000 m über dem Erdboden. Aus ihr fallen Hagelkörner mit 2 cm Durchmesser und führen zu Schäden an Pflanzen und Autos.

a) Welche potenzielle Energie hatte jedes Hagelkorn?

b) Welche Geschwindigkeit hätte es ohne Luftwiderstand erreicht?

c) Die tatsächliche Geschwindigkeit beträgt für solche Hagelkörner 20 m/s: Welcher Teil der Energie wurde durch Reibung „verbraucht"? (ρ_{Eis} = 920 kg/m³)

73 Ist es in der Energiebilanz gleichgültig, ob man ein Auto von 0 auf 50 km/h oder von 50 auf 100 km/h beschleunigt? Wie verhalten sich die jeweiligen Energiebeträge?

74 Ein Radfahrer kommt mit 10 m/s an eine abschüssige Straße. Er fährt ohne zu bremsen hinunter, wobei er 5 m Höhe verliert. Unten stößt er auf ein Hindernis. (Von Reibung und Luftwiderstand werde abgesehen.)

a) Mit welcher Geschwindigkeit prallt er auf das Hindernis?

b) Aus welcher Höhe hätte der Radfahrer frei herabfallen müssen, um mit der gleichen Geschwindigkeit aufzutreffen?

75 Ein Fußball (m = 0,45 kg) wird mit 15 m/s abgeschossen. Welche Arbeit ist dazu erforderlich? Wie hoch hätte man den Ball mit dieser Arbeit senkrecht nach oben schießen können?

76 Ein Körper der Masse m gleitet mit der Anfangsgeschwindigkeit v_0 auf einer waagrechten, rauen Unterlage. Die Gleitreibungszahl sei f.

a) Wie groß ist der Bremsweg?

b) Um wie viel ändert sich der Bremsweg, wenn die Geschwindigkeit verdoppelt wird? Hat die Masse einen Einfluss?

77 Wie kann die Polizei nach einem Verkehrsunfall aus der Länge einer Bremsspur die Geschwindigkeit vor dem Bremsen ermitteln?

Thermodynamik

1 Thermodynamische Zustandsgrößen

78 Während einer Unterrichtsstunde steigt die Temperatur im Klassenraum von 18 °C auf 21 °C. Der Raum ist 12 m lang, 5 m breit und 4 m hoch. Wie viel Luft entweicht? Gib die Antwort in m³ und in Prozenten des Raumvolumens. γ(Luft) = 1/273 K⁻¹.

79 Zwischen je 25 m langen Eisenbahnschienen befindet sich eine Stoßfuge. Sie ist so breit, dass sie sich bei einer Temperaturerhöhung von 5 °C auf 20 °C um 30 % verengt. **a)** Bei welcher Temperatur schließt sich die Fuge komplett. **b)** Wie breit war die Fuge zu Beginn? ($\alpha = 14 \cdot 10^{-6}$ K⁻¹)

80 Ein Tankwagen hat 40 000 l Dieselöl geladen. Die Außentemperatur beträgt 30 °C, als er mit dieser Ladung wegfährt. Am Lieferort beträgt die Temperatur nur 7 °C. Wie viel Liter kann er nur mehr abladen? (Öl: $\gamma = 9{,}5 \cdot 10^{-4}$ K⁻¹)

2 Das ideale Gas

81 Ein Schlauchboot wird aufgepumpt, bis die Luft einen Druck von 120 kPa aufweist. Die Sonne erhitzt das Boot von 20 °C auf 50 °C. Schätze ab, wie groß der Druck in den Luftkammern des Bootes wird! (Voraussetzung: Das Volumen soll konstant bleiben, die Hülle dehnt sich nicht aus.)

82 1 m³ Luft von 25 °C wird isobar auf 625 °C erwärmt. **a)** Wie groß ist das Volumen nach dieser Erwärmung? **b)** Berechne den Ausdehnungskoeffizienten γ.

83 Eine zylindrische Gasflasche mit einem Innendurchmesser von 20 cm und einer Höhe von 1 m enthält Stickstoff mit einem Druck von 100 bar. **a)** Wie groß ist die Kraft auf die Bodenfläche der Flasche? **b)** Welcher Druck herrscht in der Flasche, wenn die Hälfte des Stickstoffes entnommen wurde und die ursprüngliche Temperatur wieder erreicht wurde?

84 Eine Gasflasche mit einem Innendurchmesser von 20 cm und einer Höhe von 1 m enthält bei einer Temperatur von 0 °C Stickstoff mit einem Druck von 100 bar. **a)** Wie viele Stickstoffmoleküle enthält die Flasche? **b)** Wie groß ist die Masse dieses Gases? (Die relative Molekülmasse von Stickstoff N2 ist 28.)

85 Wir betrachten Luft mit einer Temperatur von 0 °C und einem Druck von 1,013 bar. Wie viele Moleküle enthält 1 m³ Luft bei diesen Bedingungen?

86 Eine Stahlflasche für Sauerstoff wird bei 10 °C bis zu einem Druck von 150 bar gefüllt. Sie fasst 40 l. Wie viel Liter Gas kann man bei Zimmertemperatur (25 °C) bei einem Druck von 1,5 bar entnehmen?

87 Durch eine schnelle Autofahrt wird die Luft in den Autoreifen auf 60 °C erwärmt. Das Volumen nimmt nicht wesentlich zu, aber der Druck in den Reifen steigt. Welcher Reifendruck wird erreicht, wenn er beim Start der Fahrt 2,8 bar bei einer Temperatur von 20 °C betragen hatte. (Beachte, dass als Reifendruck der Überdruck gegenüber dem äußeren Luftdruck von ca. 1 bar bezeichnet wird.)

88 Die Reifen eines PKW weisen einen Überdruck (gegenüber dem äußeren Luftdruck) von 2 bar auf. **a)** Wie groß ist die Dichte der Luft im Reifen? (Normale Luftdichte 1,3 kg/m³.) **b)** Die Auflagefläche der vier Reifen eines Autos auf der Straßenoberfläche sei 0,05 m². Welche Masse darf das von diesen Reifen getragene Auto haben?

89 Der Überdruck in einem Autoreifen beträgt am Morgen bei 0 °C 2 bar. Nach einer schnellen Fahrt erwärmt sich der Reifen auf 30 °C. **a)** Welchen Überdruck hat der Reifen nach der Fahrt? **b)** Bei dieser höheren Temperatur senkt man an der Tankstelle den Druck im Rad auf 2 bar Überdruck. Welcher Druck stellt sich nach der Abkühlung des Reifens auf 0 °C ein?

90 a) Warum sieht man bei der Brown'schen Bewegung in der Luft bei Zimmertemperatur $T = 298\,K$ nur die größeren Rauchteilchen und kann die Bewegung der Luftmoleküle nicht sehen? **b)** Berechne den Unterschied der mittleren Geschwindigkeiten. m (Rauchteilchen) = ca. 10^{-12} kg.

91 a) Welche Temperatur hat ein einzelnes Molekül mit der Masse von $2 \cdot 10^{-23}$ kg bei einer Geschwindigkeit von 300 m/s? Beurteile, wie sinnvoll die Angaben sind: **b)** Aus wie vielen Kohlenstoffatomen könnte das Molekül aufgebaut sein? **c)** Wie vergleicht sich die kinetische Energie eines solchen Moleküls mit der Bindungsenergie von einfachen C-C-Bindungen (ca. 300 kJ/mol)?

92 Um wie viel ändern sich bei einer Temperaturzunahme von 50 °C auf 150 °C **a)** die mittlere kinetische Energie und **b)** die mittlere Geschwindigkeit von Molekülen eines idealen Gases?

3 Die Phasenübergänge

93 Beschreibe den Kurvenverlauf **a)** im Diagramm 1, das die Vorgänge beim Schmelzen von Eis bis zum Verdampfen des Wassers zeigt, und **b)** im Diagramm 2 (Schmelzen und Erstarren von Naphthalin).

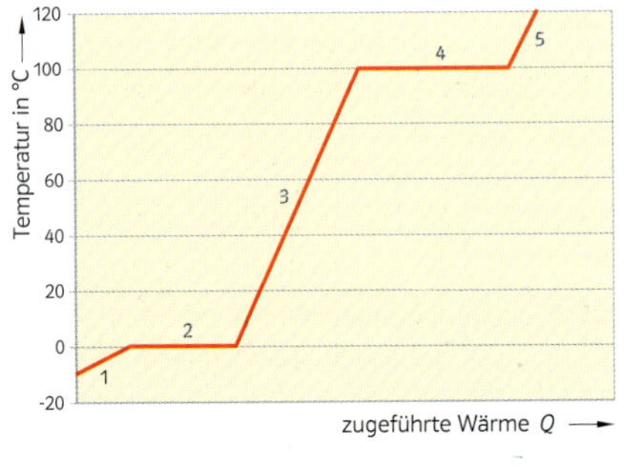

Diagramm 1

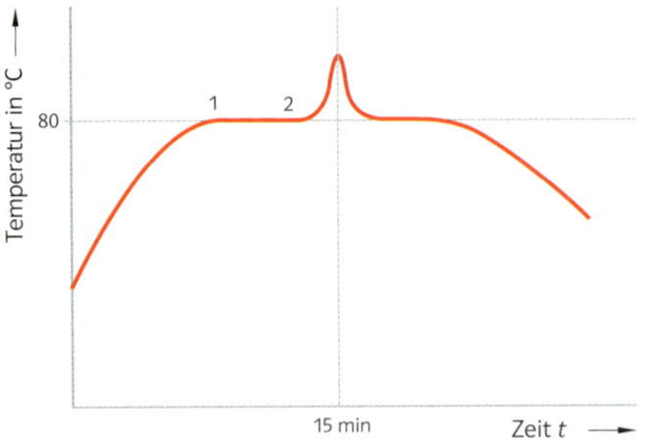

Diagramm 2

94 Eine 10 cm dicke Eisschicht auf einem See wird durch Sonnenstrahlung geschmolzen. Die an einem sonnigen Wintertag einfallende Sonnenenergie beträgt 4 kWh/m². Davon werden 20 % von der Eisfläche absorbiert, der Rest wird zurückgestrahlt. Nach wie vielen Sonnentagen kann das Eis geschmolzen sein (Dichte von Eis 900 kg/m³).

95 Bei der Außentemperatur von 0 °C beträgt im Freien die relative Luftfeuchtigkeit 50 %. **a)** Entnimm dem Diagramm **106.1** die Sättigungsmenge und berechne die absolute Feuchtigkeit. **b)** Welche relative Feuchtigkeit herrscht in einem geheizten Zimmer bei 20 °C, falls der Außenluft unter den obigen Verhältnissen keine zusätzliche Feuchtigkeit zugeführt wird? **c)** Wie viel Wasser muss in dem geheizten Raum mit dem Volumen 60 m³ verdunsten, um die relative Feuchtigkeit wieder auf 50 % anzuheben?

4 Energie und Entropie

96 Ein Radfahrer fährt eine Bergstraße mit einem Höhenunterschied von 200 m hinab. 40 % der Bremswirkung leistet der Luftwiderstand. **a)** Um welchen Betrag erhöht sich die innere Energie der Bremsen, wenn die Masse von Fahrer und Rad 100 kg beträgt? **b)** Um wie viel Grad erwärmen sich die Bremsscheiben (Masse 1 kg, $c_{Fe} = 452\,J \cdot kg^{-1} \cdot K^{-1}$), wenn 50 % der Reibungswärme durch den Fahrtwind an die Umgebung abgeführt werden?

97 In einem Haushalt werden täglich 200 l Warmwasser benötigt. Dieses Wasser muss im Mittel um 30 °C erwärmt werden. Wie viel Energie ist dazu monatlich erforderlich?

98 Der Golfstrom transportiert in jeder Sekunde rund 10^8 m³ Wasser an die Küsten Europas. Seine Temperatur ist im Winter um ungefähr 10 °C höher als die Temperatur des übrigen Meerwassers. **a)** Wie viel Energie transportiert der Golfstrom pro Sekunde nach Europa? **b)** Wie viele Großkraftwerke mit jeweils 1 GW wären erforderlich, um die gleiche Leistung zu erbringen?

99 Ein Schwimmbad mit der Grundfläche 4 m·8 m und der Tiefe 2 m kühlt in jeder Nacht um 1 °C ab und wird tagsüber wieder aufgeheizt. **a)** Wie viele Kilowattstunden elektrischer Energie sind dazu erforderlich? **b)** Wie viel Wasser müsste in einem Wasserkraftwerk eine Höhe $h = 100$ m durchfallen, um die täglich für die Schwimmbadheizung benötigte Energie bereitzustellen?

100 Ein Eisentopf mit 1 l Inhalt hat eine Masse von 0,5 kg. Der mit Wasser von 20 °C gefüllte Topf wird auf 100 °C erhitzt ($c_{Fe} = 0{,}45\,kJ \cdot kg^{-1} \cdot K^{-1}$). Welcher Bruchteil der aufgewendeten Energie ist dabei zur Erwärmung des Topfes bzw. des Wassers erforderlich? ($c_{Wasser} = 4{,}18\,kJ \cdot kg^{-1} \cdot K^{-1}$)

101 Ist der Mischungsvorgang von 2 l Wasser von 45 °C und 1 l Wasser von 15 °C irreversibel oder reversibel? Berechne die Entropieänderung. ($c_{Wasser} = 4{,}18\,kJ \cdot kg^{-1} \cdot K^{-1}$)

102 Die Temperatur eines Bügeleisens beträgt 250 °C. Das Gerät hat eine Leistung von 1000 W. Wie stark ändert sich die Entropie an der Unterseite des Bügeleisens pro Sekunde?

103 Ein Haus wird mit einer Leistung von 25 kW beheizt. Die Innentemperatur ist 21 °C, die Außentemperatur −10 °C. Um wie viel ändert sich die Entropie pro Sekunde an der Innenwand des Hauses. Wie stark ändert sie sich pro Sekunde an der Außenwand?

104 Die Entropie des Universums nimmt zu. Die Sonne strahlt bei einer Temperatur von ca. 6000 K Energie ab. Auf die Erde trifft eine Strahlungsleistung von ca. $1{,}7 \cdot 10^{17}$ W, die auch wieder abgestrahlt wird. Die mittlere Temperatur der Erde beträgt 15 °C = 288 K. Um welchen Faktor nimmt dabei die Entropie zu?

5 Wärme- und Kältetechnik

105 Um eine Höchstgeschwindigkeit von 150 km/h zu erreichen, ist die volle Motorleistung von 50 kW eines Kraftwagens erforderlich. Wie viel Benzin (Heizwert 11,1 kWh/kg) werden für 100 km benötigt, wenn der Motor einen Wirkungsgrad von 25 % aufweist?

106 Ein Kraftwerk gibt elektrische Leistung von 1 GW ab. Die Temperatur des Dampfes am Eingang der Turbine beträgt 750 K, am Ausgang 310 K. Wie viel Entropie fließt in der Sekunde mit dem Kühlwasser weg?

107 Der Temperaturunterschied zwischen den oberen (25 °C) und tieferen (4 °C) Schichten des Meerwassers soll zur Erzeugung elektrischer Energie verwendet werden. **a)** Wie hoch ist der thermodynamische Wirkungsgrad? **b)** Wie viel Wasser wird pro Sekunde benötigt, um eine elektrische Leistung von 1 GW zu erreichen? ($c_{Meerwasser} = 3{,}9\,kJ \cdot kg^{-2} \cdot K^{-2}$)

108 Jemand behauptet, dass es nicht sinnvoll sei, Gas mit einer Flammentemperatur von 1500 °C zur Erzeugung von Warmwasser mit einer Temperatur von 40 °C zu verwenden. Nimm dazu Stellung!

109 Mit Sonnenenergie kann man Wasser in Flachkollektoren auf 80 °C erwärmen. Jemand schlägt vor, dieses Warmwasser zum Betrieb einer Wärmekraftmaschine zu verwenden. Welchen Wirkungsgrad könnte man dabei bestenfalls erreichen, wenn die Umgebungstemperatur 20 °C beträgt?

110 Ein Wärmekraftwerk benützt Dampfturbinen zur Erzeugung elektrischer Energie. Die Arbeitstemperatur beträgt 500 °C, die Abgastemperatur 30 °C. Welchen thermodynamischen Wirkungsgrad weist dieses Kraftwerk auf? Um wie viel verschlechtert sich der Wirkungsgrad, wenn die Abgastemperatur auf 70 °C hinaufgesetzt wird?

111 Ein Wärmekraftwerk habe den Wirkungsgrad von 30 % und eine Nutzleistung von 1 GW. Welche Abwärme wird an die Umwelt abgegeben? Diese Abwärme soll von einem Fluss aufgenommen werden, dessen Wasser um nicht mehr als 2 °C erwärmt werden darf. Welche Wasserführung (in m^3/s) muss der Fluss zumindest aufweisen?

112 Jemand schlägt vor, die Abwärmetemperatur des im vorigen Beispiel betrachteten Kraftwerks auf 70 °C hinaufzusetzen. Dadurch verringert sich der Wirkungsgrad des Kraftwerks um rund 5 %. Die entstehende Abwärme kann nun aber in ein Fernheiznetz eingespeist werden. Überlege, warum es sinnvoll sein kann, weniger elektrische Energie und dafür mehr Abwärme zu erzeugen.

113 Im Kessel einer Dampfmaschine herrscht bei einer Temperatur von 230 °C ein Druck von 30 bar. Bei jedem Arbeitstakt wird ein Kolben mit einer Fläche 0,2 m² durch die Wirkung des Dampfdruckes um 0,4 m verschoben. **a)** Wie groß ist die bei einem Arbeitstakt verrichtete Arbeit? **b)** Welche Leistung weist die Dampfmaschine auf, wenn pro Minute (nicht pro Sekunde!) 600 Arbeitstakte erfolgen?

114 Im Zulassungsschein von Kraftfahrzeugen sind der Hubraum und die maximale Motorleistung angegeben. Hubraum ist das Volumen, das die Kolben des Motors bei einem Arbeitstakt zusammengenommen überstreichen. Welche Bedeutung hat diese Angabe?

115 Ein Viertakt-Benzin-Motor hat einen Hubraum von 1400 cm³. Während des Arbeitstaktes herrscht im Zylinder ein mittlerer Druck von 15 bar. **a)** Welche Arbeit verrichtet der Motor bei einem Arbeitstakt? **b)** Welche Leistung vollbringt der Motor bei 6000 Umdrehungen pro Minute?

Antworten zu den Testfragen

Es werden nur jene Lösungen angegeben, die nicht unmittelbar aus dem Textteil hervorgehen.

Bewegung

2 Geschwindigkeit und Beschleunigung

25.2 Antwort c) ist korrekt. Begründung:
$a = (v_2 - v_1)/t = 10\,m\,s^{-2}$; $s = a \cdot t^2/2 = 5\,m$

25.3 korrekt sind die Antworten b) und c)

25.5 korrekt ist die Antwort a)

Kraft

1 Die Newton'schen Gesetze

35.1 Antwort c) ist korrekt. Aber es können auch Sonnensystem und Erde annähernd als Inertialsysteme betrachtet werden. Für das Sonnensystem gilt dies immer dann, wenn die Anziehungskräfte der Planeten und der Sonne vernachlässigbar sind (wie das z.B. bei Sonden der Fall ist, wenn man nur kleine Wegstücke betrachtet). Auch die Erde kann in Näherung als Inertialsystem angesehen werden. Voraussetzung ist, dass die Effekte der täglichen und jährlichen Bewegung vernachlässigt werden können und die Schwerkraft der Erde durch eine andere Kraft (etwa die Reaktionskraft der Unterlage bei einem rollenden Ball kompensiert wird). Auch die auf der Erde immer vorhandene Reibung müsste ausgeschaltet werden (z.B. bei Experimenten im Vakuum).

35.4 Antwort c) ist korrekt.

35.7 Antworten c) und d) sind korrekt.

35.9 a)

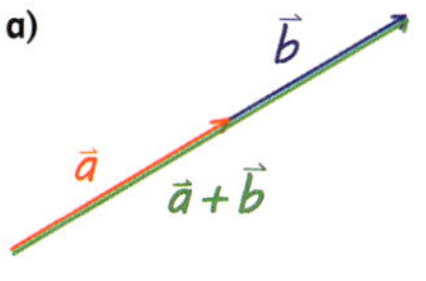

b)

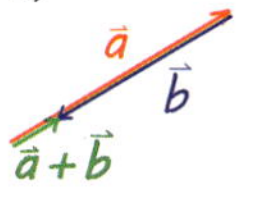

35.10 Die Gewichtskraft wirkt in jedem Punkt der Wurfbahn in gleicher Stärke senkrecht nach unten. Der Luftwiderstand wirkt entgegen der Bewegungsrichtung und hängt von der Momentangeschwindigkeit ab.

2 Drittes Newton'sches Gesetz

38.1 Antwort b) ist korrekt.

38.3 Antwort b) ist korrekt.

3 Der Einfluss der Reibungskraft

43.1 Antwort c) ist korrekt. Die Reibung ist unabhängig von der Größe der Berührungsfläche.

43.2 Antwort b) ist korrekt.

43.3 Antworten a) und c) sind korrekt. Die Reibung ist proportional zum Gewicht (und damit zur Masse des Autos), aber auch die zum Bremsen nötige Kraft ist zur Masse des Autos proportional.

43.4 Beide Antworten sind richtig.

4 Spezielle Bewegungen

53.1 Antwort b) ist korrekt. Der Ball hat zwar die Geschwindigkeit null, doch wird er während der gesamten Flugzeit von der Erde angezogen, erfährt also die Fallbeschleunigung g. Andernfalls würde er in der Luft stehen bleiben.

53.2 Antwort b) ist korrekt. Die Wurfweite ergibt sich aus der Horizontalkomponente der Bewegung. Der Ball bewegt sich mit der Anfangsgeschwindigkeit v_0 gleichförmig horizontal um die Wegstrecke $s = v_0 \cdot t$. Aus $s = \frac{1}{2}\, g \cdot t^2$ folgt, dass bei vierfacher Abwurfhöhe die Fallzeit doppelt so groß ist, sich der Ball also in horizontale Richtung doppelt soweit bewegt.

53.3 Antwort a) ist korrekt. Es gilt für den Ball, der als erster herunterfällt, $s_1 = g \cdot t^2/2$, für den zweiten Ball $s_2 = g(t-0{,}5)^2/2$. Die Wegdifferenz $\Delta s = g \cdot (t-0{,}25)/2$. Die Wegdifferenz nimmt also mit der Zeit zu.

53.4 Sieht man von der Reibung ab, wirkt auf den Ball zu jedem Zeitpunkt ausschließlich die Schwerkraft, also das Gewicht des Balls.

53.5 Antwort c) ist korrekt. Die Zentripetalbeschleunigung $a_Z = v^2/r$. Das Auto fährt mit konstanter Bahngeschwindigkeit v durch die beiden Kurven, die Zentripetalbeschleunigung ist also in der „engen" Kurve größer. Ist die Reibung, die die Zentripetalbeschleunigung liefert, nicht ausreichend groß, ist die Gefahr aus einer „engen" Kurve „heraus zu fliegen" wesentlich größer.

53.6 Antwort c) ist korrekt.

53.7 Antwort b) ist korrekt.

53.8 Antwort c) ist korrekt.

53.12 Dauer eines Jahres in Sekunden und Erdbahnradius in Metern.

5 Druck in Flüssigkeiten und Gasen

58.1 Antwort b) ist korrekt.

58.2 Antworten a) und d) sind korrekt.

58.4 Antwort c) ist korrekt. Der Auftrieb hängt allein vom Volumen des Körpers (genauer: des eingetauchten Volumens) und der Dichte der Flüssigkeit ab.

58.5 Antwort c) ist korrekt. Ob ein Körper schwimmt oder nicht schwimmt, hängt ausschließlich vom Verhältnis der Dichte des Körpers (bzw. seiner mittleren Dichte) zur Dichte der Flüssigkeit ab. Hat der Körper eine größere mittlere Dichte als die Flüssigkeit, so geht er unter, ist seine Dichte kleiner, so schwimmt er.

Energie

72.1 Richtig: b)

72.2 Nein. Dies ist keine Arbeit nach der physikalischen Definition. An der Last wird keine Arbeit verrichtet.
Ja. Wenn der Mensch als Teil des Systems betrachtet wird. In den Muskeln wird Energie umgesetzt, damit die erschlafften Muskelfasern wieder gestrafft werden. Chemische Energie wird in Wärme umgewandelt.: b)

72.3 Richtig: c) Die mittlere Kraft ist jeweils 200 N.
72.4 Richtig: c)
72.5 Richtig: c)
72.6 Wenn wir den gesamten Kosmos als abgeschlossenes System betrachten, dann a).
Die Gesamtenergie eines abgeschlossenen Systems kann durch Vorgänge, die nur im System ablaufen, nicht verändert werden. D.h., Energie ist in irgendwelchen Formen von Anfang an im System vorhanden.

Thermodynamik

87.1 a ist richtig.
87.2 c ist richtig.
87.3 a und b sind richtig.
87.4 a und c sind richtig.
87.5 Das Thermometer wird mit dem Objekt, dessen Temperatur bestimmt werden soll, in Kontakt gebracht. Es muss sich thermisches Gleichgewicht einstellen, d.h. ein Temperaturausgleich erfolgen. Das Thermometer hat nur dann die Temperatur des zu messenden Körpers, wenn es klein genug ist, um seine Temperatur nicht zu verändern.
87.6 c ist richtig.
87.7 c ist (näherungsweise) richtig.
87.8 b und c. Anomal ist, dass der Festkörper Eis eine kleinere Dichte hat als die Flüssigkeit Wasser, die bei 4 °C die höchste Dichte aufweist.
97.1 a, b und c sind richtig. b: Mehratomige Moleküle rotieren um Achsen durch den Schwerpunkt. c: Teilchen eines idealen Gases üben nur während elastischer Stöße Kräfte auf einander und auf die Gefäßwände aus.
97.2 a ist richtig, $p \cdot V = \text{const.} = (p/2) \cdot (2V)$
97.3 b ist richtig.
97.4 b und c sind richtig.
97.5 b ist richtig.
97.6 Die gelösten Moleküle sind für die Poren der semipermeablen Wand zu groß. Nur die Moleküle des Lösungsmittels können hindurch.
97.7 c ist richtig
97.8 a ist richtig
109.1 c ist richtig.
109.2 Um 1 kg Schnee bei 0 °C zu schmelzen, werden 334 kJ benötigt. Beim Abkühlen von 1 kg Regenwasser von 10 °C auf 0 °C werden 41,8 kJ frei. 8 kg Wasser reichen zum Schmelzen von 1 kg Schnee. Es ergeben sich 9 kg Wasser mit 0 °C.
109.3 Aus der Suppe verdunsten die schnellsten Moleküle. Durch Blasen werden sie wegtransportiert, die Suppe wird dadurch schneller kühl.
109.4 Aus der Wäsche verdunsten Wassermoleküle. Der Wind entfernt die Moleküle und beschleunigt so das Trocknen.
109.5 Die Temperatur sinkt, weil beim Verdunsten die energiereichsten Moleküle den Flüssigkeitsverband verlassen. Die zurückbleibenden Moleküle haben geringere Energie, das bedeutet eine niedrigere Temperatur der Flüssigkeit.
109.6 Chlorethan verliert die schnellsten Moleküle durch Verdunsten, daher nimmt die mittlere Molekülgeschwindigkeit ab. Die Flüssigkeit wird kälter, kühlt die Haut und macht sie dadurch weniger empfindlich.
109.7 b ist richtig. Zwei Betrachtungsweisen:
a) Verschieden temperierte Körper (Flüssigkeit, bzw. Dampf darüber) gleichen von selbst Temperaturunterschiede aus.
b) Man könnte glauben, dass der Dampf heißer als die Flüssigkeit sei. Dies ist jedoch nicht der Fall, da die energiereichen Moleküle beim Austritt aus der Flüssigkeit durch die Molekularkräfte abgebremst werden und Energie abgeben, so dass Dampf und Flüssigkeit die gleiche Temperatur haben.
109.8 a ist richtig.
109.9 c ist richtig.
109.10 Oberhalb der kritischen Temperatur kann die Substanz auch durch hohen Druck nicht verflüssigt werden.
109.11 Beim Kondensieren von Wasserdampf auf der Haut wird zunächst die Verdampfungswärme (2,2 kJ/g) wieder frei. Beim Abkühlen des heißen Wassers auf die Hauttemperatur (30 °C) muss für 1 g dagegen nur die Energie 70 K·4,18 J/K = ca. 0,3 kJ abgeführt werden.
109.12 a und b sind richtig.
109.13 Kondensationswärme ist die beim Kondensieren eines Gases frei werdende Energie. Zum Verdampfen musste der gleiche Energiebetrag als Verdampfungswärme aufgebracht werden.
109.14 Wolken entstehen, wenn durch Abkühlung feuchter Luft der Taupunkt unterschritten wird, bzw. die relative Luftfeuchtigkeit 100 % erreicht hat. An Kondensationskeimen in der Atmosphäre (kleine Partikel wie Staub oder Salzkristalle) bilden sich erste Tröpfchen. Abkühlung erfolgt durch Aufsteigen warmer Luft oder durch Mischung warmer und kalter Luftmassen.
119.1 a ist richtig. Ein abgeschlossenes System tauscht weder Energie noch Teilchen mit der Umgebung aus, es wird auch als isoliertes System bezeichnet. Ein offenes System kann mit der Umgebung Energie und Teilchen austauschen, ein geschlossenes System kann nur Energie austauschen.
119.2 a ist richtig.
119.3 a und b sind richtig.
119.4 Der 1. Hauptsatz betrifft die innere Energie und nicht die Gesamtenergie.
119.5 Da zur Temperaturerhöhung Energie in Form von Wärme zugeführt wird, gilt $\Delta S = Q/T > 0$.
119.6 Irreversible Vorgänge laufen von selbst ab und bringen thermodynamische System näher ans Gleichgewicht. Sie können nur durch Aufwendung von Energie rückgängig gemacht werden. Reversible Vorgänge durchlaufen Gleichgewichtszustände. Sie können rückgängig gemacht werden – allerdings sind sie Idealisierungen.
119.7 Ja, wenn in einem anderen Teil des Systems die Entropie zunimmt.
130.1 b ist richtig, da bei einem Verbrennungsmotor die gesamte thermische Energie aus der Verbrennung stammt. Allgemeiner ist für Wärmekraftmaschinen der Wirkungsgrad das Verhältnis von nutzbarer mechanischer Energie zur aufgewandten Energie.
130.2 a ist richtig. Der Carnot-Prozess besteht aus 2 Adiabaten und 2 Isothermen. b zeigt den idealisierten Otto-Prozess mit 2 Adiabaten und 2 Isochoren, c ist der idealisierte Diesel-Prozess
mit 2 Adiabaten, 1 Isochore und 1 Isotherme.
130.3 c ist richtig.
130.4 b ist richtig. Der Kompressor läuft ständig und entnimmt dem Stromnetz elektrische Energie, die schließlich als thermische Energie den Raum erwärmt.
130.5 c ist richtig. Generatoren zur Stromerzeugung haben Wirkungsgrade über 90 %.
130.6 b ist richtig. Es wird ein Temperaturunterschied vergrößert, also ein von selbst ablaufender Prozess umgekehrt.
130.7 c ist richtig.

Lösungen zu den Rechenaufgaben

1 Mond (R = 384 000 km): t = 10,66 h; Licht: 1,28 s.
Sonne (R = 150 Mio. km): t = 174 Tage; Licht: 500 s.
Alpha Centauri (R = 4 ly): t = 120 000 a; Licht: 4 a

2

Bregenz–Wien:	ca. $5{,}3 \cdot 10^{-11}$ ly
	$1{,}67 \cdot 10^{-3}$ Lichtsekunden
Erde–Mond:	ca. $4{,}1 \cdot 10^{-8}$ ly
Erde–Sonne:	ca. $1{,}6 \cdot 10^{-5}$ ly

3 Der Jupiter ist zwischen 588 und 967 Mio. km von der Erde entfernt. Ein Lichtsignal ($c = 3 \cdot 10^8$ m/s) benötigt zwischen 1960 s und 3222 s, bis es die Erde erreicht. Das Bild des Jupiters ist daher vor rund einer halben bzw. einer Stunde aufgenommen worden.
4 Wir sehen den Stern, wie er vor ca. 400 Jahren war. Der 30-jährige Krieg (1618–1648) verwüstete Mitteleuropa.
5 Man sieht den Zustand des Quasars, wie er vor 10 Milliarden Jahren war.
6 $s = v \cdot t = 1327{,}5$ m
7 $v_E = 29{,}89$ km/s = ca. 30 km/s, $s_E = 2{,}58$ Mio. km
8 Mittlere Mondentfernung: 384 400 km
9 Wien–New York: $v = 741{,}5$ km/h. Die tatsächliche Flugroute ist länger als die Luftliniendistanz, Die Reisegeschwindigkeit von Verkehrsflugzeugen beträgt ca. 900 km/h.
10 Zeitersparnis: 0,17857 h = 10 min 43 s
11 Das Auto kann bei einer so kleinen Geschwindigkeitsdifferenz erst in 1 h 20 min eingeholt werden!
12 a) Das Objekt steht eine Stunde lang ($s = 0$, $v = 0$, $a = 0$). Dann bewegt es sich mit gleich bleibender Geschwindigkeit und legt dabei in einer Stunde 50 km zurück ($s = 50$ km, $v = 50$ km/h, $a = 0$ nach kurzer Beschleunigung vom Stand in 50 km/h). Nach einer Stunde Fahrt steht das Objekt wieder für 2 weitere Stunden.
b) Das Objekt bewegt sich in der ersten Stunde mit einer Geschwindigkeit von 10 km/h. In der nächsten Stunde setzt es seine Bewegung mit

doppelter Geschwindigkeit fort. Nach insgesamt 2 Stunden Fahrt hat es eine Strecke von 30 km bewältigt und steht dann eine Stunde lang. Hernach fährt es mit 20 km/h eine weitere.

c) Das Objekt fährt mit gleich bleibender Geschwindigkeit (50 km/h) eine Stunde lang, kehrt mit derselben Geschwindigkeit auf der Strecke zurück zum Ausgangspunkt und fährt dann mit gleicher Geschwindigkeit nochmals die erste Strecke eine Stunde lang. In der 4. Stunde steht das Objekt.

13 Das Rad muss aus dem Stand beschleunigt werden, aus der dazugehörigen Strecke und Zeit kann die mittlere Geschwindigkeit abgeschätzt werden. Miss die Zeit für eine kurze Strecke (z.B. 10 m) und bestimme die mittlere Geschwindigkeit. Für gleichmäßige Beschleunigung gilt: $v_{end} = 2v_{mittel}$ und $a = v_{end}/t$. $v_{end} = 2v_m$ und $a = v_{end}/t$.

14 Wohnstraße: 18 m; Hauptstraße: 40 m Freilandstraße: 70 m; 130 m.

15 $v = a \cdot t = 2 \cdot 15\,m/s = 30\,m/s = 108\,km/h$
$s = a \cdot t^2/2 = 225\,m$

16 $a = v/t = 0{,}25\,m/s^2$; $s = a \cdot t^2/2 = 50\,m$

17 a) $v_m = (1600\,m/40\,s) = 40\,m/s$. Startgeschwindigkeit $v_{end} = 2\,v_m = 80\,m/s = 288\,km/h$.
b) $a = v_{end}/t = 2\,m/s^2$

18 Beschleunigungssstrecke: aus $v = a \cdot t$ erhält man die Zeit für die Beschleunigung $t \approx 88{,}9\,s$. Die dafür notwendige Strecke $s = a \cdot t^2/2 \approx 988\,m$. Wenn man annimmt, dass der zum Bremsen nötige Weg in etwa genauso groß ist, müssen die Stationen zumindest ca. 2 km entfernt sein.

19 a) $v_m = 50\,km/h = 50/3{,}6\,m/s$; $t = s/v_m = 28{,}8\,s$.
b) $a = -0{,}96\,m/s^2$

20 $v_1 = 15\,m/s$; $s_1(t) = s_0 + v_1 \cdot t$, $v_2(t) = v_1 + a \cdot t$, $s_2(t) = v_1 \cdot t + a \cdot t^2/2$.
a) $t_1 = 5\,s$, $v_2(t_1) = 25\,m/s = 90\,km/h$.
b) $t_2 = 7{,}07\,s$, $v_2(t_2) = 29{,}14\,m/s = 104{,}9\,km/h$.
c) $s_2(t_2) = 2\,s_0 + v_1 \cdot t_2 = 156\,m$

21 $a = 1{,}62\,m/s^2$

22 Bremsweg: $s = v^2/(2a) = 61{,}7\,m$

23 a) $v = v_0 + a \cdot t$ **b)** $s = s_0 + v_0 \cdot t + a \cdot t^2/2$ (s. Abb.)
c) um 38 km/h

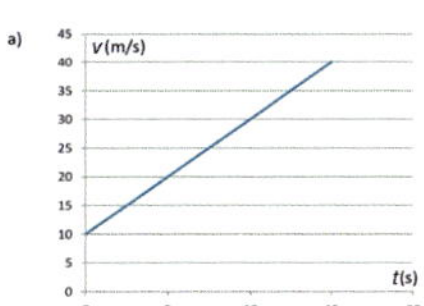

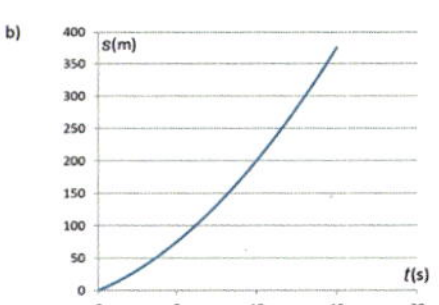

Zu 23 a) **Zu 23 b)**

24 $s_1 = 10\,m$, $s_2 = 3{,}5\,m$; v nach 10 m freiem Fall: $v = \sqrt{2gh}$; für $h = s_1$ gilt $v_1 = 14\,m/s = 50{,}4\,km/h$ = Geschwindigkeit beim Aufprall
Verzögerung im Wasser: $a = v^2/(2s_2) = 28\,m/s^2$.
Die großen Kräfte beim Auftreffen auf das Wasser und Eintauchen können zu schweren Verletzungen, vor allem der Gelenke, führen.

25 $v = \sqrt{2gh} = 88{,}6\,m/s = 318{,}9\,km/h$

26 Wenn sich das Kräftepolygon von selbst schließt, dann halten einander die Kräfte das Gleichgewicht, der Körper bewegt sich nicht oder mit gleich bleibender Geschwindigkeit. Die Summe aller Kräfte = 0.

27 $a = 2{,}02\,m/s^2$, $F = 1818{,}18\,N$

28 a) $v = (64/3{,}6)\,m/s = 17{,}8\,m/s$. $a = v/t = 71{,}1\,m/s^2$. $F = m \cdot a = 4267\,N$. Das entspricht dem 7,25-fachen Gewicht!
b) Ja, man müsste mehr als das Siebenfache des eigenen Gewichts stemmen können!

29 Kraft (Hammer-Nagel) = Kraft (Wand-Nagel); Beschleunigung $a = v^2/(2s)$, s Bremsstrecke.
$s = 15\,mm$: $a = 300\,m/s^2$, $F_1 = 0{,}5 \cdot 300\,N = 150\,N$
$s = 2\,mm$: $a = 2250\,m/s^2$, $F_2 = 0{,}5 \cdot 2250\,N = 1215\,N$

30 $a = 0{,}5\,m/s^2$, $v = 5\,m/s$, $s = 25\,m$

31 $G = F_G \cdot r^2/(m_1 \cdot m_2)$, $[G] = N \cdot m^2/kg^2$

32 Bei einer Höhe, die dem Erdradius entspricht. Gewicht an der Erdoberfläche:
$F_G(r_E) = G \cdot m_E \cdot m/r_E^2$
Gewicht in der Höhe h:
$F_G(r_E + h) = G \cdot m_E \cdot m/(r_E + h)^2$
Für $h = r_E$ sinkt das Gewicht auf ein Viertel.

33 $4{,}27 \cdot 10^{-7}\,N$, das ist praktisch null!

34 $F_G = 3{,}22 \cdot 10^{17}\,N$

35 $g\,(10\,000\,km) = 1{,}49\,m/s^2$

36 Es wird eine auch im Inneren feste Erde vorausgesetzt. Alice fällt beschleunigt Richtung Erdmittelpunkt, wobei die Beschleunigung laufend abnimmt. Wegen der Trägheit bleibt sie im Erdmittelpunkt nicht stehen, sondern steigt zur gegenüberliegenden Erdoberfläche auf. Dort hat sie wieder die Geschwindigkeit null. Nun kann das Spiel von vorn beginnen.

37 Eine Komponente wirkt tangential, die andere normal dazu. Die Normalkomponente spannt das Seil, die Tangentialkomponente beschleunigt das Kind zur Mitte hin. Die Tangentialkomponente ist umso größer, je weiter das Kind von seiner Ruhelage entfernt ist (Abb.).

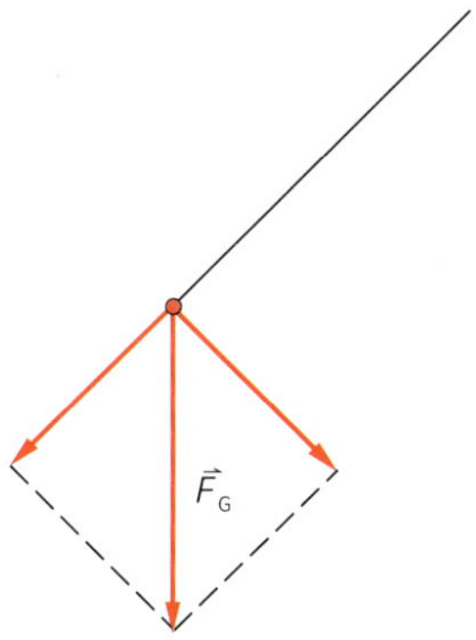

Zu 37

38 Beide Seile üben auf die Lampe Kräfte aus, deren Vertikalkomponenten das Gewicht der Lampe kompensieren. Ab $\alpha > 60°$ ist die Kraft der Seile jeweils größer als das Gewicht, das sie tragen (Abb.).

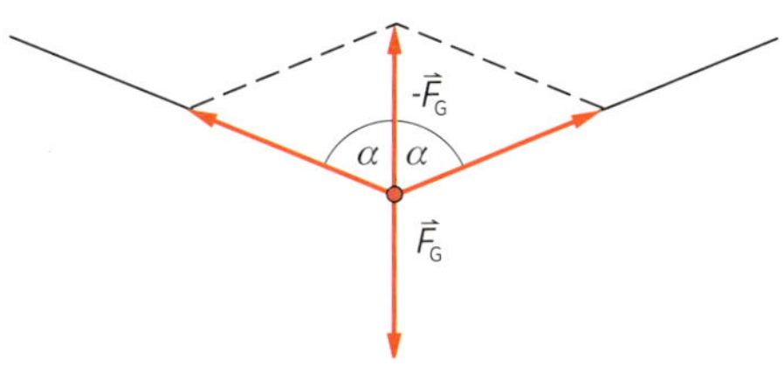

Zu 38

39 s. Abb.

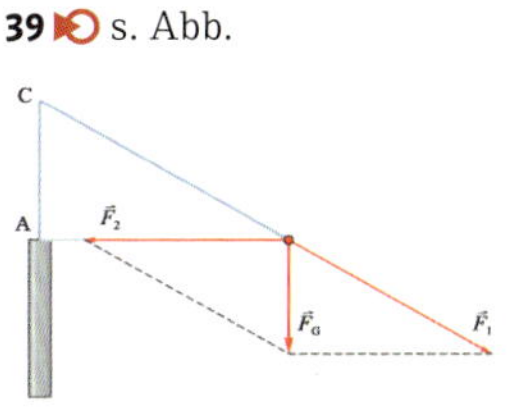

Zu 39

40 $686{,}7\,N + 175\,N = 861{,}7\,N$

41 $m_W = 6{,}06\,kg$. Am Mond ist $F_G = 10\,N$, Gewicht auf der Erde ca. 59,45 N. Masse ist glcich.

42 a) $(m_1 + m_2) \cdot a = m_2 \cdot g$, **b)** $a = 1{,}635\,m/s^2$,
c) $v = 1{,}226\,m/s$, **d)** $s = 0{,}4598\,m$

43 72 km/h entspricht 20 m/s. Die Normalkraft ist das Gewicht mg. Die Bremskraft ist daher fmg, die Bremsverzögerung $f \cdot g$. Die Verzögerung durch den Rollwiderstand ist $0{,}015\,g \approx 0{,}15\,ms^{-2}$ ($g \approx 10\,ms^{-2}$), für optimales Bremsen $0{,}9\,g \approx 9\,ms^{-2}$. Bei blockierten Rädern rutscht das Fahrzeug mit Verzögerung von $0{,}4\,g \approx 4\,ms^{-2}$. Wegen $s = v^2/(2a)$ ergeben sich Bremswege von 1333 m, 22,2 m, 50 m. Bei blockierten Rädern ist der Bremsweg größer als bei optimal gebremst drehenden, ein Anti-Blockiersystem (ABS) hilft diese Situation zu vermeiden. Bei Ausfall der Bremsanlage muss mit dem Motor (niedrigen Gang einlegen, ohne Gas, Handbremse fest ziehen) gebremst werden, keinesfalls darf die Zündung abgestellt werden.

44 Grenzgeschwindigkeit für kleine Regentropfen:

$$v_G = \sqrt{\frac{2m \cdot g}{c_W \cdot A \cdot \rho_L}} = \sqrt{\frac{8r \cdot g \cdot \rho_K}{3c_W \cdot \rho_L}}$$

Durch Einsetzen von $r = 10^{-3}\,m$; $\rho_K = 10^3\,kg/m^3$; $c_W \approx 0{,}25$; $\rho_L = 1{,}2\,kg/m^3$ erhält man $v_G = 9{,}3\,m/s = 33{,}6\,km/h$. Da ein Teil der Strecke mit $v < v_G$ durchfallen wird, ist die Fallzeit $t > 1000/9{,}3\,s = 107{,}1\,s$.

45 a) $mg = kx \cdot x = 0{,}06 \cdot 9{,}81/10\,m = 5{,}89\,cm$
b) $x = 0{,}06 \cdot 1{,}62/10\,m = 9{,}7\,mm$.

46 $h = v^2/(2g) = 2039\,m$

47 a) $t = \sqrt{2h/g} = 86{,}15\,s = 1\,min\;26{,}15\,s$. Da die tatsächliche Falldauer etwa dreimal länger war, ist der Luftwiderstand nicht vernachlässigbar.
b) $v_{End} = \sqrt{2g \cdot h} = 845{,}1\,m/s = 3042{,}4\,km/h$. (Tatsächlich erreichte maximale Geschwindigkeit: 1357,6 km/h)

48 $v_0 = 60\,m/s$, $s = v_0 \cdot t - g \cdot t^2/2$
im Umkehrpunkt gilt: $v = v_0 - g \cdot t = 0$
Steigzeit: $t = v_0/g = 6{,}12\,s$
Steighöhe: $s = 183{,}5\,m$
Weg des Schalls: $s_S = 331 \cdot 6\,m = 1986\,m$
Entfernung des Beobachters:
$s_B = \sqrt{(s_S{}^2 - s^2)} = 1977{,}5\,m$

49 a) 39,67 m, **b)** 112 km/h

50 ca. 9,4 km vor dem Ziel.

51 a) Sekundenzeiger: $0{,}105\,s^{-1}$;
b) Minutenzeiger: $0{,}0017\,s^{-1}$;
c) Stundenzeiger: $0{,}000145\,s^{-1}$

52 $\omega = 2\pi/T$
a) Um die Erdachse: $T_1 = 24 \cdot 3600\,s$
$\omega_1 = 7{,}27 \cdot 10^{-5}\,s^{-1}$
b) Um die Sonne: $T_2 = 365 \cdot 24 \cdot 3600\,s$
$\omega_2 = 1{,}99 \cdot 10^{-7}\,s^{-1}$

53 $v = 997{,}33\,m/s$, $a_z = 0{,}0026\,m/s^2$!

54 $a_z = r \cdot \omega^2 = 3790\,m/s^2$, fast $400\,g$.

55 $v = 2r\pi/t = 463{,}82\,m/s$, $a_z = v^2/r = 0{,}034\,m/s^2$;
Gewicht um den Faktor $(1 - a_z/g)$ =
$1 - 0{,}034/9{,}83 = 0{,}9966$ kleiner.

56 Die Schnur reißt, wenn v größer als 5 m/s ist.

57 Im höchsten Punkt darf die Zentripetalbeschleunigung nicht kleiner als die Fallbeschleunigung sein: $v^2/r > g$. Mindestgeschwindigkeit $v = 3{,}132\,m/s$. Die Masse spielt keine Rolle.

58 $T^2/r^3 = 4\pi^2/GM$; $M = 2 \cdot 10^{30}\,kg$

59 Hebung des Körperschwerpunkts:
$h = 2{,}45\,m - 0{,}96\,m = 1{,}49\,m$
$W = m \cdot g \cdot h = 80 \cdot 9{,}81 \cdot 1{,}49\,J = 1169\,J$.

60 $m = 1000\,m^3 \cdot 1000\,kg/m^3 = 10^6\,kg$
$W = m \cdot g \cdot h = 10^6 \cdot 9{,}81 \cdot 400\,J =$
$3{,}924 \cdot 10^9\,Ws = 1{,}09 \cdot 10^6\,kWh$

61 $v_1 = 50/3{,}6\,m/s = 13{,}9\,m/s$. $v_2 = 2v_1$.
$W = ½\,m \cdot (v_2^2 - v_1^2) = 260{,}4\,kJ = 0{,}0723\,kWh$

62 $s = 2\,h \cdot 15\,km/h = 30\,km = 3 \cdot 10^4\,m$.
$W = 120 \cdot 3 \cdot 10^4\,Nm = 3{,}6 \cdot 10^6\,Nm = 3{,}6 \cdot 10^6\,J = 1\,kWh$
Die Arbeit wird gegen die Reibung verrichtet.

63 $W = m \cdot g \cdot h = 70 \cdot 9{,}81 \cdot (3789 - 1279)\,J = 1724\,kJ = 0{,}479\,kWh$

64 $P = W/t = m \cdot g \cdot h/t = 75 \cdot 9{,}81 \cdot 1/1\,W = 735{,}75\,W$
1 PS entspricht 0,736 kW, für praktische Zwecke (mit $g = 10\,m/s^2$): 1 PS ist rund ¾ kW.

65 $P = W/t = m \cdot g \cdot h/t = 65 \cdot 9{,}81 \cdot 1/3\,W = 212{,}6\,W$. Für 6 m Höhe braucht sie 18 s. $W = m \cdot g \cdot h = 3{,}8\,kJ$
66 $P = W/t \cdot 0{,}9 = 4 \cdot 10^6 \cdot 9{,}81 \cdot 50 \cdot 0{,}9\,W = 1{,}77 \cdot 10^9\,W = 1{,}77\,GW$. (Dies entspricht der 10-fachen Leistung des Donaukraftwerks Freudenau.)
67 $v = 90/3{,}6\,m/s = 25\,m/s$
a) $a = v/t = 25/12\,m/s^2 = 2{,}08\,m/s^2$
b) $F = m \cdot a = 900 \cdot 2{,}08\,N = 1{,}875\,kN$
c) $P = F \cdot v$
9,375 kW; 18,75 kW; 37,5 kW
68 $P = F \cdot v = 320 \cdot 54/3{,}6\,W = 4{,}8\,kW$
69 $P = W/t = m \cdot g \cdot h/t = 750 \cdot 1\,200/(75 \cdot 60)$ $W = 200\,W$. (Es handelt sich offensichtlich nicht um einen Radprofi.) Näherung $g = 10\,m\,s^{-2}$
70
$E_k = \frac{1}{2} m \cdot v^2$; $v = \sqrt{\frac{2E_k}{m}} = \sqrt{\frac{2 \cdot 1{,}5 \cdot 10^5}{1{,}2}}\,m/s = 500\,m/s$
71 $E_p = m \cdot g \cdot h = 3 \cdot 10^6 \cdot 10^3 \cdot 9{,}81 \cdot 1250\,J = 3{,}68 \cdot 10^{13}\,J = 3{,}68 \cdot 10^4\,GJ$
72 a) $E_p = m \cdot g \cdot h$; $m = 4/3\pi r^3 \cdot \rho = 3{,}85\,g$; $E_p = 37{,}8\,J$.
b) $v = \sqrt{2E_p/m} = \sqrt{2g \cdot h} = \sqrt{2 \cdot 9{,}81 \cdot 1000}\,m/s = 140\,m/s = 504\,km/h$.
c) Tatsächliche kinetische Energie: $E_k = m \cdot v^2/2 = 0{,}77\,J$. Relativer Energieverlust $(E_p - E_k)/E_p = (37{,}8 - 0{,}77)/37{,}8 = 0{,}98$. 98 % der potenziellen Energie werden durch Reibung in Wärme verwandelt. 98 % der potenziellen Energie werden durch Reibung in Wärme verwandelt.
73 Nein. Die Energiebeträge verhalten sich wie 1 : 3!
74 Die Geschwindigkeit von 10 m/s entspricht einer Abfahrt aus 5 m Höhe.
a) 50,9 km/h **b)** 10 m
75 $½\,m \cdot v^2 = 50{,}6\,J$; 11,5 m
76 a) $E_k = ½\,m \cdot v_0^2$; $W = F \cdot s = E_k$; $F = f \cdot m \cdot g$; $s = E_k/F = v_0^2/(2g \cdot f)$
b) Bremsweg wird viermal länger. Masse hat keinen Einfluss.
77 Die kinetische Energie wird durch Reibung zwischen Reifen und Straßenbelag in Wärme verwandelt, der warme Reifen hinterlässt eine sichtbare Spur:
$W = f \cdot m \cdot g \cdot s = ½\,m \cdot v_0^2$. Daher $v_0 = \sqrt{2 \cdot f \cdot g \cdot s}$
78 2,64 m³, ca. 1,1 %. Bei der Rechnung $\Delta V = V \cdot \gamma \cdot \Delta T$ wird die Volumenzunahme ΔV geringfügig überschätzt, da hier so gerechnet wird, als würde die gesamte Luft im Zimmer zunächst um 3 °C erwärmt und würde erst dann entweichen.
79 a) Bei einer Temperatur von 55 °C schließt sich die Fuge.
b) Zu Beginn war sie 1,75 cm breit.
80 $\Delta T = \Delta\vartheta = 23\,K$
Öl: $\Delta V = 9{,}5 \cdot 10^{-4} \cdot 23 \cdot 40\,000 = 874\,l$.
Er lädt also nur mehr 39126 l ab.
Es gibt dabei ein Problem: Das Öl wird per Liter abgerechnet …
81 $p_1 : p_2 = T_1 : T_2$, $p_2 = 132{,}29\,kPa$
82 a) $V = 3\,m^3$, **b)** $\gamma = 0{,}0033\,K^{-1}$. (Das Volumen ist proportional zu T.)
83 a) $F = 314\,kN$, **b)** der Druck wird halb so groß
84 Molvolumen: 22,4 l bei 273,15 K und 1,01325 bar. **a)** $n = 138{,}4\,mol$, $8{,}34 \cdot 10^{25}$ Moleküle Stickstoff N_2; **b)** 3,88 kg Gas
85 1 m³ enthält bei 1013 mbar ca. 44,6 mol Luft, d. h. $N \approx 2{,}7 \cdot 10^{25}$ Moleküle.
86 $p_1 \cdot V_1/T_1 = p_2 \cdot V_1/T_2$
Die gesuchte Größe ist V_2:
$V_2 = p_1 \cdot V_1/(T_1 \cdot p_2)$
$V_2 = (150 \cdot 40 \cdot 10^{-3} \cdot 298)/(283 \cdot 1{,}5)\,m^3 = 4{,}21\,m^3 = 4210\,l$. Davon bleiben 40 l in der Stahlflasche, entnommen werden daher 4170 l.

87 Der Druck im Reifen nimmt von (2,8 + 1) bar auf 4,3 bar zu. Der gemessene Reifendruck ist daher 3,3 bar.
88 a) 3,9 kg/m³; **b)** Gesamtdruck im Reifen 3 bar. Mit der Auflagefläche von 0,05 m² können die Reifen ein Gewicht von $3 \cdot 10^5 \cdot 0{,}05\,N = 15000\,N$ tragen, dem entspricht die Masse $m = 1529\,kg$.
89 a) 2,33 bar Überdruck, **b)** 1,70 bar Überdruck
90 a) Massenverhältnis Rauchteilchen zu N_2-Molekül $10^{-12} : 5 \cdot 10^{-26}$.
b) Die Luftmoleküle bewegen sich 4,5 Millionen Mal schneller als die Rauchteilchen, deren mittlere Geschwindigkeit ca. 0,1 mm/s beträgt.
91 a) Keine! Die Temperatur wird als statistischer Mittelwert über die ungeordnete Molekularbewegung eines großen Teilchenkollektivs festgelegt. Darüber hinaus ist die Aufgabenstellung unrealistisch: **b)** Das Molekül könnte 1000 C-Atome enthalten. **c)** Seine kinetische Energie ($9 \cdot 10^{-19}\,J$) wäre größer als die Bindungsenergie einer einfachen C-C-Bindung ($5 \cdot 10^{-19}\,J$), bei Stößen zwischen Molekülen würden daher die Moleküle zerstört.
92 $T_1 = 323\,K$, $T_2 = 423\,K$
a) Veränderung der mittleren kinetischen Energie:
$E_{k2} : E_{k1} = T_2 : T_1 = 1{,}31$. Sie wird 1,31-mal größer.
b) Veränderung der mittleren Geschwindigkeit: $\langle v_{m2}\rangle : \langle v_{m1}\rangle = \sqrt{T_2} : \sqrt{T_1} = 1{,}14$. Sie wird 1,14-mal größer.
93 a) Diagramm 1: Eis von ca. −10 °C wird Wärme zugeführt, die Temperatur steigt bis 0 °C. Dann wird Eis geschmolzen, die Temperatur nimmt während des Schmelzprozesses nicht zu. Wenn alles geschmolzen ist, nimmt die Wassertemperatur bis 100 °C zu. Während des Siedens steigt die Temperatur nicht mehr, die zugeführte Wärme dient zum Verdampfen. Wenn die gesamte Flüssigkeit zu Dampf geworden ist, steigt die Temperatur des Wasserdampfs weiter an.
b) Diagramm 2: Dem Naphtalin wird Wärme zugeführt. Bei 80 °C schmilzt es. Bei den Plateaus liegen der feste und der flüssige Aggregatszustand nebeneinander vor. Die zugeführte Energie dient nicht zur Temperaturerhöhung und damit zur Erhöhung der („ungeordneten") mittleren kinetischen Energie der Teilchen, sondern es wird Arbeit gegen die Bindungskräfte zwischen den kleinsten Teilchen verrichtet. Dadurch geht der feste in den flüssigen Aggregatszustand über. Die Flüssigkeit wird weiter erhitzt und dann die Wärmezufuhr abgeschaltet. Das Naphtalin kühlt allmählich ab. Bei 80 °C erstarrt es wieder. Die Temperatur bleibt gleich, solange beim Erstarren des flüssigen Naphtalins Energie frei wird.
94 Schmelzwärme von Eis: 334 kJ/kg. Um 1 m² der Eisschicht (90 kg Eis) zu schmelzen, werden 30060 kJ = 8,35 kWh benötigt. Pro m² und Tag sind 0,8 kWh an eingestrahlter Energie für das Schmelzen verfügbar, daher sind zum Schmelzen ca. 10 – 11 Tage nötig.
95 a) Sättigungsmenge (0 °C): 5 g/m³, absolute Feuchtigkeit (0 °C, 50 %): 2,5 g/m³. **b)** Sättigungsmenge (20 °C): 18 g/m³, relative Feuchtigkeit bei 20 °C: 13,9 %. **c)** Absolute Feuchtigkeit (20 °C, 50 %): 9 g/m³. Für eine relative Feuchtigkeit von 50 % müssen 6,5 g/m³ bzw. für den ganzen Raum 390 g Wasser verdunsten.
96 a) $\Delta U = 0{,}6\,m \cdot g \cdot h = 1{,}18 \cdot 10^5\,J$;
b) $0{,}5\,\Delta U = c \cdot m_B \cdot \Delta T$, $\Delta T = 130{,}2\,°C$.
97 $Q = 7{,}53 \cdot 10^8\,J = 753\,MJ = 209\,kWh$.
98 a) pro Sekunde $Q = 4{,}18 \cdot 10^{15}\,J$; **b)** Leistung $P = 4{,}18 \cdot 10^6\,GW$, entspricht ca. 4 Mio. Kraftwerken

99 a) $Q = 2{,}68 \cdot 10^8\,J$ = ca. 74 kWh; **b)** $m = 2{,}7 \cdot 10^5\,kg$, entspricht 270 m³.
100 $\Delta T = 80\,K$. $Q = c \cdot m \cdot \Delta T$. $Q(\text{Topf}) = 18\,kJ$.
$Q(\text{Wasser}) = 334{,}4\,kJ$.
$Q(\text{gesamt}) = 352{,}6\,kJ$ = ca. 0,1 kWh. Ca. 5 % der aufgewandten Energie braucht der Topf. Verluste an die Umgebung wurden nicht berücksichtigt.
101 $Q = c \cdot m_1 \cdot (T_1 - T_M) = c \cdot m_2 \cdot (T_M - T_2)$ geht vom wärmeren zum kälteren Körper über.
$T_M = 35\,°C$; $Q = 83{,}6\,kJ$; $\Delta S = -Q/T_1 + Q/T_2 = (-262{,}8 + 290{,}1)\,J \cdot K^{-1} = 27{,}3\,J \cdot K^{-1} > 0$, irreversibel.
102 $\Delta S/\Delta t = 1{,}91\,J \cdot K^{-1} \cdot s^{-1}$
103 Innenwand: $\Delta S/\Delta t = -85{,}0\,J \cdot K^{-1} \cdot s^{-1}$, Energie fließt aus dem Haus, Entropie nimmt ab. Außenwand: $\Delta S/\Delta t = 95{,}0\,J \cdot K^{-1} \cdot s^{-1}$, Energie fließt in die Umgebung, deren Entropie zunimmt. Insgesamt: Entropiezunahme.
104 Die Erde erhält von der Sonne hochwertige Energie mit niedriger Entropie und strahlt denselben Energiebetrag mit hoher Entropie in den Weltraum ab: $\Delta S = Q/T$. Da sich die Temperaturen von 6000 K zu 288 K ungefähr wie 20 : 1 verhalten, gibt die Erde etwa zwanzigmal mehr Entropie ab, als sie empfängt.
105 Heizwert von Benzin: ca. 40 MJ/kg. Bei $\eta = 0{,}25$ und Motorleistung 50 kW wird eine thermische Leistung von 200 kW benötigt, dies entspricht 5 g Benzin pro Sekunde. Für die 40-minütige Fahrt m = 12 kg Benzin = ca. 16 l Benzin (Dichte 0,75 kg/l).
106 Der ideale Wirkungsgrad beträgt $1 - 310/750 = 0{,}59$. Um 1 GW mechanische Leistung zu erhalten, muss 1,7 GW thermische Leistung aufgewandt werden. 0,7 GW ist die Abwärmeleistung. $\Delta S/\Delta t = 7 \cdot 10^8/310\,J \cdot K^{-1} \cdot s^{-1} = 2{,}26\,MJ \cdot K^{-1} \cdot s^{-1}$
107 a) $\eta = 7{,}05\,\%$; **b)** Für die mechanische/elektrische Leistung P_m muss die thermische Leistung $P_{th} = P_m/\eta = 1\,GW/\eta = 14{,}2\,GW$ bereitgestellt werden. **b)** Bei 21 °C Temperaturdifferenz entspricht dies ca. 173 t Meerwasser pro Sekunde.
108 $\eta = 82{,}35\,\%$. Hochtemperaturwärme könnte mit diesem hohen Wirkungsgrad in andere Energieformen umgewandelt werden. Man könnte mit einer Gasturbine Strom erzeugen, eine Wärmepumpe betreiben und die Abwärme für Warmwasser nutzen (Blockheizkraftwerk).
109 η = ca. 17 %
110 $\eta = 61\,\%$, verschlechtert sich um 5 % auf $\eta = 56\,\%$.
111 Die Abwärme beträgt 2,33 GW. Der Fluss müsste ein Wasservolumen von 279 m³/s führen.
112 Die Abwärme beträgt in diesem Falle 3 GW statt wie vorher 2,33 GW. Im Fernheizwerk kann sie mit einem hohen Wirkungsgrad eingesetzt werden.
113 $p = 30\,bar = 30 \cdot 10^5\,Pa$.
a) Arbeit pro Arbeitstakt: $W = p \cdot \Delta V = 30 \cdot 10^5 \cdot 0{,}4 \cdot 0{,}2\,J = 2{,}4 \cdot 10^5\,J$.
b) Leistung $P = W/t = W \cdot 600/60\,W = 2{,}4\,MW$.
114 $W = p \cdot \Delta V$, wobei ΔV der Hubraum ist. Das bedeutet, dass die Motorleistung dem Hubraum annähend proportional ist!
115 a) $p = 15\,bar = 15 \cdot 10^5\,Pa$.
$W = p \cdot \Delta V = 15 \cdot 10^5 \cdot 1{,}4 \cdot 10^{-3}\,J = 2\,100\,J = 2{,}1\,kJ$.
b) Nur in jeder 2. Umdrehung wird Arbeit verrichtet: $P = 105\,kW$ (Reibung wurde nicht berücksichtigt)

11.1 Ein Jahr hat $3{,}1536 \cdot 10^7$ s, das ist um 0,38% mehr als der Näherungswert.

12.4 Staubkörnchen 10^4, Feinstaub 10^7, Bakterien $2 \cdot 10^6 - 5 \cdot 10^6$, Atome $5 \cdot 10^{10}$

17.1 a) 1,409 m; **b)** 1,427 m

18.1 b) Vöcklabruck **c)** IC: 101 km/h; REX: 57,3 km/h

18.5 a) ca. $20 \cdot 10^9$ km (Stand 4.2.2016) **b)** ca. 18,5 h

18.7 In Höhen über etwa 10 km gibt es „Jet-Streams" („Düsenströme") mit Windgeschwindigkeiten von mehreren 100 km/h.

21.2 Die Geschwindigkeit ist 13,9 m/s. Beim freien Fall wird sie nach einem Fallweg von 9,83 m erreicht (Sturz aus dem 3. Stock!)

21.3 Man erreicht ca. 50 km/h. Geringste Gefahr bei Hocksprüngen.

35.1 rd. 620 N

35.2 Die Seilbahn ist eine Pendelbahn, zwei Gondeln werden von einem Zugseil gegenläufig bewegt. Ein Gewichtsunterschied der besetzten Kabinen spielt vor allem dadurch eine Rolle, dass die Steigung des Tragseils an der Bergstation am größten ist. Beim Anfahren und Bremsen werden nicht nur die Kabinen, sondern auch das Zugseil ($m \approx 35$ t) beschleunigt.

36.1 Die Gewichtskraft wird durch die elastische Verformung der Tischplatte kompensiert.

38.3 a) $2{,}4 \cdot 10^{-7}$ N

41.1 $f_R = 0{,}02$: 177 m; 492 m; 1966 m; 3323 m;
$f_H = 0{,}8$: 4,4 m; 12,3 m; 49 m; 83 m
$f_G = 0{,}1$: 35 m; 98 m; 393 m; 665 m
$s = v^2/(2a)$, $a = f \cdot g$. Rundung auf ganze Werte für s>20 m! Ab 50 km/h übersteigt der hier vernachlässigte Luftwiderstand den Rollwiderstand.

46.1 Die Sprungdauer ergibt sich aus der Höhe, v_0 aus der Weite: $v_0 = 3{,}5$ m/s; $y = -0{,}406\, x^2$

46.2 a) Flugstrecke = (2,7 + 1,37) m, Fallhöhe 0,3 m. $v_0 = 16{,}46$ m/s = 59,25 km/h
b) Flugzeit: 0,247 s

50.1 a) Wetterbeobachtung
b) Sie laufen in der Äquatorebene in 24 h einmal um die Erde und befinden sich immer über demselben Punkt auf der Erde.

52.2 $T = 27{,}32$ d (siderischer Monat) → $m_{Erde} = 6 \cdot 10^{24}$ kg

52.4 $H = 35\,872$ km; $v = 3{,}07$ km/s = 11 061 km/h

64.1 a) Für $s = 20$ m und $t = (2{,}89 - 0{,}15)$ s = 2,74 s folgt bei konstanter Beschleunigung $a = 2s/t^2 = 5{,}3$ m/s; $v_m = 7{,}3$ m/s.
b) $F = m \cdot a = 87 \cdot 5{,}3$ N = 461 N.
$W = 20 \cdot 461$ N·m = 9220 J. $P = 3360$ W

64.2 a) $E_p = 877{,}6$ kJ (für $m = 70$ kg)
b) $P = 292{,}5$ W

64.3 51,6 g Zucker

66.1 a) Ja: Bei Reibungsfreiheit ergibt die Fallhöhe von 67 m eine Geschwindigkeit $v = 36{,}3$ m/s = 130,5 km/h.
b) Nein: Nicht v, sondern v^2 ist proportional zu Fallhöhe.

68.1 b) Die Dichte von Wasser (1000 kg/m³) ist ca. 800 mal größer als die Dichte von Luft.

68.2 a) $v = 25{,}13$ m/s (bei 6 U/min) bzw. 75,4 m/s (bei 18 U/min)
b) Radialbeschleunigung: v^2/r. Bei 18 U/min: $a = 142$ m/s² (ca. 14faches der Fallbeschleunigung); bei 6 U/min $a \approx 37{,}3$ m/s²

70.1 Es gilt $P_L \sim v^3$. Da die Geschwindigkeit um 205/160 = 1,28 größer ist, ist der Luftwiderstand um $1{,}28^3$ größer, d.h. P_L verdoppelt sich. Die Berücksichtigung der Rollreibung ändert wenig am Resultat.

70.5 Beschleunigungsarbeit $(m \cdot v^2/2)$: daher $\Delta E_k = m \cdot (v_2^2 - v_1^2)/2$. $130^2 - 120^2 = 2500 = 50^2 - 0$: Die Aussage ist richtig.

75.1 Beim Rosten bilden sich Verbindungen von Eisen mit Sauerstoff. Durch die zusätzlichen Teilchen nimmt die Masse des Gegenstands zu.

76.1 Welche Stoffe sind für das Leben wichtig? Woraus bestehen sie? Wasser (H, O), Kohlenhydrate (C, H, O), Proteine (C, N, H, O). Feste Erde (Si). Energiequelle der Sonne (H).

77.1 1 mol Wasser enthält $6 \cdot 10^{23}$ Moleküle und entspricht 18 g bzw. 18 cm³. Das Volumen der Weltmeere ist ca. $1{,}4 \cdot 10^9$ km³ = $1{,}4 \cdot 10^{18}$ m³ = $1{,}4 \cdot 10^{21}$ l. In 1 l würde man daher 600/1,4 (ca. 430) markierte Moleküle finden.

79.1 a) Beim Übergang flüssig-gasförmig nimmt die Dichte von 810 kg/m³ auf 1,25 kg/m³ um einen Faktor 648 ab. Dadurch steht jedem Molekül ein entsprechend um den Faktor 648 ($\approx 8{,}7^{1/3}$) größeres Volumen zur Verfügung, der mittlere Abstand der Moleküle wird um etwa den Faktor 8,7 größer.
b) 1 mol N_2-Gas entspricht 28 g. 1 l flüssigen Stickstoffs enthält daher (810/28) mol ≈ 29 mol ≈ $1{,}7 \cdot 10^{25}$ Moleküle, 1 l N2-Gas nur 0,045 mol ≈ $2{,}7 \cdot 10^{22}$ Moleküle.

80.1 Die Fußsohlen von Geckos haben Leisten ähnlich wie an unseren Fingerkuppen. Jedoch tragen diese unzählige verzweigte Härchen, die durch Adhäsion auch an senkrechten glatten Flächen haften.

81.1 Volumsänderungen, Schmelzen, ...

82.1 a) Die Volumenzunahme von Benzin bei Erwärmung um 50 °C beträgt nach Tab. 82.1 5,3%, also 3,18 l.
b) Zum Schutz der Umwelt darf kein Kraftstoff (flüssig oder gasförmig) entweichen. Ein Aktivkohlefilter in der Tankentlüftung bindet Treibstoffdämpfe.

82.2 b) Anfangstemperatur, Länge des Rohres zwischen Klemme und Messgerät, Zeigerausschlag. Das gesamte Rohr muss die Temperatur des Wasserdampfs erreichen!

84.1 a) Im Sommerhalbjahr wird die Oberfläche von der Sonne erwärmt, ohne Durchmischung durch Wind oder Strömungen erfolgt eine langsame Erwärmung in der Tiefe. Im Winter verhindern die große Wärmekapazität und die geringe Wärmeleitfähigkeit eine rasche Bildung der Eisdecke. **b)** Für die Durchmischung eines Sees sind starke Winde wichtig, dadurch wird sauerstoffreiches wärmeres Wasser in tiefere Bereiche gebracht und ermöglicht dort Leben.

86.1 Während bei früher üblichen Doppelfenstern etwa 3 W/(m²K) entweichen, sind es bei Zwei-Scheiben-Isolierglasfenstern etwa 1,3 W/(m²K).

89.1 a) Der Druck des Treibgases in der Dose steigt mit der Temperatur.
b) Die Warnung auf der Dose muss beachtet werden: Eine explodierende Dose kann durch herumfliegende Bruchstücke und brennbares Treibgas Verletzungen und große Schäden verursachen.

91.1 Die Eustachische Röhre zwischen Mittelohr und Nasenrachen ermöglicht den Druckausgleich.

92.1 a) Die Temperaturachse wird bei −266,67 °C geschnitten. Die Abweichung vom heutigen Wert beträgt ca. 2,4%.
b) Die Werte liegen zwischen −267,3 °C und 266,0 °C.

93.1 a) Verdichtung entspricht $p_2 > p_1$, Verdünnung entspricht $p_2 < p_1$.
b) $p_2 = 3{,}5\, p_1$. T_2 ungefähr gleich 150 °C
c) $p_2 = 0{,}2\, p_1$. T_2 ungefähr gleich 60 °C

95.1 Die Massen der He- bzw. Ar-Atome verhalten sich wie 1:10, ihre mittleren Geschwindigkeiten wie 3,16:1. Viel mehr He- als Ar-Atome erreichen die Fluchtgeschwindigkeit und fliegen in den Weltraum.

95.2 Wenn man den Mittelwert von quadrierten Messwerten bildet, haben die größeren Werte größeres Gewicht als die kleineren.

99.1 An der Tomate! Die Tomate enthält viel Wasser mit einer höheren Wärmekapazität als Schinken oder Hefeteig.

100.1 a) Menge des Eises und die während des Schmelzens zugeführte Energie. **b)** Menge von Wasser und Eis, die Temperaturabnahme des heißen Wassers. Die Wärmekapazität von Wasser muss bekannt sein.

100.2 a) Einen Faden aus einem schlechten Wärmeleiter verwenden.
b) Berechne für dein Gewicht die durch Gleitreibung unter den Kufen verrichtete Arbeit und berechne, ob sie zur Erzeugung eines Wasserfilms ausreicht.

101.1 Neben verschiedenen organischen chemischen Verbindungen ist Natriumsulfat (Glaubersalz, Abführmittel, Schmelzpunkt 32 °C) als Wärmespeicher geeignet.

101.2 Wickle ein feuchtes Tuch oder Papiertaschentuch um ein Thermometer und notiere in regelmäßigen Intervallen die angezeigte Temperatur.

103.1 Denis Papin erfand 1679 den Dampfdruck-Kochtopf.

104.1 a) 87,3 °C bzw. 80,3 °C. **b)** Mit zunehmender Höhe sinkt mit dem Luftdruck die Dichte der Luft. Bei 7000 m Höhe enthält jeder Atemzug nur 40% der Sauerstoffmenge auf Meeresniveau. Bereits ab 2000 m kann „Höhenkrankheit" auftreten.

104.2 Erhitze in einem Wasserkocher eine abgewogene Menge Wasser. Lass nach Erreichen des Siedepunkts etwa 1 Minute lang (Stoppuhr!) Wasser verdampfen. Aus der zugeführten elektrischen Energie und der verdampften Wassermenge ergibt sich dein Ergebnis.

104.3 a) Das Teewasser wird durch Sieden nicht heißer. **b)** Mit der Verdampfungswärme könnte man ca. 6,7 Liter Wasser von 20 °C auf 100 °C erwärmen.

106.1 a) Innerhalb einer Stunde atmest du beim Wintersport etwa 3,6 m³ Luft ein und aus. Du verlierst (44−2,4) g/m³, insgesamt etwa 150 g. Zusätzlich verdunstet verstärkt Wasser über die Haut. **b)** Eine zusätzliche Flüssigkeitsaufnahme ist daher zu empfehlen.

112.1 Ein qualitatives Experiment genügt, erstmals quantitativ führte James P. Joule das Experiment 1843 durch.

114.1 Achte dabei auf die verschiedenen Einheiten.

116.1 z.B. eine auskühlende Herdplatte. Obwohl die Energie nicht verschwunden ist und in der Umgebung gespeichert ist, wird sie sich niemals wieder in der Herdplatte sammeln.

123.1 a) Die idealen thermodynamischen Wirkungsgrade betragen 66% (Diesel) bzw. 48% (Benzin). b) Sie werden nicht erreicht, da die Arbeitstakte nicht den idealen Prozessen entsprechen.

125.1 a) Da die Energie für den Kompressor des Kühlschranks von außen (Stromnetz!) kommt, erwärmt sich der Raum. Eine Klimaanlage entzieht dem Raum als Wärmepumpe Energie.
b) Kühlgeräte der Klasse A++ sollen höchstens 33% des Energiebedarfs von Geräten des Baujahrs 1994 haben. Aus Preis und Produktdaten eines neuen Geräts lässt sich die Frage beantworten.

126.1 Die Kosten für Erdgas und Strom sollen bezüglich gleicher Energiemengen betrachtet werden.

126.2 Vorteil: Wärmepumpen sind etwa viermal so effektiv wie elektrische Heizgeräte. Bei Betrieb mit Strom aus erneuerbaren Quellen keine CO_2-Emission. Nachteil: Wenn der Strom aus kalorischen Kraftwerken mit einem Wirkungsgrad von ca. 40% kommt, wird die CO_2-Emission nur verlagert.

Bildquellen

4.1l David Parsons – iStockphoto.com; 4.1r nyul – Fotolia.com; 4.2l Jürgen Werke – Fotolia.com; 4.2r Marie-Lan Nguyen/Wikimedia Commons, CC BY-SA 3.0; 5.1 NASA; 5.2 NASA; 5.3 NASA; 6.1 Ing. Martin Stumpauer, öbv; 6.2 Dr. Marion Reich, Wien; 6.3l Rebel – Fotolia.com; 6.3r Jürgen Rode – Fotolia.com; 7.1 ullstein bild – Gircke/Ullstein Bild/picturedesk.com; 7.3 U.S. Air Force (Steve Pivnick); 8.1 Volker Steger, Universität Princton; 9.0 Vladimir Wrangel – Fotolia.com; 9.1 beckmarkwith – Fotolia.com; 9.2 NASA; 9.3 Dr. Josef Schreiner, Wien; 10.1 NASA; 10.2 akg-images/Erich Lessing; 10.3 Ulli Steltzer/Science Photo Library/picturedesk. com; 11.1 FooTToo – Thinkstock; 11.2 PTB Braunschweig; 12.1 DDr. Apolin, Wien; 12.2 Dr. Helmut Kühnelt, Klosterneuburg; 12.3 Sedna – Fotolia.com; 13.1 Ing. Martin Stumpauer, öbv; 13.2 NASA; 13.3a NASA; 13.3b sebastian kaulitzki – Fotolia.com; 14.1 BIPM (Bureau international des poids et mesures), Sèvres; 16.1 Bernd Thissen/dpa/picturedesk.com; 16.2 Harold Edgerton (MIT Museum Collection); 17.5 T. Grimm/vario images/picturedesk. com; 18.2 NASA; 18.3 Dr. Helmut Kühnelt, Klosterneuburg; 19.2 Johann H. ADdicks, CC BY-SA 3.0; 20.1 Dr. Helmut Kühnelt, Klosterneuburg; 21.1 Harold Edgerton (MIT Museum Collection); 21.2 Institute and Museum of the History of Science; Florenz; 21.3 Ing. Martin Stumpauer, öbv; 23.1 Magnus Manske/Wikimedia Commons – CC BY-SA 2.0; 23.4 Ing. Martin Stumpauer, öbv; 24.1 Fotolia; 24.2 Agentur Diener/APA/picturedesk.com; 25.1 Jeff McDonald/iStockphoto.com; 25.2 Monkey Business Images/Thinkstock; 27.0 NASA; 27.1 Kzenon – Fotolia.co; 27.2 James Steidl – Fotolia.com; 27.3 MEV-Verlag, Germany; 28.1 NASA; 28.2 Dr. Josef Schreiner, Wien; 29.1 United Archives/United Archives/picturedesk.com; 29.2 Joker/SZPhoto/picturedesk.com; 31.1 ÖAMTC, Wien; 31.2 AISA/fotofinder; 32.2 BIPM (Bureau international des poids et mesures), Sèvres; 33.2 NASA; 33.3 Christoph Hähnel – Fotolia.com; 36.1 Franz Neumayr/picturedesk.com; 36.2 Theodor Hosemann (1807-1875) – Buchscan, Gemeinfrei; 37.1 NASA; 38.3 NASA; 39.1 NASA; 40.1 Joggie Botma – iStockphoto.com; 40.3 Martina Berg – Fotolia.com; 41.1 Vic Spanner – Fotolia.com; 41.3 Bidgee/Wikimedia Commons – CC BY-SA 3.0; 42.1 36clicks – iStockphoto. com; 42.2 Ulrich Kammertöns – Fotolia.com; 43.3 US Airforce; 44.1 M.Coudert – Fotolia.com; 44.2 Fuse/Thinkstock; 44.3 Vulkanisator – Fotolia.com; 46.1 Agustin Munoz/Red Bull Content Pool; 46.3 Harold Edgerton (MIT Museum Collection); 47.1 Phil Sussman/US Army; 49.2 Raimond Spekking – Wikimedia Commons – CC BY-SA 4.0; 49.3 Sporty driver – Wikimedia Commons – CC BY-SA 2.0; 50.1 Ria Novosti/Science Photo Library/picturedesk.com; 50.2 Archive Photos/SZ-Photo/picturedesk. com; 51.1 Alexey Fiodorov – iStockphoto.com; 52.1 Deutsches Zentrum für Luft- und Raumfahrt e. V. (DLR), Köln; 52.2 Dr. Helmut Kühnelt, Klosterneuburg; 53.2 Malte Hübner – Wikimedia Commons – Gemeinfrei; 54.1 Gaspar Schott – Otto von Guericke: Experimenta nova (ut vocantur) Magdeburgica de vacuo spatio, 1672, Buchscan, Gemeinfrei; 54.2l MEV-Verlag, Germany; 54.2r Kramografie – Fotolia.com; 54.3 Pfundner Michael – Wikimedia Commons – CC BY-SA 3.0; 55.1 U.S. Navy; 55.3 Per-Ola Norman – Eigenes Werk, Gemeinfrei; 56.3 James Steidl – iStockphoto.com; 57.1 ÖAMTC, Wien; 57.3 ZAMG, Wien; 58.1 Luca Galuzzi, CC BY-SA 3.0; 58.2 Gina Sanders – Fotolia.com; 58.3 Sven Hoppe – Fotolia.com; 59.1 CERN, Genf; 59.2 Nick Freund – Fotolia.com; 59.3 NASA; 61.0 CERN, Genf; 61.1 Stefan Schurr – Fotolia.com; 61.2 amandine45/Thinkstock; 61.3 Fuse – Thinkstock; 62.1 Tiwag, Innsbruck; 63.1 AFP/picturedesk. com; 63.3 rihardzz – Thinkstock; 63.4 Flominator – Wikimedia Commons – CC BY-SA 3.0; 64.1 alpersyx – Fotolia.com; 64.3 ALPINE PEARLS, 5453 Werfenweng; 65.1 Boris23/Wikimedia Commons – Public Domain; 65.2 Dr. Josef Schreiner, Wien; 66.1 MASA; 66.2 Maxicar3 – Wikimedia Commons – CC BY-SA 3.0; 67.2 M. Vollmer/K.-P. Möllmann, University of Applied Sciences Brandenburg, Germany; 67.3 George A. Bockler – Wikimedia Commons – Gemeinfrei; 68.1 visdia – Fotolia.com; 70.2 Aerorider BV, Haarlem; 71.1 sonya etchison – Fotolia.com; 71.3 Siegele Roland, Gemeinfrei; 72.1 Benjamin Goode – iStockphoto.com; 72.2 MEV-Verlag, Germany; 73.0 snygo – aboutpixel.de; 73.1 MEV-Verlag, Germany; 73.3 jjjhh/fotolia.com; 74.1 MEV-Verlag, Germany; 74.2 drzej Wojcicki/Thinkstock; 75.1 91020/United Archives/picturedesk.com; 75.3 91020/United Archives/picturedesk.com; 75.2 IBM Research – Almaden (Dr. Don Eigler); 76.3 Skip ODonnell – iStockphoto.com; 77.1 Österreichische Post AG; 77.2 Swiss Nanoscience Institute Basel; 77.3a Mardre – Fotolia.com; 77.3b snygo – aboutpixel.de; 78.4 Dr. Gerald Opelt, Wien; 79.2 snygo – aboutpixel.de; 79.1 Sandra Layne – iStockphoto. com; 79.3 Bobby Schutz/iStockphoto.com; 79.4 MaleWitch – iStockphoto.com; 80.3 Mag. Brigitte Wessenberg, Purgstall a. d. Erlauf/NÖ; 81.2 Mag. Brigitte Wessenberg, Purgstall a. d. Erlauf/NÖ; 82.2 Mag. Brigitte Wessenberg, Purgstall a. d. Erlauf/NÖ; 83.4 Dr. Helmut Kühnelt, Klosterneuburg; 83.5a Murata Manufacturing Company, Ltd. Kyoto; 83.5b US Navy; 86.4 MEV-Verlag, Germany; 86.1 electriceye – Fotolia.com; 86.2 NOAA/NESDIS; 87.1a Tommaso.gavioli/Wikimedia Commons – CC BY SA 2.5; 87.1b ElemntalImaging – iStockphoto.com; 88.1 Steffen Prößdorf/Wikimedia Commons – CC BY SA 3.0; 90.3 Science Source//PhotoResearchers/picturedesk.com; 91.2 Science Photo Library/picturedesk.com; 92.2 Bildarchiv Hansmann/Interfoto/picturedesk.com; 92.4 Caro/Caro/picturedesk. com; 93.1 Mag. Brigitte Wessenberg, Purgstall a. d. Erlauf/NÖ; 93.2 Sammlung Rauch/Interfoto/picturedesk.com; 94.1 D. H. Teuffen/Interfoto/picturedesk. com; 94.2 Science Photo Library/picturedesk.com; 97.1 The Yorck Project: 10.000 Meisterwerke der Malerei; 98.1 Leonid Tit – Fotolia.com; 98.2 snygo – aboutpixel.de; 98.1 www. foto.webcam.eu; 101.1 Ghukill/Wikimedia Commons – CC BY SA 4.0; 101.2 Byelikova Oksana – Fotolia.com; 103.2a CERN, Genf; 104.3b Anne Luo/iStockphoto.com; 106.2 snygo – aboutpixel.de; 107.3 snygo – aboutpixel.de; 107.1 Markus Widmoser, Kufstein; 108.1 snygo – aboutpixel. de; 108.2 snygo – aboutpixel.de; 108.3 Sander Kamp – iStockphoto.com; 108.4 Sean Waugh, NOAA/NSSL; 109.1 Martina Topf – Fotolia.com; 109.2 tBoyan – iStockphoto.com; 109.3a Geza Farkas – Fotolia.com; 109.3b Gary Blakeley – Fotolia.com; 110.2 clusternote/Wikimedia Commons – CC BY SA 2.0; 110.3 Science Photo Library/picturedesk.com; 111.1 Blanc Kunstverlag/SZ-Photo/picturedesk.com; 112.1 Dr. Mirko Junge; 116.1 Andrius Grigaliunas – Fotolia.com; 116.2 MH Foto Design; 116.3 ullstein bild – Gircke/Ullstein Bild/picturedesk. com; 118.3 Tom Schneider, MIT; 119.2a NASA; 120.1 P_Wei – iStockphoto.com; 120.2 Österreichisches Eisenbahnmuseum; 120.3 Mercedes Benz, Stuttgart; 121.1 Science Photo Library/picturedesk.com; 122.1 Picturenick – Fotolia.com; 122.3 EVN, Maria Enzersdorf; 122.4 Wien Energie; 124.4 creAtive – Fotolia.com; 125.2 Wienbibliothek im Rathaus; 126.3 Digitalpress – Fotolia.com; 127.1 Linde AG; 128.1 wesel – Fotolia.com; 128.3 Sammlung Rauch/Interfoto/picturedesk.com; 129.2 APHP-PSL-GARO/Phanie/picturedesk. com; 129.3a NJ – Fotolia.com; 129.3b MikeLane45/Thinkstock; 129.3c AnneU – Fotolia.com; 129.3d Biuer – Fotolia.com; 129.3e outdoorsman – Fotolia.com; 130.2 Union Pacific Museum; 130.3 MAN

Register